Charles Perrault

LE PE[illegible] CH[illegible]UGE

"Il était une fois…" et nous voici dans un conte irrésistible de Charles Perrault qui exerce sa séduction sur les tous jeunes et moins jeunes enfants.
"Marchand de bonheur", ***Charles Perrault*** *représente des trésors de bonté et de dévouement. En effet, notre Petit Chaperon Rouge et sa grand-mère réussissent à déjouer les supercheries du loup grâce à l'amitié sincère d'un chasseur qui passait par là.*

ADAPTATION, EXERCICES ET NOTES VICTOIRE HÉMANT
CONSULTANTE LINGUISTIQUE CHARLOTTE JUGE

PREMIÈRES LECTURES

TOUTES VOS HISTOIRES PRÉFÉRÉES
DANS UN PETIT LIVRE.
ELLES SONT FACILES À LIRE ET TRÈS AMUSANTES !

La Spiga languages

Il était une fois une petite fille aussi jolie qu'une fleur des prés[1]...
Sa maman en est fière. Sa grand-mère[2] l'adore.Cette petite bonne vieille lui confectionne un délicieux chaperon[3] rouge.
Tout le monde finit par l'appeler le "Petit Chaperon Rouge".

2. ***grand-mère***

1. ***fleur des prés***

3. ***chaperon***

ACTIVITÉ

✎ **De quelle couleur sont-ils ?**
(Rouge, jaune, gris, vert, blanc, bleu, roux.)

Le drapeau français est bleu.........,
blanc..., rouge... .

La farine est ....

L'herbe est verte... .

Quand il pleut, le temps est ....

La fleur du tournesol est jaune.

Poil de Carotte est roux... .

Un jour, sa maman prépare de croustillantes[1] galettes[2] au beurre. Elle l'appelle et lui dit :
« Ma chérie, va rendre visite à ta grand-mère. Assure-toi qu'elle va mieux. Apporte-lui ces galettes et ce petit pot de beurre[3]. »

1. *croustillant*

2. *galettes*

3. *pot de beurre*

ACTIVITÉ

✎ **Coloriez.**

Le Petit Chaperon Rouge se met en route. Elle se rend chez sa grand-mère qui habite dans un autre village. En traversant le bois[1], elle rencontre le loup[2].

1. *bois*

2. *loup*

✎ **Anagramme. Ces lettres alphabétiques vous aident à trouver la bonne réponse dans les cases à disposition.**

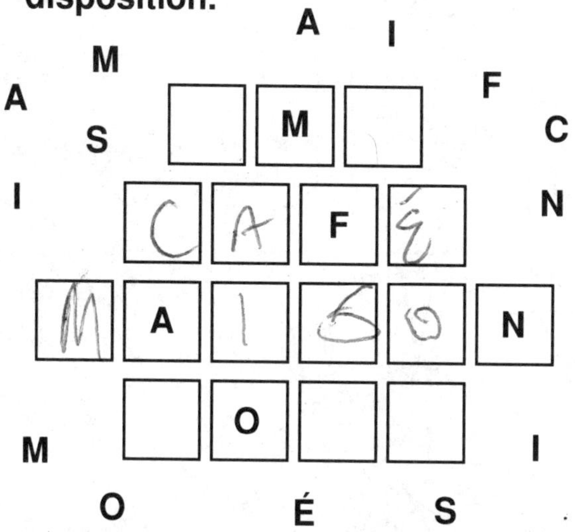

1. Il sait tout de vous et vous aime malgré tout.
2. Une boisson chaude et un lieu où la consommer.
3. Où l'on habite.
4. La plupart en ont trente.

Non loin de là des bûcherons[1] s'acharnent à tailler du bois[2].
Le loup s'approche :
« Où vas-tu ainsi, toute seule ?
— Je vais chez ma grand-mère, répond-elle ingénument.

1. *bûcheron*

2. *tailler du bois*

ACTIVITÉ

✎ **À chaque dessin correspond un numéro. Écrivez le mot en correspondance du numéro.**

1

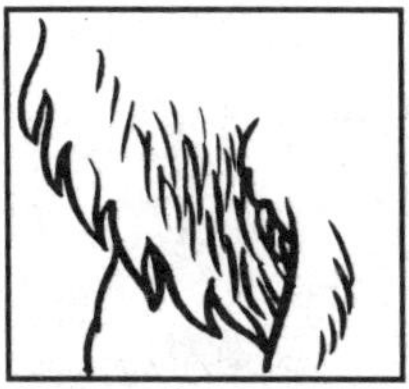

2

3

4

5

1) Poil........................
2) ....
3) ....
4) ....
5) ....

— Habite-t-elle loin, ta mamie ?
— Oh oui ! Dans la maisonnette du village, bien après le moulin[1]. Vous voyez là-bas ?
— Eh bien, je veux bien aller lui rendre visite. Je prends ce sentier[2]. Toi, tu prends celui-là. Voyons qui arrive le premier[3]. »

1. *moulin*

2. *sentier*

3. *premier*

ACTIVITÉ

✎ **Reliez les mots entre eux.**

Une fleur	rouge.
Un chaperon	ma grand-mère.
Un pot	de pain.
Chez	de la forêt.
Une bouchée	de beurre.
Le bois sec	des prés.

Le loup court à toutes jambes[1]. La fillette s'achemine sur le sentier le plus long, s'amuse à cueillir[2] de-ci, de-là des pâquerettes[3] et des noisettes[4]. Elle écoute le chant des oiseaux.

2. *cueillir*

3. *pâquerettes*

1. *à toutes jambes*

4. *noisettes*

✎ **Quel est le chemin le plus court ?**

Entre-temps, le loup arrive chez la grand-mère. Il frappe[1] à sa porte : TOC, TOC.

« Qui est là ? demande la grand-mère.

— C'est ta petite fille, répond le loup d'une voix ténue.

— Rentre donc, mon poussin[2] », dit la petite vieille reposant sur le lit.

1. ***frapper***

2. ***poussin***

ACTIVITÉ

✎ **Soulignez les mots qui n’appartiennent pas à l’ensemble.**

Chambre à coucher – robe de chambre – cuisine – buffet – salle à manger.

Garde-robe – jupe – souliers – armoire – pullover.

Rôti de boeuf – pommes de terre – fruit – fromage – couteau.

Joli – beau – plaisant – laid – admirable.

Histoire – conte – fable – tableau – poésie.

En un clin d'oeil[1], le loup se jette sur la grand-mère. Il en fait une bouchée. Puis il se couche[2]. Il attend le Petit Chaperon Rouge.
Peu de temps après, on frappe à la porte.
« Qui est là ? »
La voix rauque du loup effraie[3] le Petit Chaperon Rouge.

1. *un clin d'oeil*

2. *se coucher*

3. *effrayer*

ACTIVITÉ

✎ **Mentionnez les saisons représentées dans les quatre images.**

L'hivr ....

.... l'ete

....

Aoutumn ....

printamps

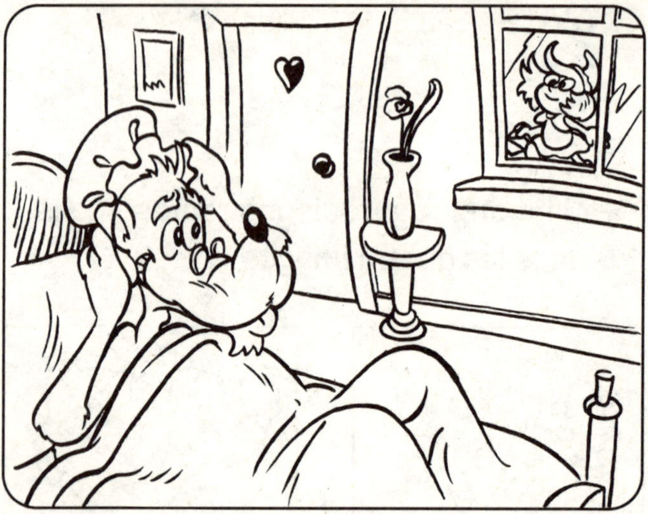

« Je suis ta petite fille ! Je t'apporte …
— Oui, oui, rentre donc, mon trésor. »
Le loup se fourre[1] sous les couvertures. Il cache ses oreilles[2] dans le bonnet de nuit.
« Dépose tes provisions et viens te reposer près de moi. »

1. *se fourrer*

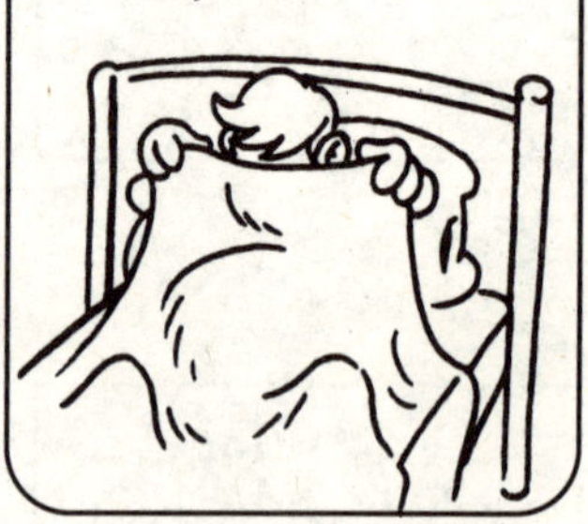

2. *oreilles*

ACTIVITÉ

✎ **Complétez les cases vides avec les noms de parenté.**

(fils, frère, mère, maman, fille (2), soeur, cousin, grand-père)

ACTIVITÉ

✎ À la maison.
Où sont-ils ? Reportez le numéro approprié sur l'objet concerné.

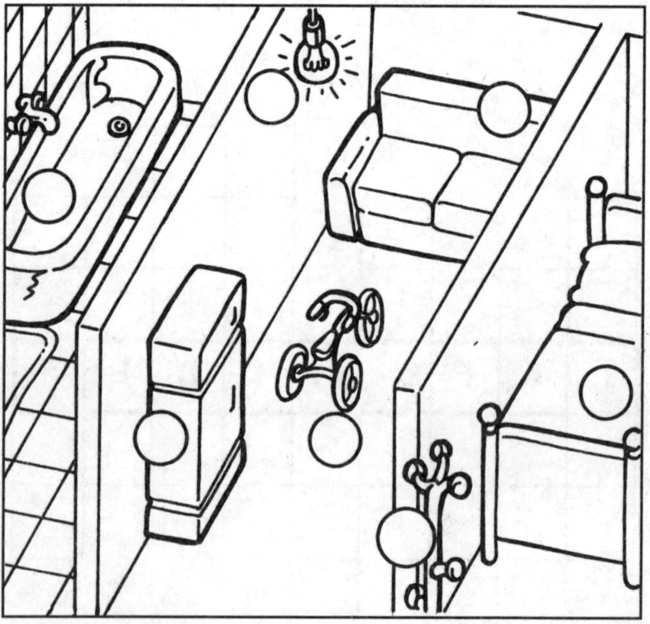

1. le frigidaire.
2. le porte-manteau.
3. la lampe de chevet.
4. le tricycle.
5. la baignoire.
6. le canapé.
7. le lit.

Le Petit Chaperon Rouge s'enfouit[1] dans le lit.

« Mais grand-mère, que tu as de longs bras[2] !

— C'est pour mieux t'embrasser[3], mon enfant !

— Et que tu as de longues jambes !

— C'est pour courir plus vite, ma chérie.

— Oh mamie[1], que de longues oreilles !

— C'est pour mieux t'entendre, mon petit !

— Et que de grands yeux[2] !

— C'est pour mieux te voir !

— Et ces dents[3] si longues !

— C'est pour mieux te manger! »

Ceci dit, ceci fait.

1. *mamie*

2. *yeux*

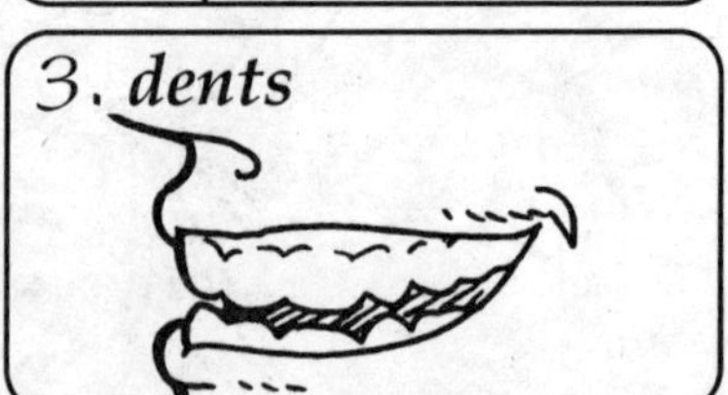

3. *dents*

ACTIVITÉ

✎ **Complétez avec les verbes *savoir, venir, aller, faire, pouvoir.***

Elle .... chez sa grand-mère.

D'où .... tu ?

Il ne .... rien à l'école.

L'élève .... bien sa leçon.

Il n'y .... rien.

Il a tout .... pour réussir.

Il aime .... rendre visite à sa famille.

Nous .... notre leçon par coeur.

Il .... d'arriver.

Tu .... rentrer si tu es majeur.

Le ventre[1] plein, le loup s'endort à l'instant.
Mais, par bonheur, un chasseur[2] passe par là. Ennemi juré des loups et ami de la sympathique grand-mère, il décide de lui rendre visite.
« Mamie, comment ça va aujourd'hui ? »

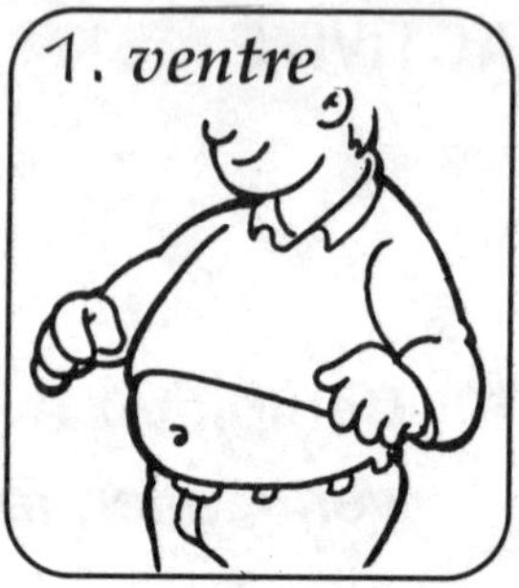

1. *ventre*

2. *chasseur*

ACTIVITÉ

✎ **Reliez les éléments des différents ensembles pour faire des phrases.**

Le Petit Chaperon Rouge …
Le chasseur …
Les animaux de la forêt …
Le loup …
La grand-mère …

… craignent …
… va souvent …
… sauve de justesse …
… aime goûter …
… est …

… féroce.
… les pâtisseries de sa petite fille.
… la fillette et sa grand-mère.
… le loup.
… chez sa grand-mère.

Il appelle et frappe en vain à la porte. Le chasseur inquiet entre. Et quelle n'est pas sa stupeur ! Il découvre le loup ronflant[1] à la place de la grand-mère ! Il saisit son couteau et éventre[2] le loup.

1. *ronfler*

2. *éventrer*

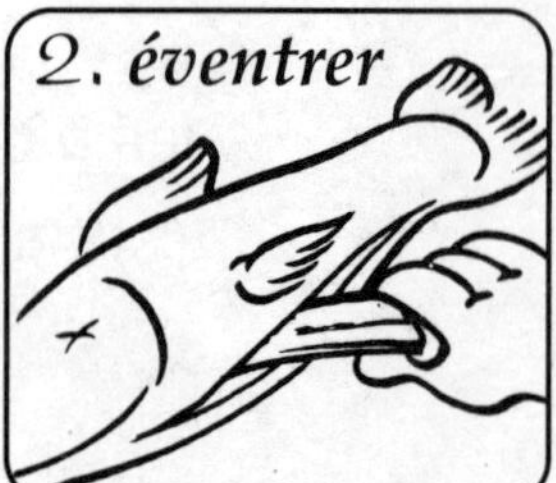

ACTIVITÉ

✎ **Observez ces dessins et répondez vrai (V) ou faux (F).**

Au milieu du drapeau il y a un cercle.	V	F
Le loup a des ailes.	V	F
La poule couve des oeufs.	V	F
L'écossais porte une jupe kilt.	V	F
La fillette porte des lunettes.	V	F

Il dégage[1] le Petit Chaperon Rouge et sa grand-mère. Toutes deux sont saines et sauves.

« Merci, dit le Petit Chaperon Rouge. Expulsez[2] cette bête et venez vous asseoir avec nous. »

1. *dégager*

2. *expulser*

ACTIVITÉ

✎ **Les lettres dans chaque cercle forment un mot. Les mots forment un nom ; lequel ?**

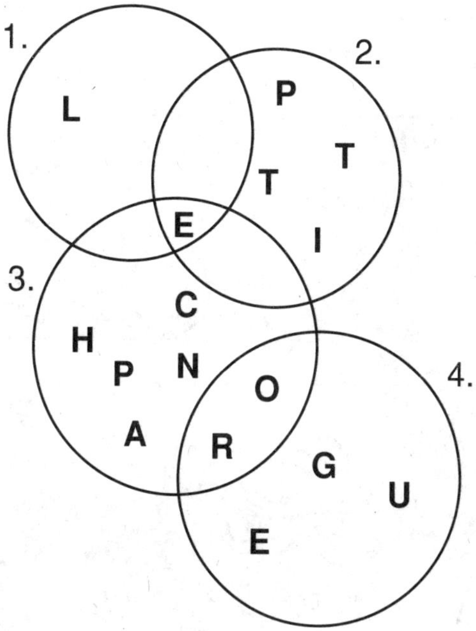

....

Après tous ces émois, le chasseur prélève de sa besace[1] du pain, du fromage et une tarte aux pommes. La grand-mère essoufflée[2] sert les galettes, le pain beurré et quelques sucreries[3]. La bonne humeur et la fête battent tous les records.

1. *besace*

2. *essoufflée*

3. *sucreries*

ACTIVITÉ

✎ **Répondez aux questions.**

Chez qui va le petit Chaperon Rouge ?

....

Qui rencontre-t-elle en chemin ?

....

A-t-elle peur du loup ?

....

Pourquoi le loup est-il si pressé d'arriver chez la grand-mère ?

....

....

Qui sauve la petite fille et sa grand-mère ?

....

Quel est le sentiment qui unit le chasseur à la grand-mère ?

....

• LECTEURS EN HERBE • EN COULEURS 🎧 •

Béril	ASTRELIX DANS L'ESPACE
Lutun	ZAZAR
Moulin	LE COMTE DRACULA
Moulin	NESSIE LE MONSTRE
Moulin	ROBIN DES BOIS
Vincent	LA FAMILLE FANTOMAS
Lutun	ZAZAR ET LE COQUILLAGE
Lutun	ZAZAR ET LE RENARD
Martin	HALLOWEEN
Martin	BROB LE BRONTOSAURE

• PREMIÈRES LECTURES •

Aublin	LE RIFIFI
Aublin	MERLIN L'ENCHANTEUR
Aublin	SCARAMOUCHE
Avi	LE TITANIC
Brunhoff	L'ÉLÉPHANT BABAR
Busch	MAX ET MAURICE
Cabline	VERCINGÉTORIX
Capatti	JOUEZ avec la GRAMMAIRE FRANÇAISE
Daudet	LA CHÈVRE DE M. SEGUIN
Dumas	LES TROIS MOUSQUETAIRES
Dutrois	L'ACCIDENT !
Dutrois	OÙ EST L'OR ?
Germain	LE PETIT DRAGON
Gilli	MÉDOR ET LES PETITS VOYOUS
Grimm	CENDRILLON
Grimm	LES GNOMES
Hutin	LA MAISON DES HORREURS
Hutin	LE PAPILLON
La Fontaine	LE LIÈVRE ET LA TORTUE
Leroy	LES AVENTURES D'HERCULE
Les 1001 Nuits	ALI BABA ET LES 40 VOLEURS
Messina	LE BATEAU-MOUCHE
Perrault	LE PETIT CHAPERON ROUGE
Stoker	DRACULA

• PREMIÈRES LECTURES 🎧 •

Arnoux	LE MONSTRE DE LOCH NESS
Andersen	LES HABITS DE L'EMPEREUR
Flotbleu	D'ARTAGNAN
Grimm	HANSEL ET GRETEL
Hugo	LE BOSSU DE NOTRE-DAME
Laurent	LE DRAGON DORMEUR
Laurent	POCAHONTAS
Pellier	LE VAMPIRE GOGO
Renard	POIL DE CAROTTE
Stoker	DRACULA

• LECTURES TRÈS FACILITÉES •

Aublin	FRANKENSTEIN contre DRACULA
Avi	LE COMMISSAIRE
Avi	LE TRIANGLE DES BERMUDES
Cabline	NAPOLÉON BONAPARTE
Capatti	JOUEZ avec la GRAMMAIRE FRANÇAISE
Cavalier	LES MÉSAVENTURES DE RENART
Ducrouet	NUIT DE NOËL
Géren	LE BATEAU VIKING
Géren	LE MONSTRE DES GALAPAGOS
Germain	LE VAMPIRE
Gilli	UN CŒUR D'ENFANT
Gilli	PARIS-MARSEILLE VOYAGE EN T.G.V.
Hémant	MARIE CURIE
Hutin	CARTOUCHE
Hutin	LE MYSTÈRE DE LA TOUR EIFFEL
Laurent	UN VOLONTAIRE DANS L'ESPACE
Leroy	ANACONDA, LE SERPENT QUI TUE
Mass	LA CHASSE AU TRÉSOR
Mass	OÙ EST L'ARCHE DE NOÉ?
Mérimée	LA VÉNUS D'ILLE
Messina	GRISBI

• LECTURES TRÈS FACILITÉES 🎧 •

Arnoux	BONNIE ET CLYDE • FUITE D'ALCATRAZ
Aublin • Wallace	SISSI • BEN HUR
Avi • Doyle	PIRATES • LA MOMIE
Cabline	LES CHEVALIERS DU ROI ARTHUR
Dumas	LE COMTE DE MONTE-CRISTO
Germain • Saino	HALLOWEEN • LE MASQUE
Hoffmann	PIERRE L'ÉBOURIFFÉ
Hutin	LES COPAINS
Pellier	LE REQUIN • HISTOIRES FANTÔMES
Perrault • Leroux	BARBE BLEU • FANTÔME de l'OPÉRA
Sennbault	MEURTRE SUR LA CROISETTE

• LECTURES FACILITÉES •
Sélection

Aublin	RIEN NE VA PLUS !
Beaumont	LA BELLE ET LA BÊTE
Capatti	JOUEZ avec la GRAMMAIRE FRANÇAISE
Dumas	LES TROIS MOUSQUETAIRES
Flaubert	MADAME BOVARY
Forsce	JACK L'ÉVENTREUR
Fraiche	LES MYSTÈRES DE LA BASTILLE
Giraud	L'HISTOIRE D'ANNE FRANK
Juge	FUITE DE LA CAYENNE
Juge	JEANNE D'ARC
Malot	SANS FAMILLE
Martini	LA CHANSON DE ROLAND
Martini	LE ROMAN DE RENART
Martini	LE FANTÔME à Chenonceaux
Maupassant	BOULE DE SUIF
Maupassant	UNE VIE
Mercier	CONTES D'AFRIQUE
Mercier	L'AFFAIRE DREYFUS
Mercier	L'EUROTUNNEL
Molière	LE MALADE IMAGINAIRE
Mounier	STALINGRAD
Pergaud	LA GUERRE DES BOUTONS
Perrault	LE CHAT BOTTÉ
Rabelais	GARGANTUA ET PANTAGRUEL
Radiguet	LE DIABLE AU CORPS
Renard	POIL DE CAROTTE
Rostand	CYRANO DE BERGERAC
Sand	LA MARE AU DIABLE
Sand	LA PETITE FADETTE
Ségur	MÉMOIRES D'UN ÂNE
Terrail	LES EXPLOITS DE ROCAMBOLE
Troyes	PERCEVAL
Verne	DE LA TERRE À LA LUNE
Verne	LE TOUR DU MONDE EN 80 JOURS
Verne	20 000 LIEUES SOUS LES MERS

• LECTURES FACILITÉES 🎧 •

Beaumarchais • Fraiche	FIGARO • ROBESPIERRE
Beaum • Hugo	BARBIER SÉVILLE • MISÉRABLES
Dunsien	LA GUERRE D'INDOCHINE
Forsce	RICHARD CŒUR DE LION
Fraiche	CHARLEMAGNE
Loti • Messina	PÊCHEUR • JOCONDE
Mercier • Renard	CONTES • POIL DE CAROTTE
Molière	TARTUFFE
Saino • Juge	ORIENT EXPRESS • ANDES
Ségur • Pergaud	MÉMOIRES ÂNE • GUERRE BOUTONS
Voltaire	CANDIDE

• LECTURES SANS FRONTIÈRES 🎧 •

Balzac	LE PÈRE GORIOT
Béguin	AMISTAD
Béguin (SANS CD)	JOUEZ avec la GRAMMAIRE
Combat	HALLOWEEN
Conedy	COCO CHANEL
Diderot	JACQUES LE FATALISTE
Dumas	LA DAME AUX CAMÉLIAS
Flaubert	L'ÉDUCATION SENTIMENTALE
Flaubert	MADAME BOVARY
France	LE LIVRE DE MON AMI
Hugo	LES MISÉRABLES
Hugo	NOTRE-DAME DE PARIS
Iznogoud	JACK L'ÉVENTREUR
Maupassant	BEL-AMI
Messina	JEANNE D'ARC
Messina	MATA HARI
Messina	NAPOLÉON. L'HISTOIRE D'UNE VIE
Molière	L'ÉCOLE DES FEMMES
Proust	UN AMOUR DE SWANN
Sampeur	RAPA NUI
Stendhal	LE ROUGE ET LE NOIR
Térieur	LE TRIANGLE des BERMUDES
Zola	GERMINAL
Zola	THÉRÈSE RAQUIN

• AMÉLIORE TON FRANÇAIS •
Sélection

Alain-Fournier	LE GRAND MEAULNES
Anouilh	BECKET
Balzac	L'AUBERGE ROUGE
Balzac	L'ÉLIXIR DE LONGUE VIE
Baudelaire	LA FANFARLO
Corneille	LE CID
Daudet	LETTRES DE MON MOULIN
Duras	AGATHA
Flaubert	🎧 UN CŒUR SIMPLE
Gautier	LA MORTE AMOUREUSE
Hugo	Le DERNIER JOUR d'un CONDAMNÉ
La Fontaine	FABLES
Maupassant	MADEMOISELLE FIFI
Molière	L'AVARE
Molière	TARTUFFE
Molière	LES PRÉCIEUSES RIDICULES
Perrault	🎧 CONTES
Prévost	MANON LESCAUT
Rousseau	RÊVERIES DU PROMENEUR SOLITAIRE
Simenon	LES 13 ÉNIGMES
Stendhal	🎧 HISTOIRES D'AMOUR
Voltaire	MICROMÉGAS

• CLASSIQUES DE POCHE •

Baudelaire	🎧 LE SPLEEN DE PARIS
Duras	L'AMANT
Hugo	🎧 LA LÉGENDE DU BEAU PÉCOPIN
La Fayette	🎧 LA PRINCESSE DE CLÈVES
Maupassant	CONTES FANTASTIQUES
Pascal	🎧 PENSÉES
Proust	🎧 VIOLANTE OU LA MONDANITÉ
Racine	PHÈDRE
Sagan	BONJOUR TRISTESSE
Simenon	L'AMOUREUX DE MME MAIGRET
Voltaire	🎧 CANDIDE

IMPRIMÉ EN ITALIE PAR TECHNO MEDIA REFERENCE

MARABOUT *SAVOIRS*

CW01617667

Afin de vous informer de toutes ses publications, **marabout** édite des catalogues régulièrement mis à jour. Vous pouvez les obtenir gracieusement auprès de votre libraire habituel.

Peut-il exister de synonymes parfaits, c'est-à-dire de mots ayant exactement la même signification? La plupart des grammairiens répondent par la négative et soutiennent qu'on finit toujours par trouver des différences, lorsqu'on se rend bien compte de la valeur propre des mots les plus proches par le sens.

Fénelon disait : « Quand on examine de près la signification des termes, on remarque qu'il n'y en a presque point qui soient entièrement synonymes entre eux ». Quant à Voltaire, son opinion était qu'« Il y a des mots synonymes en plusieurs cas, qui cessent de l'être dans d'autres ». Boissonnade, qui fut un célèbre érudit, affirmait : « On est convenu d'appeler synonymes des mots dont le sens a plus de rapport que de différence », et il ajoutait : « Il n'y a point dans les langues perfectionnées de synonymes rigoureusement exacts ». La Bruyère, ce fin observateur, faisait simplement remarquer : « Les esprits médiocres ne trouvent point l'unique expression et se servent de synonymes ».

C'est l'abbé Girard qui, le premier, entreprit de généraliser des remarques particulières et de répandre la lumière dans le système entier de la langue; nous lui devons les « Synonymes français » et son ouvrage parut d'abord, avec moins de développements il est vrai, sous le titre de : « Justesse de la langue française ». Il disait : « Ce n'est peut-être que dans les langues modernes qu'il est possible d'assigner et de traiter avec justesse et exactitude leurs synonymes ».

Quoi qu'il en soit, on ne peut nier qu'il y ait toujours quelque différence, mais on peut constater que cette différence porte sur le sens ou la valeur des mots. S'il existe quelques synonymes parfaits, le nombre en est très restreint et la plupart des synonymes se distinguent justement les uns des autres par des nuances de sens, quelquefois fort délicates.

On sait que Louis XIV détestait la lecture. Un courtisan, pour le flatter, lui disait qu'il n'avait lui-même jamais mis le nez dans un livre. Le roi répéta ce propos au comte de Thiars qui lui dit : « Cela n'est pas vrai, mais c'est vraisemblable ».

GEORGES YOUNES

Dictionnaire marabout
des synonymes

MARABOUT

IMPRESSION : BUSSIÈRE S.A., SAINT-AMAND (CHER). — N° 714
D. L. MARS 1995/0099/89
ISBN 2-501-00101-X
Imprimé en France

A

Abaissement – abjection – bassesse.
Abaissement : manière d'être produite par une cause extérieure ; il peut s'appliquer aussi bien à l'esprit et au caractère qu'au goût, à la condition ou à la fortune ; c'est le résultat d'une action ou d'un accident et il exprime toujours un changement.
Bassesse : défaut de caractère indépendant de toute cause extérieure ; elle exprime toujours et d'une façon absolue, un état d'infériorité pouvant être imputé, soit au vice, soit à la naissance ou à la condition.
Abjection : bassesse extrême qui appelle le mépris et suppose presque toujours l'immoralité ; c'est le plus fort de ces trois mots.

Abaisser – avilir – humilier – rabaisser – rabattre – ravaler (Cf : *humilier)*.

Abaisser – baisser.
Abaisser : se dit des choses qu'on veut faire descendre pour en couvrir d'autres ; son antonyme est : relever. Au figuré, on fait toujours usage d'abaisser dans le sens d'humilier.
Baisser : se dit des choses qu'on veut en général placer plus bas ; son antonyme est : exhausser.

Abandon – abandonnement.
Abandon : état d'une personne ou d'une chose dont on ne s'occupe plus ou dont on ne veut plus s'occuper.
Abandonnement : action d'abandonner après mûre réflexion.

Abandonnement – abandon (Cf : *abandon*).

Abandonner – quitter – délaisser – renoncer (Cf : *quitter*).

Abasourdi – ébahi – ébaubi – émerveillé – penaud – stupéfait (Cf : *stupéfait*).

Abâtardir (s') – dégénérer (Cf : *dégénérer*).

Abattement – accablement – affaissement – anéantissement – découragement – épuisement – langueur – prostration (Cf : *découragement*).

Abattre – rabattre.
Abattre : exprime simplement l'idée de rabaisser la fierté ou l'arrogance.
Rabattre : abattre avec plus ou moins de force.

Abattre – démolir – détruire – jeter à bas – mettre à bas – renverser – ruiner (Cf : *détruire*).

Abbaye – cloître – couvent – monastère.
Abbaye : comme le monastère, communauté plus riche et d'un ordre plus élevé que le couvent et où le nombre de religieux y est bien plus considérable. Le titre d'abbé ou d'abbesse donné au chef de l'établissement est le plus élevé de tous dans la hiérarchie monastique.
Monastère : désigne spécialement l'habitation des moines et implique l'idée de solitude; le monastère a moins d'importance que l'abbaye.
Cloître : rigoureusement parlant, endroit clos, cour entourée de galeries; il suggère l'idée de séquestration.
Couvent : dans le langage ordinaire, se dit de toutes les communautés en général, et surtout des communautés de femmes; il éveille l'idée de personnes vivant en communauté.

Abcès – apostème – apostume – dépôt – épanchement – infiltration.
Abcès : amas de pus révélé par une tumeur et qui est toujours la conséquence d'une inflammation.
Apostème ou *apostume :* nom donné autrefois à toute espèce de tumeur avec suppuration.
Epanchement : diffère de l'abcès en ce que dans l'épanchement le pus est accumulé dans une cavité naturelle.
Infiltration : diffère de l'abcès en ce que le pus n'est pas séparé des tissus par une membrane de nouvelle formation.
Dépôt : diffère de l'abcès en ce que ce mot est plus convenable s'il ne s'y trouve pas de pus.

Abdication – démission (Cf : *démission*).

Abdiquer – se démettre – résigner.
Abdiquer : renoncer à une fonction des plus hautes; il exprime un acte brusque s'achevant d'un seul coup.
Se démettre : renoncer à une fonction médiocre; il indique quelque chose de successif, qui peut ne pas aboutir à une renonciation.

Résigner : renoncer à une chose en faveur de quelqu'un, principalement donner sa démission d'un bénéfice ecclésiastique.

Abêtir – rabêtir.
Abêtir : rendre plus bête sans intention; un maître abêtit l'enfant qui lui est confié quand il laisse ses facultés se développer sans direction.
Rabêtir : faire tout ce qui est en son pouvoir pour rendre plus bête; on rabêtit quand le développement des facultés intellectuelles est combattu chaque fois qu'il se manifeste.

Abhorer – détester – exécrer – haïr (Cf : *haïr*).

Abîme – gouffre – précipice (Cf : *précipice*).

Abject – bas – vil (Cf : *bas*).

Abjection – abaissement – bassesse (Cf : *abaissement*).

Abjurer – renier (Cf : *renier*).

Aboi – aboiement – jappement (Cf : *aboiement*).

Aboiement – aboi – jappement.
Aboi : faculté d'aboyer que possède le chien.
Aboiement : cri générique de l'espèce.
Jappement : cri du petit chien et même d'un gros chien quand il exprime sa joie.

Abolir – abroger – annuler – casser – infirmer – révoquer (Cf : *annuler*).

Abolir – anéantir – détruire – exterminer (Cf : *anéantir*).

Abolition – absolution – grâce – pardon – rémission (Cf : *pardon*).

Abominable – détestable – exécrable.
Abominable : ce qui est abominable excite une vive répulsion et doit être haï comme contraire à la morale.
Détestable : ce qui est détestable excite le mépris et doit être énergiquement condamné; il est, pour ainsi dire, le superlatif de mauvais.
Exécrable : ce qui est exécrable excite l'horreur et l'indignation.

Abondamment – en abondance – amplement – beaucoup – bien – considérablement – copieusement – à foison – fort – largement (Cf : *beaucoup*).

Abondance (en) – abondamment – amplement – beaucoup – bien – considérablement – copieusement – à foison – fort – largement (Cf : *beaucoup*).

Abondance – aisance – opulence – richesse (Cf : *richesse*).

Abondance (parler d') – abondance (parler avec).
Abondance (parler d') : parler très facilement, sans préparation et sans chercher ce que l'on dit.
Abondance (parler avec) : parler avec facilité mais en donnant à ses idées tous les développements nécessaires.

Aborder – approcher – avoir accès (Cf : *approcher*).

Aborder – accoster – joindre.
Aborder : on aborde en principe quelqu'un dans un lieu clos.
Accoster : on accoste quelqu'un dans la rue, en plein air.
Joindre : on joint une personne en allant la trouver.

Aborigène – autochtone – indigène – naturel (Cf : *indigène*).

Aboyer – japper.
Aboyer : crier en parlant des gros chiens.
Japper : crier en parlant des petits chiens.

Abrégé – analyse – extrait – précis – raccourci – résumé – sommaire (Cf : *résumé*).

Abréger – accourcir – raccourcir.
Abréger : rendre une chose plus courte en la resserrant davantage.
Accourcir : rendre plus court en diminuant la longueur.
Raccourcir : rendre la chose incomplète en l'accourcissant trop.

Abri (à l') – à couvert.
Abri (à l') : être en sûreté ; on est à l'abri quand on a devant ou derrière soi une protection ; ainsi, on se met à l'abri du vent.
A couvert : être en sûreté ; on est à couvert contre ce qui tombe et quand on a sur soi une couverture, un toit, ou un vêtement qui enveloppe ; ainsi, on se met à couvert de la pluie.

Abroger – abolir – annuler – casser – infirmer – révoquer (Cf : *annuler*).

Abrupt – escarpé – à pic (Cf : *escarpé*).

Abrupt – agreste – âpre – inculte – raboteux – revêche – rude – rustique – sauvage (Cf : *sauvage*).

Abrutir – hébéter.
Abrutir : rendre semblable à la brute, rendre incapable de rien comprendre et de rien sentir.
Hébéter : rendre l'esprit stupide, lui ôter tout aiguillon.

Absolu – impérieux.
Absolu : qui exige l'obéissance ; celui qui est absolu veut être obéi avec exactitude ; il exige de la déférence.

Impérieux : qui commande avec arrogance; celui qui est impérieux veut qu'on lui cède; il exige de la soumission.

Absolution – abolition – grâce – pardon – rémission (Cf : *pardon*).

Absorber – engloutir.
Absorber : avaler peu à peu, pomper successivement.
Engloutir : avaler d'un seul coup.

Absoudre – acquitter (Cf : *acquitter*).

Abstenir (s') – se priver (Cf : *priver*).

Abstraction (faire) – abstraire.
Abstraction (faire) : on fait abstraction d'une chose en la laissant de côté et en faisant comme si elle n'existait pas.
Abstraire : on abstrait une chose en la séparant de tout le reste et en la considérant isolément.

Abstractivement – abstraitement (Cf : *abstraitement*).

Abstraire – faire abstraction (Cf : *abstraction*).

Abstrait – distrait (Cf : *distrait*).

Abstraitement – Abstractivement.
Abstractivement : en procédant par abstraction pour exprimer un état.
Abstraitement : d'une manière abstraite en exprimant une action.

Abuser – amuser – attraper – décevoir – donner le change – duper – embabouiner – enjôler – en imposer – leurrer – surprendre – tromper (Cf : *tromper*).

Abuser – mésuser.
Abuser : user trop abondamment; on abuse de la chose qu'on emploie à faire du mal.
Mésuser : faire mauvais usage; on mésuse de la chose qu'on emploie mal.

Académicien – académiste.
Académiste : qui fait partie d'une société ayant pour objet les exercices du corps.
Académicien : membre d'une société littéraire, savante ou artistique.

Académiste – académicien (Cf : *académicien*).

Accablement – abattement – affaissement – anéantissement – découragement – épuisement – langueur – prostration (Cf : *découragement*).

Accabler – oppresser – opprimer (Cf : *oppresser*).

Accéder – acquiescer – adhérer – consentir – souscrire (Cf : *consentir*).

Accélérer – hâter – presser (Cf : *presser*).

Accepter – agréer – recevoir.
Accepter : consentir à prendre ce qu'on nous offre en marquant une sorte d'approbation rapide.
Agréer : accepter les choses qui sont à notre convenance.
Recevoir : prendre ce qui nous est donné en excluant le refus.

Acception – sens (Cf : *sens*).

Accès (avoir) – aborder – approcher (Cf : *approcher*).

Accident – aventure – événement (Cf : *événement*).

Accident – revers.
Accident : événement peu grave, inattendu, généralement malheureux, mais qui peut être heureux en marquant un coup de fortune soudain.
Revers : accident qui change une bonne situation en une mauvaise.

Accidentellement – fortuitement.
Accidentellement : d'une manière exceptionnelle; se dit de ce qui est produit par une cause étrangère.
Fortuitement : d'une manière imprévue; se dit de ce qui tient à des faits inconnus.

Acclimatation – acclimatement – naturalisation.
Acclimatation : action d'habituer les animaux à vivre dans un climat dont ils ne sont pas originaires.
Acclimatement : désigne le résultat de l'acclimatation.
Naturalisation : introduction d'animaux étrangers dans un pays et leur reproduction comme dans leur propre pays.

Acclimatement – acclimatation – naturalisation (Cf : *acclimatation*).

Accommodement – raccommodement.
Accommodement : action de terminer une affaire à l'amiable, de faire cesser un différend; il exprime une réconciliation et, après un accommodement, on cesse d'être en contestation.
Raccommodement : marque une réconciliation entre des personnes précédemment unies par des liens de parenté ou d'amitié; après un raccommodement, on se retrouve unis comme par le passé.

Accompagner – escorter – suivre.
Accompagner : on accompagne quelqu'un quand on va avec lui pour n'importe quel motif.
Escorter : on escorte quelqu'un par précaution et pour le protéger.
Suivre : on suit quelqu'un quand on marche derrière lui par déférence ou pour tout autre motif.

Accompli – consommé – parfait (Cf : *parfait*).

Accomplir – garder – observer (Cf : *observer*).

Accomplir – effectuer – exécuter – réaliser (Cf : *réaliser*).

Accord – contrat – convention – marché – pacte – traité (Cf : *convention*).

Accord – concert.
Accord : conformité qui a lieu entre des choses ou des personnes différentes.
Concert : action de s'entendre dans un but commun; se trouve généralement entre choses de même nature.

Accord (tomber d') – adhérer.
Accord (tomber d') : on tombe d'accord quand on en vient au même sentiment, quand on se range à une opinion qu'on a combattue mais à laquelle on ne tient pas spécialement.
Adhérer : on adhère quand on donne son assentiment d'une manière soudaine.

Accorder – concilier (Cf : *concilier*).

Accorder – raccommoder – réconcilier (Cf : *réconcilier*).

Accoster – aborder – joindre (Cf : *aborder*).

Accoter – appuyer (Cf : *appuyer*).

Accouchement – enfantement.
Accouchement : action d'accoucher; indique tout ce qui précède et suit immédiatement la naissance d'un enfant.
Enfantement : action d'enfanter; indique seulement l'action de mettre l'enfant au monde.

Accoucher – enfanter – engendrer.
Accoucher : terme habituellement employé pour exprimer le fait d'une femme qui met un enfant au monde. Au figuré, ne se dit que des productions de l'esprit considérées au moment même de leur création.
Enfanter : terme plutôt littéraire qui signifie mettre un enfant au monde; au figuré, signifie familièrement créer, produire, faire

éclater.
Engendrer : donner l'existence et désigne plutôt une conception ; au figuré, signifie faire naître à l'intérieur et se dit plutôt des sentiments et des idées.

Accourcir – abréger – raccourcir (Cf : *abréger*).

Accoutré – affublé.
Accoutré : être habillé d'une façon ridicule avec une sorte de recherche bizarre et de mauvais goût.
Affublé : être habillé d'une façon grotesque, à la hâte et sans soin.

Accoutrement – habillement – habit – vêtement (Cf : *vêtement*).

Accoutumance – coutume – habitude – us – usage (Cf : *habitude*).

Accoutumer à (s') – s'accoutumer avec.
Accoutumer à (s') : faire prendre une habitude et se dit des choses qui n'inspirent pas trop de dégoût.
Accoutumer avec (s') : a rapport à une chose avec laquelle on finit par se familiariser avec une certaine nuance de résistance et d'efforts.

Accroc – anicroche – enclouure – rémora.
Accroc : se dit familièrement d'une difficulté imprévue, d'un obstacle qu'on ne pouvait prévoir.
Anicroche : embarras, mauvaise difficulté suscitée quelquefois à dessein.
Enclouure : obstacle en général et principalement le nœud d'une difficulté.
Rémora : obstacle, retardement, par allusion au poisson du même nom que les anciens croyaient capable d'arrêter ou de retarder un navire.

Accroître – agrandir – augmenter (Cf : *agrandir*).

Accumuler – amasser – amonceler – entasser.
Accumuler : entasser en grande quantité avec l'intention de conserver les objets dont on accroît sans cesse le nombre.
Amasser : mettre ensemble des choses de même nature, dans une mesure raisonnable.
Amonceler : mettre ensemble pêle-mêle des choses de natures différentes.
Entasser : serrer les unes contre les autres les choses qu'on amasse en donnant à l'ensemble la forme habituelle avec ordre ou en désordre.

Accusateur – délateur – dénonciateur (Cf : *dénonciateur*).

Accusé – inculpé – prévenu.

Inculpé : on inculpe quelqu'un d'un crime ou d'un délit grâce à certains indices à la suite desquels il est mis en état d'accusation.
Prévenu : il comparaît comme prévenu devant un juge d'instruction.
Accusé : il est traduit devant le juge compétent comme accusé.

Accuser – inculper.
Accuser : imputer une faute à quelqu'un en l'attaquant ; peut se dire en toutes matières.
Inculper : accuser quelqu'un par insinuation ; s'applique plus spécialement aux fautes et aux délits de peu de gravité.

Acerbe – acide – âcre – acrimonieux – aigre – âpre (Cf : *aigre*).

Achat – acquisition – emplette.
Achat : action d'acquérir à prix d'argent et se dit de choses assez considérables.
Acquisition : action de devenir propriétaire ; il diffère d'achat en ce sens qu'il est plutôt employé en terme de palais.
Emplette : désigne plutôt la chose achetée et s'applique surtout à l'acquisition de menus objets.

Acheteur – acquéreur.
Acheteur : celui qui se procure des meubles à prix d'argent.
Acquéreur : celui qui devient propriétaire d'immeubles.

Achevé – fini – parfait (Cf : *fini*).

Achever – finir – parachever – terminer (Cf : *terminer*).

Acide – acerbe – âcre – acrimonieux – aigre – âpre (Cf : *aigre*).

Aciérer – aciériser.
Aciérer : transformer le fer en acier.
Aciériser : action de fabriquer de l'acier.

Aciériser – aciérer (Cf : *aciérer*).

Acquéreur – acheteur (Cf : *acheteur*).

Acquiescement – adhésion – agrément – approbation – consentement – ratification (Cf : *consentement*).

Acquiescer – céder – se rendre (Cf : *céder*).

Acquiescer – accéder – adhérer – consentir – souscrire (Cf : *consentir*).

Acquisition – achat – emplette (Cf : *achat*).

Acquit – quittance – reçu (Cf : *reçu*).

Acquitté – quitte.

Acquitté : on s'est acquitté quand on a donné décharge de ses dettes momentanées.
Quitte : on est quitte quand on a payé tout ce qu'on devait et qu'on ne doit plus rien du tout.

Acquitter – s'acquitter – payer (Cf : *payer*).

Acquitter – absoudre.
Absoudre : renvoyer d'une accusation et principalement, remettre les péchés, pardonner.
Acquitter : déclarer quelqu'un complètement innocent.

Acre – acerbe – acide – acrimonieux – aigre – âpre (Cf : *aigre*).

Acreté – acrimonie – aigreur (Cf : *aigreur*).

Acrimonie – âcreté – aigreur (Cf : *aigreur*).

Acrimonieux – acerbe – acide – âcre – aigre – âpre (Cf : *aigre*).

Acte – action.
Acte : opération faite par l'âme; c'est le résultat de la faculté d'agir et se dit seulement de ce qui est remarquable.
Action : résultat d'une opération faite par l'âme; marque la manière et le développement de la puissance d'agir et se dit indifféremment de tout ce que l'on fait.

Acteur – comédien.
Acteur : celui qui, par profession ou comme amateur, joue un rôle dans une représentation. Au figuré, celui qui prend part à un événement en ne présentant aucune idée défavorable.
Comédien : celui dont la profession consiste à jouer des pièces; le terme de comédien est plus noble que celui d'acteur; au figuré, il exprime une idée d'hypocrisie et de dissimulation.

Actif – agissant.
Actif : l'homme actif est doué de la faculté d'agir.
Agissant : l'homme agissant agit présentement et effectivement.

Action – acte (Cf : *acte*).

Action – bataille – combat (Cf : *bataille*).

Actions (bonnes) – bonnes œuvres (Cf : *œuvres*).

Activité -- célérité – diligence – promptitude – rapidité – vélocité – vitesse (Cf : *vitesse*).

Actuellement – aujourd'hui – maintenant – à présent – présentement (Cf : *maintenant*).

Adage – aphorisme – apophtegme – axiome – maxime – proverbe – sentence (Cf : *proverbe*).

Adhérence – adhésion.
Adhérence : état involontaire de ce qui adhère et qui ne subsiste plus quand les corps sont séparés.
Adhésion : action d'adhérer, laquelle est involontaire en parlant des personnes.

Adhérence – cohérence – inhérence.
Adhérence : exprime l'état d'une chose appliquée à une autre, comme si elle était collée.
Inhérence : exprime la qualité d'une chose qui est jointe à une autre de façon inséparable.
Cohérence : exprime l'adhérence de parties semblables qui tiennent les unes aux autres.

Adhérent – annexé – attaché (Cf : *attaché*).

Adhérer – tomber d'accord (Cf : *accord*).

Adhérer – accéder – acquiescer – consentir – souscrire (Cf : *consentir*).

Adhésif – fixatif.
Adhésif : qui adhère, qui colle.
Fixatif : qui sert à adhérer, à coller.

Adhésion – acquiescement – agrément – approbation – consentement – ratification (Cf : *consentement*).

Adhésion – adhérence (Cf : *adhérence*).

Adieu – bonjour – bonsoir – bonne nuit – au revoir (Cf : *revoir*).

Adjacent – attenant – contigu – joignant – prochain – proche – voisin (Cf : *proche*).

Adjectif – attribut – épithète.
Adjectif : qualificatif nécessaire et indispensable pour l'intelligence de la phrase.
Epithète : qualificatif que l'on pourrait omettre mais qui sert à l'agrément et à l'énergie du discours.
Attribut : terme exprimant la qualité que l'on déclare appartenir au sujet ; il n'est en usage que dans l'analyse logique.

Admettre – recevoir.
Admettre : considérer comme valable en impliquant l'idée d'initiative.
Recevoir : implique seulement l'adhésion à une proposition.

Administration – gouvernement – régime (Cf : *gouvernement*).

Administrer – conduire – diriger – gérer – gouverner – régir (Cf :

diriger).

Adonner (s') – se donner.
Adonner (s') : celui qui s'adonne à une activité quelconque s'y applique uniquement.
Se donner : celui qui se donne à un art ou une science y est livré entièrement.

Adopter – aimer mieux – choisir – élire – opter – préférer – trier (Cf : *choisir*).

Adorer – honorer – révérer – vénérer.
Adorer : rendre à la divinité le culte qui lui est dû, soit par crainte, soit par amour.
Honorer : rendre honneur avec une idée plus faible et plus générale.
Révérer : rendre un culte extérieur par crainte respectueuse.
Vénérer : avoir un respect voisin de l'adoration, avec en plus une idée de déférence.

Adoucir – mitiger – modérer – modifier – tempérer (Cf : *modérer*).

Adoucir – radoucir.
Adoucir : rendre doux en général.
Radoucir : rendre plus doux, ramener à un état primitif de douceur des choses trop aigres ou trop dures.

Adresse – art – dextérité – entregent – habileté – industrie - savoir-faire (Cf : *habileté*).

Adroit – entendu – habile – industrieux – ingénieux (Cf : *habile*).

Adulateur – flagorneur – flatteur – louangeur (Cf : *flatteur*).

Adversaire – antagoniste – ennemi (Cf : *ennemi*).

Adversité – détresse – disgrâce – infortune – malheur – misère (Cf : *malheur*).

Affabilité – civilité – courtoisie – honnêteté – politesse (Cf : *politesse*).

Affable – civil – courtois – gracieux – honnête – poli (Cf : *poli*).

Affaibli – faible (Cf : *faible*).

Affaibli – amolli – efféminé – énervé.
Affaibli : rendu faible en parlant plus particulièrement du corps et en marquant l'effet et le résultat.
Enervé : affaibli en parlant également du corps mais en exprimant plutôt la cause ; on est affaibli parce qu'on est énervé.

Amolli : affaibli en parlant plus particulièrement d'une action morale et en exprimant un affaiblissement dans le caractère ou la volonté.
Efféminé : faible comme une femme en marquant un état naturel qui fait que l'on a les goûts et les manières d'une femme.

Affaiblir – énerver (Cf : *énerver*).

Affaissement – abattement – accablement – anéantissement – découragement – épuisement – langueur – prostration (Cf : *découragement*).

Affectation – afféterie.
Affectation : contrainte qu'on impose à son naturel pour se faire valoir ; c'est une manière d'être qui n'est pas naturelle et qui manque de sincérité.
Afféterie : soin ridicule qu'on prend pour paraître gracieux et renchérit en quelque sorte sur l'affectation.

Affecté – apprêté – compassé – composé – étudié – guindé – maniéré – recherché (Cf : *maniéré*).

Affecter – afficher – se piquer (Cf : *afficher*).

Affection – amitié – amour – attachement – inclination – passion – tendresse (Cf : *amour*).

Affection (avec) – affectueusement.
Affectueusement : d'une manière affectueuse, c'est-à-dire en homme plein d'affection, d'attention et d'attachement.
Avec affection : avec attachement, mais avec moins de valeur qu'affectueusement.

Affectionner – aimer – chérir (Cf : *aimer*).

Affectionner à (s') – s'affectionner pour.
S'affectionner à : signifie tout simplement s'attacher à.
S'affectionner pour : signifie se passionner pour quelque chose.

Affectueusement – avec affection (Cf : *affection*).

Affermer – louer (Cf : *louer*).

Affermir – arrêter – assurer – attacher – consolider – fixer (Cf : *attacher*).

Affermir – cimenter – confirmer – raffermir – sceller (Cf : *confirmer*).

Afféterie – affectation (Cf : *affectation*).

Afficher – affecter – se piquer.
Affecter : manifester un droit que l'on croit posséder.

Afficher : faire parade d'une qualité ou d'un défaut.
Se piquer : tirer vanité d'une chose et avoir de soi-même une certaine opinion.

Affinité – alliance – connexion – connexité – liaison – union (Cf : *union*).

Affirmation – affirmative.
Affirmation : action d'affirmer, de déclarer la vérité d'une chose.
Affirmative : proposition qui a la propriété d'affirmer.

Affirmative – affirmation (Cf : *affirmation*).

Affirmer – assurer – attester – avancer – certifier – confirmer – garantir – prétendre – promettre – répondre – soutenir.
Affirmer : déclarer qu'une chose est vraie, qui est évidente et dont on est convaincu.
Assurer : soutenir comme vrai, faire acquérir à quelqu'un la certitude d'un fait.
Attester : assurer en comportant l'idée de témoignage personnel.
Avancer : mettre en avant en exprimant ce qu'on propose pour défendre quelque chose.
Certifier : attester la réalité d'un fait qui est arrivé à notre connaissance.
Confirmer : prouver d'une manière décisive et ajoute à l'idée d'assurer et d'affirmer.
Garantir : certifier en répondant d'une chose et en prenant la responsabilité ; on garantit une qualité.
Prétendre : affirmer ce qu'on se propose de défendre.
Promettre : répondre d'un événement que l'on peut faire arriver.
Répondre : être caution, garant de quelqu'un ou de quelque chose confié à notre garde.
Soutenir : affirmer énergiquement ce que l'on défend actuellement.

Affliction – amertume – chagrin – désolation – douleur – mal – peine – souffrance – tourment – tristesse (Cf : *tristesse*).

Afflictions – croix – peines – tribulations (Cf : *peines*).

Affligé – attristé – contristé – fâché – mortifié (Cf : *attristé*).

Affluence – concours – foule – multitude – presse (Cf : *foule*).

Affranchir – délivrer (Cf : *délivrer*).

Affres – angoisses – transes (Cf : *angoisses*).

Affreux – difforme – hideux – horrible – laid (Cf : *laid*).

Affreux – effroyable – épouvantable – horrible.
Affreux : ce qui est affreux exprime la laideur et inspire le dégoût et l'éloignement.
Effroyable : ce qui est effroyable cause de l'horreur et est capable de faire peur.
Epouvantable : ce qui est épouvantable cause une terreur soudaine mêlée d'étonnement.
Horrible : ce qui est horrible cause de la répulsion et excite l'aversion.

Affront – avanie – insulte – outrage (Cf : *insulte*).

Affublé – accoutré (Cf : *accoutré*).

Affublé – fagoté – habillé – revêtu – vêtu (Cf : *habillé*).

Affûter – aiguiser (Cf : *aiguiser*).

Afin de – afin que – pour – pour que (Cf : *pour*).

Agacer – harceler – provoquer.
Provoquer : agir de façon à irriter quelqu'un et plus précisément par des insultes.
Agacer : provoquer en produisant sur les sens une impression désagréable, et plus précisément par des sarcasmes.
Harceler : provoquer souvent pour inquiéter, mais de façon peu sérieuse et plus précisément par des opportunités.

Agé de – à l'âge de.
Agé de : désigne simplement l'âge sans autre idée accessoire.
A l'âge de : ajoute une circonstance à l'idée d'âge en précisant une époque.

Agenouiller (s') – se mettre à genoux (Cf : *mettre à genoux*).

Agissant – actif (Cf : *actif*).

Agitation – tourment.
Agitation : malaise de l'âme qui suppose une grande peine d'esprit avec alternative de mouvements contraires.
Tourment : grande douleur corporelle causée par un mal déterminé et présent en ne supposant aucune incertitude ; il exprime une idée beaucoup plus énergique qu'agitation et est, en quelque sorte, l'augmentatif de l'autre.

Agité – ému – troublé (Cf : *ému*).

Agiter – débattre – discuter – traiter (Cf : *discuter*).

Agrandir – étendre (Cf : *étendre*).

Agrandir – accroître – augmenter.
Accroître : mot général qui signifie faire croître, prendre du développement.
Agrandir : rendre plus grand; on se sert d'agrandir lorsqu'il est question de la dimension des objets; agrandir, c'est croître en étendue : on agrandit une ville, une maison par l'adjonction d'autres bâtiments.
Augmenter : on se sert d'augmenter lorsqu'il est question de nombre; augmenter, c'est croître en nombre : on augmente le nombre des citoyens, les dépenses, les revenus.

Agréable – gracieux.
Agréable : qui cherche à plaire; l'esprit rend agréable.
Gracieux : agréable tout en étant élégant et civil; les manières rendent gracieux.

Agréer – accepter – recevoir (Cf : *accepter*).

Agréger – associer (Cf : *associer*).

Agrément – acquiescement – adhésion – approbation – consentement – ratification (Cf : *consentement*).

Agrément – aménité – grâce (Cf : *grâce*).

Agrès – gréement (Cf : *gréement*).

Agression – attaque (Cf : *attaque*).

Agreste – abrupt – âpre – inculte – raboteux – revêche – rude – rustique – sauvage (Cf : *sauvage*).

Agreste – champêtre (Cf : *champêtre*).

Agriculteur – agronome – colon – cultivateur – laboureur.
Agriculteur : celui qui fait cultiver ou cultive lui-même ses terres, et en grand.
Cultivateur : celui qui cultive lui-même ses terres en s'adonnant à un genre de culture particulier.
Agronome : celui qui indique les applications que l'on peut faire des sciences à l'agriculture en vue d'en perfectionner la pratique.
Colon : celui à qui l'on a donné des terres dans une colonie et qui les exploite ou les fait exploiter.
Laboureur : celui qui laboure et qui cultive la terre par lui-même.

Agronome – agriculteur – colon – cultivateur – laboureur (Cf : *agriculteur*).

Ah – ha.

Ah : interjection exprimant une émotion profonde, comme la joie, la douleur.
Ha : exprime quelque chose de subtil et d'inattendu comme la surprise.

Aide – appui – assistance – secours.
Aide : tout ce que l'on fait pour rendre service à quelqu'un; il implique une idée d'action et de besoin.
Appui : aide qui implique une idée de soutien physique et moral et dans n'importe quelle occasion.
Assistance : aide que l'on prête à quelqu'un en restant auprès de lui, en veillant sur lui, en pourvoyant à ses besoins dans des circonstances intimes; il implique une idée de générosité.
Secours : acte par lequel on cherche à tirer une personne d'un péril imminent; il implique une idée d'assistance immédiate et opportune.

Aider – assister – secourir.
Aider : indique une peine quelconque physique ou morale; on vient en aide à quelqu'un de toutes sortes de façons.
Assister : indique un besoin ou un secours; on assiste les pauvres.
Secourir : indique un danger; on va au secours de quelqu'un.

Aïeux – ancêtres – pères (Cf : *ancêtres*).

Aigre – acerbe – acide – âcre – acrimonieux – âpre.
Acerbe : qui n'est pas encore mûr; au figuré, s'emploie en parlant d'un ton qu'il faudrait adoucir.
Acide : qui a une saveur aigre; au figuré, se dit de tout ce qui produit une impression vive et désagréable sur les organes.
Acre : qui a une saveur brûlante et piquante; une personne âcre a de la haine.
Acrimonieux : qui a une disposition habituelle à l'âcreté; une personne acrimonieuse a de l'humeur.
Aigre : s'applique à une substance altérée; au figuré, du caractère ou des paroles d'une personne irritée.
Apre : qui paraît rude, astringent quand le palais le touche.

Aigreur – âcreté – acrimonie.
Acreté : qualité de ce qui est âcre actuellement avec un sentiment de haine.
Acrimonie : qualité de ce qui est âcre par nature et le reste toujours.
Aigreur : irritation de l'esprit se traduisant par des paroles piquantes et qui consiste à prendre en mal tout ce qu'on dit ou fait.

Aiguillonner – animer – encourager – exciter – inciter – porter à –

pousser à (Cf : *encourager*).

Aiguiser – affûter.
Aiguiser : rendre aigu en passant l'outil sur une meule tournante.
Affûter : rendre aigu en passant l'outil sur une pierre posée à plat.

Aiguiser – allégir – amenuiser.
Aiguiser : on aiguise en rendant un corps pointu et tranchant sur le bord et sur les bouts.
Allégir : on allège en diminuant dans tous les sens le volume d'un corps considérable.
Amenuiser : on amenuise un corps peu considérable en le rendant plus mince sur une seule face.

Ailleurs (d') – de plus – outre cela – en outre.
De plus : locution qui n'a rapport qu'au nombre.
D'ailleurs : annonce une autre raison ou quelque chose d'espèce différente.
Outre cela : indique une nouvelle raison qui augmente la force de celles qui précédaient.
En outre : peut toujours s'employer pour outre cela et réciproquement.

Aimer – affectionner – chérir.
Aimer : ressentir de l'affection pour ce qui nous plaît, personnes ou choses.
Chérir : comporte plus de tendresse qu'aimer, mais on ne chérit que les personnes ou ce qui flatte, chez les autres, notre manière de voir.
Affectionner : exprime un sentiment plus modéré qu'aimer et chérir; c'est simplement avoir un certain attachement pour des égaux ou des inférieurs.

Aimer mieux – adopter – choisir – élire – opter – préférer – trier (Cf : *choisir*).

Ainsi – c'est pourquoi.
Ainsi : ne renferme qu'un rapport de conséquence.
C'est pourquoi : renferme un rapport de cause et d'effet.

Ainsi que – comme – de même que (Cf : *comme*).

Air – manière (Cf : *manière*).

Air – mine – physionomie.
Air : s'entend non seulement du visage mais de toute la personne, taille, maintien et même action.
Mine : dépend du visage et quelquefois de la taille.

Physionomie : ne se dit que de la puissance d'expression des traits du visage.

Ais – planche (Cf : *planche*).

Aisance – abondance – opulence – richesse (Cf : *richesse*).

Aisance – aise.
Aisance : facilité de corps et d'esprit qui indique un état permanent ; un homme riche vit dans l'aisance.
Aise : sentiment de satisfaction personnelle qui indique un état passager ; un ouvrier vit à son aise.

Aise – aisance (Cf : *aisance*).

Aise – content – ravi (Cf : *content*).

Aises – commodités.
Aises : toutes les choses en général sans lesquelles la vie serait insipide et sans charme.
Commodités : biens ou avantages qui devraient être indispensables et dont le défaut rend pauvre.

Aise (à l') – aisément.
A l'aise : commodément en exprimant un état ; on est à l'aise dans un fauteuil.
Aisément : commodément en exprimant une action ; on fait un travail aisément.

Aisé – facile (Cf : *facile*).

Aisément – à l'aise (Cf : *aise*).

Ajouter – augmenter.
Ajouter : mettre en plus, mais fait entendre qu'on joint des choses différentes ou, si elles sont de la même espèce, les joindre de façon à ce qu'elles ne soient pas confondues.
Augmenter : ajouter d'une façon plus grande ou plus abondante et suppose que l'addition ne fasse qu'un tout.

Ajustement – parure – toilette (Cf : *toilette*).

Alarme – appréhension – crainte – effroi – épouvante – frayeur – peur – terreur (Cf : *peur*).

Alibile – alimentaire (Cf : *alimentaire*).

Aliéner – céder – vendre (Cf : *vendre*).

Aliment – nourriture – subsistance (Cf : *nourriture*).

Alimentaire – alibile.
Alimentaire : se dit de toute la nourriture en général.

Alibile : se dit de la partie de la nourriture qui profite au corps.

Aliter (s') – se mettre au lit (Cf : *mettre au lit*).

Allé (être) – avoir été (Cf : *être allé*).

Allécher – attirer (Cf : *attirer*).

Allégeance – allégement (Cf : *allégement*).

Allégement – allégeance.
Allégeance : indique l'action de soulager, adoucir.
Allégement : indique le résultat de cette action.

Alléger – soulager (Cf : *soulager*).

Allégir – aiguiser – amenuiser (Cf : *aiguiser*).

Allégorie – apologue – parabole (Cf : *parabole*).

Alléguer – citer – produire – rapporter (Cf : *citer*).

Aller à la rencontre – aller au devant.
Aller au devant : essayer de joindre quelqu'un pour l'honorer par cette marque d'empressement. Exprime une démarche polie et bienveillante, on va au devant d'une personne pour la saluer.
Aller à la rencontre : essayer de joindre quelqu'un au plus tôt en lui épargnant une partie du chemin. Exprime surtout l'opposition ou la lutte, une armée va à la rencontre de l'ennemi, mais cette distinction n'est pas toujours observée dans le langage populaire.

Alliance – affinité – connexion – connexité – liaison – union (Cf : *union*).

Alliance – ligue – coalition – confédération
Alliance : réunion durable d'amitié et de convenance faite entre plusieurs états pour s'entraider ou s'entre-défendre et pour se prémunir, au besoin, contre un danger éventuel.
Ligue : union momentanée entre états contre un ennemi commun, en vue de déterminer une action pour repousser un danger présent.
Coalition : accord momentané conclu entre individus indifférents ou hostiles les uns aux autres, dans le but de nuire à quelqu'un; elle a plus d'étendue et de généralité que la ligue.
Confédération : union d'états administrativement indépendants, mais constituant une seule puissance politique et qui mettent leurs forces en commun pour soutenir leur indépendance; elle exprime une organisation permanente sans durée de temps.

Allonger – prolonger – proroger (Cf : *prolonger*).

Allure – démarche.
Allure : manière d'agir qui est constante et habituelle ; elle provient de la nature et de l'habitude.
Démarche : manière d'agir qui peut être variable, mais qui est accidentelle et peut se modifier.

Alluvion – atterrissement.
Alluvion : dépôt formé par les eaux en quelque endroit que ce soit.
Atterrissement : alluvions formées sur les bords d'un cours d'eau.

Almanach – calendrier (Cf : *calendrier*).

Alors – pour lors.
Alors : évoque une certaine époque pendant laquelle a eu lieu toute une série d'événements.
Pour lors : évoque une période précise à laquelle se rapporte un événement particulier.

Alouette – mauviette.
Alouette : désigne l'oiseau passereau qui vit dans nos campagnes.
Mauviette : terme exclusivement gastronomique pour désigner une alouette bien grasse.

Altercation – contestation – controverse – débat – démêlé – différend – discussion – dispute – querelle (Cf : *dispute*).

Altier – dédaigneux – fier – haut – hautain – impérieux (Cf : *fier*).

Amadouer – cajoler – flagorner (Cf : *cajoler*).

Amaigrir – maigrir (Cf : *maigrir*).

Amaigrissement – atrophie – maigreur.
Amaigrissement : diminution progressive et graduelle de l'embonpoint d'une personne ou d'un animal.
Atrophie : amaigrissement partiel d'un seul organe.
Maigreur : effet de l'amaigrissement.

Amant – amoureux – galant (Cf : *amoureux*).

Amas – monceau – pile – tas (Cf : *tas*).

Amasser – accumuler – amonceler – entasser (Cf : *accumuler*).

Amateur – connaisseur.
Amateur : celui qui a beaucoup de goût pour une chose quelconque et affecte l'enthousiasme.
Connaisseur : celui qui se connaît en quelque chose et qui est à

même de pouvoir juger avec compétence n'importe quelle production.

Ambassadeur – député – envoyé.
Ambassadeur : représentant d'un état accrédité à demeure auprès du gouvernement d'un autre état ; il parle et agit au nom de son propre gouvernement.
Envoyé : individu chargé d'une mission déterminée auprès d'un gouvernement étranger ; il n'a qu'une fonction temporaire et limitée.
Député : mandataire chargé d'une mission spéciale pour un corps particulier, une corporation, une société ou autre.

Ambigu – amphibologique – équivoque – louche (Cf : *louche*).

Ambiguïté – amphibologie – double sens – équivoque (Cf : *équivoque*).

Ame (grandeur d') – générosité – magnanimité (Cf : *générosité*).

Ame faible – caractère faible – cœur faible – esprit faible (Cf : *caractère faible*).

Amendement – correction – réformation – réforme (Cf : *correction*).

Amender – corriger – réformer (Cf : *correction*).

Amener – conduire – emmener – mener – ramener – remener – remmener (Cf : *conduire*).

Aménité – agrément – grâce (Cf : *grâce*).

Amenuiser – aiguiser – allégir (Cf : *aiguiser*).

Amertume – affliction – chagrin – désolation – douleur – mal – peine – souffrance – tourment – tristesse (Cf : *tristesse*).

Ami (être) – avoir de l'amitié.
Avoir de l'amitié : avoir simplement de l'attachement pour quelqu'un.
Etre ami : avoir de l'affection et en dit plus qu'avoir de l'amitié.

Amiable (à l') – amiablement.
A l'amiable : sans procès, en indiquant une manière tout à fait ordinaire d'arranger une affaire, sans y ajouter autre chose.
Amiablement : implique un fonds de douceur s'étendant au-delà du procédé.

Amiablement – à l'amiable (Cf : *amiable*).

Amitié – affection – amour – attachement – inclination – passion – tendresse (Cf : *amour*).

Amitié – bienfait – faveur – grâce – bon office – plaisir – service (Cf : *service*).

Amitié (avoir de l') – être ami (Cf : *ami*).

Amnistie – grâce (Cf : *grâce*).

Amolli – affaibli – efféminé – énervé (Cf : *affaibli*).

Amollir – ramollir (Cf : *ramollir*).

Amonceler – accumuler – amasser – entasser (Cf : *accumuler*).

Amorce – appât – leurre (Cf : *appât*).

Amour – affection – amitié – attachement – inclination – passion – tendresse.
Amour : en général, tout ce que l'on aime et plus particulièrement l'affection d'un sexe pour l'autre.
Affection : bienveillance douce et tranquille qui peut n'être pas partagée.
Amitié : affection mutuelle entre égaux en supposant réciprocité.
Attachement : bienveillance moins forte que l'affection et consistant à ne point être indifférent aux choses ou aux personnes auxquelles on tient.
Tendresse : émotion très vive, douce et presque toujours inactive.
Inclination : penchant que l'on a pour quelqu'un et qui est un commencement d'amour et de tendresse.
Passion : sentiment d'amour poussé à l'extrême limite.

Amour – amourette.
Amour : passion d'un sexe pour l'autre.
Amourette : attachement passager et frivole d'un sexe pour l'autre, amour peu sérieux qu'on n'ose avouer, soit par timidité, soit par différence d'âge.

Amour de soi – amour-propre – égoïsme (Cf : *égoïsme*).

Amour-propre – morgue – orgueil – superbe (Cf : *orgueil*).

Amour-propre – amour de soi – égoïsme (Cf : *égoïsme*).

Amourette – amour (Cf : *amour*).

Amoureux – amant – galant.
Amant : celui ou celle qui a de l'amour pour une personne d'un autre sexe, qui s'est déclaré et qui est parvenu à se faire agréer; il ne se dit plus guère aujourd'hui dans ce sens et suppose des faveurs que l'honnêteté condamne.

Amoureux : celui qui éprouve de la passion en étant quelquefois trop timide pour l'avouer ouvertement ; un amoureux aime par amour et reste toujours amoureux même si l'objet de son amour le repousse ; il peut aussi désigner une simple tendance de tempérament qui porte à aimer toutes les femmes.
Galant : celui qui cherche à plaire en étant élégant, gracieux, plein d'urbanité, mais qui évoque aussi l'homme éveillé, entreprenant et à qui il ne faut pas trop se fier.

Amphibologie – ambiguïté – double sens – équivoque (Cf : *équivoque*).

Amphibologique – ambigu – équivoque – louche (Cf : *louche*).

Ample – grand – spacieux – vaste (Cf : *grand*).

Amplement – abondamment – en abondance – beaucoup – bien – considérablement – copieusement – à foison – fort – largement (Cf : *beaucoup*).

Ampoulé – boursouflé – emphatique – guindé (Cf : *emphatique*).

Amulette – talisman (Cf : *talisman*).

Amusement – divertissement – récréation – réjouissance (Cf : *divertissement*).

Amuser – abuser – attraper – décevoir – donner le change – duper – embabouiner – enjôler – en imposer – leurrer – surprendre – tromper (Cf : *tromper*).

Amuser – divertir.
Amuser : prendre du plaisir d'une manière légère et de façon à ne pas trop sentir le poids du temps et du travail. Pris pronominalement, s'amuser, c'est en quelque sorte ne pas s'ennuyer ; on peut s'amuser seul.
Divertir : prendre du plaisir, mais de manière à ce que le temps ne soit qu'une succession d'occupations agréables. Pris pronominalement, se divertir, c'est se réjouir ; il faut être plusieurs pour se divertir.

An – année (Cf : *année*).

Anachronisme – métachronisme – parachronisme – prochronisme.
Anachronisme : terme employé généralement pour exprimer une erreur de date et quand il y a contestation dans la supputation du temps.
Métachronisme : a, à peu près, le même sens général qu'anachronisme, le préfixe grec meta indiquant simplement une idée de changement ou de déplacement.

Prochronisme : action d'assigner à un fait une date antérieure à celle où il a eu lieu.
Parachronisme : action d'assigner à un fait une date postérieure à celle où il a eu lieu.

Analogie – convenance – correspondance – rapport (Cf : *rapport*).

Analogie – conformité – ressemblance – similitude (Cf : *ressemblance*).

Analyse – abrégé – extrait – précis – raccourci – résumé – sommaire (Cf : *résumé*).

Analyse – décomposition.
Décomposition : appartient à la langue vulgaire et signifie : séparation des éléments d'un corps; il a un sens plus général et moins précis.
Analyse : a la même signification, mais appartient davantage à la langue scientifique, avec un sens beaucoup plus détaillé et plus rigoureux. Toute analyse est une décomposition, mais une décomposition n'est pas une véritable analyse établie suivant une méthode rigoureuse.

Ancêtre – devancier – prédécesseur (Cf : *prédécesseur*).

Ancêtres – aïeux – pères.
Pères : s'applique aux hommes qui ont vécu immédiatement avant nous.
Aïeux : s'applique à ceux qui les ont devancés.
Ancêtres : s'applique aux contemporains de l'époque la plus reculée. Ces trois mots ne sont synonymes que quand ils ne désignent pas la famille; ils se disent en général de ceux qui nous ont précédés. Ils diffèrent parce qu'ils ont une gradation d'ancienneté : le siècle de nos pères a touché au nôtre, nos aïeux les ont devancés et nos ancêtres sont les plus reculés de tous. Toutefois, quand on veut exprimer, dans une famille, la transmission d'un caractère ou d'une qualité, on fait plus particulièrement usage du mot père.

Ancien – antique – vieux (Cf : *vieux*).

Anciennement – autrefois – jadis (Cf : *jadis*).

Androïde – automate – machine – robot (Cf : *robot*).

Ane – balourd – bête – buse – butor – cruche – ganache – ignorant – lourdaud – mâchoire (Cf : *bête*).

Ane – baudet – bourrique.
Ane : l'animal tel qu'il est en lui-même et tel que nous le connaissons par les services qu'il nous rend et par ses qualités

naturelles. Au figuré, l'âne est l'homme qui réunit l'obstination à la sottise, qui refuse absolument de s'instruire et qui nous irrite.
Baudet : c'est l'âne avec ses défauts, sa stupidité et sa laideur relative; au figuré, cette dénomination convient quand on veut s'amuser aux dépens de la victime ou lorsqu'on a en vue une plaisanterie qui profite aux autres.
Bourrique : c'est la femelle de l'âne tout en n'étant pas un synonyme parfait d'ânesse; au figuré, il contient toujours l'idée de stupidité risible et complète, mais sans y joindre celle d'obstination.

Anéantir – abolir – détruire – exterminer.
Abolir : détruire des usages encore en vigueur.
Anéantir : réduire à néant, faire disparaître complètement.
Détruire : faire disparaître d'une façon violente.
Exterminer : faire périr entièrement en parlant des hommes ou des animaux.

Anéantissement – abattement – accablement – affaissement – découragement – épuisement – langueur – prostration (Cf : *découragement*).

Anecdote – histoire – historiette (Cf : *histoire*).

Anesse – bourrique.
Anesse : nom ordinaire de la femelle de l'âne qui ne s'emploie jamais au figuré.
Bourrique : l'ânesse considérée comme bête de somme; au figuré, se dit de toute personne ignorante.

Angoisse – anxiété – inquiétude (Cf : *inquiétude*).

Angoisses – affres – transes.
Affres : grande frayeur caractérisée par du désordre et l'anéantissement des sens et des idées.
Angoisses : grandes afflictions caractérisées par une oppression, une gêne dans la respiration.
Transes : grandes craintes d'un mal qu'on croit prochain et caractérisées par un tremblement général.

Anicroche – accroc – enclouure – rémora (Cf : *accroc*).

Animal – bête – brute.
Animal : expression générique employée pour désigner tout être vivant et sensible, par opposition aux végétaux et aux minéraux et qui comprend l'homme par conséquent; il ne se dit que des êtres d'une certaine grandeur. Au figuré, il s'emploie pour reprocher à l'homme les défauts qu'a un animal quelconque.

Bête : tout animal excepté l'homme et considéré comme ayant des facultés bornées; il peut se dire aussi bien des grands que des petits animaux. Au figuré, il s'emploie pour accuser l'homme de sottise ou d'incapacité.
Brute : tout animal brutal, féroce, dont les instincts sont peu développés et complètement dénué d'intelligence. Au figuré, il s'emploie pour désigner l'homme tombé au dernier degré d'abrutissement.

Animation – effervescence – mouvement (Cf : *mouvement*).

Animer – aiguillonner – encourager – exciter – inciter – porter à – pousser à (Cf : *encourager*).

Animosité – inimitié – rancune – ressentiment (Cf : *rancune*).

Annales – archives – chroniques – commentaires – fastes – histoire – mémoires – vie (Cf : *histoire*).

Année – an.
An : est considéré comme indivisible et n'est guère en usage que pour les dates.
Année : est considéré comme divisible et susceptible de recevoir des épithètes servant à faire connaître les résultats produits annuellement; il marque la durée et la série des événements.

Annexé – adhérent – attaché (Cf : *attaché*).

Annoncer – déclarer – découvrir – manifester (Cf : *déclarer*).

Annoncer – dénoncer.
Annoncer : faire connaître à quelqu'un ce qu'il ignorait auparavant.
Dénoncer : faire connaître d'une façon plus sûre et plus autoritaire; généralement l'action de dénoncer signifie : signaler comme coupable; elle devient alors une accusation.

Annuler – abolir – abroger – casser – infirmer – révoquer.
Abolir : mettre une chose quelconque hors d'usage; se rapporte plutôt à ce qui tient aux mœurs, aux usages, aux religions ou aux institutions.
Abroger : a le même sens qu'abolir, mais beaucoup plus restreint; il ne s'emploie qu'en parlant des lois, des édits, des ordonnances, etc.
Casser : annuler en parlant d'un tribunal ou d'une autorité suprême; s'emploie pour détruire ce qu'une autre autorité avait établi; signifie aussi : priver quelqu'un d'une charge ou d'un grade pour cause d'indignité.
Infirmer : déclarer nul l'arrêt d'un tribunal en lui enlevant la force et l'autorité qu'il devait avoir.

Révoquer : déclarer qu'à l'avenir une loi, un acte sera considéré comme nul; revenir sur ce qui avait été accordé par un prédécesseur.
Annuler : rendre nul, frapper de nullité ce qui avait été déjà accompli.

Anoblir – ennoblir.
Anoblir : accorder à un vilain un titre qui le rend noble; il constitue un changement d'état social.
Ennoblir : rehausser; il constitue un changement d'état moral.

Anomal – anormal (Cf : *anormal*).

Anormal – anomal.
Anomal : se dit de quelque chose d'inégal et d'irrégulier.
Anormal : se dit de quelque chose d'irrégulier et contraire à la règle.

Antagoniste – adversaire – ennemi (Cf : *ennemi*).

Antécédent – antérieur – précédent (Cf : *précédent*).

Antécédents – précédents.
Antécédents : se dit de faits qui se sont passés antérieurement et qui peuvent faire juger de l'état actuel de santé ou de moralité de quelqu'un.
Précédents : se dit, d'une manière plus spéciale, d'exemples ou de décisions antérieurs relatifs à une collectivité, une assemblée, une cour judiciaire par exemple.

Antéoccupation – anthypophore – anticipation – prolepse (Cf : *anticipation*).

Antérieur – antécédent – précédent (Cf : *précédent*).

Anthropophage – cannibale (Cf : *cannibale*).

Anthypophore – antéoccupation – anticipation – prolepse (Cf : *anticipation*).

Anticipation – antéoccupation – anthypophore – prolepse.
Antéoccupation : réfutation anticipée d'une objection qui pourrait être faite.
Anticipation : a le même sens, mais se rapporte plutôt à des idées abstraites.
Anthypophore : a le même sens, mais consiste à s'adresser à soi-même.
Prolepse : a le même sens, mais consiste à prévoir l'objection bien à l'avance.

Antidote – contrepoison (Cf : *contrepoison*).

Antipathie – aversion – haine – répugnance (Cf : *haine*).

Antique – ancien – vieux (Cf : *vieux*).

Antireligieux – irréligieux.
Antireligieux : qui est contraire à une religion quelconque ou hostile à une opinion religieuse.
Irréligieux : qui manque de religion ou qui la blesse mais avec un sens moins expressif.

Antre – caverne – grotte – tanière (Cf : *grotte*).

Anxiété – angoisse – inquiétude (Cf : *inquiétude*).

Apaiser – calmer – pacifier (Cf : *calmer*).

Apathie – indifférence – indolence – insensibilité (Cf : *indifférence*).

Apercevoir – découvrir – percevoir – remarquer – voir (Cf : *voir*).

Apetisser – rapetisser (Cf : *rapetisser*).

Aphorisme – adage – apophtegme – axiome – maxime – proverbe – sentence (Cf : *proverbe*).

Apocryphe – supposé (Cf : *supposé*).

Apologie – défense – justification (Cf : *défense*).

Apologue – allégorie – parabole (Cf : *parabole*).

Apophtegme – adage – aphorisme – axiome – maxime – proverbe – sentence (Cf : *proverbe*).

Apostat – hérétique – renégat (Cf : *hérétique*).

Apostème – abcès – apostume – dépôt – épanchement – infiltration (Cf : *abcès*).

Aposter – poster (Cf : *poster*).

Apostume – abcès – apostème – dépôt – épanchement – infiltration (Cf : *abcès*).

Apothéose – déification.
Apothéose : action de mettre quelqu'un au rang des dieux, comme la cérémonie dont les héros de l'Antiquité et les empereurs romains étaient honorés, après leur mort.
Déification : action de s'imaginer qu'un homme, un animal ou une plante est une divinité et lui rendre un culte.

Apparaître – paraître (Cf : *paraître*).

Apparat – appareil.

Appareil : dispositions générales que l'on prend pour exécuter quelque chose avec un certain éclat.
Apparat : l'ensemble des mesures qu'on prend pour rendre une chose magnifique; il emporte une idée d'emphase et de pédanterie.

Appareil – apprêts – préparatifs (Cf : *préparatifs*).

Appareil – apparat (Cf : *apparat*).

Apparence – probabilité – vraisemblance (Cf : *vraisemblance*).

Apparence – dehors – extérieur.
Apparence : ce qu'on voit d'une chose, l'effet que la vue d'une chose produit sur nous; au figuré, l'apparence s'applique à la conduite.
Extérieur : apparence d'une personne ou d'une chose ou sa partie visible; au figuré, l'extérieur se dit de l'air et de la physionomie.
Dehors : apparence extérieure qui environne une chose; au figuré, le dehors s'entend des manières en général.

Apparition – vision (Cf : *vision*).

Appas – attraits – charmes (Cf : *charmes*).

Appât – amorce – leurre.
Appât : au propre, pâture bien apparente qu'on met dans un piège pour attirer des animaux; au figuré, il présente quelque chose d'utile.
Amorce : appât plus spécialement utilisé pour le poisson; au figuré, il exprime quelque chose de séduisant.
Leurre : objet que l'on met en évidence pour tromper; au figuré, il exprime quelque chose de vain et de chimérique.

Appel – pourvoi.
Appel : recours à un tribunal supérieur contre une décision d'un tribunal inférieur pour la faire réformer; on appelle d'un jugement rendu en premier ressort.
Pourvoi : action de déférer un jugement devant la Cour de Cassation ou le Conseil d'Etat pour le faire casser; on se pourvoit contre un jugement rendu en dernier ressort.

Appeler – nommer (Cf : *nommer*).

Appeler – évoquer – invoquer.
Appeler : prononcer le nom; on appelle les personnes et les animaux qui vivent présentement avec nous.
Evoquer : rappeler le nom; on évoque les morts ou les absents, ceux qui généralement ont disparu.

Invoquer : appeler à son secours ou à son aide; on invoque Dieu ou la loi.

Appétence – appétit – faim (Cf : *faim*).

Appétit – appétence – faim (Cf : *faim*).

Applaudir – approuver – goûter (Cf : *approuver*).

Applaudissement – éloge – louange (Cf : *éloge*).

Application – attention – contention – méditation – réflexion (Cf : *attention*).

Appliquer (s') – s'approprier – s'arroger – s'attribuer (Cf : *approprier*).

Appliquer – apposer.
Apposer : mettre sur un objet une marque quelconque pour le rendre authentique; sa signature, par exemple.
Appliquer : poser un objet sur un autre d'une manière solide.

Appointements – émoluments – gages – honoraires – salaire – solde – traitement (Cf : *salaire*).

Apporter – emporter – porter – transporter (Cf : *porter*).

Apposer – appliquer (Cf : *appliquer*).

Apprécier – estimer – évaluer – priser (Cf : *estimer*).

Appréhender – craindre – avoir peur – redouter (Cf : *craindre*).

Appréhension – alarme – crainte – effroi – épouvante – frayeur – peur – terreur (Cf : *peur*).

Apprendre – étudier – s'instruire (Cf : *étudier*).

Apprendre – enseigner – faire savoir – informer – instruire (Cf : *enseigner*).

Apprêts – appareil – préparatifs (Cf : *préparatifs*).

Apprêté – affecté – compassé – composé – étudié – guindé – maniéré – recherché (Cf : *maniéré*).

Apprêter – disposer – préparer (Cf : *préparer*).

Apprivoisé – domestique – privé.
Apprivoisé : se dit d'un animal qui a subi docilement la domination de l'homme; apprivoisé éveille toujours l'idée que l'animal était autrefois sauvage et que c'est l'homme qui l'a conduit à son état de soumission; on dira qu'un animal est apprivoisé quand il a cessé d'être dangereux.
Domestique : se dit quand l'animal apprivoisé se reproduit et se

multiplie en compagnie de l'homme.
Privé : se dit d'un animal apprivoisé en marquant un état ancien et naturel qui fait oublier l'action qui l'a rendu tel; on dira d'un animal qu'il est privé quand il est devenu familier et même affectueux.

Approbation – acquiescement – adhésion – agrément – consentement – ratification (Cf : *consentement*).

Approcher – aborder – avoir accès.
Aborder : accoster quelqu'un à qui on veut parler.
Approcher : être proche de quelqu'un qu'on voit habituellement.
Avoir accès : facilité plus ou moins grande d'être introduit auprès de quelqu'un.

Approcher – s'approcher.
Approcher quelqu'un : être en relation habituelle avec lui.
S'approcher de quelqu'un : venir près de lui.

Approfondir – creuser (Cf : *creuser*).

Approprier(s') – s'appliquer – s'arroger – s'attribuer.
S'approprier : prendre le bien d'autrui; on s'approprie quelque chose pour en avoir soi-même la jouissance.
S'arroger : usurper insolemment un droit qu'on n'a pas; on s'arroge injustement une autorité ou un titre.
S'attribuer : prétendre qu'on possède un certain avantage; on s'attribue la gloire d'une découverte.
S'appliquer : s'attribuer une chose susceptible de nous convenir; on s'applique à un travail.

Approuver – applaudir – goûter.
Approuver : donner son assentiment, non seulement pour une chose qui est déjà accomplie, mais même pour une chose qui reste à accomplir.
Applaudir : approuver d'une manière démonstrative par des battements de mains ou des acclamations.
Goûter : approuver simplement ce qui nous plaît.

Appui – soutien – support (Cf : *soutien*).

Appui – aide – assistance – secours (Cf : *aide*).

Appuyer – accoter.
Accoter : placer contre; a plus de rapport à la chose qui est soutenue.
Appuyer : placer contre; a plus de rapport à la chose qui soutient.

Apre – abrupt – agreste – inculte – raboteux – revêche – rude –

rustique – sauvage (Cf : *sauvage*).

Apre – acerbe – acide – âcre – acrimonieux – aigre (Cf : *aigre*).

Apre – austère – rude (Cf : *rude*).

Après – ensuite.
Après : plus tard, mais en laissant subsister entre deux situations un intervalle plus ou moins long.
Ensuite : marque la même idée, mais n'admet pas d'intervalle, la suite d'une chose se trouvant immédiatement après.

Aptitude – capacité – disposition – génie – goût – talent (Cf : *capacité*).

Aquatile – aquatique (Cf : *aquatique*).

Aquatique – aquatile.
Aquatile : se dit des plantes qui naissent, se développent et vivent en général au fond de l'eau.
Aquatique : se dit des plantes qui vivent dans l'eau, au bord de l'eau ou simplement dans des lieux humides; il peut aussi s'appliquer à tous les animaux qui vivent dans l'eau ou sur ses bords.

Arc-boutant – pivot (Cf : *pivot*).

Archives – annales – chroniques – commentaires – fastes – histoire – mémoires – vie (Cf : *histoire*).

Argot – baragoin – jargon – patois (Cf : *jargon*).

Aride – sec (Cf : *sec*).

Armes (fait d') – exploit – hauts faits – prouesse (Cf : *exploit*).

Armes – armoiries (Cf : *armoiries*).

Arme – armure.
Arme : se dit de tout ce qui est utile pour attaquer ou pour se défendre; il désigne la chose elle-même.
Armure : se dit de ce qui est utile seulement pour se défendre; se dit aussi, en particulier, de chacune des pièces défensives servant à protéger une partie du corps.

Armoiries – armes.
Armoiries : mot propre de la science du blason et désignant l'ensemble des signes dont se compose un écu ou un blason.
Armes : mot de l'usage commun désignant les armoiries propres à une famille et représentées sur l'écusson; il ne doit pas être employé dans le sens d'armoiries chaque fois qu'il formerait une équivoque.

Armure – arme (Cf : *arme*).

Aromate – arôme – parfum (Cf : *parfum*).

Arôme – aromate – parfum (Cf : *parfum*).

Arracher – ravir.
Arracher : tirer à soi, enlever avec effort ce qui résiste ou se défend.
Ravir : prendre avec violence une chose non défendue ou mal gardée, sans résistance ou malgré une faible résistance.

Arranger – ranger (Cf : *ranger*).

Arrestation – arrêtement.
Arrestation : action d'arrêter et particulièrement de se saisir d'une personne, par mesure de police ou en vertu d'un ordre supérieur.
Arrêtement : action d'arrêter en parlant uniquement des choses; il faut dire, par exemple : arrêtement du cours d'un ruisseau.

Arrêt – jugement – sentence (Cf : *jugement*).

Arrêt du conseil d'Etat – avis du conseil d'Etat.
Avis du conseil d'Etat : opinion exprimée par le conseil d'Etat quand il est consulté; il agit, dans ce cas, comme corps consultatif.
Arrêt du conseil d'Etat : décision rendue par le conseil d'Etat en matière contentieuse; il agit dans ce cas comme tribunal administratif, mais ses décisions doivent être approuvées par le gouvernement.

Arrêtement – arrestation (Cf : *arrestation*).

Arrêter – affermir – assurer – attacher – consolider – fixer (Cf : *attacher*).

Arrêter – retenir.
Arrêter : maintenir en place; il marque l'effet d'un obstacle qui pouvait être complètement indépendant de celui qui est arrêté.
Retenir : essayer de maintenir en place; il ne marque que l'effort fait pour retarder le mouvement; on ne retient que ce qui offrait déjà une prise quelconque ou ce qu'on tient plus ou moins en son pouvoir.

Arrhes – clause pénale – dédit – denier à Dieu.
Arrhes : argent qu'on donne d'avance pour assurer la validité d'un marché; ils servent d'acompte sur le prix convenu.
Clause pénale : somme déterminée que l'on s'engage à payer en cas de non-exécution d'un marché ou en cas de retard dans son exécution.
Dédit : somme convenue que chacune des deux parties s'engage

à payer, si l'une ou l'autre d'entre elles n'exécute pas ses obligations.
Denier à Dieu : somme généralement modique donnée en signe d'engagement dans une convention verbale et qui reste acquise en cas d'exécution et en plus du prix convenu; il ne se donnait généralement qu'aux concierges et aux domestiques qu'on engageait pour conclusion de l'arrangement.

Arrivage – arrivée (Cf : *arrivée*).

Arrivée – arrivage.
Arrivage : indique l'arrivée des marchandises.
Arrivée : indique l'action d'arriver ou le moment précis où ces marchandises arrivent.

Arrogant – important – insolent – rogue – suffisant (Cf : *insolent*).

Arroger (s') – s'appliquer – s'approprier – s'attribuer (Cf : *approprier*).

Arrosage – arrosement – irrigation.
Arrosage : tout procédé que l'homme emploie pour arroser.
Arrosement : action d'arroser faite par la nature ou par l'homme; s'emploie plutôt au figuré.
Irrigation : arrosage méthodique pratiqué sur une grande échelle.

Arrosement – arrosage – irrigation (Cf : *arrosage*).

Art – état – métier – parti – profession (Cf : *profession*).

Art – adresse – dextérité – entregent – habileté – industrie – savoir-faire (Cf : *habileté*).

Art – artifice.
Art : suppose une habileté générale à faire une chose particulière ou n'importe quelle chose.
Artifice : suppose un procédé ingénieux destiné à surmonter certaines difficultés; au figuré, et c'est dans cette acception qu'on l'emploie le plus souvent, il signifie ruse en tournant le problème plutôt qu'en l'abordant de front.

Article – chapitre – matière – point – sujet (Cf : *sujet*).

Articulation – nœud (Cf : *nœud*).

Articuler – proférer – prononcer (Cf : *prononcer*).

Artifice – astuce – perfidie – ruse (Cf : *ruse*).

Artifice – art (Cf : *art*).

Artisan – artiste – ouvrier.

Artisan : celui qui exerce un art mécanique.
Ouvrier : celui qui fait un ouvrage quelconque; il a un sens plus étendu qu'artisan et les deux mots peuvent se dire de tous ceux qui travaillent de leurs mains.
Artiste : celui qui exerce un art libéral.

Artiste – artisan – ouvrier (Cf : *artisan*).

Artiste – artistique.
Artiste : qualifie la personne qui exerce un art libéral.
Artistique : qui concerne les arts libéraux.

Artistique – artiste (Cf : *artiste*).

Ascendant – autorité – crédit – empire – influence – pouvoir (Cf : *influence*).

Asepsie – assainissement – désinfection (Cf : *désinfection*).

Asile – refuge (Cf : *refuge*).

Aspect – vue.
Aspect : se rapporte à ce qui est vu ou à ce qui frappe notre vue avec un sens passif; c'est la manière dont un objet se présente dans son ensemble en exprimant néanmoins quelque chose de partiel; au figuré, les choses se présentent à nous sous des aspects qui proviennent des circonstances et que nous devons subir.
Vue : se rapporte à celui qui voit avec un sens actif; il exprime une action physiologique et se dit quelquefois de l'objet même qui est vu; il semble également exprimer quelque chose de vaste et de complet. Au figuré, les vues tirent leurs qualités ou leurs défauts de nos propres personnes.

Aspirer – prétendre (Cf : *prétendre*).

Assaillir – attaquer (Cf : *attaquer*).

Assainissement – asepsie – désinfection (Cf : *désinfection*).

Assaisonnement – condiment.
Assaisonnement : les assaisonnements sont surtout des substances végétales et, comme telles, il y a une saison propre à chaque assaisonnement.
Condiment : les condiments peuvent être, soit des substances minérales, soit des substances végétales; un condiment a plus de saveur qu'un assaisonnement et on en fait usage en toutes saisons.

Assassin – escarpe – homicide – meurtrier.
Homicide : terme général pour désigner celui qui tue un homme

d'une manière quelconque, mais le plus souvent sans intention de donner la mort.
Assassin : celui qui tue un homme avec préméditation et avec la volonté de tuer.
Meurtrier : celui qui tue un homme sans préméditation, mais avec l'intention momentanée de commettre son crime.
Escarpe : celui qui tue pour voler si cela lui est nécessaire.

Assassinat – homicide – meurtre (Cf : *meurtre*).

Assemblage – assortiment.
Assemblage : réunion de choses ou de personnes qui ont peu ou pas de rapport entre elles.
Assortiment : assemblage de choses qui sont de même nature et qui vont généralement bien ensemble.

Assemblée – réunion (Cf : *réunion*).

Assembler – rassembler (Cf : *rassembler*).

Assembler – joindre – unir (Cf : *unir*).

Assentiment – consentement (Cf : *consentement*).

Asservir – assujettir – soumettre – subjuguer (Cf : *soumettre*).

Assez – suffisamment.
Assez : a rapport à la quantité qu'on désire obtenir et qui est en général suffisante.
Suffisamment : a rapport à la quantité qu'on désire employer et qui est en général nécessaire.

Assidûment – constamment – continuellement – incessamment – sans cesse – sans relâche – toujours (Cf : *toujours*).

Assiéger – obséder (Cf : *obséder*).

Assiette – position – situation (Cf : *position*).

Assigner – désigner (Cf : *désigner*).

Assistance – aide – appui – secours (Cf : *aide*).

Assister – être présent.
Assister : se rendre dans un lieu dans un but déterminé pour prendre part à ce qui peut se passer.
Etre présent : se trouver dans un lieu tout à fait par hasard et d'une manière involontaire.

Assister – aider – secourir (Cf : *aider*).

Association – société (Cf : *société*).

Associer – agréger.

Associer : assembler, mettre de compagnie; on associe à toutes sortes de choses, comme la prudence au courage, par exemple.
Agréger : assembler; mais on agrège seulement à un corps.

Assommer – tuer (Cf : *tuer*).

Assortiment – assemblage (Cf : *assemblage*).

Assouvir – étancher.
Assouvir : satisfaire entièrement au propre et au figuré; on assouvit sa faim ou sa vengeance.
Etancher : satisfaire entièrement, mais en parlant surtout d'un liquide : on étanche sa soif, par exemple.

Assujettir – asservir – soumettre – subjuguer (Cf : *soumettre*).

Assujettissement – dépendance – subordination – sujétion (Cf : *dépendance*).

Assuré – authentique – certain – constant – évident – formel – incontestable – indubitable – positif – sûr (Cf : *certain*).

Assurer – affermir – arrêter – attacher – consolider – fixer (Cf : *attacher*).

Assurer – affirmer – attester – avancer – certifier – confirmer – garantir – prétendre – promettre – répondre – soutenir (Cf : *affirmer*).

Assurer – rassurer (Cf : *rassurer*).

Astuce – artifice – perfidie – ruse (Cf : *ruse*).

Atelier – boutique – chantier – laboratoire – ouvroir.
Atelier : lieu où travaillent en commun non seulement des ouvriers, mais encore certains artistes, peintres ou sculpteurs.
Chantier : lieu où l'on se livre à un travail déterminé et où l'on construit tout particulièrement des navires; c'est également l'endroit où travaillent ceux qui construisent des maisons.
Boutique : lieu où l'on vend une marchandise quelconque, particulièrement la vente au détail de certaines denrées.
Laboratoire : lieu où travaillent ceux qui se consacrent à des expériences ou à des travaux scientifiques.
Ouvroir : lieu où l'on enseigne aux jeunes filles les travaux de la couture; il sert aujourd'hui à désigner un asile consacré aux indigents.

Atrabilaire – mélancolique (Cf : *mélancolique*).

Atrophie – amaigrissement – maigreur (Cf : *amaigrissement*).

Attabler (s') – se mettre à table (Cf : *mettre à table*).

Attache – attachement (Cf : *attachement*).

Attaché – avare – intéressé (Cf : *avare*).

Attaché – adhérent – annexé.
Adhérent : une chose est adhérente quand elle est appliquée contre une autre, soit par la nature, soit par toute autre cause.
Annexé : une chose est annexée quand elle est jointe à une autre par un effet de la volonté ou des institutions humaines.
Attaché : une chose est attachée quand elle est jointe solidement à une autre par un lien et dans la situation où l'on veut qu'elle demeure.

Attachement – affection – amitié – amour – inclination – passion – tendresse (Cf : *amour*).

Attachement – attache.
Attache : tout ce qui fait tenir à quelque chose ou à quelqu'un; il marque une habitude que la morale défend parfois.
Attachement : affection qui fait qu'on tient à quelque chose ou à quelqu'un; c'est en général une passion modérée et honnête.

Attacher – lier (Cf : *lier*).

Attacher – affermir – arrêter – assurer – consolider – fixer.
Affermir : on affermit ce que l'on assied sur des bases solides.
Arrêter : on arrête en maintenant en place une chose qui était en mouvement.
Assurer : on assure en se mettant à l'abri en cas d'accident ou de sinistre.
Attacher : on attache quand on joint une chose à une autre pour la faire tenir solidement.
Consolider : on consolide ce qui tend à se briser.
Fixer : on fixe en arrêtant d'une manière immuable.

Attaque – agression.
Agression : moyens combinés d'avance pour engager une lutte ou un combat; l'agression est une attaque souvent inattendue et non provoquée.
Attaque : acte de celui qui commence une lutte ou un combat; l'attaque vient d'un ennemi dont on se défie.

Attaquer – assaillir.
Attaquer : commencer un combat ou une lutte.
Assaillir : attaquer en se précipitant vigoureusement.

Attaquer quelqu'un – s'attaquer à quelqu'un.
Attaquer quelqu'un : commettre contre lui une seule agression.
S'attaquer à quelqu'un : se mettre à l'inquiéter, à le poursuivre,

à le harceler pendant longtemps.

Attenant – adjacent – contigu – joignant – prochain – proche – voisin (Cf : *proche*).

Attendre – espérer (Cf : *espérer*).

Attendre – s'attendre à.
Attendre : on attend une chose avec l'espoir que cette chose se réalisera.
S'attendre à : on s'y attend quand on est assuré qu'une chose se fera et qu'on peut compter dessus.

Attentions – considération – égards – ménagements (Cf : *égards*).

Attention – exactitude – soin – vigilance (Cf : *soin*).

Attention – application – contention – méditation – réflexion.
Attention : terme générique qui exprime l'effort que fait l'esprit pour bien s'occuper d'une chose.
Application : attention de longue durée, soutenue et persévérante.
Contention : effort violent et pénible mais passager que l'on fait pour concentrer sa pensée sur une chose compliquée.
Réflexion : pensée longue et sérieuse qui est un travail intérieur de l'esprit analysant certaines idées; c'est un mode d'attention intellectuelle.
Méditation : réflexion profonde et prolongée sur une chose et qui est parfois mélancolique.

Atténuer – exténuer.
Atténuer : rendre plus ténu en diminuant les forces.
Exténuer : rendre très maigre en causant un grand affaiblissement.

Atterrage – atterrissage (Cf : *atterrissage*).

Atterrissage – atterrage.
Atterrage : endroit où un navire peut aborder la terre.
Atterrissage : indique l'action d'aborder à terre; s'emploie aujourd'hui pour les engins volants.

Atterrissement – alluvion (Cf : *alluvion*).

Attester – protester (Cf : *protester*).

Attester – affirmer – assurer – avancer – certifier – confirmer – garantir – prétendre – promettre – répondre – soutenir (Cf : *affirmer*).

Attiédissement – tiédeur (Cf : *tiédeur*).

Attirant – attractif – attractionnel – attrayant.

Attirant : qui a la propriété d'attirer; se dit le plus souvent au figuré en parlant des personnes.
Attractif : ne se dit qu'au propre et en termes de physique.
Attrayant : ne se dit que de ce qui est agréable à la vue ou à l'esprit et qui séduit.
Attractionnel : se dit d'une impulsion interne qui naît de l'âme.

Attirer – allécher.
Attirer : faire venir à soi chaque fois qu'il s'agit d'un désir égal chez un individu ou un autre.
Allécher : attirer avec un appât; s'emploie quand on veut séduire quelqu'un avec un objet quelconque.

Attitude – posture.
Attitude : manière d'être de se tenir qui peut être naturelle ou plus ou moins convenable à la circonstance.
Posture : attitude qui n'est pas habituelle, mais commode.

Attouchement – contact – tact – toucher (Cf : *toucher*).

Attracteur – attractif (Cf : *attractif*).

Attractif – attirant – attractionnel – attrayant (Cf : *attirant*).

Attractif – attracteur.
Attracteur : indique le fait de la force qui attire.
Attractif : exprime la puissance de cette force.

Attractionnel – attirant – attractif – attrayant (Cf : *attirant*).

Attraits – appas – charmes (Cf : *charmes*).

Attraper – dérober – détrousser – dévaliser – escamoter – escroquer – voler (Cf : *voler*).

Attraper – abuser – amuser – décevoir – donner le change – duper – embabouiner – enjôler – en imposer – leurrer – surprendre – tromper (Cf : *tromper*).

Attraper – gripper – happer.
Attraper : prendre au passage ce que l'on poursuit ou ce que l'on attend.
Gripper : saisir subitement comme avec une griffe.
Happer : saisir à l'improviste et d'une façon brusque.

Attrayant – attirant – attractif – attractionnel (Cf : *attirant*).

Attribuer (s') – s'appliquer – s'approprier – s'arroger (Cf : *approprier*).

Attribuer – imputer.
Attribuer : attribuer une chose à quelqu'un, c'est dire qu'il en

est l'auteur immédiat, mais sans y attacher ni éloge ni blâme.
Imputer : imputer une chose à quelqu'un, c'est dire qu'il en est la cause directe ou indirecte; imputer se prend le plus souvent en mauvaise part.

Attribut – adjectif – épithète (Cf : *adjectif*).

Attribut – emblème – symbole (Cf : *symbole*).

Attristé – affligé – contristé – fâché – mortifié.
Affligé : pénétré de douleur à la suite d'un grand malheur et suppose un mal considérable.
Fâché : qui éprouve du mécontentement ou des contrariétés et annonce un léger chagrin.
Attristé : qui ressent un déplaisir plus apparent que profond.
Mortifié : qui est blessé dans son amour-propre et en ressent une violente contrariété.
Contristé : qui ressent une douleur provenant de ses péchés et marque des maux plus prochains.

Attrition – componction – contrition – remords – repentir (Cf : *repentir*).

Aube – aurore.
Aurore : commencement du jour.
Aube : commencement de l'aurore.

Auberge – cabaret – gargote – guinguette – hôtellerie – taverne.
Cabaret : maison où l'on vendait à boire et à manger aux petites gens; a un sens aujourd'hui beaucoup plus péjoratif.
Taverne : cabaret fréquenté par la lie du peuple et où l'on buvait à l'excès.
Guinguette : petit restaurant hors ou près d'une ville où l'on va pour s'amuser et se divertir.
Auberge : maison où les voyageurs sont nourris et logés pour de l'argent.
Gargote : petit restaurant où l'on donne à manger à bas prix; il laisse toutefois supposer une idée de malpropreté.
Hôtellerie : tient le milieu entre l'hôtel, grand établissement où règne le confortable et l'auberge, établissement de petite importance; ce mot est tombé en désuétude.

Aucun – nul.
Nul : pas un; nul nie essentiellement puisqu'il contient par lui-même un élément négatif.
Aucun : a un sens affirmatif; il ne devient négatif et synonyme de nul que quand il est accompagné d'une négation; ce n'est qu'exceptionnellement et par ellipse qu'il a un sens négatif sans être joint à une négation.

Audacieux – effronté – hardi.
Audacieux : celui qui est audacieux méprise le danger avec une hardiesse excessive.
Effronté : celui qui est effronté est insolent et ne ressent aucune honte.
Hardi : celui qui est hardi ose beaucoup avec intrépidité et sans crainte.

Auditeur – écoutant.
Auditeur : est celui qui se rend en un lieu pour assister aux leçons d'un maître ou suivre les cours d'une école.
Ecoutant : est celui qui s'arrête pour entendre quelque chose de curieux; il peut également être un auditeur attentif.

Augmenter – accroître – agrandir (Cf : *agrandir*).

Augmenter – ajouter (Cf : *ajouter*).

Augmenter – s'augmenter – croître.
Croître : se développer d'une manière successive et intérieure, surtout en taille.
Augmenter : rendre plus grand d'une manière extérieure.
S'augmenter : ajoute à l'idée d'augmenter celle de progression.

Augure – présage (Cf : *présage*).

Augurer – conjecturer – présumer (Cf : *présumer*).

Ajourd'hui – actuellement – maintenant – à présent – présentement (Cf : *maintenant*).

Auprès – près – proche (Cf : *près*).

Auréole – nimbe.
Nimbe : cercle de lumière dont les peintres entourent la tête des saints.
Auréole : à la même signification, mais le cercle de lumière peut aussi entourer des objets du culte auxquels s'attache une idée symbolique.

Aurore – aube (Cf : *aube*).

Auspices – protection – sauvegarde (Cf : *protection*).

Aussi – encore (Cf : *encore*).

Austère – dur – rigoureux – rude – sévère (Cf : *sévère*).

Austère – âpre – rude (Cf : *rude*).

Auteur – écrivain (Cf : *écrivain*).

Authentique – assuré – certain – constant – évident – formel –

incontestable – indubitable – positif – sûr (Cf : *certain*).

Autobiographie – mémoires (Cf : *mémoires*).

Autochtone – aborigène – indigène – naturel (Cf : *indigène*).

Automate – androïde – machine – robot (Cf : *robot*).

Autoriser – permettre (Cf : *permettre*).

Autorité – ascendant – crédit – empire – influence – pouvoir (Cf : *influence*).

Autorité – domination – empire – pouvoir – puissance (Cf : *pouvoir*).

Autour – à l'entour.
Autour : ce qui se trouve tout près et dans un périmètre plus ou moins circonscrit.
A l'entour : ce qui se trouve dans l'espace environnant; le mot a vieilli et est généralement remplacé aujourd'hui par : autour de, mais on peut en faire usage.

Autrefois – anciennement – jadis (Cf : *jadis*).

Autres (les) – autrui.
Autrui : une seule personne.
Les autres : plusieurs personnes.

Autrui – les autres (Cf : *autres*).

Avance (d') – par avance.
D'avance : avant le terme fixé; il ne contient que l'idée d'anticiper sur un événement.
Par avance : ajoute à l'idée d'avance celle d'intention, de précaution et même d'empressement.

Avancer – affirmer – assurer – attester – certifier – confirmer – garantir – prétendre – promettre – répondre – soutenir (Cf : *affirmer*).

Avanie – affront – insulte – outrage (Cf : *insulte*).

Avant – devant (Cf : *devant*).

Avantage – dessus – prééminence – supériorité (Cf : *supériorité*).

Avantage – profit – utilité.
Avantage : ce qu'on trouve de commode ou d'honorable dans une chose.
Profit : ce qu'on trouve de gain ou de bénéfice dans une entreprise.
Utilité : le profit et l'avantage qu'on tire d'une chose.

Avantageux – glorieux – important – orgueilleux – présomptueux – suffisant – superbe – vain (Cf : *orgueilleux*).

Avare – attaché – intéressé.
Avare : celui qui est avare aime trop l'argent et ne le dépense pas volontiers.
Attaché : celui qui est attaché tient à ce qu'il possède et craint que son bien diminue.
Intéressé : celui qui est intéressé est âpre à acquérir et avide de profit.

Avare – avaricieux.
Avare : celui chez qui le désir excessif d'amasser de l'argent est une passion innée.
Avaricieux : celui qui a des accès d'avarice sans être perpétuellement avare; avaricieux se prend toujours en mauvaise part.

Avaricieux – avare (Cf : *avare*).

Aventure – accident – événement (Cf : *événement*).

Aventurer – hasarder – risquer (Cf : *risquer*).

Avéré – véritable – vrai (Cf : *vrai*).

Avérer – constater – vérifier (Cf : *vérifier*).

Aversion – antipathie – haine – répugnance (Cf : *haine*).

Avertir – informer – prévenir (Cf : *prévenir*).

Avertissement – avis – conseil.
Avertissement : information orale ou écrite faite pour appeler l'attention de quelqu'un.
Avis : avertissement donné par quelqu'un pour nous décider de façon utile à faire quelque chose.
Conseil : avertissement généralement raisonnable pour engager quelqu'un à agir de telle ou telle façon.

Aveu – confession.
Aveu : déclaration d'une chose ignorée des autres, soit bonne soit mauvaise, dont on est l'auteur; c'est ordinairement une réponse à une interrogation.
Confession : déclaration spontanée d'une faute déterminée par le repentir.

Aveugle (à l') – en aveugle – aveuglément.
En aveugle : se conduire en aveugle, c'est être privé de tout discernement et cette locution est celle qui se présente sous le point de vue le plus défavorable.
A l'aveugle : se conduire étourdiment et suppose de la légèreté

et un manque de réflexion.
Aveuglément : se conduire avec un certain manque de discernement, mais d'une façon passagère ou partielle; aveuglément veut dire aussi : en fermant les yeux volontairement avec la volonté formelle de ne rien examiner.

Aveuglément – à l'aveugle – en aveugle (Cf : *aveugle*).

Avidité – concupiscence – convoitise – cupidité (Cf : *convoitise*).

Avilir – abaisser – humilier – rabaisser – rabattre – ravaler (Cf : *humilier*).

Avis – opinion – pensée – sentiment (Cf : *pensée*).

Avis – avertissement – conseil (Cf : *avertissement*).

Avis du consil d'Etat – arrêt du conseil d'Etat (Cf : *arrêt du conseil d'Etat*).

Avisé – circonspect – prudent (Cf : *prudent*).

Avoir été – être allé (Cf : *être allé).*

Avoir peur – appréhender – craindre – redouter (Cf : *craindre*).

Avoir – posséder.
Avoir : être propriétaire d'une chose, qu'on l'ait ou qu'on ne l'ait pas immédiatement à sa disposition; avoir se dit en général de toutes sortes de biens et particulièrement de ce qui se rapporte à la personne physique ou morale.
Posséder : être propriétaire d'une chose dont on peut disposer immédiatement; posséder renchérit sur avoir et se dit plutôt des biens.

Avoir : il y a – il est.
Il y a : marque quelque chose de positif, qui existe réellement.
Il est : a un sens plus vague et plus général.

Axiome – adage – aphorisme – apophtegme – maxime – proverbe – sentence (Cf : *proverbe*).

B

Babil – bavardage – caquet (Cf : *bavardage*).

Babillard – bavard (Cf : *bavard*).

Babiller – bavarder – caqueter – jaboter – jaser (Cf : *bavarder*).

Babiole – bagatelle – breloque – brimborion – colifichet (Cf : *bagatelle*).

Bacchanal – bacchanale.
Bacchanal : grand bruit ou vacarme en général.
Bacchanale : débauche accompagnée de vacarme.

Bacchanale – bacchanal (Cf : *bacchanal*).

Badaud – benêt – niais – nigaud (Cf : *nigaud*).

Badin – enjoué – folâtre (Cf : *enjoué*).

Bafouer – conspuer – honnir – vilipender.
Honnir : flétrir avec indignation ; on honnit pour faire honte et signaler au mépris public.
Conspuer : honnir ouvertement et en public ; il marque un mépris profond.
Bafouer : outrager en se moquant d'une manière répétée et qui ne laisse pas de relâche.
Vilipender : traiter, injurier avec mépris ; détruire une réputation soit par jalousie, soit par manque de générosité.

Bagatelle – minutie – misère – niaiserie – rien – vétille (Cf : *rien*).

Bagatelle – babiole – breloque – brimborion – colifichet.
Bagatelle : terme généralement employé pour désigner un objet sans valeur ou une chose sans importance ; bagatelle s'applique bien aux productions de l'esprit dont on fait peu de cas.
Babiole : chose sans valeur et qui ne peut amuser que les enfants.
Breloque : petit bijou de peu de valeur attaché aux chaînes et

aux bracelets.
Brimborion : est employé vulgairement et dans le langage familier pour un objet de peu de valeur qu'on veut ridiculiser.
Colifichet : se dit de petits objets employés comme ornements futiles et de mauvais goût.

Baisser – abaisser (Cf : *abaisser*).

Balancer – hésiter (Cf : *hésiter*).

Balbutier – bégayer – bredouiller (Cf : *bégayer*).

Balourd – âne – bête – buse – butor – cruche – ganache – ignorant – lourdaud – mâchoire (Cf : *bête*).

Bande – compagnie – troupe (Cf : *troupe*).

Bannière – drapeau – enseigne – étendard – gonfalon – labarum – oriflamme (Cf : *drapeau*).

Bannir – exiler – proscrire (Cf : *exiler*).

Banqueroute – déconfiture – faillite (Cf : *faillite*).

Baragoin – argot – jargon – patois (Cf : *jargon*).

Baraque – bicoque – cabane – cahute – chaumière – hutte – maisonnette (Cf : *cabane*).

Barbarie – cruauté – férocité – inhumanité (Cf : *cruauté*).

Barrière – embarras – empêchement – entraves – obstacle – traverse (Cf : *obstacle*).

Bas (jeter à – mettre à) – abattre – démolir – détruire – renverser – ruiner (Cf : *détruire*).

Bas – abject – vil.
Abject : ce qui est abject mérite d'être mis de côté ou rejeté.
Bas : ce qui est bas est dans une position inférieure et manque de noblesse.
Vil : ce qui est vil n'a pas de prix ou n'a qu'un prix dérisoire et est ordinairement méprisé.

Base – fondement.
Base : partie inférieure d'un corps et sur laquelle toutes les autres parties sont construites; ce peut être également un principe fondamental, comme, par exemple, la base d'un système qui est une proposition principale sur laquelle toutes les autres propositions reposent.
Fondement : partie qu'on trouve sous la base et qui sert également de support; il sert également d'appui à la base puisque celle-ci, pour être digne de foi, doit reposer sur des fondements

solides.

Bassesse – abaissement – abjection (Cf : *abaissement*).

Bataille – action – combat.
Bataille : engagement général de deux grandes armées.
Combat : lutte entre deux ou plusieurs personnes ou entre deux corps de troupes qui peuvent n'être pas considérables.
Action : combat peu important qui peut être général ou partiel.

Bateau – bâtiment – navire – vaisseau.
Bateau : terme généralement employé pour désigner toute sorte d'embarcation utilisée pour naviguer soit sur les rivières, soit sur les mers.
Navire : désigne tous les grands bateaux en général et particulièrement ceux affectés à la guerre navale.
Vaisseau : grand navire de guerre qui implique une idée de noblesse ; c'est le vaisseau amiral qui porte le pavillon.
Bâtiment : éveille surtout l'idée de construction dans un navire.

Bâtiment – construction – édifice – monument (Cf : *construction*).

Bâtiment – bateau – navire – vaisseau (Cf : *bateau*).

Bâtir – construire – édifier (Cf : *construire*).

Battologie – tautologie.
Battologie : répétition inutile et fatigante des mêmes mots ; toutefois, le battologue sait qu'il répète toujours la même chose, mais il pense toujours avoir de bonnes raisons pour la répéter.
Tautologie : défaut de style qui consiste à exprimer plusieurs fois la même idée en termes différents ; toutefois, le tautologue est un pédant qui prétend nous apprendre quelque chose et qui, finalement, ne nous apprend rien.

Battre – défaire – vaincre (Cf : *vaincre*).

Battre – frapper.
Battre : donner plusieurs coups intentionnellement et pour faire mal, sans indiquer ordinairement l'endroit où tombent les coups ; il emporte aussi une idée de force et de victoire. Se battre signifie : lutter l'un contre l'autre de n'importe quelle manière.
Frapper : donner un coup volontairement ou non ; il indique généralement l'endroit où on va frapper. Se frapper signifie : se donner un ou plusieurs coups.

Baudet – âne – bourrique (Cf : *âne*).

Bavard – babillard.
Babillard : le babillard est celui qui parle trop, soit par légèreté,

soit par enfantillage et son défaut ne porte presque pas à conséquence.
Bavard : le bavard est celui qui ne sait pas garder un secret et parle toujours avec un ton d'importance; il est indiscret et même impertinent.

Bavardage – loquacité.
Bavardage : abondance de paroles inutiles où se trouve l'idée d'indiscrétion, et même quelquefois celle d'invention.
Loquacité : habitude de parler beaucoup; elle consiste à dire beaucoup de mots lorsqu'un petit nombre pourrait suffire. C'est souvent le défaut, ou la qualité, des avocats dans leurs plaidoiries.

Bavardage – babil – caquet.
Babil : abondance de propos naïfs presque inconscients que l'on débite pour le seul plaisir de parler; le babil est imputé généralement aux enfants.
Bavardage : abondance de propos inconsidérés, impertinents, fâcheux, nuisibles et débités sottement; on peut imputer le bavardage à tout le monde.
Caquet : bavardage plein de médisances intentionnelles; le caquet est généralement imputé aux commères.

Bavarder – babiller – caqueter – jaboter – jaser.
Babiller : parler beaucoup et facilement pour ne rien dire d'important.
Bavarder : parler d'une manière incessante, hors de propos, d'une façon ridicule et prétentieuse.
Caqueter : parler à tort et à travers, sans ménagements et pour dire du mal de tout le monde.
Jaboter : parler sans cesse, mais sans bruit et doucement, en comité restreint.
Jaser : parler longuement et avec malice pour révéler quelque chose qu'on devrait tenir seeret.

Béat – bigot – cafard – cagot – hypocrite – tartufe (Cf : *hypocrite*).

Béatification – canonisation.
Béatification : acte privé par lequel le pape déclare qu'un individu mort jouit du paradis, a fait des miracles, et peut être invoqué par une fraction déterminée de la chrétienté; il en autorise le culte, mais en son nom particulier.
Canonisation : acte solennel par lequel le pape déclare qu'un individu mort est un saint que toute la chrétienté peut invoquer; il en dit plus que béatification, la canonisation n'étant prononcée qu'après une longue et minutieuse procédure.

Béatitude – bien-être – bonheur – félicité – plaisir – prospérité

(Cf : *bonheur*).

Beau – gentil – joli.
Beau : ce qui est beau est d'une perfection et d'un idéal admirables ; il excite l'admiration par sa grandeur, sa régularité et il agit sur l'âme.
Joli : ce qui est joli est plein de grâces ; il séduit ou amuse par sa finesse et sa délicatesse et agit directement sur les sens.
Gentil : ce qui est gentil est gracieux et mignon ; il diffère de joli en ce qu'il se rapporte plus aux mouvements et aux gestes qu'à la forme elle-même.

Beaucoup – abondamment – en abondance – amplement – bien – considérablement – copieusement – à foison – fort – largement.
Abondamment : qui survient en grande quantité, excédant celle que réclame l'usage normal des choses.
En abondance : qui existe en grande quantité avec l'idée de superflu.
Amplement : fait penser à l'usage qu'on fait des choses et exprime qu'il en reste encore.
Beaucoup : s'emploie de préférence pour désigner seulement une grande quantité sans indiquer l'effet qu'on en éprouve.
Bien : s'emploie quand on parle d'une grande quantité avec surprise ou admiration.
Considérablement : annonce une grande quantité de choses dignes d'attention ou de valeur.
Copieusement : a rapport à la consommation et s'emploie de préférence quand il s'agit de nourriture.
A foison : suppose un très grand nombre de petites choses de la même espèce et qui semblent grouiller.
Fort : s'emploie quand on veut exprimer l'idée de puissance.
Largement : regarde les choses données ou fournies avec générosité.

Bégayer – balbutier – bredouiller.
Balbutier : mal articuler par l'effet de l'âge ou de l'émotion ; un enfant balbutie parce qu'il prononce imparfaitement et en hésitant ; on balbutie aussi, soit par timidité, soit par l'effet de la vieillesse.
Bégayer : répéter plusieurs fois la même syllabe d'un mot en prononçant les autres précipitamment ; on peut aussi bégayer pour gagner du temps quand on ne trouve pas les mots qu'il faudrait dire.
Bredouiller : prononcer indistinctement les syllabes en les roulant en quelque sorte les unes sur les autres ; on bredouille quand on parle trop vite et qu'on ne fait entendre que des sons confus.

Belliqueux – guerrier – martial – militaire (Cf : *militaire*).

Bénéfice – émolument – gain – lucre – profit.
Bénéfice : avantage que l'on retire d'une affaire quelconque; il emporte aussi quelquefois une idée de quantité surpassant la mise de fonds initiale.
Profit : avantage moins considérable que le bénéfice; il implique également une idée d'emploi utile et même quelquefois d'économie.
Gain : avantage que l'on acquiert, soit par l'argent, soit par le succès; on dira aussi bien : faire de gros gains ou le gain d'une bataille.
Emolument : gain variable selon les circonstances; il est peu usité dans ce sens mais il participe plus ou moins de l'idée attachée au mot salaire.
Lucre : ne se dit que du gain pécuniaire, mais acquis de façon malhonnête ou honteuse.

Benêt – badaud – niais – nigaud (Cf : *nigaud*).

Bénignité – bienfaisance – bienveillance – bonté – débonnaireté – douceur – humanité – sensibilité (Cf : *bonté*).

Bercail – bergerie (Cf : *bergerie*).

Berger – pasteur – pâtre.
Pâtre : celui qui conduit et garde n'importe quels animaux domestiques, et principalement le gros bétail.
Berger : celui qui conduit et garde les moutons; il éveille une idée d'occupation douce et champêtre et s'emploie dans la poésie pastorale.
Pasteur : celui qui garde et soigne avec intelligence les animaux domestiques; il s'emploie au propre dans la haute poésie; au figuré, c'est un chef spirituel ou temporel.

Bergerie – bercail.
Bergerie : lieu couvert où l'on enferme les moutons et les brebis, mais en considérant ce lieu comme l'endroit paisible de leur repos; au figuré, quand on dit : enfermer le loup dans la bergerie, c'est laisser quelqu'un dans un endroit tranquille où il peut faire beaucoup de mal.
Bercail : a la même signification que bergerie, mais en considérant le lieu comme l'endroit où il faut conduire les moutons; au figuré, quand on dit : ramener au bercail une brebis égarée, c'est ramener quelqu'un dans le giron de l'église.

Besace – bissac.
Besace : long sac ayant une ouverture au milieu et composé par

conséquent de deux poches; ce sont surtout les mendiants qui portent la besace.
Bissac : a exactement la même signification que besace, mais il est employé surtout par les paysans et il est destiné à transporter, en plus de leurs provisions, l'avoine des chevaux.

Besoin – dénuement – disette – indigence – misère – nécessité – pauvreté (Cf : *pauvreté*).

Bête – animal – brute (Cf : *animal*).

Bête – âne – balourd – buse – butor – cruche – ganache – ignorant – lourdaud – mâchoire.
Ane : celui qui ne peut rien apprendre et manque de savoir.
Balourd : celui qui est grossier et manque de grâce.
Bête : celui qui est sot et manque d'esprit.
Buse : celui qui est lourd et manque de jugement.
Butor : celui qui est stupide et manque de finesse; c'est le seul terme qui exprime une idée de brutalité ou plutôt de sottise brutale.
Cruche : celui qui est sans capacités et manque d'entendement.
Ganache : celui qui est sans talent et manque d'habileté.
Ignorant : celui qui n'a pas étudié et manque d'instruction.
Lourdaud : celui qui est gauche et manque d'agilité.
Mâchoire : celui qui manque d'intelligence et manque d'esprit.

Bêtise – sottise – stupidité.
Bêtise : acte d'un esprit borné; elle résulte non seulement de l'ignorance, mais aussi du manque d'intelligence.
Sottise : acte d'un esprit faux; elle est souvent accompagnée de présomption et toujours haïssable.
Stupidité : manque total d'esprit et de jugement; elle résulte d'une sorte d'inertie lourde et pesante qui rend l'homme presque semblable à la brute.

Bévue – erreur – méprise (Cf : *erreur*).

Bicoque – baraque – cabane – cahute – chaumière – hutte – maisonnette (Cf : *cabane*).

Bien – abondamment – en abondance – amplement – beaucoup – considérablement – copieusement – à foison – fort – largement (Cf : *beaucoup*).

Bien (homme de) – homme d'honneur – honnête homme (Cf : *homme de bien*).

Bien-être – béatitude – bonheur – félicité – plaisir – prospérité (Cf : *bonheur*).

Bienfaisance – bénignité – bienveillance – bonté – débonnaireté –

douceur – humanité – sensibilité (Cf : *bonté*).

Bienfait – amitié – faveur – grâce – bon office – plaisir – service (Cf : *service*).

Bienséance – convenance – décence – décorum (Cf : *décence*).

Bienveillance – bénignité – bienfaisance – bonté – débonnaireté – douceur – humanité – sensibilité (Cf : *bonté*).

Biffer – effacer – raturer – rayer (Cf : *effacer*).

Bigot – béat – cafard – cagot – hypocrite – tartufe (Cf : *hypocrite*).

Bijou – joyau.
Bijou : matière précieuse façonnée artistiquement pour servir de parure ; un bijou est d'ordinaire assez petit, mais toujours travaillé avec soin et de forme gracieuse.
Joyau : tout ornement ou bijou en or ou en argent et particulièrement tout bijou garni de pierres précieuses ou de perles ; ce sont en général des objets de parure que portent les personnages les plus considérables.

Bijouterie – joaillerie.
Bijouterie : comprend la fabrication et le commerce des ornements en or ou en argent non garnis de pierres précieuses ou de perles.
Joaillerie : comprend la fabrication des ornements de même nature dans lesquels sont enchâssées des pierres précieuses ou des perles.

Bilatéral – synallagmatique.
Bilatéral : se dit d'un contrat contenant des clauses obligatoires pour l'un ou l'autre des contractants.
Synallagmatique : se dit d'un contrat contenant des clauses obligatoires réciproques entre les parties.

Bissac – besace (Cf : *besace*).

Bizarre – étrange – extraordinaire – extravagant – fantasque – singulier (Cf : *extraordinaire*).

Blafard – blême – hâve – livide – pâle (Cf : *pâle*).

Blâmer – censurer – condamner – critiquer – désapprouver – épiloguer – fronder – improuver – reprendre – réprimander – réprouver – trouver à redire (Cf : *désapprouver*).

Blanc – net – propre (Cf : *propre*).

Blême – blafard – hâve – livide – pâle (Cf : *pâle*).

Blessure – plaie.

Blessure : solution de continuité causée par un coup dans une partie du corps; il peut signifier soit l'action même de blesser, soit le moment, soit le plus souvent le résultat de cette action; de plus, elle a toujours une cause extérieure. Au figuré, la blessure est une douleur morale; on dira, par exemple, la blessure de l'âme.

Plaie : solution de continuité résultant d'un coup ou d'une maladie; elle peut être le résultat d'un mal interne. Au figuré, une plaie est une affliction ou un préjudice; on dira, par exemple, la guerre est une plaie ou les dix plaies de l'Egypte.

Blottir (se) – se tapir.

Se blottir : s'accroupir en se mettant en boule et en occupant le moins de place possible; on se blottit dans quelque chose qui couvre et qui enveloppe.

Se tapir : se cacher en se ratatinant ou en s'étendant contre terre et toujours pour occuper le moins de place possible; on se tapit derrière quelque chose qui dissimule.

Bluette – étincelle (Cf : *étincelle*).

Bois – cornes (Cf : *cornes*).

Bois – forêt.

Bois : terrain planté d'arbres considéré surtout sous le rapport du plaisir et de l'agrément qu'il procure.

Forêt : terrain beaucoup plus vaste où poussent des arbres qui excluent toute autre végétation productive; elle contient l'idée d'animaux sauvages et de bêtes féroces qu'on ne rencontre généralement pas dans les bois.

Boisson – breuvage – potion.

Boisson : terme général employé pour désigner tout liquide qui peut se boire.

Breuvage : boisson composée pour produire un effet déterminé, pour flatter le goût ou guérir des maladies; breuvage se dit en outre poétiquement pour boisson.

Potion : médicament liquide que les malades prennent par cuillerées ou à petites gorgées.

Boiter – clocher.

Boiter : ne s'emploie qu'au propre et signifie : avoir mal à l'articulation et, par suite, marcher en manquant d'aplomb.

Clocher : s'emploie rarement au sens propre et plus souvent au figuré; au propre, il semble indiquer une analogie plus proche du mouvement d'une cloche dans le fait de boiter; au figuré, c'est avoir quelque défaut qui est choquant : on dit, par exemple, un raisonnement cloche ou un vers cloche.

Bon cœur (de) – de bonne grâce – de bon gré – volontairement – volontiers (Cf : *volontiers*).

Bon gré (de) – de bon cœur – de bonne grâce – volontairement – volontiers (Cf : *volontiers*).

Bon office – amitié – bienfait – faveur – grâce – plaisir – service (Cf : *service*).

Bon sens – jugement – raison – sens (Cf : *raison*).

Bon sens (homme de) – homme de sens (Cf : *homme de sens*).

Bonheur – chance (Cf : *chance*).

Bonheur – béatitude – bien-être – félicité – plaisir – prospérité.
Bonheur : terme général qui marque un état intérieur de félicité et de satisfaction.
Béatitude : bonheur complet et intime qu'on goûte dans l'autre vie et que Dieu donne à ses élus.
Bien-être : bonheur matériel qui est une sorte de jouissance que l'on ressent quand le corps et l'esprit sont en bon état ; il se dit des animaux comme des hommes.
Félicité : bonheur qui ressemble à la béatitude mais de façon plus intérieure et qu'on peut ressentir présentement ; c'est le contentement de l'âme.
Plaisir : jouissance dont les sens sont l'instrument, mais il est essentiellement passager ; c'est une sensation ou un sentiment agréable, quelquefois plus vif que le bonheur.
Prospérité : consiste à être favorisé par la fortune dans toutes les entreprises et avec une constance heureuse.

Bonjour – adieu – bonsoir – bonne nuit – au revoir (Cf : *revoir*).

Bonne grâce (de) – de bon cœur – de bon gré – volontairement – volontiers (Cf : *volontiers*).

Bonne nuit – adieu – bonjour – bonsoir – au revoir (Cf : *revoir*).

Bonsoir – adieu – bonjour – bonne nuit – au revoir (Cf : *revoir*).

Bonté – bénignité – bienfaisance – bienveillance – débonnaireté – douceur – humanité – sensibilité.
Bénignité : inclination à faire du bien aux hommes et à éviter de leur nuire ; c'est la qualité de celui qui ne fait jamais le moindre mal ; il peut également s'employer pour les choses, comme par exemple : une maladie bénigne, c'est-à-dire dont on n'a rien à craindre.
Douceur : inclination à traiter les hommes avec ménagement en usant de paroles aimables, de charme et parfois de modération.

Sensibilité : souffrance qu'on ressent en voyant souffrir autrui; elle est liée à un sentiment de pitié, de tendresse et d'émotion.
Humanité : sensibilité qu'on ressent pour les souffrances des hommes jointe à la tendance à les secourir ou une propension à les adoucir.
Bienfaisance : inclination à faire du bien, mais elle se traduit surtout par des actes.
Bienveillance : inclination qui consiste dans le désir de faire du bien; elle diffère de la bienfaisance par le fait qu'elle n'est qu'une simple disposition favorable.
Bonté : union de l'humanité et de la sensibilité; elle ne connaît pas la haine et elle se plaît à rendre heureux; bonté peut également s'appliquer aux choses quand nous les désirons telles qu'elles sont par leur propre nature.
Débonnaireté : trop grande bonté qui peut aller jusqu'à la faiblesse et qui est même voisine de la bêtise; ce mot est souvent pris en mauvaise part.

Bord – côte – rivage – rive (Cf : *rivage*).

Bord – bordure.
Bord : limite d'une surface quelconque dont les bords en sont tout simplement les extrémités.
Bordure : ce qui garnit le bord d'une chose et qui en constitue en quelque sorte le cadre.

Bordure – bord (Cf : *bord*).

Borgne – borgnesse.
Borgne : qui a perdu un œil; il peut s'employer comme substantif et comme adjectif et ne suppose pas nécessairement une idée désavantageuse.
Borgnesse : peut également s'employer comme substantif et comme adjectif; il entraîne une idée de misérable et de mal famé.

Borgnesse – borgne (Cf : *borgne*).

Borne – limite – terme (Cf : *limite*).

Borné – fini – limité (Cf : *limité*).

Bouche – gueule.
Bouche : se dit plus spécialement en parlant de l'homme et des animaux herbivores.
Gueule : se dit en parlant des animaux carnassiers.

Boucherie – carnage – massacre – tuerie (Cf : *massacre*).

Bouderie – fâcherie – humeur (Cf : *humeur*).

Boue – bourbe – crotte – fange – limon – vase.
Boue : terre détrempée par la pluie, la neige, une eau qui tombe sur le sol de quelque manière que ce soit et qui couvre les chemins et les rues; au figuré, boue marque la vilenie et la bassesse.
Fange : mot par lequel on désigne la boue dans le style élevé; au figuré, fange exprime l'abjection et l'avilissement.
Bourbe : boue qui est au fond d'une eau croupissante; au figuré, bourbe se confond avec boue.
Limon : terre détrempée que les cours d'eau charrient un certain temps et laissent ensuite déposer; au figuré, limon désigne l'origine, par allusion à la manière dont le corps d'Adam a été formé.
Vase : boue qui se trouve au fond de l'eau; au figuré, vase ne s'emploie presque jamais.
Crotte : boue des rues qui s'attache aux souliers et aux vêtements; au figuré, crotte, qui est du style familier, ne marque guère qu'un état misérable.

Bouffi – boursouflé – enflé – gonflé – joufflu – mafflu (Cf : *gonflé*).

Bouffon – burlesque – grotesque (Cf : *grotesque*).

Bouffonnerie – facétie – plaisanterie (Cf : *plaisanterie*).

Boulevard – rempart (Cf : *rempart*).

Bourbe – boue – crotte – fange – limon – vase (Cf : *boue*).

Bourg – bourgade.
Bourg : gros village, presque une ville avec une population assez nombreuse.
Bourgade : petit bourg qui peut être aussi grand en étendue que le bourg et avoir une population aussi nombreuse, mais où les habitations ne sont pas encore groupées et rapprochées.

Bourgade – bourg (Cf : *bourg*).

Bourrasque – orage – ouragan – tempête – tourmente (Cf : *tempête*).

Bourrique – ânesse (Cf : *ânesse*).

Bourrique – âne – baudet (Cf : *âne*).

Bourru – brusque – brutal (Cf : *brutal*).

Boursouflé – bouffi – enflé – gonflé – joufflu – mafflu (Cf : *gonflé*).

Boursouflé – ampoulé – emphatique – guindé (Cf : *emphatique*).

Bout – extrémité – fin.

Bout : la portion d'un objet la plus éloignée de son milieu et où il se termine dans le sens de la longueur.
Extrémité : le point qui limite une ligne, toute ligne qui limite une surface, toute surface qui limite un volume.
Fin : ce qui limite la durée et, par extension, l'étendue ; dans ce dernier cas, fin équivaut à extrémité. Fin peut également se rapporter à une action en disant, par exemple : la fin d'un travail.

Boutade – caprice – quinte – saillie – vertigo (Cf : *caprice*).

Boutique – atelier – chantier – laboratoire – ouvroir (Cf : *atelier*).

Boyaux – entrailles – intestins – viscères (Cf : *intestins*).

Braillard – brailleur – criard – crieur – pleurard – pleureur (Cf : *criard*).

Brailleur – braillard – criard – crieur – pleurard – pleureur (Cf : *criard*).

Brandiller – branler (Cf : *branler*).

Branler – brandiller.
Branler : s'applique à un mouvement de va-et-vient d'une certaine intensité.
Brandiller : s'applique à un mouvement plus faible et implique surtout une idée de moquerie.

Bravoure – cœur – courage – hardiesse – intrépidité – vaillance – valeur (Cf : *courage*).

Brèche – conglomérat – poudingue (Cf : *conglomérat*).

Bredouiller – balbutier – bégayer (Cf : *bégayer*).

Bref – concis – court – laconique – succinct (Cf : *court*).

Bref – bulle (Cf : *bulle*).

Breloque – babiole – bagatelle – brimborion – colifichet (Cf : *bagatelle*).

Breuvage – boisson – potion (Cf : *boisson*).

Brigue – cabale – complot – conjuration – conspiration – faction – intrigue – parti (Cf : *complot*).

Brillant – éclat – lustre – splendeur (Cf : *splendeur*).

Briller – luire – reluire.
Briller : jeter une lumière étincelante, apparaître avec éclat.
Luire : répandre de la lumière, briller et éclairer en même temps, avec la différence que cette lumière sort naturellement

de l'objet.
Reluire : briller en réfléchissant la lumière.

Brimborion – babiole – bagatelle – breloque – colifichet (Cf : *bagatelle*).

Briser – casser – fracasser – rompre (Cf : *casser*).

Brocard – lardon (Cf : *lardon*).

Broncher – chopper – trébucher (Cf : *trébucher*).

Brouillamini – brouillement – embrouillement (Cf : *embrouillement*).

Brouille – brouillerie.
Brouille : mésintelligence permanente et de longue durée.
Brouillerie : mésintelligence passagère.

Brouillement – brouillamini – embrouillement (Cf : *embrouillement*).

Brouiller – embrouiller (Cf : *embrouiller*).

Brouillerie – brouille (Cf : *brouille*).

Broyer – piler – pulvériser – triturer (Cf : *pulvériser*).

Brusque – bourru – brutal (Cf : *brutal*).

Brutal – bourru – brusque.
Brusque : se dit de l'homme à qui la promptitude des paroles et des manières donne un caractère de rudesse.
Bourru : se dit de l'homme qui paraît maussade et déplaisant quoiqu'il puisse avoir un excellent cœur.
Brutal : se dit de l'homme grossier et violent que l'éducation n'a point modifié.

Brute – animal – bête (Cf : *animal*).

Bulle – bref.
Bref : lettre envoyée tout ouverte; se dit d'une lettre du pape traitant d'affaires ecclésiastiques.
Bulle : lettre envoyée fermée et cachetée; se dit d'une lettre patente du pape scellée de plomb.

Burlesque – bouffon – grotesque (Cf : *grotesque*).

Buse – âne – balourd – bête – butor – cruche – ganache – ignorant – lourdaud – mâchoire (Cf : *bête*).

But – dessein – vues.
But : point que l'on se propose d'atteindre, de réaliser, en faisant tous les efforts possibles pour y parvenir.

Vues : but que l'on se propose vaguement d'atteindre ; les vues naissent dans l'esprit et ne sont d'abord que des désirs ou des aspirations.
Dessein : intention de réaliser un projet ; il suppose quelque chose d'arrêté, une résolution prise et un but bien déterminé.

Butin – proie (Cf : *proie*).

Butor – âne – balourd – bête – buse – cruche – ganache – ignorant – lourdaud – mâchoire (Cf : *bête*).

C

Cabale – brigue – complot – conjuration – conspiration – faction – intrigue – parti (Cf : *complot*).

Cabane – baraque – bicoque – cahute – chaumière – hutte – maisonnette.
Cabane : petite maison de peu de valeur qui est la demeure d'un homme très pauvre ; elle est réduite au strict nécessaire sans l'élégance et le confortable.
Hutte : demeure d'un sauvage ou d'un homme qui vit momentanément dans les bois.
Chaumière : habitation d'un paysan quelconque couverte en chaume où tout est simple et agreste ; il ajoute une idée de paix et de tranquillité.
Cahute : mauvaise hutte construite avec des matériaux grossiers.
Baraque : cabane faite en planches, sans solidité, incommode et de peu de valeur.
Bicoque : habitation de peu de valeur, exiguë et qui ne peut résister longtemps aux intempéries.
Maisonnette : tout simplement une petite maison sans aucune autre idée fâcheuse ou accessoire.

Cabaret – auberge – gargote – guinguette – hôtellerie – taverne (Cf : *auberge*).

Cacher – celer – couvrir – déguiser – dissimuler – pallier – taire – voiler.
Cacher : ne pas faire connaître en général, tenir secret.
Celer : faire secret d'une chose en y ajoutant un défaut de franchise.
Couvrir : cacher de façon à créer un obstacle qui dissimulera ou qui détournera la recherche.
Déguiser : montrer ce qui n'est pas, pour cacher ce qui est, présenter la chose sous une fausse apparence.
Dissimuler : cacher ce qu'on a dans l'esprit ou dans le cœur, il

présente également une idée de fausseté, mais plus directe.
Pallier : présenter une mauvaise action sous un jour favorable en y ajoutant une idée d'excuse.
Taire : ne pas faire connaître en retenant sa langue, sans y attacher aucune idée fâcheuse.
Voiler : montrer légèrement ce qui est pour empêcher de voir d'une manière distincte.

Cacher – se cacher.
Cacher une chose : s'abstenir de tout ce qui pourrait amener les autres à le deviner ou à le soupçonner.
Se cacher d'une chose : ne pas la faire connaître de crainte de s'attirer la honte ou quelque désagrément.

Cacochyme – infirme – maladif – valétudinaire (Cf : *maladif*).

Cadeau – don – gratification – présent.
Don : chose donnée gracieusement; c'est un acte de libéralité complètement gratuit et n'impliquant aucune idée de retour; le don consiste généralement en un objet de prix.
Cadeau : don que l'on envoie mais qui consiste le plus souvent en petites choses futiles; il suppose, dans celui qui donne, une envie d'être agréable.
Présent : don que l'on présente; il est plus considérable que le cadeau et considéré plutôt sous le rapport de l'agrément qu'il procure à une personne dont on attend quelque chose.
Gratification : don en argent fait à un employé; la gratification dépend du bon plaisir et de la libéralité.

Caducité – décrépitude (Cf : *décrépitude*).

Cafard – béat – bigot – cagot – hypocrite – tartufe (Cf : *hypocrite*).

Cagot – béat – bigot – cafard – hypocrite – tartufe (Cf : *hypocrite*).

Cahute – baraque – bicoque – cabane – chaumière – hutte – maisonnette (Cf : *cabane*).

Cajoler – amadouer – flagorner.
Cajoler : séduire par des paroles insinuantes pour faire tomber insensiblement dans le piège.
Amadouer : caresser subtilement pour attirer à soi.
Flagorner : flatter souvent et bassement.

Cal – callosité – calus.
Cal : durillon qui se forme en un point unique de la peau.
Callosité : a plus d'étendue que le cal; c'est l'endurcissement de l'épiderme occasionné par le frottement.
Calus : terme chirurgical qui consiste en une soudure réunissant

les fragments d'un os cassé; il désigne également un durillon mais le terme est moins vulgaire que cal; il se dit, au figuré, pour exprimer la dureté du cœur.

Calamité – catastrophe – désastre – infortune – malheur (Cf : *malheur*).

Calculer – compter – supputer (Cf : *compter*).

Calendrier – almanach.
Calendrier : tableau méthodique publié chaque année et contenant les jours de l'année rangés par semaines et par mois, avec l'indication des fêtes, des saisons, etc.
Almanach : calendrier qui contient les mêmes indications avec, en plus, des prédictions, des articles sur les sciences et les arts, des anecdotes, etc.

Callosité – cal – calus (Cf : *cal).*

Calme – posé – rassis – tranquille (Cf *: tranquille).*

Calme – paix – quiétude – repos – tranquillité (Cf : *tranquillité).*

Calmer – apaiser – pacifier.
Calmer : faire cesser le trouble et l'inquiétude de l'âme.
Apaiser : faire cesser la discorde ou généralement tout état plus violent que le trouble ou l'inquiétude, et ramener insensiblement un calme permanent.
Pacifier : rétablir la paix et la concorde en faisant cesser des troubles par voie de négociation.

Calus – cal – callosité (Cf : *cal).*

Camarade – compagnon.
Camarade : à l'origine, celui qui est de la même chambrée, puis celui qui vit en commun avec nous, qui a les mêmes occupations, les mêmes habitudes.
Compagnon : celui qui est pour le moment avec nous, qui nous est associé temporairement et avec qui les relations peuvent n'être que fortuites; on dira : un compagnon de voyage, mais on ne pourrait pas dire : un camarade de voyage.

Campagne – champs.
Campagne : rappelle surtout le séjour loin de la ville et l'idée d'un lieu où l'on vit plus librement et plus sainement, et tout particulièrement d'un endroit de vacances.
Champs : rappelle plus spécialement à l'esprit les occupations de l'agriculture et de la terre en général, d'un lieu de travail rude et fatigant.

Candeur – ingénuité – naïveté – simplicité (Cf : *naïveté).*

Canevas – crayon – croquis – ébauche – esquisse (Cf : *croquis*).

Cannibale – anthropophage.
Anthropophage : qui se nourrit de chair humaine et qui en a contracté l'habitude.
Cannibale : ajoute à l'idée d'anthropophage celle de férocité et de cruauté ; c'était le nom donné par les Espagnols pour désigner les individus de la race caraïbe, laquelle était anthropophage.

Canons – décisions – décrets (Cf : *décisions*).

Canonisation – béatification (Cf : *béatification*).

Capacité – aptitude – disposition – génie – goût – talent.
Aptitude : don de la nature en vertu duquel on a une grande facilité pour apprendre une chose ou pour la faire ; il ne s'emploie guère que dans le style didactique et se rapporte toujours à un art particulier ou à certaines actions particulières.
Capacité : aptitude à faire certaines choses difficiles et pourrait même signifier : aptitude à faire n'importe quoi.
Génie : aptitude naturelle supérieure et créatrice qui est directement donnée par la nature ; le génie possède les qualités nécessaires pour produire et concevoir d'une façon toujours originale.
Goût : aptitude à apprécier la beauté d'une chose par un choix sage que l'on fait entre ses propres idées ; le goût se perfectionne par la connaissance et l'étude.
Talent : aptitude habile dans une science ou dans un art acquise grâce au travail ; elle est surtout considérée dans ses résultats visibles.
Disposition : aptitude heureuse de l'esprit qui fait qu'on acquiert aisément les connaissances intellectuelles ainsi que les qualités morales.

Capitaine – commandant – général (Cf : *général*).

Caprice – boutade – quinte – saillie – vertigo.
Saillie : trait d'esprit qui frappe et qui surprend.
Boutade : saillie vive, imprévue, qui a quelque chose d'original.
Caprice : saillie qui emporte une idée d'imagination.
Quinte : saillie mêlée de mauvaise humeur qui prend tout d'un coup.
Vertigo : saillie qui implique une idée de caprice et de fantaisie.

Captieux – insidieux (Cf : *insidieux*).

Captif – esclave – prisonnier (Cf : *prisonnier*).

Caquet – babil – bavardage (Cf : *bavardage*).

Caqueter – babiller – bavarder – jaboter – jaser (Cf : *bavarder).*

Caractère faible – âme faible – cœur faible – esprit faible.
Ame faible : celui qui a une âme faible est sans vigueur et se laisse aller à ceux qui le gouvernent.
Cœur faible : celui qui a le cœur faible est trop sensible ou poltron et ne résiste pas à la séduction.
Esprit faible : celui qui a l'esprit faible est celui qu'on fait changer aisément d'opinion et qui reçoit les opinions des autres sans examen.
Caractère faible : le caractère faible tient à la fois à la faiblesse du cœur, à celle de l'âme et souvent à celle de l'esprit.

Carnage – boucherie – massacre – tuerie (Cf : *massacre).*

Carnassier – carnivore (Cf : *carnivore).*

Carnivore – carnassier.
Carnassier : l'animal carnassier se nourrit exclusivement de chair et il est constitué et armé de telle sorte qu'il ne peut que chasser et vivre de la chair d'autres animaux.
Carnivore : l'animal carnivore se nourrit uniquement ou presque uniquement de chair; il peut user quelquefois d'une autre nourriture. Les carnassiers constituent un groupe important de mammifères divisé en deux classes : les carnivores et les insectivores.

Cas – circonstance – conjoncture – occasion – occurrence (Cf : *circonstance).*

Cas (au) – en cas.
En cas : s'emploie quand il s'agit de la supposition d'un fait bien précis ou d'un cas bien déterminé; on dira, par exemple : en cas de besoin ou en cas d'accident lorsqu'on veut parler d'un besoin ou d'un accident éventuel.
Au cas : marque également une supposition et s'emploie de préférence pour indiquer un futur, mais de façon moins sûre et moins précise.

Cascade – cataracte.
Cascade : bondissements successifs de l'eau dans le lit d'un petit cours d'eau et qui tombe de rochers en rochers.
Cataracte : chute de l'eau tombant d'une grande hauteur et en une seule fois de la partie supérieure d'une espèce de mur naturel barrant le lit d'une grande rivière.

Casser – abolir – abroger – annuler – infirmer – révoquer (Cf : *annuler).*

Casser – briser – fracasser – rompre.

Casser : réduire d'un seul coup en fragments, soit en frappant, soit en laissant tomber; ce qui est cassé ne peut plus servir et c'est dans ce sens qu'il signifie, au figuré : annuler.
Briser : mettre en plusieurs morceaux de quelque manière que ce soit; briser, c'est réduire à l'état de débris.
Fracasser : briser en plusieurs morceaux, mais avec fracas et en produisant un bruit violent qui frappe les oreilles.
Rompre : réduire en morceaux par des efforts successifs et en produisant une sorte de déchirement entre les parties d'un corps.

Cassette – coffret (Cf : *coffret).*

Catalogue – dénombrement – état – inventaire – liste – répertoire (Cf : *liste).*

Cataracte – cascade (Cf : *cascade).*

Catastrophe – calamité – désastre – infortune – malheur (Cf : *malheur).*

Catastrophe – dénouement (Cf : *dénouement).*

Caustique – mordant – satirique.
Caustique : ce qui est caustique est piquant et donne une impression analogue à celle d'une brûlure que produit le contact de certaines substances.
Mordant : ce qui est mordant a plus de causticité; il ronge ou il attaque les autres.
Satirique : ce qui est satirique est enclin à la critique, à la raillerie et à la médisance.

Caution – garant – répondant (Cf : *garant).*

Caverne – antre – grotte – tanière (Cf : *grotte).*

Céder – aliéner – vendre (Cf : *vendre).*

Céder – acquiescer – se rendre.
Acquiescer : consentir pour avoir le repos ou la paix.
Céder : consentir en restant passif ou en ne résistant pas.
Se rendre : consentir par lassitude ou par conviction.

Ceindre – enceindre – enclore – enfermer – entourer – envelopper – environner – renfermer (Cf : *entourer).*

Célèbre – fameux – illustre – renommé.
Célèbre : ce qui est célèbre est ce dont on fait partout l'éloge et qui a beaucoup de réputation.
Fameux : ce qui est fameux est ce dont on parle depuis longtemps dans beaucoup de pays; il peut aussi se prendre en

mauvaise part : ainsi, on dira, par exemple, un fameux brigand.
Illustre : celui qui est illustre attire l'attention générale par son brillant et par son éclat et marque proprement la gloire.
Renommé : ce qui est renommé est ce dont beaucoup de personnes ont une très bonne opinion; il se dit plus souvent des grandes choses que des petites et souvent, le renom ne dure qu'une saison.

Célébrer – exalter – louer – préconiser – prôner – vanter (Cf : *vanter).*

Célébrité – nom – renom – renommée – réputation (Cf : *réputation).*

Celer – cacher – couvrir – déguiser – dissimuler – pallier – taire – voiler (Cf : *cacher).*

Célérité – activité – diligence – promptitude – rapidité – vélocité – vitesse (Cf : *vitesse).*

Censurer – blâmer – condamner – critiquer – désapprouver – épiloguer – fronder – improuver – reprendre – réprimander – réprouver – trouver à redire (Cf : *désapprouver).*

Centre – milieu (Cf : *milieu).*

Cependant – néanmoins – pourtant – toutefois.
Cependant : annonce quelque chose de contraire par rapport à ce qui a été dit ou compris.
Pourtant : est plus exclusif et marque une opposition plus forte.
Néanmoins : apporte une restriction et la pose comme ayant une certitude légale.
Toutefois : apporte la même restriction, mais en marquant une affirmation beaucoup plus forte.

Certain – assuré – authentique – constant – évident – formel – incontestable – indubitable – positif – sûr.
Evident : ce qui est évident est connu instinctivement.
Assuré : ce qui est assuré se rapporte au temps et surtout au témoignage.
Certain : ce qui est certain est ce dont personne ne peut douter et qui a valeur établie.
Constant : ce qui est constant est ce qui ne change pas et qui est passé à l'état de vérité certaine.
Authentique : ce qui est authentique a tout ce qu'il faut pour être valable et suppose une autorité incontestable.
Formel : ce qui est formel est conforme à toutes les règles et ne peut faire l'objet d'une incertitude.
Incontestable : ce qui est incontestable ne peut être nié et ne

suppose aucune dispute.
Indubitable : ce qui est indubitable est ce dont on ne peut douter en supprimant les difficultés et les scrupules qui naissent dans l'esprit.
Positif : ce qui est positif est fondé sur l'observation et l'expérience et ne peut donc être contesté.
Sûr : ce qui est sûr est ce en quoi on peut avoir confiance, mais indique des raisons moins décisives.

Certainement – certes – avec certitude.
Certainement : de manière à ne pas douter; il se rapporte à la conviction intérieure de celui qui affirme.
Avec certitude : est plus énergique et marque que la croyance que l'on a est bien réelle et certaine.
Certes : exprime une affirmation absolue ayant presque la force d'un jurement; il ne s'emploie guère qu'en parlant de vérités générales et on le remplace souvent par certainement.

Certes – certainement – avec certitude (Cf : *certainement).*

Certifier – affirmer – assurer – attester – avancer – confirmer – garantir – prétendre – promettre – répondre – soutenir (Cf : *affirmer).*

Certitude (avec) – certainement – certes (Cf : *certainement).*

Cerveau – cervelle.
Cerveau : centre nerveux situé dans le crâne des vertébrés; au figuré, le cerveau est une sorte d'instrument qui fonctionne bien ou mal.
Cervelle : la cervelle est la substance même du cerveau; au figuré, c'est l'intelligence et il faut en avoir une certaine quantité pour bien raisonner.

Cervelle – cerveau (Cf : *cerveau).*

Cesse (sans) – assidûment – constamment – continuellement – incessamment – sans relâche – toujours (Cf : *toujours).*

Cesser – discontinuer – finir (Cf : *finir).*

Cession – concession (Cf : *concession).*

Chagrin – affliction – amertume – désolation – douleur – mal – peine – souffrance – tourment – tristesse (Cf : *tristesse).*

Chagrin – mélancolie – tristesse (Cf : *tristesse).*

Chaînes – fers – liens (Cf : *liens).*

Chair – viande (Cf : *viande).*

Chaleur – chaud.

Chaleur : terme relatif qui est la qualité de ce qui est chaud; c'est également un terme abstrait puisqu'il est aussi la sensation produite par un corps chaud.
Chaud : terme absolu désignant ce qui possède ou ce qui communique la chaleur; c'est aussi un terme concret en ce qu'il marque un état sans désigner l'être lui-même.

Champs – campagne (Cf : *campagne).*

Champêtre – agreste.
Champêtre : propre aux champs en emportant une idée agréable.
Agreste : qui a un caractère de sauvagerie, de rudesse et même de grossièreté; il exprime une idée plus défavorable que champêtre et marque la solitude et l'abandon.

Chance – bonheur.
Bonheur : se dit de tous les événements heureux, lesquels ne dépendent pas de nous, mais des circonstances extérieures; l'homme peut naturellement y contribuer un peu par son habileté ou par ses efforts.
Chance : hasard heureux; il ne se dit proprement que des événements amenés par une probabilité qui peut être ou bonne ou mauvaise; on peut dire par exemple : avoir une mauvaise chance.

Chanceler – vaciller.
Chanceler : marcher avec difficulté en pendant tantôt d'un côté, tantôt de l'autre; il suppose de la faiblesse et un défaut de fermeté.
Vaciller : osciller, manquer de fixité, être irrésolu et incertain; il suppose le besoin d'être mieux assuré sur sa base.

Chancir – moisir (Cf : *moisir).*

Change (donner le) – abuser – amuser – attraper – décevoir – duper – embabouiner – enjôler – en imposer – leurrer – surprendre – tromper (Cf : *tromper).*

Changeant – inconstant – léger – variable – versatile – volage (Cf : *volage).*

Changement – innovation – modification – mutation – révolution – variation – vicissitude.
Changement : expression générale qui indique que les choses sont devenues différentes et ne sont plus ce qu'elles étaient.
Innovation : action d'introduire quelques nouveautés dans la religion, le gouvernement, les usages, la science, par un procédé jusqu'alors inconnu.

Modification : changement dans l'état d'une chose mais il suppose que, l'objet restant le même, seule sa manière d'être est changée.
Mutation : s'applique surtout au changement ou au remplacement d'une personne par une autre, particulièrement à ceux qui occupent des fonctions publiques.
Révolution : changement considérable dans l'état d'une société, et surtout changement de gouvernement opéré par une révolte triomphante; elle est presque toujours accompagnée de bouleversements sociaux.
Variation : changement qui s'opère tantôt d'un côté, tantôt d'un autre, dans les opinions et les croyances; il suppose la mobilité et l'inconstance.
Vicissitude : changements successifs d'une même chose; elle suppose aussi l'inconstance mais elle y ajoute l'alternative.

Changer – échanger – permuter – troquer.
Changer : exprime simplement l'action de prendre une chose pour une autre, par mégarde, sans que la volonté y ait été pour quelque chose : on change, par exemple, son chapeau contre celui d'un autre. Il signifie aussi : remplacer une chose par une autre ayant la même valeur.
Echanger : ajoute à l'idée de changer un acte de volonté; il entraîne avec lui une idée de commerce, de transaction où la valeur de l'objet joue un rôle, l'intervention de cette valeur est même nécessaire.
Troquer : a quelque chose d'assez vulgaire et indique que l'on a donné pour un objet un autre de même valeur.
Permuter : autrefois, échanger un bénéfice ecclésiastique contre un autre; aujourd'hui, se dit surtout des emplois, de l'acte par lequel deux fonctionnaires de même grade vont occuper la place l'un de l'autre.

Chanteur – chantre.
Chanteur : celui ou celle qui chante, qui fait le métier de chanter; le chanteur est considéré comme artiste plutôt qu'assimilé à un artisan.
Chantre : celui qui est chargé par état de chanter et qui le fait par métier; au figuré, un chantre est un poète : ainsi, Virgile est appelé le chantre des Géorgiques.

Chantier – atelier – boutique – laboratoire – ouvroir (Cf : *atelier).*

Chantre – chanteur (Cf : *chanteur).*

Chapitre – article – matière – point – sujet (Cf : *sujet).*

Chaque – tout.

Chaque : se dit d'un groupe dont chacun fait partie individuellement; il fait surtout penser aux différences qui distinguent les individus entre eux.
Tout : semble plutôt impliquer qu'on considère chaque individu que par ce qu'il a de semblable avec les autres.

Charge – faix – fardeau (Cf : *fardeau).*

Charge – emploi – fonction – ministère – office (Cf : *emploi).*

Charlatanerie – charlatanisme.
Charlatanerie : procédé de charlatan qui se rapporte plutôt aux actes qu'au caractère.
Charlatanisme : manière d'agir des charlatans; il s'applique au système et aux procédés de l'homme qui veut réussir par la tromperie.

Charlatanisme – charlatanerie (Cf : *charlatanerie).*

Charme – conjuration – enchantement – ensorcellement – incantation – maléfice – sort – sortilège (Cf : *sortilège).*

Charmes – appas – attraits.
Appas : agréments séduisants qui tiennent principalement aux formes; au figuré, la signification est la même : on peut parler d'appas en ce qui concerne la fortune, par exemple.
Attraits : agréments séduisants qui tiennent plutôt à l'esprit; au figuré, la signification est la même : on peut parler d'attraits en ce qui concerne la gloire, par exemple.
Charmes : agréments séduisants qui tiennent à l'amabilité du caractère; au figuré, la signification est la même : on peut parler de charmes en ce qui concerne la vertu, par exemple.

Charmer – enchanter – ravir (Cf : *ravir).*

Charmille – charmoie.
Charmoie : la charmoie est tout simplement un lieu planté de charmes; c'est un bois de charmes.
Charmille : la charmille est une haie, un berceau, une allée formée de petits charmes.

Charmoie – charmille (Cf : *charmille).*

Charneux – charnu (Cf : *charnu).*

Charnu – charneux.
Charneux : terme de médecine opposé à osseux et qui se dit des parties du corps où il a plus de chair que d'os.
Charnu : mot de la langue commune qui exprime les parties bien garnies de chair.

Chasteté – continence – honneur – pureté – sagesse – vertu (Cf :

sagesse).

Château – hôtel – palais.
Château : grande maison construite en principe à la campagne et qui était la demeure d'un seigneur; ce sont aujourd'hui, pour la plupart, des monuments historiques que l'on visite.
Hôtel : très belle habitation construite à la ville avec un art tout particulier et qui servait de résidence aux grands seigneurs et aux gros financiers.
Palais : le palais est proprement la demeure des rois et des princes; ce sont des maisons vastes et somptueuses où règnent le luxe et la fortune.

Châtier – corriger – punir (Cf : *punir).*

Châtier – corriger – limer – polir – raboter – retoucher – revoir (Cf : *corriger).*

Chaud – chaleur (Cf : *chaleur).*

Chauffer – échauffer.
Chauffer : rendre chaud en présentant au feu ou en mettant en contact avec un corps qui peut transmettre de la chaleur.
Echauffer : rendre chaud en faisant sortir la chaleur de l'objet lui-même par un moyen quelconque et par une action plus ou moins prolongée.

Chaumière – baraque – bicoque – cabane – cahute – hutte – maisonnette (Cf : *cabane).*

Chef – tête (Cf : *tête).*

Chemin – route – voie (Cf : *route).*

Cher – chéri.
Cher : ce qui nous est cher est ce pour qui nous avons beaucoup d'affection, qui nous est précieux, à qui nous tenons particulièrement et qui est dans l'ordre naturel des choses.
Chéri : emporte une idée de préférence et d'affection plus particulière; on dira par exemple : cette personne m'est chère pour quelqu'un que l'on apprécie, mais une mère dira : mon enfant chéri pour montrer son affection.

Chéri – cher (Cf : *cher).*

Chérir – affectionner – aimer (Cf : *aimer).*

Chétif – mauvais – méchant (Cf : *mauvais).*

Cheval – coursier.
Cheval : nom commun du mammifère qui désigne l'animal, sans éveiller aucune idée accessoire particulière.

Coursier : désigne le cheval de course ou de bataille en éveillant une idée de noblesse et de fougue ; cheval appartient à la prose et coursier à la poésie.

Chevelure – cheveux (Cf : *cheveux).*

Cheveux – chevelure.
Cheveux : les cheveux sont les poils de la tête chez l'homme ; mais le mot peut également n'en désigner qu'une partie et ne laisser supposer ni l'abondance, ni la longueur, ni la beauté.
Chevelure : la chevelure, au contraire, est l'ensemble des cheveux et exprime l'abondance, la longueur et parfois la beauté.

Chicane – chicanerie (Cf : *chicanerie).*

Chicanerie – chicane.
Chicane : objection de mauvais aloi et, habituellement, toute sorte de petites contestations qui s'appuient sur de mauvaises raisons.
Chicanerie : petite chicane ridicule, mais qui peut être aussi une manifestation particulière de ce goût.

Chiche – crasseux – ladre – mesquin – sordide – taquin – vilain (Cf : *mesquin).*

Chimère – hallucination – illusion (Cf : *illusion).*

Chimérique – fantastique – imaginaire (Cf : *imaginaire).*

Chirurgical – chirurgique.
Chirurgical : qui est du ressort de la chirurgie ; ce mot est plus usité dans toutes les acceptions.
Chirurgique : qui a tout simplement rapport à la chirurgie.

Chirurgique – chirurgical (Cf : *chirurgical).*

Choisir – adopter – aimer mieux – élire – opter – préférer – trier.
Choisir : se déterminer en faveur d'une chose qu'on juge la meilleure.
Adopter : choisir une chose de préférence à une autre.
Aimer mieux : choisir par goût.
Elire : choisir par un vote celui qui remplira une fonction.
Opter : choisir entre deux ou plusieurs choses, entre diverses résolutions.
Préférer : marquer un choix, apprécier une personne ou une chose plus qu'une autre relativement à l'usage qu'on veut en faire.
Trier : choisir ce qu'il y a de plus parfait parmi beaucoup de choses de même nature ou parmi des personnes, pour les mettre à part.

Choix – élection.
Choix : faculté de choisir, de prendre après examen une personne ou une chose qu'on juge la meilleure ; il n'ajoute aucune idée générale, mais il marque néanmoins le résultat d'une volonté individuelle.
Election : action d'élire, de choisir par un vote ; il s'emploie quelquefois pour relever l'idée de choix, comme lorsqu'on dit, par exemple : un pays d'élection.

Chopper – broncher – trébucher (Cf : *trébucher).*

Choquer – heurter.
Choquer : produire une impression d'offense ou de déplaisir qui dérange momentanément, par suite d'un bruit ou d'un choc quelconque.
Heurter : choquer rudement et à l'improviste ; au figuré, heurter, c'est contrarier, offenser en paroles.

Chroniques – annales – archives – commentaires – fastes – histoire – mémoires – vie (Cf : *histoire).*

Chuchotement – chuchoterie.
Chuchotement : action même de chuchoter, la façon dont elle se fait et le bruit même qui en résulte en ennuyant et en agaçant.
Chuchoterie : action de parler du bout des lèvres et à voix basse ; c'est une sorte de confidence qui intrigue et qui inquiète.

Chochoterie – chuchotement (Cf : *chuchotement).*

Chute – décadence – renversement – ruine (Cf : *ruine).*

Ciel – paradis (Cf : *paradis).*

Cime – comble – faîte – sommet (Cf : *sommet).*

Cimenter – affermir – confirmer – raffermir – sceller (Cf : *confirmer).*

Circonférence – circuit – enceinte – enclos – tour (Cf : *tour).*

Circonlocution – périphrase.
Circonlocution : terme de grammaire qui signifie : l'ensemble de paroles exprimant une idée que l'on pourrait rendre en moins de mots ; on l'emploie aussi, dans le langage commun, pour désigner les détours qu'emploie l'homme pour déguiser sa pensée.
Périphrase : terme de rhétorique qui consiste à remplacer un mot unique par plusieurs autres dont le sens est équivalent et dans le but d'ennoblir le style ; il s'emploie aussi par ironie pour désigner des phrases creuses et sonores.

Circonspect – avisé – prudent (Cf : *prudent).*

Circonstance – cas – conjoncture – occasion – occurrence.
Circonstance : terme le plus généralement employé pour désigner un fait de détail qui accompagne un fait principal ou qui concourt à son accomplissement.
Cas : tout ce qui arrive ou peut arriver; il marque plutôt la prévision de tel ou tel fait possible.
Conjoncture : ce qui arrive en même temps que le fait principal; c'est en quelque sorte une coexistence de circonstances qui peut créer un obstacle.
Occasion : événement fortuit, presque toujours favorable à l'accomplissement d'une chose et dont il faut profiter vite de crainte qu'il ne s'échappe; on saisit une occasion, mais on profite d'une circonstance.
Occurrence : est tout aussi imprévue que l'occasion, mais moins subite; elle s'applique aussi souvent à des faits fâcheux qu'à des faits avantageux.

Circuit – circonférence – enceinte – enclos – tour (Cf : *tour).*

Cité – ville (Cf : *ville).*

Citer – alléguer – produire – rapporter.
Citer : terme général qui signifie répéter exactement les paroles ou les écrits d'une personne; on cite un auteur ou un fait pour le mettre sous les yeux de ceux à qui l'on parle.
Alléguer : citer pour preuve ou pour s'excuser, c'est-à-dire en mettant en avant un argument qui peut servir de preuve.
Produire : citer pour faire connaître ce qui était inconnu ou en réserve, de façon à appuyer ses droits.
Rapporter : citer comme terme de comparaison en répétant une chose dans les termes mêmes dont une autre personne s'est servie et même en se les appropriant.

Civil – affable – courtois – gracieux – honnête – poli (Cf : *poli).*

Civil – civique.
Civil : qui concerne le citoyen considéré comme homme; les droits civils sont l'ensemble des lois qui règlent l'état des personnes, les biens, les différentes manières d'acquérir la propriété et dont jouit tout citoyen.
Civique : qui concerne le citoyen considéré comme membre de l'Etat; les droits civiques sont les droits des citoyens et se confondent avec les droits politiques.

Civilisé – poli – policé (Cf : *poli).*

Civilité – affabilité – courtoisie – honnêté – politesse (Cf : *polites-*

se).

Civique – civil (Cf : *civil).*

Civisme – patriotisme (Cf : *patriotisme).*

Clabauderie – clameur – cri – criaillerie – crierie (Cf : *cri).*

Clair – évident – manifeste – notoire – public (Cf : *évident).*

Clameur – clabauderie – cri – criaillerie – crierie (Cf : *cri).*

Clarté – lueur – lumière (Cf : *lumière).*

Clarté – perspicuité.
Clarté : s'emploie, dans le langage ordinaire, et des idées et de l'ordre dans lequel elles sont présentées; c'est une netteté dans les pensées et les expressions.
Perspicuité : s'emploie, dans le langage didactique, pour s'appliquer plutôt à la forme du style.

Clause pénale – arrhes – dédit – denier à Dieu (Cf : *arrhes).*

Clocher – boiter (Cf : *boiter).*

Cloître – abbaye – couvent – monastère (Cf : *abbaye).*

Clore – fermer (Cf : *fermer).*

Clystère – lavement – remède (Cf : *lavement).*

Coalition – alliance – ligue – confédération (Cf : *alliance).*

Cœur – bravoure – courage – hardiesse – intrépidité – vaillance – valeur (Cf : *courage).*

Cœur faible – âme faible – caractère faible – esprit faible (Cf : *caractère faible).*

Cœur (de bon) – de bonne grâce – de bon gré – volontairement – volontiers (Cf : *volontiers).*

Coffret – cassette.
Coffret : petit coffre destiné à enfermer toutes sortes de choses, aussi bien de l'argent que des papiers importants, ou même des articles de toilette.
Cassette : petit coffre destiné à ne contenir que des objets précieux, argent, bijoux ou autres.

Cohérence – adhérence – inhérence (Cf : *adhérence).*

Coin – recoin.
Coin : désigne, quand il est synonyme de recoin, un petit endroit caché, qui n'est pas exposé à la vue et où il est difficile que l'on soit découvert.

Recoin : désigne un coin plus caché, moins en vue et presque introuvable.

Col – défilé – détroit – gorge – pas – port.

Col : chemin de passage étroit et resserré à travers une montagne; il est d'un usage assez restreint et ne s'applique qu'aux passages situés dans les hautes chaînes de montagnes.

Port : s'emploie dans le même sens, mais ne désigne guère que les passages des Pyrénées.

Pas : terme géographique qui désigne, non seulement un passage difficile dans une montagne, mais aussi dans une vallée.

Défilé : terme généralement employé au point de vue militaire, qui exprime la même idée, mais où les hommes ne peuvent proprement passer qu'à la file.

Gorge : a un sens analogue, mais il représente plus la forme et surtout le pittoresque que la difficulté.

Détroit : s'applique plus souvent à la mer qu'à la montagne; mais quand il désigne un passage entre deux montagnes, il embrasse une plus grande étendue que le défilé.

Colère – coléreux – colérique (Cf : *colérique).*

Colère – courroux – dépit – emportement – ire.

Colère : terme général qui exprime le mouvement tumultueux de l'âme irritée qui, en se prolongeant, peut produire la haine.

Courroux : appartient au style poétique; il exprime la colère de quelqu'un de supérieur ou qui se croit tel.

Dépit : petite colère où se mêlent le chagrin et l'impatience; il laisse supposer une idée de sensibilité.

Emportement : accès de colère très violent causé surtout par la passion; mais il n'est souvent que passager.

Ire : s'est longtemps employé comme courroux pour désigner une noble colère et, par allusion à l'opinion des anciens qui plaçaient dans les entrailles le siège de la colère. Il ne s'emploie plus aujourd'hui qu'ironiquement.

Coléreux – colère – colérique (Cf : *colérique).*

Colérique – colère – coléreux.

Colère : celui qui est toujours porté à se mettre en colère.

Colérique : celui dont le tempérament marque une disposition à se mettre en colère, il suppose une idée assez comique et n'ayant pas tellement d'importance.

Coléreux : celui qui a l'habitude d'être en colère, qui s'irrite aisément et qui fait souffrir les autres par son humeur.

Colifichet – babiole – bagatelle – breloque – brimborion (Cf : *bagatelle).*

Collection – compilation – ramas – ramassis – rapsodie – recueil.
Collection : assemblage d'objets de même nature, comme tableaux, médailles, armes et aussi œuvres littéraires.
Recueil : suppose moins de choses que la collection et consiste surtout en un ensemble de pièces imprimées ou manuscrites : estampes, morceaux de musique, etc, choisies avec plus de soin.
Compilation : ouvrage composé d'extraits de plusieurs auteurs pris çà et là, de manière à former un tout qui peut souvent avoir du mérite.
Ramas : assemblage de choses de peu de valeur qui laisse supposer l'indifférence et le mépris.
Ramassis : enchérit sur ramas en ce sens que c'est un assemblage de choses amassées au hasard où tout y est mauvais; il laisse supposer un manque de discernement.
Rapsodie : ne se dit que des mauvaises compositions littéraires et suppose l'incohérence et un mélange très disparate.

Collègue – confrère.
Collègue : celui qui exerce la même fonction, qui fait partie de la même institution que plusieurs autres; il éveille une idée de participation à une même œuvre collective.
Confrère : celui qui exerce le même métier ou qui est membre de la même corporation que plusieurs autres, il emporte avec lui une idée d'une certaine intimité qui suppose une disposition à se soutenir et à s'aider.

Colloque – conférence – conversation – entretien (Cf : *conversation).*

Colombe – pigeon (Cf : *pigeon).*

Colon – agriculteur – agronome – cultivateur – laboureur (Cf : *agriculteur).*

Colorer – colorier (Cf : *colorier).*

Colorier – colorer.
Colorer : produire une couleur d'une façon quelconque; il désigne une action naturelle ou un effet qui se produit en quelque sorte de lui-même.
Colorier : appliquer les couleurs avec intelligence; c'est un terme d'art et il suppose l'artiste variant les nuances de son œuvre.

Coloris – couleur (Cf : *couleur).*

Combat – action – bataille (Cf : *bataille).*

Comble – cime – faîte – sommet (Cf : *sommet).*

Comédien – acteur (Cf : *acteur)*.

Commandant – capitaine – général (Cf : *général)*.

Commandement – injonction – ordre – précepte – prescription (Cf : *ordre)*.

Comme – lorsque – quand (Cf : *quand)*.

Comme – ainsi que – de même que.
Ainsi que : marque une comparaison entre des choses qui se font ou qui arrivent.
Comme : marque une comparaison qui a rapport à la qualité d'une personne ou d'une chose.
De même que : marque une comparaison entre des faits qui ont lieu de la même manière.

Commencement – naissance – origine – source (Cf : *naissance)*.

Commentaires – annales – archives – chroniques – fastes – histoire – mémoires – vie (Cf : *histoire)*.

Commentaire – glose.
Commentaire : ensemble de mots expliquant un texte et qui l'apprécie en exposant des raisons nouvelles; commentaire peut aussi se prendre dans un autre sens et, dans ce cas, il désigne une critique maligne d'un acte ou d'un dire.
Glose : glose est moins étendu que commentaire et ne se borne qu'à expliquer un mot ou un passage obscur en termes plus clairs; il suppose également une critique plus vétilleuse et moins fondée.

Commerce – négoce – trafic.
Commerce : signifie à la lettre : échange de marchandises; il est le terme le plus général et peut se dire, au figuré, de toutes les choses où se retrouve l'idée d'échange ou de communication réciproque. On peut tout aussi bien dire : commerce de vins que commerce d'idées.
Négoce : littéralement : privation de loisir ou d'occupation; il désigne plus particulièrement un commerce spécial restreint à une seule sorte de marchandise; au figuré, il ne dit guère que des démarches dont le but a quelque chose de peu honorable.
Trafic : littéralement : travailler à faire passer; il désigne surtout le rôle que remplit l'intermédiaire, l'entremetteur entre le producteur et le consommateur; celui qui fait le trafic est le marchand en détail ou le revendeur.

Commis – employé (Cf : *employé)*.

Commisération – compassion – miséricorde – pitié (Cf : *pitié)*.

Commissionnaire – envoyé – estafette – exprès – facteur – messager (Cf : *messager).*

Commodités – aises (Cf : *aises).*

Commun – ordinaire – trivial – vulgaire (Cf : *vulgaire).*

Commun – général – universel.
Commun : ce qui est commun est ce qui se trouve chez plusieurs ou chez tout le monde, et dans le plus grand nombre de lieux.
Général : ce qui est général est ce qui appartient, qui convient, qui s'applique à toutes les espèces d'un genre, c'est-à-dire à tous les individus quand on les considère en totalité.
Universel : ce qui est universel est ce qui convient, ce qui s'applique à la totalité, laquelle peut comprendre plusieurs genres; universel a moins de compréhension et plus d'extension que général.

Compact – dense – épais (Cf : *épais).*

Compagnie – bande – troupe (Cf : *troupe).*

Compagnon – camarade (Cf : *camarade).*

Comparaison – similitude.
Comparaison : appartient au langage ordinaire; c'est examiner les ressemblances et les différences de deux choses, mais en appuyant surtout sur la ressemblance.
Similitude : figure de rhétorique qui est aussi nommée comparaison; elle fait ressortir une idée en montrant les rapports de celle-ci avec une autre plus familière, sans aucune prétention d'ornement ou de force.

Comparaître – paraître (Cf : *paraître).*

Compassé – affecté – apprêté – composé – étudié – guindé – maniéré – recherché (Cf : *maniéré).*

Compassion – commisération – miséricorde – pitié (Cf : *pitié).*

Compétiteur – concurrent – contendant – émulateur – émule – rival (Cf : *concurrent).*

Compilation – collection – ramas – ramassis – rapsodie – recueil (Cf : *collection).*

Complainte – doléance – jérémiade (Cf : *jérémiade).*

Complaire – plaire (Cf : *plaire).*

Complaisance – condescendance – déférence.
Complaisance : empressement à être agréable à autrui, à faire

avec douceur ce que les autres désirent, mais on n'a de la complaisance qu'envers un égal.
Condescendance : complaisance que met un supérieur à satisfaire un inférieur et suppose de la part du supérieur un consentement à ce qu'il pourrait légitimement ne pas faire ; on a de la condescendance pour les jeunes gens ou les vieux domestiques.
Déférence : complaisance respectueuse d'un inférieur qui s'abstient de faire ce qui pourrait déplaire à son supérieur ; on a de la déférence pour les vieillards ou pour les hommes illustres.

Complément – supplément.
Complément : ce qu'il faut ajouter à une chose, à une quantité pour la compléter, pour qu'il n'y manque rien. Dans un ouvrage, le complément est une partie essentielle qui se place après toutes les autres.
Supplément : ce qu'on ajoute à quelque chose pour la rendre plus convenable encore ; le supplément, dans un ouvrage, n'est qu'un accessoire et il n'est pas d'une nécessité indispensable.

Complet – entier – total (Cf : *entier).*

Complexion – constitution – naturel – tempérament (Cf : *tempérament).*

Complicité – connivence.
Complicité : celui qui est de complicité agit ; il suppose une part réelle prise au crime ou à la faute.
Connivence : celui qui est de connivence laisse faire ; il suppose une complaisance à cacher le mal, ou la dissimulation d'une aide qu'il a pu prêter.

Complot – brigue – cabale – conjuration – conspiration – faction – intrigue – parti.
Brigue : ce que l'on fait pour atteindre un but en se servant de plusieurs personnes que l'on engage dans ses intérêts ; elle est formée dans le principe par un seul homme et ensuite par tous ceux qui partagent ses vues.
Intrigue : l'ensemble des pratiques adroites et secrètes auxquelles on a recours pour faire réussir une affaire quelconque ; seul, un homme habile peut ourdir une intrigue.
Cabale : association d'individus qui, sans avoir égard à ce qui est juste, font tous leurs efforts pour ou contre quelqu'un ou quelque chose.
Complot : association faite secrètement dans un but coupable ; le complot ne recule devant rien, pas même l'assassinat quand il paraît nécessaire pour assurer le résultat.
Conspiration : complot dont le but est de renverser le gouvernement ; il se distingue du complot par le nombre plus grand de

conspirateurs et par l'importance du but à atteindre.
Conjuration : complot plus grave que la conspiration; les conjurés savent qu'ils se posent en ennemis du gouvernement et se lient entre eux par des serments.
Parti : union de plusieurs personnes contre d'autres; il se compose généralement de gens modérés qui désapprouvent ou qui font de l'opposition.
Faction : parti qui cherche à exciter des troubles dans un état ou dans un société; les factieux sont violents et ce sont ceux qui forment les complots, les conspirations et même les conjurations.

Componction – attrition – contrition – remords – repentir (Cf : *repentir)*.

Composé – affecté – apprêté – compassé – étudié – guindé – maniéré – recherché (Cf : *maniéré)*.

Comprendre – concevoir – entendre.
Comprendre : apercevoir la liaison des idées, l'enchaînement logique des arguments, des propositions.
Entendre : avoir l'intelligence d'un chose ou d'un discours; mais il peut aussi arriver qu'on entende une chose sans la comprendre.
Concevoir : se faire une idée nette de l'ordre, de l'arrangement des parties d'un discours, ou se faire une idée nette d'un projet, d'un dessin.

Compter – calculer – supputer.
Compter : terme vulgaire qui signifie faire un calcul d'une manière simple et sans idée de science ou de difficulté; au figuré, compter marque une prévision.
Calculer : porte en lui une idée savante; c'est combiner les nombres avec art pour en tirer un résultat par des procédés appris; au figuré, calculer marque une conjecture.
Supputer : a quelque chose d'incertain en ce que le résultat recherché n'est pas un nombre précis, mais une approximation; au figuré, supputer ne s'emploie presque jamais.

Concept – conception.
Concept : idée ou notion générale envisagée par rapport à l'objet conçu et plus ou moins compréhensive.
Conception : création de l'esprit envisagée dans son rapport avec le sujet qui conçoit.

Conception – concept (Cf : *concept)*.

Conception – entendement – intelligence (Cf : *intelligence)*.

Concerner – regarder – toucher.

Concerner : ce qui nous concerne a rapport à nos propres intérêts ou à nos propres besoins; il laisse entendre que les étrangers n'ont pas à se mêler des affaires qui nous sont personnelles.
Regarder : ce qui nous regarde marque un rapport moins étroit que concerner; il laisse percer une idée d'attention et de soin. Sous un autre point de vue, regarder exprime vaguement l'idée de quelque chose de personnel à faire.
Toucher : ce qui nous touche nous intéresse, nous émeut et nous donne une impression en bien ou en mal; beaucoup de gens négligent ce qui les touche de près.

Concert – accord (Cf : *accord).*

Concession – cession.
Cession : exprime simplement l'action de céder, de donner; un débiteur fait cession de tous ses biens à son créancier.
Concession : exprime l'action d'accorder un avantage ou un privilège, d'une façon volontaire; il enferme en outre une idée de faveur que n'a pas le mot cession.

Concevoir – comprendre – entendre (Cf : *comprendre).*

Conciliant – conciliateur.
Conciliant : l'homme conciliant est celui qui se plaît à accepter ou à proposer des mesures d'accord et de douceur; il se rapporte au caractère même de l'individu.
Conciliateur : l'homme conciliateur est celui qui cherche à établir la concorde; il joue un rôle actif et il est souvent persuasif.

Conciliateur – conciliant (Cf : *conciliant).*

Concilier – accorder.
Accorder : mettre en harmonie; il suppose la contestation et l'opposition et exprime un rapprochement complet, principalement entre personnes.
Concilier : montrer qu'il n'y a pas incompatibilité; il exprime une idée de rapprochement et se dit surtout des choses.

Concis – bref – court – laconique – succinct (Cf : *court).*

Concision – précision (Cf : *précision).*

Conclure – déduire – induire – inférer.
Conclure : terme le plus souvent employé; il suppose qu'on est tombé d'accord sur ce qu'on a convenu de faire et qu'il n'y a plus de doute possible quant aux conséquences qui peuvent en résulter.
Induire : conclure mais en passant d'une chose à une autre qui semblent liées entre elles en laissant planer une vague idée de

doute.
Inférer : tirer une conséquence d'une proposition ou d'un fait, mais avec plus d'effort pour comprendre qu'une chose résulte d'une autre chose.
Déduire : c'est tout simplement tirer la conséquence d'un fait, qu'elle soit exacte ou erronée.

Conclusion – conséquence.
Conclusion : déduction définitive d'un principe ou d'un enchaînement de propositions; une conclusion peut être fausse quand elle est l'énoncé d'une erreur initiale.
Conséquence : résultat tiré d'une conclusion; il peut également être faux quand il ne se conforme pas bien aux principes.

Concours – affluence – foule – multitude – presse (Cf : *foule).*

Concupiscence – avidité – convoitise – cupidité (Cf : *convoitise).*

Concurrent – compétiteur – contendant – émulateur – émule – rival.
Compétiteur : celui qui aspire à un poste susceptible d'être brigué par d'autres et qui commence par poser sa candidature.
Concurrent : celui qui cherche à détenir une chose en même temps qu'une ou plusieurs autres personnes; il suppose une rivalité et une récompense réservée au plus digne ou au plus méritant.
Contendant : celui qui dispute avec un autre et qui cherche à convaincre par la force de ses arguments.
Emule : celui qui s'efforce de surpasser quelqu'un en une chose louable; il suppose un état de lutte habituel et l'envie de se surpasser pour acquérir une supériorité.
Rival : celui qui veut à tout prix surpasser quelqu'un; il présente la chose d'une manière odieuse et participant plus ou moins de la jalousie; elle peut finalement engendrer la haine.
Emulateur : celui que l'émulation excite et qui s'efforce de marcher sur les traces de ceux qu'il prend pour modèle, tout en ne se croyant pas leur égal.

Condamner – blâmer – censurer – critiquer – désapprouver – épiloguer – fronder – improuver – reprendre – réprimander – réprouver – trouver à redire (Cf : *désapprouver).*

Condescendance – complaisance – déférence (Cf : *complaisance).*

Condiment – assaisonnement (Cf : *assaisonnement).*

Condition – état (Cf : *état).*

Condition (de) – de qualité (Cf : *qualité).*

Conduire – guider – mener (Cf : *guider).*

Conduire – administrer – diriger – gérer – gouverner – régir (Cf : *diriger).*

Conduire – amener – emmener – mener – ramener – remener – remmener.
Conduire : terme le plus souvent employé et qui signifie : aller en accompagnant, faire que quelque objet se déplace pour atteindre un but.
Mener : a à peu près le même sens que conduire, mais en y ajoutant l'idée de guide.
Amener : se dit d'une personne qui en conduit une autre au lieu où l'on est.
Emmener : mener en quelque endroit en éloignant d'un autre endroit.
Remener : conduire une seconde fois au même endroit.
Ramener : conduire une seconde fois à l'endroit où l'on est.
Remmener : conduire à nouveau quelqu'un à l'endroit où on l'avait pris.

Confédération – alliance – ligue – coalition (Cf : *alliance).*

Conférence – colloque – conversation – entretien (Cf : *conversation).*

Conférer – déférer.
Déférer : on défère un honneur, une dignité à un individu auquel on veut donner une marque de confiance ou d'estime; c'est un mérite éclatant et une haute récompense.
Conférer : on confère un honneur, une dignité, une charge à quelqu'un que l'on choisit comme on veut, en vertu de l'autorité dont on est revêtu, et que l'on peut même ne pas connaître ou ne pas estimer beaucoup.

Confession – aveu (Cf : *aveu).*

Confidemment – confidentiellement (Cf : *confidentiellement).*

Confidentiellement – confidemment.
Confidemment : on dit une chose confidemment pour qu'elle reste secrète et quand on peut jouir de la confiance entière de quelqu'un.
Confidentiellement : dire une chose confidentiellement ne suppose pas un secret absolu; c'est parler d'une manière assez privée et qui ne peut intéresser que des amis.

Confier (se) – se fier.
Se confier : avoir une confiance presque absolue; se confier peut également signifier : donner en confidence communication d'une chose.

Se fier : ne suppose pas la même confiance; si on se confie à Dieu en mettant en lui toute sa confiance, on ne peut se fier qu'à la probité de quelqu'un.

Configuration – conformation – figure – forme (Cf : *forme).*

Confiner – reléguer (Cf : *reléguer).*

Confirmer – affirmer – assurer – attester – avancer – certifier – garantir – prétendre – promettre – répondre – soutenir (Cf : *affirmer).*

Confirmer – affermir – cimenter – raffermir – sceller.
Affermir : on affermit en rendant robuste ce qui manque de solidité ou ce qui est faible.
Cimenter : on cimente en liant des choses qui pourraient se désunir, pour les rapprocher et les rendre indissolubles.
Confirmer : on confirme en ajoutant à ce qui est déjà certain un nouveau degré de certitude ou de force.
Raffermir : on raffermit en rendant plus inébranlable ce qui chancelle.
Sceller : on scelle en confirmant quelque chose par un signe qui consacre

Confiseur – confiturier.
Confiseur : celui qui fait ou vend des fruits confits, des confitures et toutes sortes de sucreries; le confiseur est un commerçant.
Confiturier : celui qui fabrique ou qui vend des confitures exclusivement; c'est également un commerçant, mais plutôt un fabricant.

Confiturier – confiseur (Cf : *confiseur).*

Confondu – confus (Cf : *confus).*

Confondu – consterné – déconcerté – décontenancé – étonné – étourdi – interdit – surpris (Cf : *surpris).*

Conformation – configuration – figure – forme (Cf : *forme).*

Conformité – analogie – ressemblance – similitude (Cf : *ressemblance).*

Confrèré – collègue (Cf : *collègue).*

Confus – confondu.
Confus : honteux en exprimant simplement l'état.
Confondu : rendu honteux en faisant toujours penser à l'action dont il marque le résultat.

Confusion – honte (Cf : *honte).*

Conglomérat – brèche – poudingue.
Conglomérat : désigne la généralité des roches visiblement composées de débris de dimensions inégales et réunis sans ordre.
Poudingue : conglomérat dont les fragments ont été roulés et sont liés par un ciment naturel.
Brèche : dans la brèche, au contraire, les fragments unis par un ciment naturel n'ont pas été roulés et sont anguleux.

Congratulation – félicitation (Cf : *félicitation).*

Conjecture – présomption (Cf : *présomption).*

Conjecturer – augurer – présumer (Cf : *présumer).*

Conjoncture – cas – circonstance – occasion – occurrence (Cf : *circonstance).*

Conjurateur – conjuré (Cf : *conjuré).*

Conjuration – brigue – cabale – complot – conspiration – faction – intrigue – parti (Cf : *complot).*

Conjuration – charme – enchantement – ensorcellement – incantation – maléfice – sort – sortilège (Cf : *sortilège).*

Conjuré – conjurateur.
Conjurateur : celui qui forme et qui dirige une conjuration; il éveille une idée d'action et d'organisation.
Conjuré : celui qui prend effectivement part à un complot, qui est membre d'une conjuration; conjuré n'exprime que l'état.

Conjurer – implorer – invoquer – prier – supplier (Cf : *supplier).*

Connaissance – idée – notion (Cf : *idée).*

Connaisseur – amateur (Cf : *amateur).*

Connexion – affinité – alliance – connexité – liaison – union (Cf : *union).*

Connexité – affinité – alliance – connexion – liaison – union (Cf : *union).*

Connivence – complicité (Cf : *complicité).*

Consacrer – dédier – dévouer – vouer (Cf : *dévouer).*

Consacrer – sacrer.
Sacrer : terme absolu qui marque une cérémonie religieuse par laquelle on confère un caractère fondamental.
Consacrer : terme relatif presque toujours suivi de l'objet auquel on consacre et qui signifie : dédier à une divinité. On

sacre un roi mais on consacre à Dieu.

Consciencieux – scrupuleux.
Consciencieux : se dit d'un homme probe, honnête, qui écoute la voix de sa conscience et qui a un sens moral très prononcé; consciencieux se prend toujours en bonne part.
Scrupuleux : se dit d'un homme d'une grande exactitude à remplir ses fonctions et d'une grande sévérité envers lui-même et envers les autres; mais il exprime souvent l'abus de cette vertu et, dans ce cas, il montre l'inquiétude de l'homme touchant aux plus petits détails de la légitimité et de la moralité sans s'occuper d'autre chose.

Conseil – avertissement – avis (Cf : *avertissement).*

Consentement – acquiescement – adhésion – agrément – approbation – ratification.
Acquiescement : assentiment qui implique qu'on se rend à un avis, souvent par lassitude.
Adhésion : action par laquelle on approuve formellement une opinion ou une doctrine.
Agrément : consentement que l'on sollicite par déférence, mais dont on pourrait se passer.
Approbation : consentement que l'on accorde d'une manière favorable.
Consentement : accord des opinions qui emporte l'idée de nécessité et même de légalité.
Ratification : acte par lequel une personne approuve et confirme ce qui a été fait en son nom.

Consentement – assentiment.
Assentiment : adhésion volontaire à une chose qui est déjà établie.
Consentement : adhésion à une opinion qui aurait été incomplète sans ce concours; il suppose également une idée de légitimité.

Consentir – accéder – acquiescer – adhérer – souscrire.
Accéder : donner son approbation aux engagements déjà donnés par d'autres.
Acquiescer : se plier volontairement à ce que veulent les autres.
Adhérer : donner son assentiment, mais d'une manière moins volontaire.
Consentir : être d'accord et se borner à ne pas empêcher.
Souscrire : donner son consentement d'une manière plus explicite et plus complète.

Conséquence – conclusion (Cf : *conclusion).*

Conserver – réserver.
Conserver : garder ce que l'on a en préservant cette possession de toute atteinte pour que rien n'en diminue la valeur.
Réserver : garder pour un autre usage, pour une autre occasion avec l'intention d'y revenir plus tard.

Considérable – grand – important (Cf : *grand).*

Considérablement – abondamment – en abondance – amplement – beaucoup – bien – copieusement – à foison – fort – largement (Cf : *beaucoup).*

Considération – attentions – égards – ménagements (Cf : *égards).*

Considération – déférence – égards – réputation – respect (Cf : *respect).*

Considérations – notes – observations – pensées – réflexions – remarques (Cf : *remarques).*

Considérer – contempler – envisager – examiner – observer – regarder – remarquer (Cf : *regarder).*

Consolant – consolateur.
Consolant : ce qui est consolant est de nature à adoucir la souffrance ou la peine.
Consolateur : ce qui est consolateur console réellement et actuellement.

Consolateur – consolant (Cf : *consolant).*

Consolider – affermir – arrêter – assurer – attacher – fixer (Cf : *attacher).*

Consommé – accompli – parfait (Cf : *parfait).*

Consommer – consumer.
Consommer : exprime l'action de détruire, mais dans un but utile et parfois nécessaire; on consomme du pain ou on consomme de l'énergie.
Consumer : dans le sens où consumer est synonyme de consommer, il en diffère en ce qu'il exprime l'action de détruire, mais dans un but nuisible et parfois désastreux : le feu consume ou les chagrins consument.

Conspiration – brigue – cabale – complot – conjuration – faction – intrigue – parti (Cf : *complot).*

Conspuer – bafouer – honnir – vilipender (Cf : *bafouer).*

Constamment – assidûment – continuellement – incessamment – sans cesse – sans relâche – toujours (Cf : *toujours).*

Constance – fidélité (Cf : *fidélité).*

Constant – ferme – inébranlable – inflexible (Cf : *inébranlable).*

Constant – durable – permanent – stable (Cf : *durable).*

Constant – assuré – authentique – certain – évident – formel – incontestable – indubitable – positif – sûr (Cf : *certain).*

Constater – avérer – vérifier (Cf : *vérifier).*

Consterné – confondu – déconcerté – décontenancé – étonné – étourdi – interdit – surpris (Cf : *surpris).*

Constituant – constitutif.
Constituant : qui entre dans la composition d'un corps; constituant se rapporte au fait et à la réalité.
Constitutif : qui fait partie d'un corps; constitutif se rapporte à l'idée ou à la nature supposée des choses.

Constitutif – constituant (Cf : *constituant).*

Constitution – complexion – naturel – tempérament (Cf : *tempérament).*

Construction – bâtiment – édifice – monument.
Construction : tout assemblage de pierres, de mortier, de bois de charpente ou de tout autre matériau fait de main d'homme.
Bâtiment : construction faite pour abriter les hommes, les bestiaux et les denrées.
Edifice : bâtiment d'une architecture remarquable.
Monument : édifice élevé pour rappeler le souvenir d'un grand événement ou d'un grand homme.

Construire – bâtir – édifier.
Construire : terme général qui peut se dire de tout travail où il y a des pièces à assembler pour former un tout; il emporte une idée d'ordre et d'art. Au figuré, il s'emploie dans le sens d'arranger pour marquer l'ordre dans lequel on assemble les mots et les phrases.
Bâtir : s'emploie plus spécialement lorsqu'il s'agit d'ouvrage quelconque de maçonnerie.
Edifier : est du style élevé; il s'emploie au lieu de bâtir quand on parle d'un temple, d'un palais ou d'un grand et beau bâtiment affecté à un usage public. Il a plusieurs sens figurés dans lesquels il est surtout employé et qu'on ne pourrait remplacer ni par bâtir, ni par construire.

Consumer – consommer (Cf : *consommer).*

Contact – attouchement – tact – toucher (Cf : *toucher).*

Conte – fable – nouvelle – roman (Cf : *roman).*

Contemplateur – contemplatif (Cf : *contemplatif).*

Contemplatif – contemplateur.
Contemplateur : celui qui considère des objets déterminés d'une façon active et avec une certaine précision.
Contemplatif : celui qui se plaît dans la contemplation en marquant plutôt une disposition constante à la méditation ou à la prière.

Contempler – considérer – envisager – examiner – observer – regarder – remarquer (Cf : *regarder).*

Contemptible – méprisable (Cf : *méprisable).*

Contenance – maintien – port – prestance – représentation (Cf : *maintien).*

Contendant – compétiteur – concurrent – émulateur – émule – rival (Cf : *concurrent).*

Contenir – tenir.
Contenir : marque une contenance bien déterminée et qui est un fait.
Tenir : marque une possibilité de contenance ; on dira, par exemple : un tonneau tient deux hectolitres, parce qu'il a été construit pour les contenir ; si on dit : un tonneau contient deux hectolitres, c'est qu'il est plein effectivement de cette quantité de liquide.

Content – satisfait (Cf : *satisfaction).*

Content – aise – ravi.
Aise : nous sommes bien aises quand nous sommes plus ou moins satisfaits des succès qui ne nous regardent qu'indirectement.
Content : nous sommes contents quand nous avons accompli nos propres désirs ou nos propres souhaits.
Ravi : nous sommes ravis quand nous sommes transportés de joie, de plaisir ou d'admiration.

Contentement – satisfaction (Cf : *satisfaction).*

Contention – application – attention – méditation – réflexion (Cf : *attention).*

Conter – narrer – raconter (Cf : *raconter).*

Contestation – altercation – controverse – débat – démêlé – différend – discussion – dispute – querelle (Cf : *dispute).*

Contexture – texture – tissu – tissure (Cf : *texture).*

Contigu – adjacent – attenant – joignant – prochain – proche – voisin (Cf : *proche).*

Continence – chasteté – honneur – pureté – sagesse – vertu (Cf : *sagesse).*

Continu – continuel.
Continu : il n'existe aucune division, aucune interruption dans tout ce qui est continu.
Continuel : il peut en exister dans ce qui est continuel; le claquet d'un moulin qui marche fait un bruit continuel dont la durée ne cesse pas; mais ce bruit n'est pas continu parce qu'il existe un intervalle de silence entre chaque coup frappé.

Continuation – continuité (Cf : *continuité).*

Continuation – suite (Cf : *suite).*

Continuel – continu (Cf : *continu).*

Continuel – éternel – immortel – perpétuel – sempiternel (Cf : *éternel).*

Continuellement – assidûment – constamment – incessamment – sans cesse – sans relâche – toujours (Cf : *toujours).*

Continuer – persévérer – persister.
Continuer : poursuivre une chose déjà commencée en la prolongeant; continuer est l'opposé de cesser.
Persévérer : ajoute à l'idée de continuer celle de rester toujours dans le même état moral ou dans les mêmes dispositions.
Persister : demeurer ferme dans ses idées et dans ses résolutions; il suppose de l'énergie, quelquefois de l'opiniâtreté, et s'applique souvent à des actions particulières.

Continuer – poursuivre.
Continuer : marque simplement le prolongement que l'on fait à une chose pour l'augmenter ou pour la rendre plus complète.
Poursuivre : ajoute à continuer une idée de persévérance et de persistance; poursuivre implique un effort pour essayer d'atteindre le but souhaité.

Continuité – continuation.
Continuation : action de continuer une chose, ou l'effet de cette action qui ne cesse pas à un moment précis et qui peut se prolonger après.
Continuité : absence d'interruption qui suppose une durée plus ou moins longue sans aucun empêchement.

Contradictoire – contraire – opposé (Cf : *contraire)*.

Contraindre – forcer – nécessiter – obliger – violenter (Cf : *obliger)*.

Contraire – contradictoire – opposé.
Contradictoire : deux propositions sont contradictoires quand la vérité de l'une entraîne nécessairement la fausseté de l'autre, ou que la négation de l'une soit équivalente à l'affirmation de l'autre.
Contraire : deux propositions sont contraires quand elles expriment des choses qui ne peuvent exister en même temps.
Opposé : deux propositions sont opposées quand on les présente comme une allégation servant à combattre une autre dans la discussion, ou quand l'une est considérée comme un obstacle pour la réalisation de l'autre.

Contrat – accord – convention – marché – pacte – traité (Cf : *convention)*.

Contredire – dédire.
Dédire : positivement : dire le contraire; on se dédit quand on désavoue ce qu'on a dit, quand on reconnaît formellement qu'on se trompe. De plus, se dédire signifie encore : rétracter un engagement, ne pas tenir une promesse faite.
Contredire : être en opposition avec quelqu'un, parler dans un sens opposé; se contredire, c'est entrer en contradiction avec soi-même ou les uns avec les autres.

Contrée – pays – région (Cf : *pays)*.

Contrefaçon – contrefaction.
Contrefaçon : reproduction frauduleuse d'un objet, d'un ouvrage, au détriment de l'inventeur ou de l'auteur; il désigne tout aussi bien l'action de contrefaire que la façon dont elle est faite.
Contrefaction : contrefaçon des monnaies, des effets publics et des poinçons de l'Etat; il est beaucoup moins usité que contrefaçon et ne se dit que de l'action même.

Contrefaction – contrefaçon (Cf : *contrefaçon)*.

Contrefaire – copier – imiter – singer (Cf : *imiter)*.

Contrefait – malfait.
Contrefait : imité par contrefaçon, d'une façon aussi fidèle que possible.
Malfait : imité par contrefaçon, mais mal, et de manière à ne laisser planer aucun doute sur la fraude.

Contrepoison – antidote.
Antidote : expression scientifique employée pour désigner un médicament qui annule l'effet d'un poison.
Contrepoison : expression vulgaire exprimant la même idée mais qui, au figuré, est moins noble qu'antidote.

Contrevenir – désobéir – enfreindre – transgresser – violer (Cf : *désobéir*).

Contribution – cote – imposition – impôt – subside – taille – taxe – tribut (Cf : *impôt*).

Contristé – affligé – attristé – fâché – mortifié (Cf : *attristé*).

Contrition – attrition – componction – remords – repentir (Cf : *repentir*).

Controverse – altercation – contestation – débat – démêlé – différend – discussion – dispute – querelle (Cf : *dispute*).

Convaincre – persuader (Cf : *persuader*).

Convenance – analogie – correspondance – rapport (Cf : *rapport*).

Convenance – bienséance – décence – décorum (Cf : *décence*).

Convenir – revenir.
Convenir : avoir toutes les qualités nécessaires pour plaire.
Revenir : produire, au premier abord, une impression favorable; il peut arriver qu'un ameublement revient bien avec les tentures, mais ne convient pas exactement au style.

Convention – accord – contrat – marché – pacte – traité.
Convention : terme générique dont on se sert pour désigner la règle qui résulte d'un accord tacite entre les hommes.
Accord : accommodement entre belligérants.
Contrat : convention légale entre deux ou plusieurs personnes.
Marché : convention verbale ou écrite renfermant les conditions d'une vente quelconque ou d'une location.
Pacte : convention qui doit rester en vigueur pendant un temps assez long; c'est en vertu d'un pacte que les hostilités cessent entre les parties.
Traité : convention où les intérêts à régler sont considérables; il se dit surtout des actes internationaux.

Conversation – colloque – conférence – entretien.
Colloque : se dit proprement de discussions entre théologiens; employé vulgairement, il laisse entendre une intention blâmable qui tendrait à discréditer le langage auquel on l'applique.
Conférence : s'applique aussi à des réunions d'ecclésiastiques

sans être pris en mauvaise part; il s'emploie surtout pour désigner des discussions entre deux ou plusieurs personnes en vue de régler une affaire importante et suppose que l'on s'est entendu d'avance pour se réunir et débattre de la question.
Conversation : appartient au langage ordinaire; il a un sens très général et comprend tout ce dont on peut s'entretenir lors d'une réunion.
Entretien : est employé communément et convient surtout aux conversations familières entre deux ou trois interlocuteurs.

Conviction – persuasion (Cf : *persuader).*

Convier – engager – induire – inviter (Cf : *inviter).*

Convoi – enterrement – funérailles – obsèques (Cf : *enterrement).*

Convoiter – désirer – avoir envie – souhaiter – soupirer après (Cf : *désirer).*

Convoitise – avidité – concupiscence – cupidité.
Cupidité : désir violent et immodéré, surtout d'argent.
Avidité : désir insatiable de toute chose.
Convoitise : désir illicite du bien d'autrui.
Concupiscence : désir des plaisirs sensuels.

Copier – contrefaire – imiter – singer (Cf : *imiter).*

Copier – transcrire.
Copier : faire une copie, reproduire sans changement, mais en y apportant parfois de légères modifications; copier suppose toujours que la rédaction de l'œuvre en général a été faite par un autre.
Transcrire : écrire de nouveau ce qui a déjà été écrit, copier littéralement; mais il n'implique pas obligatoirement une idée de fraude : on transcrit presque toujours un acte ou un document sur un registre pour le mieux conserver.

Copieusement – abondamment – en abondance – amplement – beaucoup – bien – considérablement – à foison – fort – largement (Cf : *beaucoup).*

Coquetterie – coquettisme.
Coquetterie : désir de plaire ou de charmer en employant des moyens propres surtout aux femmes; il laisse supposer un goût excessif pour la parure et des manières pour se faire valoir.
Coquettisme : c'est l'art de la coquetterie; il est très peu employé et presque tombé en désuétude.

Coquettisme – coquetterie (Cf : *coquetterie).*

Coquillage – coquille.

Coquille : enveloppe calcaire d'un grand nombre de mollusques.
Coquillage : désigne, non seulement cette enveloppe calcaire sous le rapport de la forme, mais également tout mollusque qui vit à l'intérieur.

Coquille – coquillage (Cf : *coquillage).*

Cordial – franc – ouvert – rond – sincère (Cf : *sincère).*

Coriace – dur – résistant (Cf : *dur).*

Cornes – bois.
Cornes : excroissances dures surmontant le front des ruminants ; elles sont permanentes et simples.
Bois : excroissances dures surmontant le front de certains ruminants ; ils sont caducs et rameux.

Correct – exact – juste (Cf : *exact).*

Correction – amendement – réformation – réforme.
Amendement : amélioration opérée dans un ordre de choses vicieux.
Correction : action par laquelle on s'attache à supprimer une défectuosité.
Réforme : transformation d'un objet en quelque chose de plus parfait.
Réformation : action d'opérer une réforme.

Correspondance – analogie – convenance – rapport (Cf : *rapport).*

Correspondre – répondre (Cf : *répondre).*

Corriger – châtier – punir (Cf : *punir).*

Corriger – amender – réformer (Cf : *correction).*

Corriger – châtier – limer – polir – raboter – retoucher – revoir.
Châtier : annonce, dans un ouvrage littéraire, une sévère attention à éviter tout ce qui n'est pas bon.
Corriger : annonce le soin d'éviter toute faute de façon à ce qu'il n'y ait plus rien à reprendre.
Limer : revenir souvent sur toutes les parties d'un ouvrage pour l'améliorer et le perfectionner.
Polir : donner plus d'élégance, mettre la dernière main à un ouvrage en lui ôtant toute trace de rudesse.
Raboter : se dit plus familièrement d'un ouvrage peu important dont on enlève les fautes les plus évidentes.
Retoucher : reprendre certaines parties pour les rendre plus claires, mais sans préciser sous quel rapport.
Revoir : examiner de nouveau, mais de façon moins précise, et

sans aucune idée d'amélioration.

Corrompre – dépraver – gâter – pervertir (Cf : *gâter).*

Corrompre – séduire – suborner (Cf : *séduire).*

Corrompu – dépravé – pervers – vicieux (Cf : *vicieux).*

Corrosion – érosion (Cf : *érosion).*

Corsaire – pirate (Cf : *pirate).*

Cosmogonie – cosmographie – cosmologie.
Cosmogonie : théorie de la formation du monde ; elle est essentiellement conjecturale.
Cosmographie : étude des mouvements des astres ; elle comprend dans son ensemble l'astronomie et la géographie.
Cosmologie : science qui étudie la constitution de l'univers ; elle est essentiellement spéculative.

Cosmographie – cosmogonie – cosmologie (Cf : *cosmogonie).*

Cosmologie – cosmogonie – cosmographie (Cf : *cosmogonie).*

Cote – contribution – imposition – impôt – subside – taille – taxe – tribut (Cf : *impôt).*

Côte – bord – rivage – rive (Cf : *rivage).*

Couard – lâche – poltron – pusillanime (Cf : *lâche).*

Coudre – coudrier – noisetier (Cf : *noisetier).*

Coudrier – coudre – noisetier (Cf : *noisetier).*

Couler – glisser – rouler.
Couler : marque une circulation abondante, lente et paisible ; on dira tout aussi bien : le temps coule inlassablement que les vers coulent de sa plume.
Glisser : marque une action plus vive et plus rapide, mais qui s'insinue à peine dans l'esprit.
Rouler : suppose quelque chose d'alternatif et qui montre successivement toutes ses faces et le fait considérer sous tous ses aspects.

Couleur – coloris.
Couleur : la couleur est l'impression particulière produite sur l'œil par la lumière réfléchie des corps ; il y a plusieurs couleurs et ces impressions sont envisagées chacune en elle-même.
Coloris : le coloris est l'art de colorier et, par extension, l'effet qui résulte de l'assortiment des couleurs.

Coup d'œil – œillade – regard (Cf : *regard).*

Couple – paire (Cf : *paire).*

Cour (faire la) – courtiser.
Faire la cour : terme assez particulier qui signifie : s'empresser autour d'une personne pour chercher à lui plaire ; on dira tout aussi bien : faire la cour à une jeune fille que faire sa cour aux ministres.
Courtiser : terme général qui signifie à la fois : chercher à plaire dans des vues d'intérêt ou chercher à plaire à une femme ; on dira : courtiser sa fiancée ou courtiser les grands.

Courage – bravoure – cœur – hardiesse – intrépidité – vaillance – valeur.
Vaillance : manière d'être et qualité permanente et en quelque sorte latente d'un individu qui a du courage et de la valeur ; c'est elle qui commande d'être valeureux et qui anime les héros.
Cœur : force de l'âme qui répudie toute crainte et qui fait que l'on reste inébranlable au milieu des dangers ; un cœur faible fléchit en présence du moindre péril ; un cœur fort, au contraire, demeure serein au milieu des plus grands chagrins comme des plus grandes catastrophes.
Courage : vertu de l'âme qui fait affronter tous les chagrins de la vie, tous les périls auxquels on peut être exposé ; il est de tous les états et de toutes les situations ; on en a besoin dans la vie privée comme dans la vie publique.
Valeur : se manifeste partout où il y a un péril à affronter et des lauriers à conquérir.
Bravoure : ne sait pas ce que c'est que la peur, va au devant du danger et préfère l'honneur à tout, même à la vie ; mais elle peut aussi s'acquérir par l'exemple et la réflexion.
Hardiesse : dénote l'assurance, la résolution et refuse d'être conçue ou exécutée avec timidité.
Intrépidité : porte à braver le danger avec courage et fermeté ; rien ne peut l'ébranler ni la rebuter.

Courant – cours.
Courant : trajet qu'accomplit un cours d'eau pour rejoindre la mer ; c'est également l'eau en mouvement qui implique une idée de vitesse qui n'est pas partout la même : le courant est la partie où cette vitesse est la plus rapide.
Cours : c'est aussi le mouvement de l'eau, mais considéré par rapport à sa marche dans telle ou telle direction ; quand on dit, par exemple : le Rhône a un cours rapide, l'attention n'est pas fixée sur l'eau elle-même, mais sur son mouvement.

Courbe – courbé – recourbé (Cf : *courbé).*

Courbé – courbe – recourbé.

Courbe : ce qui est courbe est normalement infléchi en forme d'arc et paraît tel par lui-même.
Courbé : ce qui est courbé a été rendu courbe; il suppose l'effort qu'il a fallu faire pour le fléchir.
Recourbé : ce qui est recourbé a été courbé à nouveau ou a été replié sur lui-même.

Courir – fréquenter – hanter (Cf : *fréquenter).*

Courroux – colère – dépit – emportement – ire (Cf : *colère).*

Cours – courant (Cf : *courant).*

Coursier – cheval (Cf : *cheval).*

Court – bref – concis – laconique – succinct.
Bref : se dit spécialement du temps et pour marquer ce qui dure peu.
Court : se rapporte au temps et à l'étendue, mais en marquant une assez petite longueur.
Concis : se dit de ce qui est exprimé en peu de mots.
Laconique : renchérit sur l'idée de concis et se dit surtout des phrases exprimées avec le moins de mots possible.
Succinct : se dit de l'étendue de la phrase et du discours qui contient peu de détails et est réduit au strict nécessaire. Ces cinq mots sont réellement synonymes uniquement lorsqu'ils sont appliqués au langage parlé ou écrit.

Courtiser – faire la cour (Cf : *cour).*

Courtois – affable – civil – gracieux – honnête – poli (Cf : *poli).*

Courtoisie – affabilité – civilité – honnêteté – politesse (Cf : *politesse).*

Coutume – accoutumance – habitude – us – usage (Cf : *habitude).*

Couvent – abbaye – cloître – monastère (Cf : *abbaye).*

Couvert (à) – à l'abri (Cf : *abri).*

Couvrir – cacher – celer – déguiser – dissimuler – pallier – taire – voiler (Cf : *cacher).*

Craindre – appréhender – avoir peur – redouter.
Avoir peur : on a peur quand on se croit menacé d'un grand danger qui peut être présent ou imminent.
Craindre : on craint quand on a peur d'un danger probable.
Appréhender : on appréhende quand on a peur d'un danger possible.
Redouter : on redoute quand on a peur d'une chose à laquelle on ne peut raisonnablement résister.

Crainte – alarme – appréhension – effroi – épouvante – frayeur – peur – terreur (Cf : *peur).*

Crapule – débauche.
Débauche : abus du boire et du manger et, par extension, toute action contraire aux bonnes mœurs.
Crapule : vile débauche y compris les gens qui s'y adonnent de la manière la plus grossière et la plus honteuse ; si débauche conserve encore un soupçon infime d'élégance, la crapule est toujours méprisable.

Craqueur – fanfaron – gascon – hâbleur – menteur (Cf : *menteur).*

Crasseux – chiche – ladre – mesquin – sordide – taquin – vilain (Cf : *mesquin).*

Crayon – canevas – croquis – ébauche – esquisse (Cf : *croquis).*

Créance – croyance – foi – opinion (Cf : *foi).*

Crédit – ascendant – autorité – empire – influence – pouvoir (Cf : *influence).*

Crédit – faveur (Cf : *faveur).*

Creuser – approfondir.
Creuser : faire un creux, un trou ; au figuré, il marque une progression lente et soignée du travail.
Approfondir : creuser plus profondément et presque complètement ; au figuré, il marque le terme et quelquefois le succès.

Cri – clabauderie – clameur – criaillerie – crierie.
Cri : expression la plus simple qui signifie : son de voix énergique, haut et poussé avec effort.
Clabauderie : est du style familier et renferme toujours l'idée de médisance et d'attaques bruyantes.
Clameur : suppose le tumulte et un bruit confus qui exprime surtout la réprobation.
Criaillerie : action de crier souvent et désagréablement ; il suppose un mépris auquel il ne faut pas prêter attention.
Crierie : désigne l'habitude de crier ; c'est l'ensemble de cris fréquents et importuns.

Criaillerie – clabauderie – clameur – cri – crierie (Cf : *cri).*

Criard – braillard – brailleur – crieur – pleurard – pleureur.
Braillard : le braillard crie d'une manière importune et ridicule.
Brailleur : le brailleur est celui qui a l'habitude de brailler actuellement.

Criard : le criard crie de façon aigre et désagréable.
Crieur : le crieur est celui qui a l'habitude de faire du bruit en ce moment.
Pleurard : le pleurard est celui qui pleure souvent et sans sujet.
Pleureur : le pleureur est celui qui a l'habitude de pleurer et qui est en train de le faire.

Crierie – clabauderie – clameur – cri – criaillerie (Cf : *cri).*

Crieur – braillard – brailleur – criard – pleurard – pleureur (Cf : *criard).*

Crime – délit – faute – forfait – péché.
Crime : mauvaise action sévèrement punie par la loi ; le crime doit toujours être réprimé ou blâmé, même s'il s'agit d'un acte peu grave.
Délit : acte que la loi défend et punit, en principe, d'une peine correctionnelle ; délit est un terme de jurisprudence.
Forfait : crime énorme commis avec audace, qui a quelque chose d'exécrable, soit par l'étendue du mal commis, soit dans son exécution même.
Faute : manquement contre la loi ou plutôt contre le devoir ou la règle ; elle appelle toujours un châtiment, généralement assez léger.
Péché : appartient exclusivement au langage religieux ; le péché est une infraction qui offense la loi divine, mais qui laisse supposer de l'indulgence et de la miséricorde.

Critiquer – blâmer – censurer – condamner – désapprouver – épiloguer – fronder – improuver – reprendre – réprimander – réprouver – trouver à redire (Cf : *désapprouver).*

Croissance – crue.
Croissance : représente le développement dans le temps ; la croissance est successive, on peut se rendre compte de ses progrès chaque jour.
Crue : représente le développement dans son résultat et comme un fait accompli, les crues sont toujours violentes, rapides et excessives.

Croître – augmenter – s'augmenter (Cf : *augmenter).*

Croix – afflictions – peines – tribulations (Cf : *peines).*

Croquis – canevas – crayon – ébauche – esquisse.
Canevas : plan d'un ouvrage, surtout littéraire, d'après lequel l'auteur écrira plus tard son œuvre définitive.
Esquisse : tracé préliminaire et sommaire d'un dessin ; il servira de modèle à l'artiste et lui rappellera ce qu'il a résolu de faire.

Crayon : esquisse légère mais qui ne donnera qu'une faible idée de l'ouvrage.
Ebauche : première façon très grossière donnée à un ouvrage que l'artiste conservera dans la suite de son travail et auquel il ajoutera tous les éléments nécessaires à sa finition.
Croquis : ébauche sommaire d'un dessin fait à la hâte.

Crotte – boue – bourbe – fange – limon – vase (Cf : *boue).*

Crouler – s'ébouler – s'écrouler (Cf : *écrouler).*

Croyance – créance – foi – opinion (Cf : *foi).*

Cruauté – barbarie – férocité – inhumanité.
Barbarie : acte inhumain ayant pour cause la grossièreté des mœurs et l'absence de civilisation; on dira, par exemple, un peuple barbare.
Cruauté : acte inhumain résultant de la méchanceté du caractère et qui se plaît à verser le sang; on dira, par exemple, la cruauté de Néron.
Férocité : cruauté bestiale et instinctive qui s'exalte par la vue des souffrances; on dira, par exemple, la férocité du lion.
Inhumanité : état d'une âme qui reste insensible aux souffrances d'autrui et qui ne tient pas à les soulager.

Cruche – âne – balourd – bête – buse – butor – ganache – ignorant – lourdaud – mâchoire (Cf : *bête).*

Crue – croissance (Cf : *croissance).*

Cultivateur – agriculteur – agronome – colon – laboureur (Cf : *agriculteur).*

Cupidité – avidité – concupiscence – convoitise (Cf : *convoitise).*

Cure – guérison (Cf : *guérison).*

D

Dadais – dandin.
Dadais : adolescent ou homme niais ou gauche dans son comportement et dans son maintien.
Dandin : homme niais ou gauche dans sa démarche, mais également sot et vaniteux.

D'ailleurs – en outre – outre cela – de plus (Cf : *ailleurs)*

Dam – détriment – dommage – préjudice – tort (Cf : *tort*).

Dameret – damoiseau (Cf : *damoiseau*).

Damoiseau – dameret.
Dameret : homme affecté dans sa manière ou dans sa toilette, qui fait le jeune sans l'être, et qui cherche à plaire par tous les moyens.
Damoiseau : homme qui fait le beau et le galant, qui recherche la compagnie des femmes, qui se flatte de plaire et qui n'est occupé que de libertinage.

Dandin – dadais (Cf : *dadais*).

Danger – hasard – péril – risque.
Danger : se dit de toute situation critique où il y a lieu de craindre un mal quelconque.
Péril : danger qui annonce une situation dans laquelle on a beaucoup à redouter, mais qu'il faut affronter au risque de perdre sa vie.
Risque : péril possible, assez éloigné du présent, présentant le danger avec une possibilité d'issue heureuse, bien que les chances de réussite dans le risque soient plus défavorables au départ.
Hasard : mal possible, toujours éloigné dans le temps, mais où les chances de réussite sont presque égales pour le bien ou pour le mal.

Dans – en.

Dans : à l'intérieur de, en indiquant une possession ou une limitation dans le temps.
En : à l'intérieur de, en indiquant la manière ou le repos.

Darder – lancer (Cf : *lancer*).

Davantage – plus (Cf : *plus)*.

Débat – altercation – contestation – controverse – démêlé – différend – discussion – dispute – querelle (Cf : *dispute*).

Débattre – agiter – discuter – traiter (Cf : *discuter*).

Débauche – crapule (Cf : *crapule*).

Débile – faible – fragile – frêle (Cf : *faible*).

Débine – dèche – panne – purée (Cf : *dèche*).

Débonnaireté – bénignité – bienfaisance – bienveillance – bonté – douceur – humanité – sensibilité ((Cf : *bonté*).

Débris – décombres – ruines (Cf : *ruines*).

Décadence – déclin – déclinement – décours (Cf : *déclin*).

Décadence – chute – renversement – ruine (Cf : *ruine*).

Déceler – découvrir – dévoiler – révéler (Cf : *découvrir)*.

Décence – modestie – pudeur – pudicité (Cf : *modestie*).

Décence – bienséance – convenance – décorum.
Décence : tient à l'honorabilité morale ou à ce qui est honorable; elle exige que l'on se respecte soi-même; une femme est habillée avec décence si elle n'est pas immodeste.
Bienséance : la bienséance est l'esclave des circonstances de milieu et exige ce qui sied bien; elle règle notre conduite à l'égard des autres; une femme est habillée avec bienséance si elle est dans la tenue exigée par la circonstance.
Convenance : la convenance relève du caractère ou du goût, aime ce qui convient; elle suppose une recherche dans ce qu'il y a de mieux à faire sous tous les rapports; une femme habillée avec convenance n'a rien qui choque dans son habillement.
Décorum : décence propre à sa condition; il marque une idée d'emphase et d'orgueil.

Décès – fin – mort – trépas (Cf : *mort*).

Décevoir – abuser – amuser – attraper – donner le change – duper – embabouiner – enjôler – en imposer – leurrer – surprendre – tromper (Cf : *tromper)*.

Dèche – débine – panne – purée (1)
Débine : manque de ressource qui provoque un état misérable et piteux.
Dèche : gêne excessive qui provoque la misère.
Panne : gêne momentanée qui implique la pauvreté et qui nécessite un secours immédiat.
Purée : gêne difficile, ennuyante et qui implique une certaine difficulté à résoudre.

Déchéance – déposition.
Déposition : privation d'une haute dignité.
Déchéance : perte d'un droit quelconque faute d'accomplir une formalité.

Décider – juger – prononcer (Cf : *juger*).

Décider – déterminer – résoudre.
Décider : prendre une résolution avec une fermeté d'esprit et une volonté bien arrêtée d'aboutir par la force des raisons et des motifs avancés.
Déterminer : prendre une résolution, mais de façon moins absolue, en faisant entendre seulement qu'on met fin à l'indécision et incliner à prendre un parti ou un autre.
Résoudre : prendre la détermination de faire quelque chose ; il suppose, comme décider, de la volonté, mais également de l'autorité et de l'influence.

Décisif – dogmatique – péremptoire – tranchant.
Décisif : ce qui est décisif fait cesser l'irrésolution, entraîne une conviction profonde ; l'homme décisif décide hardiment, sans hésitation, et il le fait d'une façon ferme et résolue.
Dogmatique : ce qui est dogmatique a rapport à une doctrine considérée comme certaine ; l'homme dogmatique exprime son opinion d'un ton absolu qui laisse souvent penser à du pédantisme.
Péremptoire : ce qui est péremptoire est irréfutable, résoud les questions en ne laissant rien à répliquer.
Tranchant : ce qui est tranchant est décisif, annonce une décision irrévocable ; il coupe court à la difficulté sèchement et impérieusement avec la prétention d'imposer le silence.

Décision – résolution.
Décision : parti auquel on s'arrête, après réflexion et avec une certaine détermination, sans songer à ce qu'il pourrait avoir de bon ou de fâcheux dans l'avenir.
Résolution : dessein que l'on forme et qui implique l'exécution ferme et inébranlable de ce que l'on a projeté de faire, sans tenir

(1) Synonymes populaires

compte des difficultés.

Décisions – canons – décrets.
Canons : règles de l'église établies par le concile; ils se rapportent proprement aux mœurs et à la discipline; ce sont aussi des règles relatives au dogme, d'un caractère assez général et servant de base aux discussions théologiques.
Décisions : les décisions déterminent certains points contestés de la doctrine en mettant fin aux discussions.
Décrets : prescriptions auxquelles tout fidèle doit se soumettre.

Déclarer – annoncer – découvrir – manifester.
Annoncer : faire connaître quelque chose de nouveau en le prononçant le plus souvent à haute voix.
Déclarer : faire connaître de vive voix ou par écrit d'une manière nette.
Découvrir : faire connaître une chose inconnue en la mettant en évidence.
Manifester : faire connaître en rendant manifeste, en mettant au grand jour; il enchérit sur découvrir.

Déclin – décadence – déclinement – décours.
Décadence : commencement de ruine; elle dénote une certaine rapidité de la chose qui tombe et qui est menacée de destruction à plus ou moins longue échéance.
Déclin : indique l'état de la décadence, de ce qui déchoit et qui est près de finir.
Déclinement : indique l'acheminement lent et progressif vers la décadence.
Décours : ne se dit que du décroissement de la lune ou quelquefois d'une maladie.

Déclinement – décadence – déclin – décours (Cf : *déclin*).

Décoction – infusion (Cf : *infusion*).

Décombres – débris – ruines (Cf : *ruines*).

Décomposition – analyse (Cf : *analyse*).

Déconcerté – confondu – consterné – décontenancé – étonné – étourdi – interdit – surpris (Cf : *surpris*).

Déconfiture – banqueroute – faillite (Cf : *faillite*).

Décontenancé – confondu – consterné – déconcerté – étonné – étourdi – interdit – surpris (Cf : *surpris*).

Déconvenue – malencontre – mésaventure (Cf : *mésaventure*).

Décorer – embellir – orner – parer.

Parer : enjoliver une chose pour qu'elle plaise davantage ; parer comporte une idée de grâce et d'élégance qui convient tout particulièrement aux femmes qui s'occupent beaucoup plus de leurs parures et de leurs atours.
Décorer : exprimer la même idée que parer, mais fait surtout penser à quelque chose de grand, d'éclatant ou de glorieux ; si on décore une place publique, si on décore quelqu'un de la Légion d'Honneur, on ne peut que parer une mariée.
Orner : ajouter des accessoires qui plaisent aux yeux, accessoires qui, généralement, sont utiles et rehaussent la valeur ou la force de l'objet, ainsi, on peut dire que la modestie orne le mérite.
Embellir : rendre beau ou plus beau, mais de façon absolument positive, ce que les trois autres verbes ne font qu'indiquer sous différentes nuances.

Décorum – bienséance – convenance – décence (Cf : *décence*).

Découler – dériver – émaner – procéder – provenir (Cf : *provenir)*.

Découragement – abattement – accablement – affaissement – anéantissement – épuisement – langueur – prostration.
Abattement : absence d'énergie que l'âme éprouve à la suite d'un mal qui lui arrive et qui peut n'être que momentané.
Accablement : abattement extrême qui se dit du corps et de l'âme ; un corps est accablé de fatigue ou de maladie ; l'esprit est accablé quand il est prêt de succomber sous le poids de ses peines.
Anéantissement : état d'une âme qui a perdu toute force et qui a succombé.
Découragement : abattement suscité par une cause grave ou légère avec l'idée de perte de courage.
Affaissement : état de celui qui est affaibli et plus spécialement accablé par des malheurs.
Epuisement : perte de forces et surtout d'énergie, en y enlevant le principe fertilisant.
Langueur : affaiblissement physique et moral avec manque de mouvement, de chaleur et d'intérêt.
Prostration : accablement complet de l'âme et du corps tout ensemble.

Découragement – désespoir.
Découragement : le découragement est la perte du courage créant une sorte d'abattement qui se manifeste par l'inaction et la tristesse ; l'homme découragé est celui chez qui on a ôté toute envie, tout goût, et qui ne cherche plus à lutter.

Désespoir : le désespoir est la perte de l'espérance entraînant une très vite affliction qui se manifeste parfois par une espèce de fureur ; l'homme désespéré est celui qui n'espère plus rien et qui veut en finir avec la vie.

Décours – décadence – déclin – déclinement (Cf : *déclin*).

Découverte – invention (Cf : *invention*).

Découvrir – annoncer – déclarer – manifester (Cf : *déclarer*).

Découvrir – apercevoir – percevoir – remarquer – voir (Cf : *voir*).

Découvrir – inventer – trouver (Cf : *inventer*).

Découvrir – déceler – dévoiler – révéler.
Découvrir : terme le plus général qui signifie : ôter ce qui couvre pour apercevoir et mettre en évidence, quelle que soit la nature de l'obstacle écarté.
Déceler : découvrir ce qui est caché, mais de manière plutôt indirecte et par une sorte de révélation personnelle.
Dévoiler : découvrir en levant le voile qui couvrait quelque chose, et rendre apparent ce qui n'était perçu que confusément et souvent de manière erronée.
Révéler : faire savoir à quelqu'un une chose inconnue et secrète ; il faut ajouter que la révélation d'un secret est un délit que peuvent commettre les personnes dépositaires par état des secrets d'autrui.

Décréditer – décrier – dénigrer – déshonorer – diffamer – discréditer – noircir (Cf : *diffamer*).

Décrépitude – caducité.
Caducité : état de ce qui menace de tomber ; se dit d'une vieillesse déjà avancée, présentant les signes d'une chute, c'est-à-dire d'une mort prochaine.
Décrépitude : état de ce qui est très vieux et cassé ; se dit d'une vieillesse extrême et accablée d'infirmités ; c'est le dernier degré de la caducité. Décrépitude ne s'applique qu'aux vieillards, caducité peut se dire aussi bien des hommes que des choses.

Décret – loi (Cf : *loi*).

Décrets – canons – décisions (Cf : *décisions*).

Décrier – décréditer – dénigrer – déshonorer – diffamer – discréditer – noircir (Cf : *diffamer*).

Décroissance – décroissement.
Décroissement : diminution ou dépérissement ; il n'implique aucune particularité et peut s'appliquer à tout ce qui diminue.

Décroissance : action de décroître ou son résultat et, par conséquent, il s'applique particulièrement aux êtres animés.

Décroissement – décroissance (Cf : *décroissance).*

Dédaigneux – altier – fier – haut – hautain – impérieux (Cf : *fier).*

Dédain – mépris (Cf : *mépris).*

Dédale – labyrinthe (Cf : *labyrinthe).*

Dedans – intérieur (Cf : *intérieur*).

Dédier – consacrer – dévouer – vouer (Cf : *dévouer*).

Dédire – contredire (Cf : *contredire*).

Dédire (se) – se rétracter (Cf : *rétracter).*

Dédit – arrhes – clause pénale – denier à Dieu (Cf : *arrhes*).

Dédommagement – indemnité (Cf : *indemnité*).

Déduire – conclure – induire – inférer (Cf : *conclure*).

Défaire – battre – vaincre (Cf : *vaincre*).

Défaite – déroute.
Défaite : perte d'une bataille; la défaite peut être plus ou moins prompte et elle est toujours l'opposé de la victoire.
Déroute : fuite en désordre d'une armée battue; c'est ordinairement une défaite complète sans aucune possibilité, pour les forces vaincues, de regrouper les troupes.

Défaut – faute – manque – privation (Cf : *manque).*

Défaut – défectuosité – imperfection – vice.
Défaut : marque, sans vouloir l'adoucir ni l'aggraver, ce qui n'est pas bon dans le caractère d'un individu ou dans sa manière d'être; il désigne simplement ce fait sans rien y ajouter.
Imperfection : léger défaut qui n'est que relatif et qui se rapporte à ce qui est inachevé ou imparfait; l'imperfection est souvent corrigée par d'excellentes qualités.
Défectuosité : petite imperfection, quelque chose qui est une sorte de défaut, qui n'est ni conforme, ni parfait.
Vice : très grande imperfection et même défaut grave qui est une disposition habituelle au mal, par opposition à vertu. L'homme vicieux est un débauché et un libertin et il est enclin au mal.

Défaveur – disgrâce (Cf : *disgrâce*).

Défectuosité – défaut – imperfection – vice (Cf : *défaut*).

Défendre – protéger – soutenir.

Défendre : c'est venir en aide à ce ou à celui qui est attaqué ; il peut également s'appliquer aux animaux : on défend un ami, on défend la patrie, la louve défend ses petits.
Protéger : c'est prendre la défense d'une personne ou d'une chose en lui prêtant appui ou en l'encourageant ; on protège les opprimés, on protège aussi les lettres.
Soutenir : venir au secours de quelqu'un ou de quelque chose pour l'empêcher de tomber ; on soutient une échelle, on soutient aussi ses vieux parents.

Défendu – prohibé.
Défendu : en général et dans le langage familier : chose qu'il n'est pas permis de faire ; il s'applique aussi bien à tout ce qui est illégal qu'à tout ce qui est immoral.
Prohibé : chose qu'il est interdit de faire en vertu d'une loi ou d'un règlement de police ; le duel n'est point défendu en raison de certaines règles d'honneur, mais il est prohibé par le gouvernement.

Défense – inhibition – prohibition.
Défense : appartient au langage populaire et exprime l'interdiction formelle de faire quelque chose.
Prohibition : terme de législation qui s'applique à l'interdiction d'importer une marchandise étrangère ; il désigne un acte qui ne peut être que futur.
Inhibition : terme d'administration aujourd'hui presque inusité et qui avait pour objet l'interdiction de continuer ou de renouveler une chose défendue.

Défense – apologie – justification
Justification : toute preuve qui sert à justifier ou à manifester l'innocence d'un accusé.
Apologie : justification élogieuse en réponse à des reproches ou à des bruits vagues ; elle est ordinairement spontanée.
Défense : justification qui a pour but de repousser une accusation ou une attaque.

Déférence – considération – égards – réputation – respect (Cf : *respect*).

Déférence – complaisance – condescendance (Cf : *complaisance*).

Déférer – conférer (Cf : *conférer*).

Défiance – méfiance (Cf : *méfiance*).

Défilé – col – détroit – gorge – pas – port (Cf : *col*).

Dégénération – dégénérescence (Cf : *dégénérescence*).

Dégénérer – s'abâtardir.

Abâtardir (s') : faire perdre les qualités de la race, qualités dues à l'origine ou à la naissance.
Dégénérer : passer de son état primitif à un état moins parfait, inférieur ou pire.

Dégénérescence – dégénération.
Dégénération : passage de l'état primitif à un état moins parfait ; une race dégénère quand elle passe actuellement d'une nature meilleure à une nature pire.
Dégénérescence : changement en mal ; c'est l'état d'un objet qui a commencé depuis un certain temps à dégénérer et qui continue de le faire.

Dégoût – répugnance.
Dégoût : le dégoût suppose que l'on a abusé de quelque chose en en usitant plus que modérément, que l'on est rassasié et que la satiété est venue.
Répugnance : la répugnance est une aversion plus ou moins instinctive qu'on ressent pour quelque chose dont on n'a pas fait encore usage ou pour quelqu'un qu'on ne connaît pas ; on a le dégoût de la viande, de la répugnance pour un travail.

Dégoûtant – fastidieux.
Dégoûtant : quand dégoûtant exprime une sensation physique, il n'est pas synonyme de fastidieux ; il l'est quand il marque un sentiment de l'âme et s'applique aux choses qui inspirent l'aversion ou la répugnance.
Fastidieux : a moins de force que dégoûtant et s'applique surtout à ce qui cause de la fatigue ou de l'ennui et à tout ce qui manque de mesure.

Dégrader – déprimer – dépriser.
Dégrader : c'est ôter un grade, destituer en infligeant un déshonneur, abaisser en avilissant de façon ignominieuse.
Déprimer : rabaisser en produisant un affaissement avec l'intention d'amoindrir et de façon à faire occuper, dans l'estime et l'opinion, le moins de place possible.
Dépriser : rabaisser la valeur d'une chose en diminuant le prix, ou montrer que cette chose a une valeur insignifiante en l'estimant au-dessous de ce qu'elle vaut, et de manière parfois indirecte.

Degré – marche (Cf : *marche*).

Déguiser – cacher – celer – couvrir – dissimuler – pallier – taire – voiler (Cf : *cacher*).

Déguiser – travestir.
Déguiser : dissimuler de façon à rendre méconnaissable et pour

empêcher qu'on soit reconnu ; il suffit de peu de chose pour opérer un déguisement, comme une fausse barbe ou un postiche quelconque. Au figuré, déguiser, c'est donner comme sien ce qu'on a emprunté à d'autres.
Travestir : faire prendre un vêtement différent de celui qui est habituel au sexe ou à la condition. Au figuré, travestir, c'est modifier un ouvrage sérieux de manière à le rendre burlesque.

Déhanché – éhanché.
Déhanché : se dit d'une personne qui a la hanche démise ou cassée ; déhanché exprime la réalité du fait ou, tout au moins, il le présente dans ce sens.
Ehanché : est d'un emploi fort rare et semble plutôt exprimer l'apparence de quelqu'un marchant comme une cane.

Dehors – apparence – extérieur (Cf : *apparence*).

Déification – apothéose (Cf : *apothéose*).

Déjoindre – disjoindre (Cf : *disjoindre*).

Délaisser – laisser (Cf : *laisser*).

Délaisser – abandonner – quitter – renoncer (Cf : *quitter*).

Délateur – accusateur – dénonciateur (Cf : *dénonciateur*).

Délectable – délicat – délicieux – exquis (Cf : *délicieux*).

Délicat – délectable – délicieux – exquis (Cf : *délicieux*).

Délicat – délié – fin – subtil (Cf : *subtil)*.

Délicieux – délectable – délicat – exquis.
Délectable : ce qui est délectable est ce qui plaît au goût ou à un autre sens ; ce qui cause, en général, un plaisir très agréable.
Délicat : ce qui est délicat est tout ce qui flatte les sens et qui plaît surtout aux personnes sensibles aux impressions de la saveur, et même aux impressions purement morales.
Délicieux : ce qui est délicieux cause un plaisir extrême, surtout quand il s'agit de goût.
Exquis : ce qui est exquis renchérit sur délicieux ; exquis désigne ce qui est excellent ou ce qu'il y a de meilleur.

Délié – fin – grêle – menu – mince – ténu (Cf : *mince)*.

Délié – délicat – fin – subtil (Cf : *subtil*).

Délire – égarement – frénésie.
Délire : c'est proprement une exaltation de l'esprit causée soit par la maladie, soit par une grande émotion et où l'imagination joue le plus grand rôle.

Egarement : trouble de l'intelligence qui peut faire suite au délire et provoquer une sorte d'aliénation mentale.
Frénésie : délire furieux auquel se joint quelquefois une violence extrême qu'on ne peut arrêter.

Délit – crime – faute – forfait – péché (Cf : *crime).*

Délivrer – livrer (Cf : *livrer).*

Délivrer – affranchir.
Affranchir : donner la franchise, faire sortir de l'esclavage; affranchir un pays, c'est lui donner la liberté.
Délivrer : faire sortir d'une situation où l'on n'a pas toute sa liberté; délivrer un pays, c'est lui rendre sa liberté.

Déloyal – infidèle – perfide – traître (Cf : *traître*).

Demande – problème – question (Cf : *question*).

Demander – interroger – questionner.
Demander : déclarer qu'on désire savoir une chose : demander a toujours pour complément direct la chose qu'on veut obtenir ou qu'on veut connaître.
Interroger : demander en posant des questions; interroger suppose une certaine autorité ou un certain droit. Quand on interroge quelqu'un, c'est soit pour juger de son savoir, soit pour connaître la vérité.
Questionner : poser des questions; questionner suppose un désir de connaître et une certaine curiosité; quand on questionne quelqu'un, c'est pour avoir des renseignements ou pour apprendre quelque chose. De plus, interroger et questionner ont pour complément la personne à qui s'adresse la demande.

Démanteler – démolir – raser (Cf : *démolir*).

Démarche – allure (Cf : *allure).*

Démêlé – altercation – contestation – controverse – débat – différend – discussion – dispute – querelle (Cf : *dispute*).

Démêler – discerner – distinguer (Cf : *distinguer).*

Démence – folie – manie (Cf : *folie*).

Démesuré – énorme – excessif – exorbitant – immodéré – outré (Cf : *énorme*).

Démettre (se) – abdiquer – résigner (Cf : *abdiquer*).

Demeure – domicile – résidence – séjour.
Demeure : tout logement où l'on habite; demeure est du langage ordinaire et exprime quelque chose de fixe où l'étendue ne

joue qu'un rôle secondaire.
Domicile : habitation ordinaire d'une personne; domicile appartient plus spécialement au langage de la jurisprudence et de l'administration.
Résidence : diffère de domicile en ce que la résidence n'est qu'un simple fait; on réside où l'on est et tant qu'on y est; on n'a qu'un domicile, mais on peut avoir plusieurs résidences. Résidence s'emploie, de préférence, en parlant d'un haut personnage.
Séjour : a moins de noblesse que résidence et marque quelque chose de moins durable. De plus, et au figuré, séjour peut s'appliquer aux choses; on dit, par exemple, que Paris est le séjour des beaux-arts.

Demeurer – rester (Cf : *rester*).

Demeurer – gîter – habiter – loger (Cf : *habiter*).

Démission – abdication.
Abdication : action d'abdiquer, de renoncer au souverain pouvoir, à la royauté; elle ne s'applique qu'à des postes considérables.
Démission : action de renoncer à un emploi ou à une fonction quelconque; elle ne s'applique qu'à des places inférieures ou moyennes.

Démolir – abattre – détruire – jeter à bas – mettre à bas – renverser – ruiner (Cf : *détruire*).

Démolir – démanteler – raser.
Démanteler : détruire les fortifications d'une ville, lui ôter en quelque sorte le manteau qui lui servait de défense.
Démolir : détruire pièce par pièce; démolir ne comporte pas nécessairement l'idée de nuire : on peut très bien démolir un quartier insalubre et employer les matérieux pour le reconstruire ailleurs.
Raser : abattre un édifice presque au niveau du sol; raser suppose une action violente et une destruction complète qui ne laisse pas de trace de l'objet détruit.

Démon – diable (Cf : *diable*).

Démonstrations – protestations – témoignages (Cf : *témoignages*).

Dénégation – déni.
Déni : action de nier considérée dans son essence même; ce peut être également le refus d'une chose due.
Dénégation : déclaration par laquelle on soutient qu'un fait est faux; c'est l'action de nier considérée par rapport au temps et

aux circonstances.

Déni – dénégation (Cf : *dénégation*).

Denier à Dieu – arrhes – clause pénale – dédit (Cf : *arrhes*).

Dénigrer – décréditer – décrier – déshonorer – diffamer – discréditer – noircir (Cf : *diffamer*).

Denombrement – catalogue – état – inventaire – liste – répertoire (Cf : *liste*).

Dénoncer – annoncer (Cf : *annoncer*).

Dénonciateur – accusateur – délateur.
Accusateur : celui qui, sans se cacher, révèle un crime et en demande la punition en s'adressant ouvertement à la justice.
Délateur : celui qui, par vengeance ou par intérêt, révèle un crime ou dénonce un secret en se cachant.
Dénonciateur : celui qui, sans se cacher, révèle un crime à l'autorité en s'adressant spontanément à une autorité quelconque.

Dénouement – catastrophe.
Dénouement : manière dont se termine une affaire, une intrigue, une pièce de théâtre, sans autre idée accessoire.
Catastrophe : dénouement d'une tragédie ou d'un drame; il comporte une idée de fin déplorable et malheureuse.

Denrée – marchandise (Cf : *marchandise*).

Denrées – subsistances – vivres (Cf : *vivres*).

Dense – compact – épais (Cf : *épais*).

Denté – dentelé.
Dentelé : dont les bords sont découpés en forme de dents.
Denté : dont les bords sont garnis de pointes ou de saillies; on peut dire tout aussi bien une feuille dentée qu'une feuille dentelée parce que ses découpures sont souvent irrégulières; mais on dira : une roue dentée parce que ses saillies sont nettement découpées en forme de dents.

Dentelé – denté (Cf : *denté*).

Dénué – dépouillé – dépourvu – destitué – privé (Cf : *dépourvu*).

Dénuement – besoin – disette – indigence – misère – nécessité – pauvreté (Cf : *pauvreté*).

Départir – dispenser – distribuer – partager – répartir (Cf : *partager*).

Dépasser – outrepasser – passer – surpasser.

Passer : exprime simplement l'idée d'aller d'un lieu dans un autre, donc de ne pas s'arrêter dans un endroit précis.
Dépasser : exprime la même idée que passer, mais avec plus de force et peut s'appliquer dans tous les sens où a lieu l'extension.
Surpasser : suppose une extension plus considérable à laquelle on attache spécialement une idée de hauteur physique ou morale; on dira, par exemple, que le succès dépasse nos intentions mais surpasse nos espérances.
Outrepasser : c'est aller au-delà de toute prévision; il suppose une idée d'excès qui offre toujours quelque chose d'extraordinaire.

Dépeindre – peindre (Cf : *peindre*).

Dépendance – assujettissement – subordination – sujétion.
Sujétion : charge inévitable à laquelle il est nécessaire d'obéir et qui implique une idée de servitude.
Dépendance : renchérit sur sujétion par le fait qu'elle s'oppose à ce que nous ne fassions rien sans la permission d'une autre personne qui dispose de nous.
Assujettissement : dépendance qui marque une idée de contrainte.
Subordination : dépendance d'une personne ou d'une chose à l'égard d'une autre et suppose une sorte de hiérarchie.

Dépensier – dissipateur – prodigue.
Dépensier : est celui qui emploie son argent d'une façon exagérée, mais en marquant toutefois une certaine mesquinerie dans son goût pour la dépense; dépensier se rapporte à une manière de vivre.
Dissipateur : est celui qui dépense follement sa fortune à tort et à travers, et qui ne pense jamais à l'économie.
Prodigue : est celui qui fait des dépenses excessives, qui ne ménage pas son patrimoine, mais qui procède avec une certaine noblesse.

Dépit – colère – courroux – emportement – ire (Cf : *colère*).

Déplaisant – malplaisant.
Déplaisant : exprime de façon formelle l'action d'être désagréable; déplaisant se rapporte surtout à la moralité et au caractère.
Malplaisant : explime le défaut d'être désagréable ou de ne pas plaire assez; malplaisant se rapporte toujours à la forme ou à l'état matériel des choses.

Déplaisir – mécontentement (Cf : *mécontentement*).

Déplorable – lamentable – pitoyable (Cf : *lamentable*).

Déposition – déchéance (Cf : *déchéance*).

Dépôt – abcès – apostème – apostume – épanchement – infiltration (Cf : *abcès*).

Dépouillé – dénué – dépourvu – destitué – privé (Cf : *dépourvu*).

Dépourvu – dénué – dépouillé – destitué – privé.
Dénué : marque la privation complète du nécessaire.
Dépourvu : marque l'insuffisance dans les choses qui seraient indispensables pour agir ou pour subsister.
Dépouillé : marque le fait de mettre à nu ou d'avoir enlevé à quelqu'un quelque chose d'important.
Privé : marque le fait d'ôter à quelqu'un une chose qu'il possède tout naturellement.
Destitué : quand il est synonyme des autres mots, marque le fait d'avoir été privé d'un emploi et, par conséquent, réduit à l'impuissance.

Dépravé – corrompu – pervers – vicieux (Cf : *vicieux)*.

Dépraver – corrompre – gâter – pervertir (Cf : *gâter)*.

Déprimer – dégrader – dépriser (Cf : *dégrader*).

Dépriser – dégrader – déprimer (Cf : *dégrader)*.

Député – ambassadeur – envoyé (Cf : *ambassadeur)*.

Déraciner – extirper.
Déraciner : arracher un végétal en rompant ses racines; au figuré, c'est faire qu'une chose ne tienne plus : déraciner exprime une destruction plutôt lente et presque douce.
Extirper : arracher un végétal avec tout ce qu'il comporte et d'une manière violente; au figuré, c'est détruire totalement par une action complète et plus rapide : on extirpe une dent, on ne la déracine pas.

Déraisonnable – irraisonnable.
Irraisonnable : se dit de ce qui n'est pas doué de raison et qui, par conséquent, ne peut ni connaître, ni juger, ni se conduire.
Déraisonnable : se dit de ce qui est opposé à la raison, qui n'a aucun bon sens et qui ne se conduit pas suivant les règles de l'équité, de la justice ou du devoir.

Dérision – ironie – moquerie – persiflage – raillerie – risée (Cf : *moquerie)*.

Dériver – découler – émaner – procéder – provenir (Cf : *provenir)*.

Dérober – attraper – détrousser – dévaliser – escamoter – escroquer – voler (Cf : *voler)*.

Déroute – défaite (Cf : *défaite).*

Désabuser – détromper (Cf : *détromper).*

Désagréable – fâcheux – mésavenant.
Désagréable : ce qui est désagréable est ce qui déplaît en général; il implique une idée de contrariété qui peut aller jusqu'à causer du chagrin.
Fâcheux : ce qui est fâcheux est ce qui est pénible et importun; il peut causer un vif mécontentement entraînant de la colère.
Mésavenant : ce qui est mésavenant ne fait pas plaisir à voir; il comporte aussi, quand il se dit des choses, une idée d'issue funeste.

Désapprouver – blâmer – censurer – condamner – critiquer – épiloguer – fronder – improuver – reprendre – réprimander – réprouver – trouver à redire.
Blâmer : a le sens le plus général puisqu'il s'oppose directement à louer et signifie : trouver mauvais.
Censurer : déclarer publiquement et avec une certaine autorité que l'on trouve mauvais.
Condamner : blâmer, mais sans vouloir impliquer l'idée de peine ou de châtiment; on condamne simplement la conduite de quelqu'un.
Critiquer : suppose plus ou moins le blâme en examinant ou en jugeant une œuvre d'esprit ou d'art et en s'attachant à en signaler les imperfections.
Désapprouver : blâmer en n'étant pas d'accord sur ce qui se dit ou fait et qui serait mieux autrement.
Improuver : désapprouver ce qu'on trouve inconvenant.
Réprouver : désapprouver ce qu'on trouve odieux ou intolérable.
Trouver à redire : critiquer en n'étant pas du même avis et en trouvant toujours quelque chose à rétorquer.
Epiloguer : trouver à redire, même sur les plus petits détails.
Fronder : critiquer en ennemi ou en factieux.
Reprendre : adresser des reproches à un inférieur en parlant d'un supérieur.
Réprimander : exprime la même idée que reprendre, mais contient une menace implicite; il suppose également le désir de corriger par la crainte.

Désastre – calamité – catastrophe – infortune – malheur (Cf : *malheur).*

Désavantage – dessous – infériorité – perte (Cf : *infériorité).*

Désert – inhabité – sauvage – solitaire (Cf : *inhabité).*

Déserteur – transfuge.
Déserteur : celui qui abandonne le poste qui lui avait été confié ou le service pour lequel il était engagé ; il s'emploie plus fréquemment quand il s'agit de service militaire ou en présence de l'ennemi ; le déserteur est un lâche.
Transfuge : celui qui passe à l'ennemi ou qui abandonne son parti pour passer dans le parti contraire, le transfuge est toujours considéré comme un traître.

Désespoir – découragement (Cf : *découragement).*

Déshériter – exhéréder.
Déshériter : s'emploie, dans le langage ordinaire, pour signifier simplement : priver d'un héritage.
Exhéréder : terme de législation qui n'est presque plus en usage et qui signifie : déshériter par un acte formel.

Déshonnête – malhonnête (Cf : *malhonnête*).

Déshonneur – honte – ignominie – infamie – opprobre – turpitude (Cf : *honte).*

Déshonorer – décréditer – décrier – dénigrer – diffamer – discréditer – noircir (Cf : *diffamer).*

Désigner – indiquer – marquer (Cf : *indiquer).*

Désigner – assigner.
Assigner : déterminer de façon exacte la part de chacun.
Désigner : fixer la part de chacun de façon à ne pas se tromper.

Désinfection – asepsie – assainissement.
Assainissement : terme général qui consiste, aussi bien au propre qu'au figuré, à rendre sain d'une façon préventive ou curative.
Désinfection : se dit de l'action de détruire les microbes qui déterminent l'apparition des maladies contagieuses.
Asepsie : méthode consistant à se protéger et à se débarrasser de tout germe infectieux.

Désirer – convoiter – avoir envie – souhaiter – soupirer après.
Désirer : aspirer à posséder un bien, un avantage permis ; il exprime un sentiment bien prononcé et durable.
Convoiter : désirer une chose illicite ; il présente ordinairement ce désir soit comme excessif, soit comme blâmable.
Souhaiter : faire des vœux pour obtenir une chose ou pour qu'une autre personne détienne une chose ; il présente ce désir comme vague et sans préciser la manière.

Avoir envie : désirer en laissant supposer du caprice et de la fantaisie; il présente ce désir comme un sentiment passager.
Soupirer après : désirer ardemment mais avec une certaine langueur; il présente ce désir avec une sorte de souffrance intérieure.

Désobéir – contrevenir – enfreindre – transgresser – violer.
Désobéir : c'est ne pas obéir; il présente cette idée de la manière la plus simple.
Contrevenir : c'est désobéir en marquant une certaine opposition avec des prescriptions légales.
Enfreindre : ne pas observer une loi quelconque qu'on a acceptée en brisant le lien qu'on avait avec elle.
Transgresser : désobéir en ne se conformant pas et en ne se soumettant pas aux lois et aux règles générales.
Violer : agir dans un but coupable par la force de l'action et la violence.

Désoccupation – désœuvrement – inaction – inactivité – inertie – loisir – oisiveté (Cf : *inactivité).*

Désœuvrement – désoccupation – inaction – inactivité – inertie – loisir – oisiveté (Cf : *inactivité).*

Désolation – affliction – amertume – chagrin – douleur – mal – peine – souffrance – tourment – tristesse (Cf : *tristesse).*

Désoler – dévaster – infester – ravager – ruiner – saccager (Cf : *ravager).*

Dessécher – sécher (Cf : *sécher).*

Dessein – intention – volonté (Cf : *intention).*

Dessein – entreprise – plan – projet (Cf : *projet).*

Dessein – but – vues (Cf : *but).*

Dessin – plan.
Dessin : représentation d'un objet quelconque faite au crayon, à la plume ou au pinceau; ce peut être également la représentation d'un bâtiment exécutée de façon très succincte.
Plan : dessin géométrique représentant, de façon très précise, les différentes parties d'un objet, et particulièrement d'un édifice.

Dessous – désavantage – infériorité – perte (Cf : *infériorité).*

Dessus – avantage – prééminence – supériorité (Cf : *supériorité).*

Destin – destinée – étoile – fatalité.
Destin : ce qui est considéré comme devant arriver nécessaire-

ment; destin exprime l'idée d'une loi immuable qui a réglé d'avance tous les événements venus et à venir.
Destinée : effet du destin considéré surtout d'une façon individuelle : c'est le sort qui est réservé à chacun d'entre nous et, si on accuse le destin, on ne peut que subir sa destinée.
Etoile : destinée propre et particulière à tous les hommes; elle suppose une puissance mystérieuse qui préside à chaque naissance en lui donnant, par avance, le sort qu'il mérite.
Fatalité : destinée inévitable qui suppose toujours une conjoncture fâcheuse et qui la fait envisager essentiellement comme contraire au libre arbitre.

Destinée – destin – étoile – fatalité (Cf : *destin).*

Destitué – dénué – dépouillé – dépourvu – privé (Cf : *dépourvu).*

Destitution – révocation.
Destitution : acte par lequel on prive quelqu'un de son emploi; il s'applique généralement à un fonctionnaire et laisse entendre que cet emploi lui inférait une certaine situation sociale fixe et stable que la destitution lui fait perdre complètement.
Révocation : diffère de destitution en ce sens que la fonction qu'occupait le fonctionnaire n'était que passagère et ne lui conférait aucune position sociale fixe. On peut révoquer, par exemple, un ambassadeur, mais cette révocation ne lui fait pas perdre son titre de diplomate.

Déterminer – décider – résoudre (Cf : *décider).*

Déterrer – exhumer.
Déterrer : mot du langage populaire qui exprime simplement l'idée de retirer de terre ce qui y était enfoui ou caché.
Exhumer : exprime la même action en y ajoutant une idée de solennité qui laisse supposer que ce que l'on exhume doit être tiré de l'oubli.

Détestable – abominable – exécrable (Cf : *abominable).*

Détester – abhorer – exécrer – haïr (Cf : *haïr).*

Détourner – écarter – éloigner (Cf : *écarter).*

Détourner – distraire – divertir.
Détourner : c'est tout simplement voler; on détourne de l'argent pour s'en emparer et s'en servir à des fins personnelles.
Distraire : séparer une partie d'un tout et en faire un usage auquel elle n'était pas destinée, quelquefois dans une bonne intention.
Divertir : détourner en amusant, en empêchant de songer à autre chose de plus sérieux.

Détresse – adversité – disgrâce – infortune – malheur – misère (Cf : *malheur).*

Détriment – dam – dommage – préjudice – tort (Cf : *tort).*

Détroit – col – défilé – gorge – pas – port (Cf : *col).*

Détromper – désabuser.
Désabuser : tirer d'erreur, mais en faisant cesser une illusion et, notamment, une espérance mal fondée.
Détromper : tirer d'erreur en faisant cesser une fausse croyance ; l'avenir désabuse souvent mais on détrompe un entêté.

Détrousser – attraper – dérober – dévaliser – escamoter – escroquer – voler (Cf : *voler).*

Détruire – abolir – anéantir – exterminer (Cf : *anéantir).*

Détruire – abattre – démolir – jeter à bas – mettre à bas – renverser – ruiner.
Abattre : faire tomber ; on abat ce qui est élevé.
Démolir : séparer les parties d'un tout ; on démolit ce qui est bâti.
Renverser : coucher en sens contraire et dans une autre direction ; on renverse ce qui était sur pied.
Jeter à bas : renverser au moyen de violence et d'efforts.
Mettre à bas : renverser sans effort.
Détruire : faire disparaître entièrement ; on détruit en dissipant l'ordre et jusqu'à l'apparence des choses.
Ruiner : faire tomber morceau par morceau ; on ruine ce qui se divise ou ce qui se dégrade.

Dévaliser – attraper – dérober – détrousser – escamoter – escroquer – voler (Cf : *voler).*

Devancer – précéder (Cf : *précéder).*

Devancier – ancêtre – prédécesseur (Cf : *prédécesseur).*

Devant (aller au) – aller à la rencontre (Cf : *aller à la rencontre).*

Devant – avant.
Devant : exprime simplement l'antériorité sans égard pour la distance.
Avant : exprime l'idée d'antériorité jointe à celle de voisinage immédiat.

Dévaster – désoler – infester – ravager – ruiner – saccager (Cf : *ravager).*

Développer – éclaircir – expliquer (Cf : *expliquer).*

Devin – prophète (Cf : *prophète).*

Dévoiler – déceler – découvrir – révéler (Cf : *découvrir).*

Devoir – obligation (Cf : *obligation).*

Dévot – dévotieux.
Dévot : l'homme dévot est celui qui observe scrupuleusement les pratiques religieuses. Pris en mauvaise part, c'est celui qui affecte la dévotion dans ses pratiques principales.
Dévotieux : l'homme dévotieux observe de façon plus tendre et plus minutieuse les pratiques religieuses. Pris en mauvaise part, c'est celui qui affecte la dévotion dans les pratiques de détail ; dévotieux ne s'emploie plus que très rarement.

Dévotieux – dévot (Cf : *dévot).*

Dévotion – piété – religion (Cf : *religion).*

Dévouer – consacrer – dédier – vouer.
Consacrer : c'est tout aussi bien affecter à une divinité ou à son service particulier qu'employer quelque chose d'une manière complète ; on consacre un autel ou une église, on peut aussi consacrer un jour au repos.
Dédier : consacrer quelque chose au culte en le mettant sous le vocable de la divinité ou d'un saint ; il exprime également l'idée d'un hommage quand on dédie un livre à quelqu'un.
Vouer : promettre par un vœu ; il annonce un renoncement et un dépouillement.
Dévouer : consacrer par un vœu en supposant un sacrifice et une abnégation totale.

Dextérité – adresse – art – entregent – habileté – industrie – savoir-faire (Cf : *habileté).*

Diable – démon.
Démon : génie invisible, bon ou mauvais, mais surtout mauvais ange occupé à tenter les hommes. Au figuré, le mot démon désigne un individu méchant et hargneux.
Diable : principe du mal et tout mauvais ange en général ; il ajoute à démon les idées de méchanceté, de laideur et surtout de haine. Ce n'est que dans le style familier qu'on pourrait éventuellement le prendre en bonne part en disant, par exemple, un pauvre diable ou un bon diable.

Dialecte – idiome – langage – langue – patois (Cf : *langue).*

Dialectique – logique (Cf : *logique).*

Diaphane – transparent (Cf : *transparent).*

Diction – élocution – style (Cf : *style).*

Dictionnaire – encyclopédie – glossaire – lexique – vocabulaire.
Dictionnaire : livre qui contient, par ordre alphabétique, tous les mots d'une langue et les explique; tout livre ainsi composé est un dictionnaire, quel qu'en soit d'ailleurs le but et quels que soient les moyens d'exécution.
Glossaire : dictionnaire consacré spécialement à l'explication de mots anciens ou dont le sens est peu connu.
Lexique : dictionnaire des mots employés par un certain auteur, ou encore recueil de formes grammaticales remarquables; par extension, on l'emploie dans toutes les acceptions du mot dictionnaire.
Vocabulaire : dictionnaire alphabétique, mais où les mots sont expliqués très brièvement; le vocabulaire peut aussi être un ensemble de termes techniques d'une science ou d'un art.
Encyclopédie : livre qui traite de toutes les sciences ou de toutes les parties d'une science, mais il est surtout employé pour désigner un immense dictionnaire de toutes les connaissances humaines.

Diffamant – diffamatoire – infamant (Cf : *diffamatoire).*

Diffamatoire – diffamant – infamant.
Diffamant : se dit des choses propres à faire perdre réellement et actuellement la réputation.
Infamant : se dit de choses beaucoup plus graves; infamant marque une sorte d'avilissement, une flétrissure imprimée à l'honneur et à la réputation et qui ne peut plus disparaître.
Diffamatoire : ce qui nuit à la réputation en marquant la nature même des choses et le but dans lequel elles sont faites; un écrit diffamatoire est tel par ce qu'il contient, et même s'il n'est pas lu, il porte quand même une atteinte réelle à la réputation d'autrui.

Diffamé – malfamé.
Diffamé : l'homme diffamé est celui qui a été attaqué et à qui on a fait perdre sa réputation en débitant sur lui de mauvais propos; mais si la diffamation a été le fait d'une accusation injuste, cet homme peut encore avoir droit à l'estime.
Malfamé : l'homme malfamé est celui qui a une mauvaise réputation par suite d'une conduite peu honorable et peu scrupuleuse.

Diffamer – décréditer – décrier – dénigrer – déshonorer – discréditer – noircir.
Décréditer : faire perdre le crédit, la considération, la confiance,

et ce, d'une façon absolue.

Discréditer : causer une diminution de crédit ou seulement un simple affaiblissement.

Décrier : déclarer qu'on fait peu de cas d'une personne ou d'une chose, et réduire en quelque sorte sa valeur.

Noircir : diffamer ou calomnier; il porte surtout sur la conduite ou sur les mœurs. On noircit la réputation de quelqu'un en attaquant sa façon de se comporter en la présentant sous le plus mauvais aspect.

Dénigrer : dans son sens étymologique, signifie : noircir; c'est rabaisser quelqu'un ou quelque chose par des discours et, de ce fait, chercher à le noircir. Il ne s'applique guère que pour exprimer les attaques contre le mérite ou le talent.

Déshonorer : avilir en faisant perdre l'honneur; déshonorer résulte des attaques exprimées par les autres verbes.

Diffamer : faire perdre sa réputation en débitant de mauvais propos et en la décriant de tous côtés.

Différence – disparité – dissemblance – diversité – inégalité – variété.

Différence : ce qui fait reconnaître une chose d'une autre, ce qui les distingue l'une de l'autre, même si ces choses ne sont pas de même nature; c'est en quelque sorte un défaut de ressemblance qui fait qu'on peut comparer.

Disparité : grande différence entre deux choses qui pourraient se comparer; la disparité est ce qui empêche les choses d'être semblables; ainsi, il y a disparité entre un homme de race noire et un homme de race blanche.

Dissemblance : manque de ressemblance qui est apparent, visible et qui est surtout relatif à la forme; il y a dissemblance entre deux feuilles d'un même arbre.

Diversité : différence qui implique, soit un défaut d'accord, soit une opposition; on dit, par exemple : la diversité des caractères, pour exprimer ce qui empêche les hommes de vivre en bonne intelligence.

Inégalité : n'est qu'un défaut de régularité et se rapporte plutôt à la quantité, à la surface ou à un changement qui empêche une chose d'être conséquente avec elle-même.

Variété : état d'une chose dont les parties ne se ressemblent pas ou même contrastent entre elles; la variété fait considérer la différence sous le rapport du plaisir des yeux et de l'esprit.

Différend – altercation – contestation – controverse – débat – démêlé – discussion – dispute – querelle (Cf : *dispute).*

Différer – reculer – remettre – renvoyer – retarder – tarder (Cf : *retarder).*

Difforme – affreux – hideux – horrible – laid (Cf : *laid).*

Diffus – prolixe (Cf : *prolixe).*

Digestion – macération (Cf : *macération).*

Digne (être) – mériter (Cf : *mé*

Dignité – gravité – majesté.
Gravité : manière d'être d'une personne sérieuse et réservée ; la gravité est relative au caractère et suppose le goût de choses qui ne sont ni frivoles, ni familières.
Dignité : c'est la gravité considérée par rapport à la fonction ou au grade qu'on occupe dans l'état ou dans l'église ; elle suppose surtout le sentiment profond des convenances.
Majesté : c'est la grandeur qui impose ; elle suppose quelque chose de très élevé par soi-même ou par l'opinion. La majesté impose toujours le respect.

Dilapider – dissiper – gaspiller – prodiguer (Cf : *gaspiller).*

Diligence – activité – célérité – promptitude – rapidité – vélocité – vitesse (Cf : *vitesse).*

Diriger – administrer – conduire – gérer – gouverner – régir.
Gouverner : user de son autorité pour ordonner que certaines choses soient faites comme on l'a décidé d'avance.
Administrer : être chargé par un supérieur de prendre les mesures nécessaires pour qu'une entreprise ou une affaire réussisse.
Conduire : être à la tête, donner l'impulsion tout en montrant de la sagesse et de l'habileté.
Diriger : guider pour mener à un but, établir un certain ordre que l'on est chargé de maintenir.
Régir : gouverner avec une autorité souveraine et sans contrôle.
Gérer : rendre productif par le développement.

Discernement – jugement (Cf : *jugement).*

Discerner – démêler – distinguer (Cf : *distinguer).*

Disciple – écolier – élève (Cf : *écolier).*

Discontinuer – cesser – finir (Cf : *finir).*

Disconvenance – inconvenance (Cf : *inconvenance).*

Discord – discordant (Cf : *discordant).*

Discordant – discord
Discord : s'applique, en musique, uniquement aux instruments qui se trouvent en état de discordance, en marquant plus parti-

culièrement un état passif; on dira, par exemple : un piano ou un violon discord.
Discordant : s'emploie, en musique, uniquement aux voix et pour marquer le même état de discordance; on dira, par exemple, des voix discordantes, c'est-à-dire en désaccord entre elles.

Discours – harangue – oraison.
Discours : ce qu'on dit généralement en conversation; discours appartient au langage usuel et il désigne, le plus souvent l'ensemble des mots et des phrases prononcés en public par un orateur.
Harangue : discours également prononcé en public, mais de façon solennelle; il désigne presque exclusivement les paroles adressées par un général à ses soldats; harangue peut aussi s'employer dans le sens de : discours ennuyeux ou longue remontrance qu'on écoute d'une oreille distraite.
Oraison : discours qui se distingue par l'assemblage des mots construit suivant les règles de la grammaire; il est surtout prononcé à la louange d'une personne illustre récemment décédée. Oraison est le terme le plus convenable quand on considère le discours sous le point de vue purement littéraire.

Discréditer – décréditer – décrier – dénigrer – déshonorer – diffamer – noircir (Cf : *diffamer).*

Discrétion – réserve – retenue.
Discrétion : avoir de la discrétion, c'est éviter avec soin de prononcer des paroles qui pourraient nuire à autrui ou de faire une action qui pourrait déplaire; il suppose une certaine volonté.
Réserve : avoir de la réserve, c'est éviter avec beaucoup d'attention de dire ou de faire ce qui pourrait compromettre; il suggère une certaine idée de prudence.
Retenue : avoir de la retenue, c'est savoir se conduire, être maître de soi et ne pas se laisser entraîner au-delà des bornes; il suppose de la circonspection.

Discussion – altercation – contestation – controverse – débat – démêlé – différend – dispute – querelle (Cf : *dispute).*

Discuter – agiter – débattre – traiter.
Agiter : discuter contradictoirement en exprimant une action répétée; on agite à plusieurs reprises, souvent ou longtemps.
Débattre : discuter en contestant en supposant de la chaleur et de la vivacité; s'emploie surtout à propos d'intérêts personnels.
Discuter : débattre une question ou une affaire en exprimant plus de réflexion.
Traiter : discuter avec raison en examinant une chose à fond.

Disert – éloquent (Cf : *éloquent)*.

Disette – famine (Cf : *famine)*.

Disette – besoin – dénuement – indigence – misère – nécessité – pauvreté (Cf : *pauvreté)*.

Disgrâce – adversité – détresse – infortune – malheur – misère (Cf : *malheur)*.

Disgrâce – défaveur.
Défaveur : celui qui est en défaveur ne jouit plus du crédit qu'il avait auparavant; il n'est plus accueilli avec autant de plaisir et on tient de moins en moins à lui être agréable.
Disgrâce : celui qui est en disgrâce est presque devenu suspect aux yeux de ses semblables; on le prive des faveurs dont on l'avait comblé et il est même quelquefois chassé dans un endroit retiré.

Disjoindre – déjoindre.
Déjoindre : séparer, de façon complète, ce qui était joint.
Disjoindre : ne marque qu'un début de séparation et laisse supposer que les choses tiennent encore l'une à l'autre par une apparence de liaison.

Disparité – différence – dissemblance – diversité – inégalité – variété (Cf : *différence)*.

Dispense – exemption – immunité.
Dispense : permission d'enfreindre la règle ou la coutume; c'est, généralement, un acte d'autorité. On accorde une dispense quand on en a le droit et c'est en fonction de ce droit que la dispense peut être aussi un écrit contenant cette permission.
Exemption : c'est le non-assujettissement à une obligation quelconque; une sorte d'affranchissement accordée, soit par bonté, soit par condescendance; l'exemption suppose que celui qui exempte les autres de faire quelque chose le fait quelquefois lui-même à leur place.
Immunité : c'est une exemption légale, un privilège reconnu par la loi ou par l'usage et qui est devenu une sorte de droit bien établi; immunité est un terme de jurisprudence.

Dispenser – départir – distribuer – partager – répartir (Cf : *partager)*.

Disposer – ordonner – organiser – ranger (Cf : *ranger)*.

Disposer – apprêter – préparer (Cf : *préparer)*.

Disposition – goût – inclination – penchant – vocation (Cf : *pen-*

chant).

Disposition – aptitude – capacité – génie – goût – talent (Cf : *capacité).*

Dispute – altercation – contestation – controverse – débat – démêlé – différend – discussion – querelle.
Altercation : ne suppose qu'un début d'irritation qui fait suite à une opposition où entre la passion.
Débat : se rapproche de la discussion où chaque adversaire expose ses raisons avec animation et sans désordre; il suppose également une opposition passionnée.
Querelle : suppose toujours une opposition de passions et dit plus que l'altercation par un échange de violents reproches et même de coups entre plusieurs personnes; une querelle peut quelquefois devenir sanglante.
Contestation : suppose une opposition qui roule sur des intérêts, mais où il s'agit d'un débat sur l'interprétation qu'il faut donner à un texte quelconque.
Démêlé : suppose aussi une opposition d'intérêts et met aux prises des personnes étrangères et qui peuvent ne pas même se connaître.
Différend : suppose également une opposition d'intérêts qui empêche d'être d'accord et ne survient ordinairement qu'entre personnes qui ont des rapports ensemble.
Controverse : suppose une opposition d'opinion et ne se dit que d'une discussion sur une question religieuse ou philosophique.
Discussion : suppose aussi une opposition d'opinion et se dit d'un débat où chacun parle à son tour et avec le désir de convaincre sérieusement ses adversaires.
Dispute : suppose également une opposition d'opinion mais où chacun soutient avec chaleur son sentiment et lutte pour obtenir ce dont il est certain; c'est le terme le plus familier.

Dissemblance – différence – disparité – diversité – inégalité – variété (Cf : *différence).*

Dissension – dissentiment.
Dissentiment : le dissentiment se manifeste par une différence de sentiments ou d'opinions; il n'est pas absolu puisqu'on peut dire : faire taire ses dissentiments.
Dissension : la dissension est plus violente et se manifeste lorsque le dissentiment provoque des paroles vives ou des actions violentes.

Dissentiment – dissension (Cf : *dissension).*

Dissimuler – cacher – celer – couvrir – déguiser – pallier – taire –

voiler (Cf : *cacher).*

Dissipateur – dépensier – prodigue (Cf : *dépensier).*

Dissiper – dilapider – gaspiller – prodiguer (Cf : *gaspiller).*

Dissolutif – dissolvant (Cf : *dissolvant).*

Dissolvant – dissolutif.
Dissolutif : qui a la propriété de dissoudre; dissolutif se rapporte à la nature intime de la chose parce qu'il possède en lui-même cette qualité propre.
Dissolvant : se rapporte à l'effet produit; le dissolvant agit en fait et opère toujours. On dit, par exemple : un liquide a une vertu dissolutive, mais on dira : l'eau est un liquide dissolvant.

Dissoudre – résoudre.
Dissoudre : c'est faire fondre un corps, c'est-à-dire le faire disparaître, en marquant simplement la séparation des parties qui le composaient.
Résoudre : c'est décomposer un corps en ses éléments, c'est-à-dire le changer en marquant un retour à un état primitif. Quand on dit; l'eau dissout le sucre, il n'y a plus de sucre proprement dit; quand on dit : la putréfaction résout les chairs, elle les change en carbone, en sels et en gaz.

Distance – éloignement.
Distance : espace compris entre deux lieux ou deux objets; cet espace peut être petit ou grand mais ne comporte aucune autre idée accessoire.
Eloignement : distance de lieu ou de temps; c'est ce même espace considéré comme une action.

Distinguer – démêler – discerner.
Démêler : séparer les choses mêlées, brouillées, opération qui demande du temps et de la patience; on démêle le bon grain de l'ivraie, par exemple.
Discerner : reconnaître parmi d'autres choses; discerner demande de la finesse et de la sagacité; on discerne la vérité, par exemple.
Distinguer : faire la différence au moyen de signes visibles; distinguer demande un certain degré d'attention; on distingue un objet d'un autre, par exemple.

Distraire – détourner – divertir (Cf : *détourner).*

Distrait – abstrait.
Abstrait : celui que ses propres pensées rendent inattentif à ce qui se dit ou se fait autour de lui.
Distrait : rendu inattentif par une cause extérieure et lorsqu'un

nouvel objet détourne l'attention.

Distribuer – départir – dispenser – partager – répartir (Cf : *partager).*

Diversité – différence – disparité – dissemblance – inégalité – variété (Cf : *différence).*

Divertir – amuser (Cf : *amuser).*

Divertir – détourner – distraire (Cf : *détourner).*

Divertissement – amusement – récréation – réjouissance.
Divertissement : terme générique et plus particulièrement occupation qui détourne l'esprit des choses pénibles.
Amusement : occupation qui fait passer le temps agréablement et que l'on se crée pour échapper à l'ennui.
Récréation : ce que l'on fait pour se délasser et qui a pour but de distraire, pendant une courte période, l'esprit de ses fatigues.
Réjouissance : démonstration de joie qui se fait remarquer par des actions extérieures, des danses, des cris et des acclamations.

Diviser – partager.
Diviser : découper en morceaux ou en parties; quand on divise, les parties conservent leurs rapports avec le tout ou ne sont considérées que d'une manière théorique.
Partager : diviser en plusieurs parts; quand on partage, chaque partie devient un tout en elle-même et reçoit une destination particulière. On divise un jour en vingt-quatre heures, on partage un gâteau en autant de parts distinctes qu'il peut y avoir de convives.

Divorce – répudiation.
Divorce : tout simplement la dissolution d'un mariage du vivant des époux; il résulte souvent d'un consentement mutuel mais il implique l'observation des intérêts respectifs du mari et de la femme.
Répudiation : c'est l'action de renvoyer légalement sa femme; la répudiation est le fait de la volonté seule du mari.

Divulger – éditer – publier (Cf : *publier).*

Docile – flexible – souple.
Docile : un esprit docile est un esprit aisé à instruire, à diriger et à conduire et qui obéit à la voix du maître qui instruit; la docilité suppose l'amour.
Flexible : un esprit flexible est un esprit qui se plie sous la volonté des autres; il ne résiste pas et cette soumission est toute passive. La flexibilité suppose la faiblesse.
Souple : un esprit souple est un esprit d'humeur accommo-

dante, docile et complaisante, qui fait même d'avance ce qu'il sait devoir être agréable. La souplesse suppose plus ou moins l'intrigue.

Docte – érudit – savant (Cf : *savant).*

Dogmatique – décisif – péremptoire – tranchant (Cf : *décisif).*

Doléance – complainte – jérémiade (Cf : *jérémiade).*

Domestique – apprivoisé – privé (Cf : *apprivoisé).*

Domestique – laquais – serviteur – valet.
Domestique : personne qui est au service d'une autre; domestique exprime la condition de celui qui est dans la maison du maître et qui est toujours à ses ordres sans aucune interruption dans le travail qu'il accomplit.
Serviteur : exprime l'action de servir quelqu'un, sans aucune autre idée défavorable que celui d'être inférieur à son maître; il diffère de domestique en ce sens qu'il peut avoir son propre domicile et se trouver, par conséquent, dans une dépendance moins absolue.
Laquais : domestique qui porte une livrée, qui suit son maître partout et qui n'a réellement d'autre emploi que celui de servir de parade et d'étalage de richesse.
Valet : domestique qui a un service spécial et dont les occupations sont toujours du caractère le plus servile; c'est celui qui a, pour ainsi dire, la plus basse fonction dans cette hiérarchie.

Domicile – demeure – résidence – séjour (Cf : *demeure).*

Dominant – dominateur.
Dominant : ce qui est dominant est fait pour l'emporter ou pour prévaloir; il marque un état et la nature même de l'objet propre à dominer.
Dominateur : ce qui est dominateur exerce réellement le pouvoir ou l'autorité absolue; il se rapporte davantage au fait et à l'acte de dominer.

Dominateur – dominant (Cf : *dominant).*

Domination – autorité – empire – pouvoir – puissance (Cf : *pouvoir).*

Dommage – dam – détriment – préjudice – tort (Cf : *tort).*

Dompter – réduire – surmonter – triompher de – vaincre (Cf : *vaincre).*

Don – cadeau – gratification – présent (Cf : *cadeau).*

Donner (se) – s'adonner (Cf : *adonner).*

Donner parole – s'engager – promettre (Cf : *promettre).*

Donner le change – abuser – amuser – attraper – décevoir – duper – embabouiner – enjôler – en imposer – leurrer – surprendre – tromper (Cf : *tromper).*

Donner – offrir – présenter.
Donner : se dessaisir volontairement d'une chose en faveur de quelqu'un; l'action de donner suppose toujours celle de recevoir.
Offrir : proposer à quelqu'un d'accepter et, plus spécialement, présenter une offrande; offrir ne suppose pas nécessairement l'action de recevoir; l'offre peut quelquefois être rejetée pour un motif particulier ou personnel.
Présenter : offrir une chose en la mettant sous les yeux d'une personne qui peut en prendre possession à l'instant même et si cela convient. Présenter exprime une sorte de matérialité dans l'attitude.

Double sens – ambiguïté – amphibologie – équivoque (Cf : *équivoque).*

Douceâtre – doucereux.
Douceâtre : un ton douceâtre est un ton qui affecte une certaine douceur et une modération plus ou moins aimable.
Doucereux : un ton doucereux est un ton qui affecte trop de douceur et qui est assez déplaisant.

Doucereux – douceâtre (Cf : *douceâtre).*

Douceur – bénignité – bienfaisance – bienveillance – bonté – débonnaireté – humanité – sensibilité (Cf : *bonté).*

Douceur – mansuétude.
Douceur : exprime, dans le langage ordinaire, la qualité de ce qui plaît à l'esprit et au cœur; douceur est simplement opposé à rudesse.
Mansuétude : douceur d'âme constante et inépuisable qui porte à faire le bien et à supporter le mal; mansuétude s'emploie surtout dans le style mystique : c'est la douceur considérée comme vertu chrétienne.

Douleur – affliction – amertume – chagrin – désolation – mal – peine – souffrance – tourment – tristesse (Cf : *tristesse).*

Doute – incertitude – indécision – indétermination – irrésolution – perplexité.
Doute : état d'esprit qui consiste à ne pas savoir si une chose est vraie ou non; une personne doute quand elle hésite entre

l'affirmative et la négative, parce qu'elle n'a pas une confiance absolue dans son discernement.
Incertitude : état d'une personne qui doute de ce qui arrivera et de ce qu'elle fera; elle suppose, d'une part l'ignorance d'un fait qui est ou qui sera, et d'autre part l'embarras qui résulte de cette ignorance.
Indécision : état de quelqu'un qui n'a pas trouvé de solution à un problème quelconque; indécision suppose un esprit faible qui change d'idée à tout moment et qui ne sait plus quel parti prendre.
Indétermination : caractère de ce qui n'est pas précisé ou fixé; l'indétermination marque, d'une manière générale, une volonté flottante.
Irrésolution : état de celui que ne prend pas de décision, qui craint d'en prendre et qui se laisse influencer par toutes les circonstances extérieures; l'irrésolution tient à la faiblesse de l'âme et à la mobilité de l'humeur.
Perplexité : état d'une personne qui ne sait plus ce qu'elle doit faire; la perplexité suppose une situation complexe, embrouillée et difficile à résoudre.

Douter (se) – pressentir – soupçonner (Cf : *soupçonner).*

Douteux – incertain – problématique.
Douteux : ce qui est douteux est ce dont on n'est pas sûr ou ce qui n'est pas clair; il suppose qu'il y a des raisons pour et contre, raisons qu'on ne peut généralement pas discerner.
Incertain : ce qui est incertain est ce qui est variable ou ce dont la date n'a pas été fixée; il suppose une insuffisance de raisons pour croire.
Problématique : ce qui est problématique est ce sur quoi l'on ne peut se prononcer, faute de raisons suffisantes; problématique s'emploie rarement dans le langage ordinaire et suppose toujours un problème à résoudre.

Doux – suave.
Doux : ce qui est de saveur agréable, ni rude, ni amère, et s'applique proprement au goût; doux peut aussi s'appliquer à ce qui n'est pas méchant, qui plaît à l'esprit et au cœur.
Suave : ce qui flatte agréablement les sens et particulièrement l'odorat; suave peut aussi exprimer une douceur particulière, fine et délicate.

Drapeau – bannière – enseigne – étendard – gonfalon – labarum – oriflamme
Drapeau : terme général pour désigner la pièce d'étoffe attachée au bout d'une espèce de lance et servant d'emblème à une

nation ou à un parti.
Enseigne : petit drapeau et particulièrement le pavillon de poupe d'un navire de guerre.
Etendard : enseigne de guerre et particulièrement de la cavalerie.
Bannière : étendard politique ou religieux.
Gonfalon : bannière d'église à plusieurs pièces pendantes; se disait autrefois de la bandelette en pointe dont les chevaliers ornaient leur lance.
Labarum : étendard de couleur pourpre des empereurs romains ayant la forme d'une bannière de nos églises.
Oriflamme : gonfalon à hampe dorée et à étoffe d'un rouge vif qui fut pendant trois siècles l'étendard de l'armée française. (1)

Droit – justice (Cf : *justice).*

Droit – loyal – vrai.
Droit : l'homme droit est juste et sincère; il agit avec équité et ne cherche jamais à tromper.
Loyal : l'homme loyal est plein d'honneur et de probité; il possède une droiture doublée par la noblesse du caractère.
Vrai : l'homme vrai agit et parle sans déguisement; il aime la vérité par principe et il est réellement tel qu'il est.

Droiture – équité – justice (Cf : *justice).*

Droiture – rectitude.
Rectitude : qualité de ce qui est en ligne droite. Au figuré, c'est la qualité de ce qui est conforme à la juste raison, à la morale et à la règle. Il comporte quelquefois une idée de quelque chose d'absolu et d'inflexible.
Droiture : qualité de ce qui n'est pas courbe; au figuré, droiture s'emploie surtout pour parler du cœur et de la moralité.

Duper – abuser – amuser – attraper – décevoir – donner le change – embabouiner – enjôler – en imposer – leurrer – surprendre – tromper (Cf : *tromper).*

Dur – austère – rigoureux – rude – sévère (Cf : *sévère).*

Dur – coriace – résistant.
Dur : ce qui est dur n'est pas tendre, n'est pas mou et donc difficile à entamer; il présente toujours une certaine résistance.
Coriace : ce qui est coriace est dur comme le cuir peut l'être.
Résistant : ce qui est résistant a la propriété de ne pas céder à l'action d'un autre corps pouvant s'exercer par le choc, la pression, la traction ou même la rupture.

(1) Synonymes arbitraires

Durable – constant – permanent – stable.
Constant : ce qui est constant ne s'altère pas et conserve toujours la même valeur.
Durable : ce qui est durable peut continuer à exister pendant longtemps et se prolonger sans subir de détérioration.
Permanent : ce qui est permanent peut durer indéfiniment sans changement et en fonctionnant toujours.
Stable : ce qui est stable est dans une situation ferme et solide, et cette manière d'être donne des garanties sérieuses de durée.

Durant – pendant (Cf : *pendant).*

Durcir – endurcir.
Durcir : c'est rendre dur en marquant simplement l'action. On dira : la chaleur durcit l'argile, celui-ci étant mou au moment de sa cuisson.
Endurcir : c'est rendre dur en marquant l'action comme produisant son effet lentement, peu à peu. On dira : la gelée endurcit la terre, parce qu'on peut voir, chaque jour, la terre devenir plus dure.

Durée – temps (Cf : *temps).*

E

Ebahi – abasourdi – ébaubi – émerveillé – penaud – stupéfait (Cf : *stupéfait*).

Ebaubi – abasourdi – ébahi – émerveillé – penaud – stupéfait (Cf : *stupéfait*).

Ebauche – canevas – croquis – crayon – esquisse (Cf : *croquis*).

Ebénisterie – menuiserie (Cf : *menuiserie*).

Ebouler (s') – crouler – s'écrouler (Cf : *écrouler*).

Ebullition – effervescence – fermentation.
Ebullition : phénomène qui se produit lorsqu'un liquide que l'on chauffe est en train de bouillir ; il consiste en un dégagement tumultueux de petites bulles de vapeur qui viennent crever à la surface. Au figuré, l'ébullition est une éruption passagère qui survient à la peau et qui n'est pas accompagnée de fièvre.
Effervescence : bouillonnement quelconque causé par un dégagement de gaz et qui donne également naissance à des bulles d'une nature particulière. Au figuré, l'effervescence est une émotion tumultueuse de l'âme qui se manifeste brusquement et s'efface d'elle-même.
Fermentation : phénomène qui consiste en ce que, sans cause apparente, une substance liquide ou pâteuse se boursoufle et donne naissance à une grande quantité de bulles de gaz qui viennent crever à sa surface ou restent enfermées dans la masse. Au figuré, la fermentation est une grande agitation d'esprit qui dure longtemps et qui peut même conduire à la révolte.

Ecarter – détourner – éloigner.
Détourner : éviter en faisant changer de direction ; on détourne les yeux pour ne pas voir un spectacle horrible.
Ecarter : repousser en mettant de côté ; on écarte la foule pour laisser passer une ambulance.
Eloigner : tenir à distance en envoyant plus loin ; on éloigne une

chaise du feu pour éviter un incendie.

Ecervelé – étourdi – évaporé – éventé – imprudent – inconsidéré – malavisé.
Ecervelé : l'écervelé manque de cervelle, n'a aucun jugement et, par conséquent, ne peut jamais agir avec sagesse.
Etourdi : l'étourdi n'est pas privé de bon sens, mais manque de réflexion et se laisse dominer par la vivacité de ses sensations.
Evaporé : l'évaporé est léger d'esprit, agit au hasard et cette légèreté est très souvent vaniteuse.
Eventé : l'éventé est un étourdi qui manque de discrétion et de retenue, et qui a l'esprit en quelque sorte altéré.
Imprudent : l'imprudent manque de prudence, ne prévoit aucun événement, parle et agit avec témérité sans souci des conséquences.
Inconsidéré : l'inconsidéré est irréfléchi, agit trop vite sans se donner la peine d'examiner ce qu'il y aurait de mieux à faire.
Malavisé : le malavisé manque de prudence et de circonspection, prend toujours le plus mauvais parti en croyant prendre le meilleur.

Echanger – changer – permuter – troquer (Cf : *changer*).

Echapper (s') – s'enfuir – s'esquiver – s'évader – se sauver (Cf : *enfuir*).

Echapper – réchapper.
Echapper : se soustraire à un grand péril, se délivrer et sortir d'une situation fâcheuse, quelle qu'elle soit.
Réchapper : ajoute à l'idée d'échapper celle d'avoir vaincu une très grave maladie et souvent même la mort.

Echauffer – chauffer (Cf : *chauffer*).

Eclaircir – développer – expliquer (Cf : *expliquer*).

Eclaircir – éclairer.
Eclaircir : c'est tout à la fois rendre clair, sonore, brillant, moins épais, moins dru, moins touffu; se dit aussi quand on veut débrouiller et rendre intelligibles des choses qui n'avaient pu être clairement expliquées.
Eclairer : c'est répandre la clarté, produire de la lumière, rendre visible ce qui ne l'était pas, rendre clair ce qui était incompréhensible. On éclaircit une question, on éclaire l'esprit d'un ignorant.

Eclairé – instruit (Cf : *instruit*).

Eclairer – éclaircir (Cf : *éclaircir*).

Eclat – brillant – lustre – splendeur (Cf : *splendeur*).

Eclipser – effacer – obscurcir.
Eclipser : surpasser les autres en montrant une qualité brillante que l'on ne soupçonnait pas et qui est souvent passagère.
Effacer : surpasser les autres en montrant la supériorité de son propre mérite et ne faire apprécier aucune valeur réelle à ses adversaires.
Obscurcir : effacer l'éclat que peut avoir une autre personne qui vous est opposée ; mais cette action est assez faible et ne fait pas totalement disparaître le mérite ou la qualité.

Ecolier – disciple – élève.
Disciple : celui qui reçoit, non seulement les leçons d'un maître, mais encore adopte sa doctrine ou son enseignement et marche sur ses traces ; disciple appartient à un langage assez relevé.
Ecolier : mot le plus fréquemment employé pour désigner l'enfant qui fréquente une école et à qui un maître donne des leçons ; au Moyen Age, l'écolier était l'élève d'une université.
Elève : celui qui reçoit ou a reçu des leçons ; élève laisse supposer le jeune homme comme élève, formé dans ses mœurs et instruit en théorie ; il est aussi employé quand on veut montrer une certaine supériorité par rapport à l'écolier.

Economie – épargne – ménage – parcimonie (Cf : *épargne*).

Ecornifleur – parasite (Cf : *parasite*).

Ecoutant – auditeur (Cf : *auditeur*).

Ecriteau – épigraphe – épitaphe – inscription (Cf : *inscription*).

Ecrivailleur – écrivassier.
Ecrivailleur : auteur fécond, mais absolument dépourvu de mérite et ne possédant aucun talent.
Ecrivassier : se distingue de l'écrivailleur par une manie d'écrire sur tous les sujets, surtout vulgaires ; il n'a pas plus de talent et même une certaine bassesse d'esprit.

Ecrivain – auteur.
Auteur : celui qui est cause d'une chose et notamment créateur d'une œuvre d'art ou d'un ouvrage littéraire ; un auteur se distingue par son originalité ou par une célébrité reconnue.
Ecrivain : celui qui gagne sa vie uniquement à écrire ; il se distingue de l'auteur surtout quand on considère son style.

Ecrivassier – écrivailleur (Cf : *écrivailleur*).

Ecrouler (s') – crouler – s'ébouler.
Crouler : tomber en s'affaissant et en produisant un bruit assez violent ; l'objet qui croule est mis en pièces et détruit.

S'écrouler : diffère de crouler en ce qu'il représente l'action d'une manière plus précise, avec le même bruit violent et la destruction presque complète de l'objet.
S'ébouler : tomber en roulant; il suppose, au contraire, une action plus lente qui est faite presque sans effort.

Ecumant – écumeux.
Ecumant : pris comme adjectif verbal, il se distingue plus par son action que par son état; pris comme participe, il ne suppose que ce qui jette de l'écume.
Ecumeux : exprime un état beaucoup plus permanent et ce qui est écumeux est toujours couvert d'écume.

Ecumeux – écumant (Cf : *écumant*).

Edifice – bâtiment – construction – monument (Cf : *construction*).

Edifier – bâtir – construire (Cf : *construire*).

Editer – divulguer – publier (Cf : *publier*).

Effacer – éclipser – obscurcir (Cf : *éclipser*).

Effacer – biffer – raturer – rayer.
Effacer : faire disparaître en général, principalement un mot ou un chiffre par un moyen quelconque afin d'empêcher de le lire.
Raturer : annuler d'un trait de plume; il exprime plutôt l'action d'un écrivain qui se corrige lui-même ou qui supprime une expression.
Biffer : raturer en marquant un mouvement de colère ou un acte d'autorité.
Rayer : raturer en emportant l'idée de retrancher.

Effaré – effarouché.
Effaré : désigne un trouble physique et visible, qui bouleverse les traits et qui se peint sur le visage; quand il provient d'une cause intérieure, il se rapproche beaucoup du mot : *hagard.*
Effarouché : suppose la crainte, la défiance, l'aversion provenant d'une cause extérieure, mais que l'on renferme quelquefois en soi-même.

Effarouché – effaré (Cf : *effaré*).

Effectivement – en effet.
Effectivement : se rapporte aux faits; il suppose la réalité d'une chose que l'on ne soupçonnait pas auparavant, dont on n'était pas tout à fait sûr et qui n'existait que dans la pensée.
En effet : se rapporte aux idées et suppose la confirmation d'une vérité antérieure; en effet peut convenir pour exprimer la réalité d'une chose qui ne fait aucun doute.

Effectuer – accomplir – exécuter – réaliser (Cf : *réaliser*).

Efféminé – affaibli – amolli – énervé (Cf : *affaibli*).

Effervescence – animation – mouvement (Cf : *mouvement*).

Effervescence – ébullition – fermentation (Cf : *ébullition*).

Effet (en) – effectivement (Cf : *effectivement*).

Effigie – figure – image – portrait (Cf : *image*).

Effluves – miasmes.
Effluves : à l'origine, les effluves étaient considérés comme des exhalations végétales.
Miasmes : à l'origine, les miasmes étaient considérés comme des exhalations animales. Aujourd'hui, les effluves et les miasmes ont des significations particulières et ne sont plus synonymes.

Efforcer (s') – tâcher (Cf : *tâcher*).

Effrayant – effroyable.
Effrayant : se dit de ce qui inspire une très grande peur, qui cause réellement de l'effroi, quelquefois sans motif légitime.
Effroyable : se dit de ce qui inspire, par sa nature même, à la fois une très grande peur et une aversion ou une répulsion très vive.

Effroi – alarme – appréhension – crainte – épouvante – frayeur – peur – terreur (Cf : *peur*).

Effronté – audacieux – hardi (Cf : *audacieux*).

Effronté – éhonté – impudent.
Impudent : qui est insolent; impudent se dit surtout de celui qui ne connaît pas la pudeur et qui manque de retenue dans ses paroles.
Effronté : renchérit sur impudent; c'est celui qui ne connaît aucune règle de bienséance, qui ne rougit de rien et qui est comme s'il n'avait plus de front.
Ehonté : renchérit lui-même sur effronté; c'est celui qui ne connaît aucune sorte de honte, même intérieure, qui est endurci et n'a même plus de sentiment moral.

Effroyable – effrayant (Cf : *effrayant*).

Effroyable – affreux – épouvantable – horrible (Cf : *affreux*).

Effusion – épanchement.
Epanchement : expression des sentiments et des pensées les plus intimes; l'épanchement suppose la confiance, une communication douce et calme de ses idées à quelqu'un d'autre.

Effusion : expression plus ardente et plus passionnée des sentiments; effusion suppose une sorte d'éclatement répandant une confiance longtemps retenue. Ces deux mots ne sont pas synonymes quand ils sont employés dans leur sens propre.

Egal – plain – plat – ras – uni (Cf : *plat*).

Egaler – égaliser (Cf : *égaliser*).

Egaliser – égaler.
Egaler : n'est réellement synonyme d'égaliser que dans le sens de : rendre égal. Egaler n'applique cette idée que d'une manière peu précise et sans intention bien déterminée.
Egaliser : suppose, au contraire, une volonté bien déterminée d'établir une uniformité en laissant supposer un travail physique. On dira, par exemple : égaler les parts de chacun, mais on dira : l'adversité égalise les hommes.

Egards – considération – déférence – réputation – respect (Cf : *respect*).

Egards – attentions – considération – ménagements.
Attentions : les attentions consistent à être plein de prévenances pour une personne en lui marquant de l'empressement pour lui plaire.
Considération : la considération consiste à avoir de l'estime pour quelqu'un et témoigner le cas que l'on fait de sa personne.
Egards : les égards consistent en marques de déférence dans l'observation des convenances.
Ménagements : les ménagements consistent dans l'habileté à éviter de choquer autrui dans ses inclinations.

Egarement – délire – frénésie (Cf : *délire*).

Egarer (s') – se fourvoyer – se perdre (Cf : *perdre*).

Eglise – temple.
Eglise : n'est synonyme de temple que lorsqu'il désigne l'édifice destiné à la célébration du culte catholique; il a signifié autrefois : société de chrétiens unis par une complète communauté de croyances religieuses, et il conserve encore quelquefois cette signification.
Temple : édifice consacré au culte; il ne se dit, dans ce sens, que par rapport aux catholiques et aux schismatiques grecs. Eglise a toutefois moins de noblesse que temple qui s'applique seul à toutes les autres religions.

Eglogue – idylle (Cf : *idylle*).

Egoïsme – amour-propre – amour de soi.

Amour-propre : pris dans un sens général, l'amour-propre s'entend d'un principe personnel d'action qui rapporte tout à soi, sans faire cas des autres ; dans le sens qu'on lui donne aujourd'hui, il renferme plutôt l'idée de l'estime qu'on a de soi-même. En étant synonyme d'orgueil, il exprime la satisfaction plus ou moins avantageuse que nous tirons de nos qualités réelles ou non.
Amour de soi : l'amour de soi constitue l'essence même de l'individualité ; il est légitime quand il est enfermé dans les limites tracées par la convention et le besoin qu'a tout être humain de se développer.
Egoïsme : amour de soi qui présente une idée de vice et qui a toujours un sens défavorable ; il s'affranchit de toute limite et de toute morale raisonnable en faisant du moi le centre du monde.

Egoïste – personnel.
Egoïste : l'égoïste est celui qui n'aime que soi et qui rapporte tout à soi ; il ne pense qu'à lui et il veut que tout le monde y pense.
Personnel : l'homme personnel est égoïste en ce sens qu'il ne rendra jamais service à personne et qui, d'ailleurs, ne vous demandera jamais rien, car il ne pense pas à vous.

Ehanché – déhanché (Cf : *déhanché*).

Ehonté – effronté – impudent (Cf : *effronté*).

Elaguer – émonder.
Elaguer : : f1 marque l'action d'enlever les branches inférieures d'un arbre pour le rendre plus productif.
Emonder : marque l'action de débarrasser un arbre des branches mortes, des mousses, des lichens, de toutes les parties nuisibles ou inutiles ; c'est, en quelque sorte, le nettoyer.

Elan – élancement.
Elancement : aspiration vive et subite de l'âme ; élancement insiste sur la réalisation de cette aspiration.
Elan : présente une signification presque absolue, mais l'élan insiste davantage sur la nature de cette aspiration.

Elancement – élan (Cf : *élan*).

Elancer (s') – se lancer (Cf : *lancer*).

Election – choix (Cf : *choix*).

Elégance – éloquence (Cf : *éloquence*).

Elément – principe – rudiment.
Elément : tout corps considéré comme simple, c'est-à-dire

comme n'étant formé que d'une seule substance et donc facile à distinguer puisque ne pouvant être décomposé; l'élément est montré en premier lieu quand on veut faire connaître la nature des choses; les éléments d'arithmétique sont les premières notions de cette science.
Principe : ce qui constitue une cause première, une loi fondamentale qui sert de base et sans quoi il serait impossible de développer une science quelconque. Les principes de la mécanique sont des vérités générales sur lesquelles elle s'appuie.
Rudiment : usité seulement au pluriel, ce sont les premières notions d'un art ou d'une science; ce ne sont que des éléments grossiers qui auront besoin, plus tard, d'être élaborés.

Elévation – hauteur (Cf : *hauteur*).

Elève – disciple – écolier (Cf : *écolier*).

Elevé – relevé – sublime – transcendant.
Elevé : marque tout simplement ce qui est noble et grand; on dit un esprit élevé par opposition à un esprit vulgaire.
Relevé : ce qui est relevé est magnanime et généreux; il marque un degré de plus dans l'élévation.
Sublime : ce qui est sublime est d'une extrême élévation intellectuelle ou morale et remplit l'âme d'une sorte d'enthousiasme.
Transcendant : ce qui est transcendant est éminement supérieur; c'est, en quelque sorte, le superlatif de sublime.

Elever – enlever – exhausser – hausser – lever – rehausser – relever – soulever (Cf : *lever*).

Elire – adopter – aimer mieux – choisir – opter – préférer – trier (Cf : *choisir*).

Elite – fleur.
Elite : ce qu'il y a de meilleur, de plus digne et de plus remarquable; il implique une idée de choix et suppose toujours pluralité. On dit : l'élite des savants, c'est-à-dire ceux qui peuvent faire avancer considérablement la science.
Fleur : le moment où une chose est dans toute sa beauté, dans tout son éclat, dans toute sa force; il implique une idée de brillant et de séduisant et peut se dire d'une seule chose ou d'un seul individu. La fleur de la jeunesse, par exemple, est celle qui est la plus brillante.

Ellipse – ovale (Cf : *ovale*).

Elocution – diction – style (Cf : *style*).

Eloge – applaudissement – louange.
Applaudissement : acquiescement enthousiaste qui ne s'accorde

guère qu'aux actions et aux paroles; on ne peut applaudir un livre que si quelqu'un le lit à haute voix.
Louange : par la louange, on vante les actions et les mérites de quelqu'un; il exprime l'action même de louer.
Eloge : exprime plutôt le résultat de l'action de louer; on dit : chanter les louanges de Dieu et non ses éloges, car ce qui importe, c'est l'action même de louer Dieu bien plus que les paroles prononcées.

Eloge – panégyrique.
Panégyrique : discours public fait à la louange d'une personne vivante; il suppose un certain enthousiasme de la personne qui loue.
Eloge : diffère de panégyrique en ce sens qu'il est fait à la louange d'une personne décédée et qu'ensuite, il peut également se dire des choses : Erasme a fait un éloge de la folie.

Eloignement – distance (Cf : *distance*).

Eloigner – détourner – écarter (Cf : *écarter*).

Eloquence – élégance.
Elégance : ne peut être considéré comme synonyme d'éloquence que lorsqu'il s'agit du style; un style élégant comporte de la grâce et de la facilité, mais ne suppose guère d'art ni de noblesse de pensée.
Eloquence : un style éloquent suppose le talent d'émouvoir ou de passionner le lecteur; il consiste à la fois dans la grandeur et dans une force douée d'une réelle émotion.

Eloquent – disert.
Disert : celui qui parle avec facilité et élégance; l'orateur disert montre son habitude dans la façon de manier les paroles, mais il ne peut plaire qu'en cela.
Eloquent : celui dont l'élocution est facile et qui a le talent d'émouvoir et de persuader par la parole; il suppose une certaine grandeur dans les pensées.

Eluder – éviter – fuir (Cf : *fuir*).

Emaner – découler – dériver – procéder – provenir (Cf : *provenir*).

Embabouiner – abuser – amuser – attraper – décevoir – donner le change – duper – enjôler – en imposer – leurrer – surprendre – tromper (Cf : *tromper*).

Embarras – timidité (Cf : *timidité*).

Embarras – barrière – empêchement – entraves – obstacle –

traverse (Cf : *obstacle*).

Embellir – décorer – orner – parer (Cf : *décorer*).

Emblème – attribut – symbole (Cf : *symbole*).

Embrasement – incendie (Cf : *incendie*).

Embrassade – embrassement.
Embrassade : c'est l'action toute matérielle d'embrasser, de serrer quelqu'un avec les deux bras et qui n'est qu'une sorte de démonstration de vaine amitié.
Embrassement : présente la même action avec plus de tendresse et suppose une affection ou une amitié réelle.

Embrassement – embrassade (Cf : *embrassade*).

Embrouillement – brouillamini – brouillement.
Brouillamini : exprime familièrement un désordre extrême ou une confusion.
Brouillement : désigne simplement et sans idée accessoire la même confusion et son action même.
Embrouillement : présente la confusion comme fâcheuse en rendant difficile une distinction claire et ordonnée.

Embrouiller – brouiller.
Brouiller : mêler au hasard et de façon à ne plus pouvoir distinguer une chose d'une autre; il peut s'employer en bonne comme en mauvaise part : on brouille des œufs ou on brouille des idées.
Embrouiller : produire une extrême confusion de façon que les choses deviennent presque incompréhensibles; embrouiller s'emploie toujours en mauvaise part et suppose la maladresse et la sottise.

Embryon – fœtus (Cf : *fœtus*).

Embûche – embuscade – piège (Cf : *piège*).

Embuscade – embûche – piège (Cf : *piège*).

Emerveillé – abasourdi – ébahi – ébaubi – penaud – stupéfait (Cf : *stupéfait*).

Emeute – insurrection – rébellion – révolte – sédition – soulèvement (Cf : *révolte*).

Emigration – immigration – migration (Cf : *migration*).

Emissaire – espion (Cf : *espion*).

Emmener – amener – conduire – mener – ramener – remener – remmener (Cf : *conduire*).

Emoi – émotion (Cf : *émotion*).

Emolument – bénéfice – gain – lucre – profit (Cf : *bénéfice*).

Emoluments – appointements – gages – honoraires – salaire – solde – traitement (Cf : *salaire*).

Emonder – élaguer (Cf : *élaguer*).

Emotion – émoi.
Emoi : état d'âme qui consiste en la perte du sang-froid causée par le souci ou l'inquiétude ; on arrive parfois à cacher son émoi, mais avec beaucoup de fermeté.
Emotion : c'est la manifestation visible de l'âme qui se sent troublée et émue ; l'émotion n'échappe jamais à un observateur attentif et pénétrant.

Emouvoir – remuer – toucher (Cf : *toucher*).

Emparer (s') – envahir – usurper (Cf : *envahir*).

Empêchement – obstacle (Cf : *obstacle*).

Empêchement – barrière – embarras – entraves – obstacle – traverse (Cf : *obstacle*).

Empereur – monarque – potentat – prince – roi – souverain (Cf : *roi*).

Emphatique – ampoulé – boursouflé – guindé.
Ampoulé : ce qui est ampoulé exprime des choses ordinaires en termes magnifiques, provenant d'un excès d'ornements et de mots pompeux.
Emphatique : ce qui est emphatique est exagéré en ayant trop d'affectation dans le ton de la voix et dans le geste.
Boursouflé : ce qui est boursouflé use inutilement de comparaisons et d'images grandioses, de tournures sonores et de mots vides de sens ; il se dit plutôt des auteurs et du style.
Guindé : ce qui est guindé sent la contrainte.

Empire – autorité – domination – pouvoir – puissance (Cf : *pouvoir*).

Empire – ascendant – autorité – crédit – influence – pouvoir (Cf : *influence*).

Emplette – achat – acquisition (Cf : *achat*).

Emplir – remplir (Cf : *remplir*).

Emploi – charge – fonction – ministère – office.
Emploi : occupation salariée qui fait penser à la manière dont

s'exerce l'activité de la personne.
Charge : emploi souvent pénible qui impose une grande responsabilité ; c'est une place qui donne souvent un titre honorable.
Office : emploi public dans lequel on se doit à la société tout entière ; il est aujourd'hui presque inusité dans ce sens.
Ministère : charge qui suppose un supérieur au nom duquel on agit et que l'on représente.
Fonction : le travail qu'on est tenu d'exécuter quand on est pourvu d'un emploi, d'une charge, d'un office ; fonction est en outre souvent usité aujourd'hui dans les acceptions de charge et d'office ; il l'est plus rarement dans le sens d'emploi.

Employé – commis.
Employé : celui qui remplit une fonction ou, plus généralement, celui qui a une place ; il n'est qu'un instrument et ne fait point acte d'initiative.
Commis : employé d'une administration ou d'une maison de commerce ; il peut être chargé d'une partie du service en ayant la confiance de son chef.

Employer – se servir – user.
Employer : faire usage d'une chose quelconque ; on emploie ce dont on peut disposer, par toutes sortes de moyens, de telle ou telle façon et dans telle circonstance déterminée.
Se servir : ajoute à l'idée d'employer celle d'un instrument qui aide à faire ce qu'on a en vue ; on se sert d'une chose, mais cette chose reste entière et pourra encore servir.
User : c'est faire usage sans impliquer une idée de but ou de manière ; on peut user de ruse comme on peut user de viande rôtie.

Emporté – fougueux – impétueux – véhément – violent (Cf : *violent*).

Emportement – colère – courroux – dépit – ire (Cf : *colère*).

Emporter – apporter – porter – transporter (Cf : *porter*).

Emporter le prix – remporter le prix (Cf : *remporter*).

Empreindre – imprimer (Cf : *imprimer*).

Empressement – zèle (Cf : *zèle*).

Emu – agité – troublé.
Agité : l'âme est agitée par un mouvement qui résulte de l'émotion ou par une variété de sentiments différents et quelquefois contraires tout en exprimant l'incertitude.
Emu : l'âme est émue par un ébranlement nerveux qui précède un mouvement isolé, tel que la colère, la joie, etc.

Troublé : l'âme est troublée par un désordre de l'esprit produit par l'agitation en exprimant l'idée de confusion.

Emulateur – compétiteur – concurrent – contendant – émule – rival (Cf : *concurrent*).

Emulation – jalousie – rivalité (Cf : *jalousie*).

Emule – compétiteur – concurrent – contendant – émulateur – rival (Cf : *concurrent*).

En – dans (Cf : *dans*).

Enceindre – ceindre – enclore – enfermer – entourer – envelopper – environner – renfermer (Cf : *entourer*).

Enceinte – circonférence – circuit – enclos – tour (Cf : *tour*).

Enchantement – charme – conjuration – ensorcellement – incantation – maléfice – sort – sortilège (Cf : *sortilège*).

Enchanter – charmer – ravir (Cf : *ravir*).

Enchérir – renchérir (Cf : *renchérir*).

Enclore – ceindre – enceindre – enfermer – entourer – envelopper – environner – renfermer (Cf : *entourer*).

Enclos – circonférence – circuit – enceinte – tour (Cf : *tour*).

Enclouure – accroc – anicroche – rémora (Cf : *accroc*).

Encore – aussi.
Encore : de nouveau ou davantage; il marque ainsi une idée d'addition ou d'énumération.
Aussi : marque une idée de diversité et il suppose une comparaison.

Encourager – aiguillonner – animer – exciter – inciter – porter à – pousser à.
Exciter : on excite celui qui manque de résolution en le provoquant.
Animer : on anime celui qui est indifférent en lui communiquant de la vivacité.
Encourager : on encourage le timide en lui inspirant du courage.
Inciter : on incite celui qui est inactif en le mettant en mouvement.
Aiguillonner : on aiguillonne celui qui ne peut vaincre son inertie en le piquant.
Porter à : on porte à celui qui se laisse mener plutôt que de se conduire lui-même.

Pousser à : on pousse à celui qui ne veut pas en le pressant par des paroles.

Encyclopédie – dictionnaire – glossaire – lexique – vocabulaire (Cf : *dictionnaire*).

Endroit – lieu – place (Cf : *lieu*).

Endurant – patient (Cf : *patient*).

Endurcir – durcir (Cf : *durcir*).

Endurer – pâtir – souffrir – supporter (Cf : *souffrir*).

Energie – force – vigueur (Cf : *force*).

Enervé – affaibli – amolli – efféminé (Cf : *affaibli*).

Enerver – affaiblir.
Affaiblir : rendre faible en marquant l'effet.
Enerver : rendre faible en marquant la cause; les deux mots peuvent se trouver dans la même phrase.

Enfantement – accouchement (Cf : *accouchement*).

Enfanter – accoucher – engendrer (Cf : *accoucher*).

Enfantillage – puérilité.
Enfantillage : c'est simplement la façon de parler et d'agir d'un enfant; enfantillage ne comporte aucune idée de blâme ou de moquerie.
Puérilité : c'est un acte pareil à celui d'un enfant, mais commis par quelqu'un qui pourrait agir de manière plus raisonnable; l'enfantillage est naïf et grâcieux; ce qui est puéril laisse indifférent et ne mérite aucune attention.

Enfermer – ceindre – enceindre – enclore – entourer – envelopper – environner – renfermer (Cf : *entourer*).

Enfin – à la fin – finalement.
Enfin : marque la fin d'un discours; il laisse entendre qu'il y aura encore un petit délai avant de terminer définitivement et qu'après avoir dit plusieurs choses, on va en dire une autre qui sera la dernière.
A la fin : marque la fin d'une chose d'une manière précise; il fait également penser quelquefois à une longue attente qui va se produire avant l'événement final et signifie dans ce cas : en dernier lieu.
Finalement : indique une conclusion finale sur laquelle il n'y a plus à revenir; finalement ne s'emploie plus guère aujourd'hui qu'en parlant de déduction.

Enflé – bouffi – boursouflé – gonflé – joufflu – mafflu (Cf :

gonflé).

Enfler – grossir (Cf : *grossir*).

Enfouir – enterrer – inhumer (Cf : *enterrer*).

Enfreindre – contrevenir – désobéir – transgresser – violer (Cf : *désobéir*).

Enfuir (s') – s'échapper – s'esquiver – s'évader – se sauver.
S'échapper : marque le fait de tromper une surveillance et suppose que l'on s'est seulement absenté pour un moment et à la dérobée.
S'enfuir : c'est fuir d'un lieu en faisant penser à la vitesse avec laquelle on s'échappe pour éviter les poursuites et pour aller le plus loin possible.
S'esquiver : se retirer furtivement et adroitement; il suppose une certaine ruse et la peur de se faire reprendre.
S'évader : s'échapper en prenant toutes les précautions possibles pour n'être pas découvert.
Se sauver : se soustraire à un péril quelconque en agissant promptement et en restant sain et sauf.

Engager – convier – induire – inviter (Cf : *inviter*).

Engager – obliger (Cf : *obliger*).

Engager (s') – donner parole – promettre (Cf : *promettre*).

Engendrer – accoucher – enfanter (Cf : *accoucher*).

Engloutir – absorber (Cf : *absorber*).

Engouer – entêter – enticher – infatuer.
Engouer : s'engouer d'un objet, c'est s'enthousiasmer de telle sorte qu'on se détache par là même d'un autre objet de même valeur.
Entêter : être passionné pour quelque chose ou pour quelqu'un jusqu'à en avoir mal à la tête et à en être grisé.
Enticher : inspirer un attachement opiniâtre, une obstination qui présente l'engouement comme une sorte de tache et de détérioration.
Infatuer : être sottement prévenu en faveur d'une chose qui ne le mérite pas; infatuer présente l'engouement comme poussé jusqu'à une espèce de fatuité.

Enjôler – abuser – amuser – attraper – décevoir – donner le change – duper – embabouiner – en imposer – leurrer – surprendre – tromper (Cf : *tromper*).

Enjoué – gai – gaillard – jovial (Cf : *gai*).

Enjoué – badin – folâtre.
Badin : celui qui plaisante gaiement et agréablement pour s'amuser et amuser les autres.
Folâtre : celui que son caractère porte à débiter des folies amusantes et toujours dans le but d'amuser.
Enjoué : celui qui semble ne rien prendre au sérieux et par ses actions et par ses manières.

Enlever – élever – exhausser – hausser – lever – rehausser – relever – soulever (Cf : *lever*).

Ennemi – adversaire – antagoniste.
Adversaire : des adversaires luttent l'un contre l'autre par intérêt et pour faire valoir leurs prétentions.
Antagoniste : des antagonistes appartiennent à des partis opposés ou à des opinions qui se font la guerre.
Ennemi : des ennemis se haïssent et cherchent à se nuire mutuellement.

Ennoblir – anoblir (Cf : *anoblir*).

Ennuyant – ennuyeux.
Ennuyant : en tant qu'adjectif, ennuyant marque l'ennui proprement dit; en tant que participe présent, il marque plutôt la circonstance que le fait d'ennuyer. Ennuyant peut également exprimer la contrariété et l'importunité; on dira, par exemple, un temps ennuyant.
Ennuyeux : diffère d'ennuyant en ce qu'il tient surtout au caractère et marque encore plus fortement la propriété d'ennuyer actuellement. On dira : un homme ennuyeux parce que celui-ci est tout à fait propre à ennuyer.

Ennuyeux – ennuyant (Cf : *ennuyant*).

Enoncer – exprimer (Cf : *exprimer*).

Enoncé – énonciation.
Enoncé : ce qu'on avance sans développement ni preuve; c'est, en principe, une formule courte et précise.
Enonciation : action d'énoncer et les termes par lesquels on énonce; l'énonciation est considérée par rapport aux circonstances accessoires telles que longueur, clarté ou habileté.

Enonciation – énoncé (Cf : *énoncé*).

Enorme – démesuré – excessif – exorbitant – immodéré – outré.
Démesuré : se dit des choses, bonnes ou mauvaises, qui dépassent, par leur proportion, la mesure ordinaire.
Enorme : se dit des choses démesurées qui, lorsque leur volume

s'accroît, dépassent la règle commune.
Excessif : se dit des choses qui, lorsque l'étendue augmente au point de devenir nuisible, dépassent le degré ordinaire.
Exorbitant : se dit des choses qui sortent des conditions ordinaires et dépassent de beaucoup la juste mesure.
Immodéré : se dit des choses qui manquent de mesure et qui ne sont pas contenues dans les limites ordinaires.
Outré : se dit des choses qui présentent le même sens qu'immodéré en emportant, en plus, une certaine affectation.

Enquérir (s') – s'informer (Cf : *informer*).

Ensanglanté – sanglant – sanguinolent (Cf : *sanglant*).

Enseigne – bannière – drapeau – étendard – gonfalon – labarum – oriflamme (Cf : *drapeau*).

Enseigner – apprendre – faire savoir – informer – instruire.
Instruire : communiquer des connaissances qui font que quelqu'un n'est plus ignorant et le mettre en état d'agir.
Enseigner : donner des leçons sur un sujet déterminé.
Apprendre : enseigner une chose quelconque, initier à quelque connaissance.
Faire savoir : transmettre à quelqu'un une information d'une façon orale ou écrite.
Informer : faire savoir fidèlement à quelqu'un une chose qui l'intéresse particulièrement.

Ensemble – à la fois.
Ensemble : conjointement, en marquant toujours l'union, la situation qui a lieu dans le même endroit, dans le même temps, ou le concours à une même action.
A la fois : diffère d'ensemble parce qu'il exprime plutôt la simultanéité ; on peut, par exemple, vivre ensemble, mais on ne peut parler tous à la fois.

Ensemencer – semer (Cf : *semer*).

Ensorcellement – charme – conjuration – enchantement – incantation – maléfice – sort – sortilège (Cf : *sortilège*).

Ensuite – après (Cf : *après*).

Ensuivre (s') – résulter – suivre (Cf : *résulter*).

Entasser – accumuler – amasser – amonceler (Cf : *accumuler*).

Entendement – conception – intelligence (Cf : *intelligence*).

Entendre – comprendre – concevoir (Cf : *comprendre*).

Entendu – adroit – habile – industrieux – ingénieux (Cf : *habile*).

Enterrement – convoi – funérailles – obsèques.
Enterrement : exprime de la manière la plus simple et la plus commune l'ensemble des cérémonies qui s'accomplissent lorsqu'on porte une personne dans la sépulture.
Convoi : exprime proprement l'ensemble de ceux qui accompagnent un mort au cimetière, ou le transport du défunt de la maison mortuaire à l'église ou au cimetière.
Funérailles : se rapproche d'enterrement, mais annonce toujours quelque chose de pompeux et de somptueux.
Obsèques : désigne les mêmes cérémonies, mais faites avec moins de pompe et présentant surtout des marques de respect ou de déférence.

Enterrer – enfouir – inhumer.
Inhumer : signifie étymologiquement exactement la même chose que enterrer; mais il est d'un emploi moins vulgaire et s'utilise de préférence quand la personne portée en terre occupait une certaine position et que ses funérailles donnent lieu à des cérémonies quelquefois publiques.
Enterrer : s'emploie quand on met en terre aussi bien des animaux que des hommes et quand l'attention n'est pas appelée sur des cérémonies plus ou moins pompeuses.
Enfouir : ajoute à l'idée d'enterrer celle de ne pas faire connaître ou de dissimuler; enfouir s'emploie plutôt en parlant de choses mises en un lieu secret.

Entêté – entier – obstiné – opiniâtre – têtu (Cf : *têtu*).

Entêter – engouer – enticher – infatuer (Cf : *engouer*).

Enthousiasme – exaltation.
Enthousiasme : autrefois : inspiration divine qui portait à prophétiser; aujourd'hui : état d'âme ardente qui transporte et qui inspire. L'enthousiasme se prend généralement en bonne part.
Exaltation : surexcitation de l'esprit ou d'un sens qui approche de la folie et qui pousse à des actes désavouables; l'exaltation est souvent factice.

Enticher – engouer – entêter – infatuer (Cf : *engouer*).

Entier – complet – total.
Complet : marque que toutes les parties nécessaires pour former un ensemble ont pu être rassemblées et subsistent encore; un équipement complet est un équipement où rien ne manque.
Entier : présente l'objet en lui-même et montre qu'il est intact et qu'il possède toutes ses parties; un fruit entier est un fruit qui n'a subi aucune atteinte.
Total : se dit d'une chose dans toutes ses parties et sans en

excepter une seule : une ruine totale est une ruine qui n'a rien épargné et qui ne laisse rien subsister.

Entier – entêté – obstiné – opiniâtre – têtu (Cf : *têtu*).

Entour (à l') – autour (Cf : *autour*).

Entourer – ceindre – enceindre – enclore – enfermer – envelopper – environner – renfermer.
Ceindre : serrer un objet ou une partie du corps en l'entourant avec un lien : ceindre s'applique plutôt à des petits objets.
Enceindre : exprime la même idée de serrer mais s'applique à des objets plus grands, sans toutefois porter à l'esprit une idée quelconque de surface.
Enclore : placer autour de quelque chose une clôture pour empêcher de pénétrer à l'intérieur.
Enfermer : mettre une sorte de barrière pour fermer toute issue et empêcher de sortir.
Renfermer : enfermer de façon encore plus étroite ce qui résiste ou ce qui veut être libre.
Entourer : faire une enceinte pour occuper un espace et former une sorte de dépendance extérieure et continue.
Envelopper : entourer un corps de quelque objet qui le couvre entièrement et de toutes parts.
Environner : occuper l'espace qui est autour mais à une certaine distance et avec une dépendance moins étroite.

Entrailles – boyaux – intestins – viscères (Cf : *intestins*).

Entraîner – traîner.
Traîner : c'est tout simplement tirer après soi de façon plus ou moins lente, comme une rivière qui traîne du gravier. Au figuré, traîner marque une action d'emportement et quelquefois même de contrainte; on traîne quelqu'un dans la boue en le vilipendant, on traîne quelqu'un devant les tribunaux pour le forcer à venir.
Entraîner : traîner avec ou après soi, mais de façon assez violente et avec plus de résistance. Quand on dit : le courant entraîne un radeau, celui-ci ne peut que suivre le mouvement de l'eau. Au figuré, entraîner, à l'inverse de traîner, emporte une impression de conviction enthousiaste : on entraîne les esprits, par exemple.

Entraves – barrière – embarras – empêchement – obstacle – traverse (Cf : *obstacle*).

Entregent – adresse – art – dextérité – habileté – industrie – savoir-faire (Cf : *habileté*).

Entreprise – dessein – plan – projet (Cf : *projet*).

Entretien – colloque – conférence – conversation (Cf : *conversation*).

Envahir – s'emparer – usurper.
S'emparer : se saisir d'une chose, s'en rendre maître. S'emparer n'a que cette seule signification, même au figuré.
Envahir : prendre possession par la force; envahir marque une action soudaine qui peut prendre racine et durer fort longtemps.
Usurper : s'emparer sans droit d'une chose, d'un pouvoir, d'un titre; usurper précise nettement l'idée d'injustice et d'abus de la force.

Envelopper – ceindre – enceindre – enclore – enfermer – entourer – environner – renfermer (Cf : *entourer*).

Envie – jalousie (Cf : *jalousie*).

Envie (avoir) – convoiter – désirer – souhaiter – soupirer après (Cf : *désirer*).

Environner – ceindre – enceindre – enclore – enfermer – entourer – envelopper – renfermer (Cf : *entourer*).

Envisager – considérer – contempler – examiner – observer – regarder – remarquer (Cf : *regarder*).

Envoyé – ambassadeur – député (Cf : *ambassadeur*).

Envoyé – commissionnaire – estafette – exprès – facteur – messager (Cf : *messager*).

Epais – compact – dense.
Compact : se dit des corps dont les parties sont fortement serrées entre elles et qui ne peuvent être séparées que très difficilement.
Dense : marque un plus grand rapprochement des parties d'où résultent une pesanteur et une lourdeur.
Epais : marque le rapprochement comme empêchant la transparence et ne laissant aucun vide; épais appartient au langage populaire.

Epanchement – effusion (Cf : *effusion*).

Epanchement – abcès – apostème – apostume – dépôt – infiltration (Cf : *abcès*).

Epargne – économie – ménage – parcimonie.
Economie : bon ordre dans la dépense; elle s'applique ordinairement à des dépenses considérables faites par l'administration en général, et suppose une vue d'ensemble. Quand économie s'applique à la conduite d'un ménage, elle résulte d'une

direction saine donnée à sa manière de vivre.
Ménage : consiste dans l'art de régler les dépenses d'une maison et surtout de sa bonne gestion ; ménage convient mieux quand il s'agit de petits détails ou de petites fortunes.
Epargne : économie dans la dépense ; l'épargne a quelque chose d'assez général ; elle provient des privations qu'on s'est imposées pour dépenser moins et mettre ainsi de l'argent en réserve.
Parcimonie : épargne minutieuse et appliquée aux plus petites choses ; la parcimonie est plus vétilleuse et consiste à dépenser le moins possible, sans pour cela manquer du nécessaire, mais pour mettre de l'argent de côté.

Epigraphe – écriteau – épitaphe – inscription (Cf : *inscription*).

Epiloguer – blâmer – censurer – condamner – critiquer – désapprouver – fronder – improuver – reprendre – réprimander – réprouver – trouver à redire (Cf : *désapprouver*).

Epitaphe – écriteau – épigraphe – inscription (Cf : *inscription*).

Epithète – adjectif – attribut (Cf : *adjectif*).

Epître – lettre (Cf : *lettre*).

Epouse – femme (Cf : *femme*).

Epouvantable – affreux – effroyable – horrible (Cf : *affreux*).

Epouvante – alarme – appréhension – crainte – effroi – frayeur – peur – terreur (Cf : *peur*).

Epoux – mari (Cf : *mari*).

Epreuve – essai – expérience (Cf : *essai*).

Epuisement – abattement – accablement – affaissement – anéantissement – découragement – langueur – prostration (Cf : *découragement*).

Epurer – purger – purifier (Cf : *purifier*).

Equipage – train.
Train : l'ensemble des valets et des chevaux qui accompagnent un grand personnage ; train est considéré surtout sous le rapport du nombre.
Equipage : diffère de train en ce qu'il fait considérer, non seulement le nombre, mais le luxe et l'éclat.

Equité – droiture – justice (Cf : *justice*).

Equivoque – ambigu – amphibologique – louche (Cf : *louche*).

Equivoque – ambiguïté – amphibologie – double sens.

Ambiguïté : sens général susceptible d'être compris de plusieurs façons.
Amphibologie : construction de phrase vicieuse qu'on peut interpréter de deux manières différentes; c'est une équivoque grammaticale.
Equivoque : interprétation différente d'une expression qui n'existe que dans la pensée de celui qui parle.
Double sens : qui a deux significations, l'une facile à comprendre, l'autre plus ou moins difficile à saisir.

Eriger – établir – fonder – instituer (Cf : *fonder*).

Erosion – corrosion.
Corrosion : la corrosion est l'action de ronger l'ensemble d'un objet qui amène rapidement une destruction complète.
Erosion : l'érosion est l'action de ronger progressivement et lentement en n'attaquant qu'une partie d'un objet.

Erreur – bévue – méprise.
Erreur : mot employé le plus généralement pour désigner l'action de tromper en général; il peut se dire en toute occasion où l'on prend le mauvais pour le bon et le faux pour le vrai.
Bévue : défaut d'attention qui fait qu'on voit mal les choses; elle suppose l'irréflexion et l'étourderie.
Méprise : action de prendre une chose pour une autre et qui peut arriver à chacun d'entre nous.

Erudit – docte – savant (Cf : *savant*).

Erudition – littérature – savoir – science (Cf : *science*).

Escamoter – attraper – dérober – détrousser – dévaliser – escroquer – voler (Cf : *voler*).

Escamoteur – illusionniste (Cf : *prestidigitateur*).

Escarpe – assassin – homicide – meurtrier (Cf : *assassin*).

Escarpé – abrupt – à pic.
Abrupt : se dit d'un terrain à pente rapide et qui présente l'apparence d'une rupture.
Escarpé : dont la pente est très raide, difficile et hérissée d'obstacles.
A pic : d'une façon verticale.

Esclavage – servitude.
Esclavage : perte absolue de la liberté; c'est un mot usuel qui marque une condition d'assujettissement, de dépendance et de domination.
Servitude : marque l'état où l'on ne jouit que d'une sorte de

liberté ou d'une liberté incomplète qui implique une idée de charge et de contrainte.

Esclave – captif – prisonnier (Cf : *prisonnier*).

Escorter – accompagner – suivre (Cf : *accompagner*).

Escroc – filou – fripon – larron – voleur (Cf : *voleur*).

Escroquer – attraper – dérober – détrousser – dévaliser – escamoter – voler (Cf : *voler*).

Espérance – espoir (Cf : *espoir*).

Espérer – attendre.
Espérer : compter sur la réalisation d'un désir ; c'est pour nous l'objet d'un souhait.
Attendre : espérer qu'un désir se réalisera avec une idée de croyance plus ou moins craintive.

Espion – émissaire.
Emissaire : agent à qui l'on confie une mission secrète, ordinairement peu honorable ; il ne se cache pas toujours, son rôle est souvent subalterne, mais très séditieux par les faux bruits qu'il sème sur son passage.
Espion : proprement : personne qui se déguise pour pénétrer au milieu des ennemis et les épier, observer secrètement leurs actions et les dévoiler ensuite à des gens qui la payent. Son sens, aujourd'hui, a nettement évolué et l'espion est plus considéré sous le rapport des renseignements qu'il peut obtenir et sur le fait que l'espionnage est devenu une sorte de métier.

Espoir – espérance.
Espérance : attente d'un bien qu'on désire et qu'on pense devoir se réaliser ; l'espérance se rapporte, soit à un événement dont la nature ne nous est pas bien connue, soit à quelque chose qui pourrait mettre fin à nos maux. On dit : vivre d'espérance, parce qu'elle et en même temps tenace et durable et qu'elle ne meurt jamais dans le cœur des hommes.
Espoir : c'est l'action d'espérer, de compter sur la réalisation d'un désir ; espoir est plus précis dans son objet et il s'envole dès que ce désir a été atteint ou a cessé d'être possible.

Esprit – génie (Cf : *génie*).

Esprit faible – âme faible – caractère faible – cœur faible (Cf : *caractère*).

Esquisse – canevas – crayon – croquis – ébauche (Cf : *croquis*).

Esquiver (s') – s'échapper – s'enfuir – s'évader – se sauver (Cf :

enfuir).

Essai – épreuve – expérience.
Epreuve : l'épreuve se fait pour montrer les qualités d'une personne ou d'une chose, si elles sont bonnes ou mauvaises et si ce qu'on est en droit d'espérer peut rapporter quelque chose.
Expérience : l'expérience se fait pour connaître les choses, pour provoquer la réalisation d'un phénomène, l'étudier, apprendre les vérités et nous mettre sur la voie d'une découverte qui pourra nous être utile.
Essai : l'essai se fait pour s'assurer si une chose est bonne, si elle est propre à l'usage auquel elle est destinée.

Essor – vol – volée (Cf : *vol*).

Est – levant – orient.
Est : partie de l'horizon qui est du côté où le soleil se lève; est s'emploie généralement pour désigner le point cardinal opposé à ouest.
Orient : s'emploie, de façon plus poétique, pour indiquer la partie du ciel où le soleil se montre, le matin, au dessus de l'horizon.
Levant : diffère d'orient en ce qu'il suppose une sorte de puissance nouvelle ou d'influence qui commence à se faire sentir.

Estafette – commissionnaire – envoyé – exprès – facteur – messager (Cf : *messager*).

Estimer – apprécier – évaluer – priser.
Apprécier : apprécier quelqu'un, c'est se faire une certaine idée de sa valeur et de son mérite; apprécier un objet, c'est l'examiner pour en déterminer le prix et la valeur. Au figuré, on apprécie ce qui a valeur d'opinion et suppose une importance réelle.
Estimer : estimer quelqu'un, c'est avoir pour lui de la considératin; estimer un objet, c'est donner son opinion sur sa valeur sans grande exactitude. Au figuré, estimer a une valeur principalement morale.
Priser : priser quelqu'un, c'est manifester ce qu'on en pense en y ajoutant l'idée d'une fonction spéciale. Au figuré, on prise ce qui a valeur de circonstance, mais avec quelque chose de plus familier.
Evaluer : évaluer quelqu'un, c'est le jauger, prendre sa mesure; évaluer une chose, c'est en estimer le prix; il se tire surtout des circonstances extérieures et ne s'emploie presque jamais au figuré.

Etablir – ériger – fonder – instituer (Cf : *fonder*).

Etai – étançon.
Etançon : pièce de bois verticale ou légèrement inclinée dont on se sert pour soutenir ce qui menace ruine; l'étançon est toujours assez gros et assez solide.
Etai : diffère d'étançon en ce qu'il est relativement plus petit, qu'il peut être employé en terme de marine et qu'au figuré, il signifie : soutien moral.

Etalage – montre – ostentation – parade.
Montre : ne signifie rien de plus que l'action de montrer; dans l'expression : faire montre, l'usage a introduit et impliqué une idée d'affectation que le mot lui-même ne renferme pas.
Etalage : toute chose qu'on déploie, qu'on montre en entier, qu'on fait ressortir par sa quantité, son ampleur et surtout sa richesse.
Parade : étalage plein de fausseté et de vain semblant; on fait parade de quelque chose pour en tirer vanité, bien que cela ne soit guère utile, et pour la chose montrée et pour celui qui la montre.
Ostentation : affectation que l'on met à faire valoir ses qualités et ses richesses; c'est le sentiment de celui qui se prévaut de quelque chose pour humilier les autres. Ostentation serait plutôt synonyme de vanité et d'orgueil s'il ne comportait un certain esprit de parade.

Etancher – assouvir (Cf : *assouvir*).

Etançon – étai (Cf : *étai*).

Etat – art – métier – parti – profession (Cf : *profession*).

Etat – catalogue – dénombrement – inventaire – liste – répertoire (Cf : *liste*).

Etat – situation (Cf : *situation*).

Etat – condition.
Condition : marque de préférence le rang qu'on occupe dans la société; ce rang est toujours considéré par rapport à d'autres.
Etat : exprime plutôt la profession ou le métier exercé; l'état est une manière d'être en elle-même.

Eté (avoir) – être allé (Cf : *être allé*).

Etendard – bannière – drapeau – enseigne – gonfalon – labarum – oriflamme (Cf : *drapeau*).

Etendre – agrandir.
Agrandir : rendre plus vaste et plus spacieux en prenant plus d'espace dans tous les sens; l'action d'agrandir se fait dans

toutes les directions.
Etendre : agrandir ce qui manque de longueur, reporter plus loin les limites; au figuré, la différence est presque nulle entre ces deux mots, mais on dira plutôt étendre qu'agrandir sa réputation, par exemple.

Eternel – continuel – immortel – perpétuel – sempiternel.
Continuel : ce qui est continuel dure longtemps, sans interruption; il ne peut cesser pour un temps fort court que pour reprendre immédiatement.
Eternel : ce qui est éternel n'a pas eu de commencement et n'aura jamais de fin; il durera toujours.
Immortel : ce qui est immortel n'est point sujet à la mort; il se conservera toujours et ne finira point.
Perpétuel : ce qui est perpétuel ne cesse point, marque une durée permanente et continuera toujours de lui-même.
Sempiternel : ce qui est sempiternel est continuel et présente une certaine idée de moquerie.

Etincelle – bluette.
Etincelle : parcelle incandescente jaillissant d'un corps qui brûle; elle n'embrase pas toujours mais elle peut être cause d'incendie. Au figuré, l'étincelle est une très petite partie d'esprit ou d'action, comme une étincelle de courage ou de génie.
Bluette : étincelle qui n'a qu'un éclat passager et qui ne brille qu'un moment; au figuré, c'est un petit ouvrage d'esprit fait pour amuser et qui n'offre qu'un intérêt passager.

Etoile – destin – destinée – fatalité (Cf : *destin*).

Etonné – confondu – consterné – déconcerté – décontenancé – étourdi – interdit – surpris (Cf : *surpris*).

Etonner – surprendre.
Etonner : ébranler comme par l'effet de la foudre, causer une émotion par quelque chose d'imprévu ou d'extraordinaire; il y a dans l'étonnement, soit de l'admiration, soit de la crainte.
Surprendre : prendre par surprise, frapper l'esprit qui ne s'y attend pas; une chose surprend quand elle paraît étrange, singulière ou tout simplement nouvelle. Il y a une sorte d'hésitation vite dissipée dans la surprise.

Etouffer – suffoquer.
Etouffer : priver d'air; étouffer marque l'empêchement ou l'impossibilité de respirer et laisse supposer une mort assez rapide.
Suffoquer : faire perdre la respiration en manquant d'air; suffoquer marque seulement la difficulté avec laquelle on respire et les efforts pénibles résultant de cette difficulté.

Etourdi – confondu – consterné – déconcerté – décontenancé – étonné – interdit – surpris (Cf : *surpris*).

Etourdi – écervelé – évaporé – éventé – imprudent – inconsidéré – malavisé (Cf : *écervelé*).

Etourdie (à l') – étourdiment (Cf : *étourdiment*).

Etourdiment – à l'étourdie.
Etourdiment : celui qui agit étourdiment le fait vraiment et réellement, sans réflexion; c'est une manière d'être presque habituelle.
A l'étourdie : locution adverbiale qui exprime une étourderie moins personnelle; celui qui agit à l'étourdie s'expose simplement à une comparaison et ne le fait qu'exceptionnellement.

Etrange – bizarre – extraordinaire – extravagant – fantasque – singulier (Cf : *extraordinaire*).

Etre – il est – il y a (Cf : *avoir : il y a*).

Etre – exister – subsister (Cf : *exister*).

Etre – avoir été.
Etre allé : s'être transporté dans un lieu que l'on connaît.
Avoir été : s'être transporté dans un lieu que l'on ne connaît pas encore.

Etroit – strict.
Etroit : ce qui a peu ou trop peu de largeur; dans une autre acception, étroit appartient au langage ordinaire et signifie, dans ce cas : *rigoureux*.
Strict : appartient à un langage plus sérieux et renchérit sur étroit; on dira, par exemple, un devoir étroit et une stricte obligation.

Etudié – affecté – apprêté – compassé – composé – guindé – maniéré – recherché (Cf : *maniéré*).

Etudier – apprendre – s'instruire.
Etudier : travailler pour acquérir une connaissance.
Apprendre : étudier avec l'intention de devenir savant, mais on peut également apprendre sans avoir toujours besoin d'effort.
S'instruire : étudier pour être effectivement savant : on étudie pour s'instruire.

Evader (s') – s'échapper – s'enfuir – s'esquiver – se sauver (Cf : *enfuir*).

Evaluer – apprécier – estimer – priser (Cf : *estimer*).

Evaporé – écervelé – étourdi – éventé – imprudent – inconsidéré –

malavisé (Cf : *écervelé*).

Eveiller – réveiller (Cf : *réveiller*).

Evénement – accident – aventure.
Accident : ce qui arrive sans avoir été prévu ; se dit des choses et des personnes et peut se prendre en bonne ou en mauvaise part.
Aventure : s'emploie familièrement et présente souvent les faits avec quelque chose de comique ou d'imaginaire.
Evénement : tout ce qui arrive en s'étendant à un très grand nombre de personnes et avec une très grande importance.

Eventé – écervelé – étourdi – évaporé – imprudent – inconsidéré – malavisé ((Cf : *écervelé*).

Evêque – pontife – prélat.
Evêque : ecclésiastique placé à la tête d'un diocèse et, par conséquent, le premier pasteur de tous les fidèles de ce diocèse ; il est désigné par rapport à ses fonctions et ne peut s'appliquer qu'au christianisme.
Pontife : dans le paganisme, le pontife était tout simplement un grand prêtre ou le chef des prêtres ; dans le christianisme, le pontife désigne ce qu'il y a de plus élevé et de plus auguste dans la dignité de prêtre. Ainsi, le pape est-il appelé : le souverain pontife.
Prélat : désigne l'évêque sous le rapport du rang qu'il occupe dans la hiérarchie ; il porte la crosse et la mitre, mais prélat peut se dire aussi quelquefois de simples ecclésiastiques : abbés, légats ou autres.

Evident – assuré – authentique – certain – constant – formel – incontestable – indubitable – positif – sûr (Cf : *certain*).

Evident – clair – manifeste – notoire – public.
Clair : ce qui saute aux yeux, ce qui est perçu nettement par l'esprit et qui ne donne lieu à aucune équivoque.
Manifeste : ce que l'on touche de la main, ce dont on ne peut douter et que rien ne dissimule.
Evident : ce dont il est impossible de ne pas convenir, ce sur quoi tout le monde se sent forcé de tomber d'accord.
Notoire : ce qui est proprement reconnu, admis comme vrai, sans aucune contestation possible.
Public : ce qui est su et admis par tout le monde.

Eviter – éluder – fuir (Cf : *fuir*).

Evoquer – appeler – invoquer (Cf : *appeler*).

Exact – correct – juste.
Correct : qui est sans aucun défaut ; correct marque l'observa-

tion scrupuleuse des règles grammaticales ou littéraires.
Exact : qui est véridique, ponctuel et fait avec soin; il se rapporte plutôt à la forme générale du discours. Quand exact a le sens de vrai. il n'est pas synonyme de correct.
Juste : qui est tel qu'il doit être; juste ajoute à l'idée d'exactitude une sorte d'ajustement, de convenance et de précision.

Exactitude – attention – soin – vigilance (Cf : *soin*).

Exactitude – justesse – précision (Cf : *précision*).

Exactitude – ponctualité.
Exactitude : qualité d'une chose faite avec soin, exempte d'erreurs; c'est également la qualité de celui qui s'efforce de ne montrer aucun retard dans tout ce qu'il entreprend.
Ponctualité : exactitude à faire à point nommé ce que l'on s'est proposé de faire ou ce que l'on a promis.

Exagération – hyperbole.
Exagération : se dit, dans le langage ordinaire, de tout ce qui est amplifié et, en particulier, de la phrase ou de la pensée même qui amplifie.
Hyperbole : figure de rhétorique qui consiste à augmenter ou à diminuer excessivement la vérité des choses pour produire une plus vive impression sur l'esprit de l'auditeur ou du lecteur. Quand hyperbole rentre, de façon exceptionnelle, dans le langage ordinaire, il signifie : exagération outrée.

Exaltation – enthousiasme (Cf : *enthousiasme*).

Exalter – célébrer – louer – préconiser – prôner – vanter (Cf : *vanter*).

Examiner – considérer – contempler – envisager – observer – regarder – remarquer (Cf : *regarder*).

Excédant – excès (Cf : *excès*).

Excédé – harassé – rendu.
Excédé : on est excédé quand on ne peut aller au-delà d'une certaine limite, soit par le fait d'une charge trop lourde, soit par une quantité excessive de choses quelconques qui fatiguent.
Harassé : on est harassé quand on est fatigué à l'excès par un travail ou une peine prolongée qui a épuisé toutes nos forces.
Rendu : on est rendu quand on a beaucoup marché, qu'on est exténué et que nos jambes nous refusent tout service.

Excellent – riche.
Excellent : c'est être doué de perfection et de bonté au plus haut degré, être supérieur en mérite et en qualité.

Riche : c'est être doué d'une très grande qualité, surtout intellectuelle; on est, par exemple, riche en talent.

Excepté – hormis – hors – sauf (Cf : *sauf*).

Excès – excédant.
Excès : quand il est synonyme d'excédant, excès est un terme abstrait qui ne désigne que ce qui est en trop ou en plus, quant à la quantité.
Excédant : est un terme concret qui ne désigne que ce qui se trouve en plus. Ainsi, l'excès de sept sur quatre est trois, mais on donne l'excédant de son argent aux pauvres.

Excessif – démesuré – énorme – exorbitant – immodéré – outré (Cf : *énorme*).

Exciter – aiguillonner – animer – encourager – inciter – porter à – pousser à (Cf : *encourager*).

Excuser – pardonner (Cf : *pardonner*).

Exécrable – abominable – détestable (Cf : *abominable*).

Exécration – imprécation – malédiction (Cf : *malédiction*).

Exécrer – abhorer – détester – haïr (Cf : *haïr*).

Exécuter – accomplir – effectuer – réaliser (Cf : *réaliser)*).

Exemple – modèle.
Exemple : ce qui peut servir de leçon, la chose qui peut ou doit être imitée; l'exemple est considéré comme un acte simple quant à la manière de le faire et de servir à l'appui d'une théorie quelconque.
Modèle : chose faite uniquement pour être imitée et dont il faut s'efforcer d'atteindre le même degré de perfection.

Exemption – dispense – immunité (Cf : *dispense*).

Exhausser – élever – enlever – hausser – lever – rehausser – relever – soulever (Cf : *lever*).

Exhéréder – déshériter (Cf : *déshériter*).

Exhumer – déterrer (Cf : *déterrer*).

Exigu – petit (Cf : *petit*).

Exiler – bannir – proscrire.
Bannir : chasser d'un pays; il suppose une condamnation et il exprime la peine prononcée contre un coupable.
Exiler : expulser hors de la patrie; l'exil est souvent arbitraire mais il peut quelquefois être volontaire.

Proscrire : bannir par des mesures illégales et violentes ; il peut même quelquefois exprimer une condamnation à mort sans formes judiciaires et que chacun pouvait mettre à exécution.

Exister – être – subsister.
Etre : n'exprime l'existence que pour la mettre en rapport avec une circonstance particulière qui la détermine ; être n'exprime réellement l'existence que dans un très petit nombre de cas particuliers.
Exister : marque de façon formelle l'existence sans ajouter aucune autre idée et peut se dire de toute chose.
Subsister : présente l'existence comme continuant encore, malgré les obstacles qui pourraient arriver dans son cours.

Exorbitant – démesuré – énorme – excessif – immodéré – outré (Cf : *énorme*).

Expédient – ressource (Cf : *ressource*).

Expérience – épreuve – essai (Cf : *essai*).

Expliquer – développer – éclaircir.
Expliquer : rendre clair, intelligible, en donnant des renseignements nécessaires pour faire comprendre une chose, le sens des mots ou parfois les motifs cachés d'une action.
Eclaircir : rendre distinct ce qui était obscur, de façon à écarter la confusion et en donnant un aspect plus clair et plus évident à comprendre.
Développer : n'est synonyme des deux autres mots que lorsqu'il signifie expliquer, mais en exposant longuement, en donnant tous les détails et une description presque complète.

Exploit – fait d'armes – hauts faits – prouesse.
Exploit : en général, acte de guerre glorieux où le combattant a fait preuve de courage et en a tiré un certain profit personnel.
Fait d'armes : acte plus particulier qui peut n'avoir pas grande importance dans le sort d'une bataille et qui n'est remarqué que par rapport à celui qui s'est signalé.
Prouesse : action héroïque ou valeur guerrière des anciens chevaliers ; on se sert aujourd'hui de ce mot pour désigner un acte sportif peu ordinaire ou, dans un autre sens, avec une certaine ironie.
Hauts faits : ce sont simplement les exploits militaires ; mais quand on raconte ses hauts faits, on veut surtout parler des escapades que l'on a faites.

Exposé – exposition.
Exposé : récit circonstancié d'un fait ; l'exposé est surtout considéré sous le point de vue unique des choses qu'il raconte et qu'il

énumère.
Exposition : se rapporte davantage à la manière dont un récit est fait ; l'exposition donne surtout beaucoup plus d'explications.

Exposition – exposé (Cf : *exposé*).

Exprès – commissionnaire – envoyé – estafette – facteur – messager (Cf : *messager*).

Expression – mot – terme (Cf : *mot*).

Exprimer – énoncer.
Enoncer : exposer exactement par la parole ou par l'écrit, formuler de manière que les autres comprennent ; énoncer s'adresse à l'intelligence.
Exprimer : non seulement rendre par la parole pour faire comprendre, mais également faire ressentir par des gestes, par des cris ou par des regards ce qu'on veut représenter.

Exquis – délectable – délicat – délicieux (Cf : *délicieux*).

Extase – ravissement – transport.
Extase : état de l'esprit absorbé dans la contemplation de choses qui sont pour lui d'ineffables merveilles. Dans l'extase, l'admiration est si grande qu'on ne perçoit plus les objets extérieurs.
Ravissement : état d'esprit transporté de joie qui élève l'âme au-dessus de sa condition ordinaire et lui donne un bonheur si suprême qu'il n'arrive même plus à y participer.
Transport : violente émotion causée par un sentiment ou une passion ; le transport est plus désordonné que le ravissement et se manifeste par des cris et beaucoup d'agitation.

Exténuer – atténuer (Cf : *atténuer*).

Extérieur – apparence – dehors (Cf : *apparence*).

Extérieur – externe – extrinsèque.
Extérieur : se dit ordinairement de tout ce qui est ou se passe au dehors ; on dira, par exemple, une façade extérieure ou un commerce extérieur.
Externe : se dit de ce qui s'emploie au dehors d'une manière physique et matérielle ; on dira, par exemple, un médicament externe.
Extrinsèque : ajoute à l'idée d'extérieur celle d'accessoire ; la valeur extrinsèque d'une monnaie, par exemple, est celle que la loi lui attribue et peut varier.

Exterminer – abolir – anéantir – détruire (Cf : *anéantir*).

Externe – extérieur – extrinsèque (Cf : *extérieur*).

Extirper – déraciner (Cf : *déraciner*).

Extrait – abrégé – analyse – précis – raccourci – résumé – sommaire (Cf : *résumé*).

Extraordinaire – bizarre – étrange – extravagant – fantasque – singulier.
Extraordinaire : ce qui est extraordinaire est ce qui est peu commun, rare, exceptionnel, ou qui n'est pas selon l'usage; il tient du caprice, de la fantaisie de chacun d'entre nous.
Bizarre : ce qui est bizarre a des singularités choquantes pour les autres hommes; il peut étonner ou faire rire, mais sans marque d'indignation ou de blâme.
Etrange : ce qui est étrange est en dehors du commun; il peut choquer ou étonner fâcheusement.
Extravagant : ce qui est extravagant est contre le bon sens ou contre la raison; il marque une idée de folie bizarre.
Fantasque : ce qui est fantasque est ce qui est capricieux; il n'est synonyme des autres mots que dans le sens d'idée.
Singulier : ce qui est singulier est unique en son genre et seul de son espèce; de ce fait, l'esprit y trouve, d'une manière indirecte, l'idée de bizarre et d'étrange.

Extravagant – bizarre – étrange – extraordinaire – fantasque – singulier (Cf : *extraordinaire*).

Extravagant – fou – insensé (Cf : *fou*).

Extrémité – bout – fin (Cf : *bout*).

Extrinsèque – extérieur – externe (Cf : *extérieur*).

Fable – conte – nouvelle – roman (Cf : *roman*).

Fabrique – manufacture – usine (Cf : *usine*).

Fabuleux – faux – feint (Cf : *faux*).

Face – figure – visage (Cf : *visage*).

Face (en) – à l'opposite – vis-à-vis (Cf : *vis-à-vis*).

Facétie – bouffonnerie – plaisanterie (Cf : *plaisanterie*).

Fâché – affligé – attristé – contristé – mortifié (Cf : *attristé*).

Fâché – marri – repentant.
Fâché : se dit de tout ce qui peut causer du déplaisir et du mécontentement ; fâché n'exprime qu'un simple regret pour ce qui touche non seulement nos fautes personnelles, mais celles des autres, et aux actes qu'on voudrait n'avoir pas été dans l'obligation d'accomplir
Marri : a une signification presque identique à celle de fâché, sauf qu'il est maintenant à peu près inusité et ne s'emploie que très rarement en plaisantant.
Repentant : diffère de fâché en ce qu'il annonce d'abord l'humilité et le regret que l'on éprouve de ses fautes ou de ses péchés qu'on voudrait voir pardonner.

Fâcherie – bouderie – humeur (Cf : *humeur*).

Fâcheux – importun – incommode (Cf : *importun*).

Fâcheux – désagréable – mésavenant (Cf : *désagréable*).

Facile – aisé.
Aisé : quand on dit qu'une chose est aisée, elle n'offre dans sa nature même aucun obstacle sérieux ; on parle d'une façon théorique en envisageant l'idée de la chose et son état en lui-même.
Facile : quand on dit qu'une chose est facile, on se rapporte

plutôt à la position de celui qui veut faire quelque chose; on parle d'un point de vue pratique, surtout si les circonstances dans lesquelles on se trouve n'offrent point d'obstacles.

Façon – manière.
Façon : désigne comment une chose est faite ou a été faite en ne considérant que le résultat; les façons de penser ou de parler sont des sentiments ou des expressions qui sont personnelles dans tout ce qu'elles peuvent comporter de bon ou de mauvais, de vrai ou de faux. Sous un autre rapport, façon peut se dire de procédé plus ou moins blâmable : on a, par exemple, une façon de se comporter ou étrange, ou ridicule ou même inconvenante.
Manière : désigne plutôt comment la chose se fait; c'est l'action qui est considérée en elle-même et au moment où elle a lieu. La manière d'agir, tout en étant personnelle, distingue l'une de l'autre deux actions aboutissant à un résultat semblable. Sous un autre rapport, manière est plus noble que façon : la manière de vivre est toujours prise en bonne part.

Facteur – commissionnaire – envoyé – estafette – exprès – messager (Cf : *messager*).

Faction – brigue – cabale – complot – conjuration – conspiration – intrigue – parti (Cf : *complot*).

Factionnaire – sentinelle – vedette (Cf : *sentinelle*).

Faculté – pouvoir – puissance (Cf : *pouvoir*).

Fadaise – fadeur.
Fadaise : pensée, parole frivole ou inutile; dire des fadaises, c'est débiter des discours qui sont simplement désagréables.
Fadeur : diffère de fadaise en ce qu'elle exprime plutôt la qualité que l'action; débiter des fadeurs, c'est se confondre en galanteries ou en compliments fades.

Fade – insipide.
Fade : ce qui est fade n'est pas dépourvu de goût, mais manque de saveur; au figuré, ce qui est fade n'a rien de piquant, de vif ou d'animé et laisse même percer un désir maladroit de plaire faussement.
Insipide : ce qui est insipide n'a absolument aucune saveur et on n'y trouve même pas un goût fade; au figuré, ce qui est insipide paraît inutile, ennuyeux, manque d'agrément et n'a rien qui peut intéresser.

Fadeur – fadaise (Cf : *fadaise*).

Fagoté – affublé – habillé – revêtu – vêtu (Cf : *habillé*).

Faible – affaibli.

Faible : l'homme faible manque naturellement de force, de vigueur physique ou morale.
Affaibli : l'homme affaibli a été rendu faible par une action ou une cause quelconque ; un homme faible peut être affaibli.

Faible – âme – caractère – cœur – esprit faibles (Cf : *caractère faible*).

Faible – débile – fragile – frêle.
Faible : marque simplement l'absence de force, de vigueur morale ou physique.
Débile : diffère de faible en ce qu'il marque plutôt le résultat de la perte des forces que leur absence.
Fragile : marque la facilité avec laquelle un corps peut se casser ou se détruire ; il indique le peu de solidité en y ajoutant une idée de durée assez courte.
Frêle : se rapproche beaucoup plus de faible que de fragile : un frêle esquif n'a pas la force de résister par lui-même aux vagues et il est menacé de couler par sa faiblesse même.

Faillite – banqueroute – déconfiture.
Déconfiture : état d'un homme non commerçant qui est ruiné et ne peut plus payer ses dettes.
Faillite : état d'un commerçant qui a suspendu ses payements ; la faillite est un terme spécial qui ne suppose pas l'envie de frustrer ses créanciers ; un failli ne peut être poursuivi que devant la juridiction commerciale.
Banqueroute : faillite frauduleuse et passible d'une peine judiciaire ; elle suppose la mauvaise foi, le détournement et la dissimulation ; le banqueroutier tombe sous le coup de la loi pénale.

Faim – appétence – appétit.
Faim : marque simplement le besoin de manger n'importe quoi.
Appétit : marque le désir d'une nourriture qui plaît ; s'emploie également souvent au figuré.
Appétence : désir instinctif d'une chose quelconque.

Fainéant – paresseux (Cf : *paresse*).

Fainéantise – paresse (Cf : *paresse*).

Faire semblant – feindre – simuler.
Feindre : laisser supposer une existence réelle à ce qui est faux, régler toute sa conduite sur cette existence de façon à faire accepter à tout le monde une vérité fictive.
Faire semblant : se donner une apparence extérieure et paraître ainsi posséder une certaine qualité que l'on peut avoir ou non.
Simuler : faire paraître comme réelle une chose qui ne l'est pas ;

simuler se rapporte plutôt au maintien.

Fait d'armes – exploit – hauts faits – prouesse (Cf : *exploit*).

Faîte – cime – comble – sommet (Cf : *sommet*).

Faits (hauts) – exploit – fait d'armes – prouesse (Cf : *exploit*).

Faix – charge – fardeau (Cf : *fardeau*).

Fallacieux – trompeur (Cf : *trompeur*).

Fameux – célèbre – illustre – renommé (Cf : *célèbre*).

Famille – lignée – maison – race.

Famille : toutes les personnes d'un même sang unies par les liens de la parenté, qui vivent ensemble ou non; une famille est telle qu'on la voit, sans pour cela vouloir remonter à celui qui l'a fondée le premier.

Lignée : désigne proprement la descendance, les enfants par rapport aux parents et qui représentent ainsi la ligne ou la trace que quelqu'un laissera après lui; lignée est aujourd'hui d'un emploi assez rare.

Maison : n'est synonyme de famille que dans un sens figuré et, dans ce cas, il la désigne dans ce qu'elle a de noble, dans ce qui en fait une construction durable sur laquelle se posent les regards.

Race : l'ensemble des personnes qui descendent d'un même ancêtre et qui suppose une communauté d'origine réelle; quand une femme se marie, elle entre dans la famille mais non dans la race, bien que ses enfants en feront plus tard partie. Race se dit des animaux comme des hommes et s'applique, par extension, à ceux qui montrent les mêmes qualités ou les mêmes défauts naturels.

Famine – disette.

Disette : c'est le manque d'une chose nécessaire à la vie, en particulier, d'aliments, du fait de leur rareté ou d'une production catastrophique.

Famine : c'est le résultat d'une extrême disette considérée sous le rapport des souffrances et de la misère qui en résultent.

Fané – flétri.

Fané : ce qui est fané est ce qui est terni ou ce dont on a ôté la fraîcheur; une fleur fanée n'est pas morte et peut quelquefois retrouver sa vigueur.

Flétri : ce qui est flétri a été rendu flasque, sans fraîcheur et sans vie; une fleur flétrie n'a plus rien qui puisse charmer et a perdu toute valeur.

Fanfaron – craqueur – gascon – hâbleur – menteur (Cf : *menteur*).

Fange – boue – bourbe – crotte – limon – vase (Cf : *boue*).

Fantasque – bizarre – étrange – extraordinaire – extravagant – singulier (Cf : *extraordinaire*).

Fantastique – chimérique – imaginaire (Cf : *imaginaire*).

Fantôme – spectre.
Fantôme : représentation de la personne d'un mort qu'un individu malade, halluciné, croit apercevoir; par extension, tout ce qui paraît aux yeux par l'effet d'une imagination, sans pour cela invoquer quelque puissance surnaturelle.
Spectre : diffère de fantôme en ce que les spectres sont plus effrayants, plus hideux et plus horribles. Tout ce qu'on voit en rêve peut s'appeler fantôme, mais les spectres n'apparaissent que dans les cauchemars.

Fardeau – charge – faix.
Charge : tout objet que l'on est obligé de porter ou de transporter; elle n'entraîne pas nécessairement une idée d'état pénible pour celui qui porte et on peut tout aussi bien l'appliquer à des choses inanimées.
Fardeau : charge très lourde ou trop lourde qu'on porte avec plus ou moins de peine.
Faix : charge qui devient de plus en plus lourde; c'est un fardeau pesant dont le poids augmente continuellement, comme, par exemple, le faix des ans.

Farouche – sauvage (Cf : *sauvage*).

Faste – luxe – magnificence – pompe – somptuosité – splendeur (Cf : *luxe*).

Fastes – annales – archives – chroniques – commentaires – histoire – mémoires – vie (Cf : *histoire*).

Fastidieux – dégoûtant (Cf : *dégoûtant*).

Fat – impertinent – sot (Cf : *sot*).

Fatal – funeste.
Funeste : qui cause un très grand malheur d'où résultent nécessairement des conséquences fâcheuses, sans précision toutefois sur la cause à laquelle ces conséquences peuvent être attribuées.
Fatal : qui porte avec soi une destinée inévitable, et on peut dire que ce qui est fatal est funeste par suite d'un sort fixé irrévocablement et auquel il est impossible d'échapper.

Fatalité – destin – destinée – étoile (Cf : *destin*).

Fatigué – las.

Fatigué : être fatigué, c'est être épuisé par une cause quelconque : travail, peine, marche, toutes choses pénibles qu'on a eu à supporter.
Las : être las, c'est être également épuisé, soit par le travail, soit par une mauvaise disposition de santé. Las marque simplement l'état ; on peut être las sans avoir rien fait, mais on se lasse aussi de ne rien faire.

Faute – défaut – manque – privation (Cf : *manque*).

Faute – crime – délit – forfait – péché (Cf : *crime*).

Faux – fabuleux – feint.
Fabuleux : ce qui est fabuleux peut quelquefois être réel, mais c'est surtout ce qui est imaginé de toutes pièces, non dans le but de tromper, mais de plaire à l'imagination.
Faux : ce qui est faux est ce qui n'est pas vrai, ce qui est contraire à la vérité dans son essence même et son but est de tromper et d'induire en erreur.
Feint : ce qui est feint diffère de ce qui est faux en ce qu'il montre la fausseté comme un semblant ou une simulation, de ce qui n'a revêtu que les couleurs de la vérité ; on peut aisément discerner le faux du vrai, mais la franchise ne peut se feindre très longtemps.

Faveur – amitié – bienfait – grâce – bon office – plaisir – service (Cf : *service*).

Faveur – crédit.
Crédit : réputation de solvabilité qui est le résultat du mérite ou de la place qu'on occupe dans le monde ; il laisse entendre qu'on possède assez d'influence sur quelqu'un pour le déterminer à faire ce qu'on lui conseille.
Faveur : protection accordée par un personnage puissant ou même quelquefois par le public ; elle consiste dans la considération dont on jouit et une certaine bienveillance du personnage qui peut distribuer des grâces.

Favorable – propice.
Favorable : marque simplement le fait d'accorder sa bienveillance ; favorable suppose de bonnes intentions et l'espoir d'un avantage qui pourrait être octroyé.
Propice : enchérit sur favorable et exprime une protection tout à fait efficace, une aide solide qui assure le succès.

Fécond – fertile – riche (Cf : *fertile*).

Feindre – faire semblant – simuler (Cf : *faire semblant*).

Feint – fabuleux – faux (Cf : *faux*).

Feinte – mensonge (Cf : *mensonge*).

Félicitation – congratulation.
Félicitation : parole obligeante ou compliment qui semble annoncer la part que l'on prend au succès des autres.
Congratulation : marque un intérêt plus réel; congratulation ne s'emploie plus guère que dans le langage sérieux et, dans le langage populaire, il semble marquer une certaine ironie.

Félicité – béatitude – bien-être – bonheur – plaisir – prospérité (Cf : *bonheur*).

Femme – épouse.
Femme : désigne, dans le langage ordinaire, une personne mariée du sexe féminin, sans ajouter aucune autre idée.
Epouse : s'emploie en poésie ou dans le style élevé quand on veut donner une haute idée de la personne et surtout des sentiments qui l'animent. Dans le langage ordinaire, épouse rend une idée d'emphase et de ridicule pour le mari qui l'emploie.

Ferme – constant – inébranlable – inflexible (Cf : *inébranlable*).

Fermentation – ébullition – effervescence (Cf : *ébullition*).

Fermer – clore.
Fermer : mettre une barrière, qui peut même être à claire-voie, mais qui suffit pour empêcher de passer.
Clore : mettre une fermeture qui ne présente aucun vide, aucun interstice, aucun jour; c'est fermer hermétiquement. Une chambre est fermée quand portes et fenêtres ne sont pas ouvertes; elle est close quand il n'y a absolument rien pour donner passage à l'air.

Férocité – barbarie – cruauté – inhumanité (Cf : *cruauté*).

Fers – chaînes – liens (Cf : *liens*).

Fertile – fécond – riche.
Fécond : ce qui est fécond est ce qui produit beaucoup; une terre féconde est abondante par sa nature même et lors même qu'elle ne produirait que des plantes inutiles, elle serait toujours féconde et elle fera toujours penser à une cause génératrice.
Fertile : ce qui est fertile produit beaucoup et abondamment; une terre moyenne peut, avec des soins, être rendue fertile; fertile peut également se rapporter à des choses qui sont simplement abondantes. La fertilité se rapproche plus de l'effet que la fécondité.
Riche : une terre riche est tout à la fois féconde, fertile et

surtout abondante ; riche laisse également s'ajouter à ces qualités une idée de beauté et d'image heureuse.

Fétidité – infection - puanteur (Cf : *puanteur*).

Feuillé – feuillu – touffu (Cf : *touffu*).

Feuillu – feuillé – touffu (Cf : *touffu*).

Fidélité – constance.
Constance : fermeté de l'âme qui consiste dans une persévérance à avoir toujours les mêmes goûts ou les mêmes sentiments.
Fidélité : qualité qui consiste à être constant dans un attachement et dans ses principes ; la fidélité suppose un engagement et une probité plus ou moins stricte.

Fier (se) – se confier (Cf : *confier*).

Fier – altier – dédaigneux – haut – hautain – impérieux.
Altier : celui qui est altier est orgueilleux et nous intimide.
Dédaigneux : celui qui est dédaigneux vous méprise.
Fier : celui qui est fier n'admet aucune familiarité.
Haut : celui qui est haut veut dominer.
Hautain : celui qui est hautain est fier jusqu'à l'arrogance.
Impérieux : celui qui est impérieux commande et veut qu'on lui obéisse.

Figure – effigie – image – portrait (Cf : *image*).

Figure – face – visage (Cf : *visage*).

Figure – configuration – conformation – forme (Cf : *forme*).

Figurer (se) – imaginer – s'imaginer – se représenter (Cf : *imaginer*).

Filet – rets.
Filet : ouvrage à mailles pour prendre le poisson et les oiseaux ; au figuré, il marque la déduction ; prendre quelqu'un dans ses filets, c'est machiner une ruse pendant sa préparation ou au moment où on la prépare.
Rets : ne diffère de filet qu'en ce qu'il est beaucoup moins usuel ; au figuré, il désigne ce qui retient ou ce qui arrête l'homme qui s'est laissé prendre ; il suppose également que celui qui s'est laissé prendre est effectivement pris.

Filou – escroc – fripon – larron – voleur (Cf : *voleur*).

Fin – bout – extrémité (Cf : *bout*).

Fin – décès – mort – trépas (Cf : *mort*).

Fin – délié – grêle – menu – mince – ténu (Cf : *mince*).

Fin – délicat – délié – subtil (Cf : *subtil*).

Fin (à la) – enfin – finalement (Cf : *enfin*).

Finalement – enfin – à la fin (Cf : *enfin*).

Fini – borné – limité (Cf : *limité*).

Fini – achevé – parfait.
Achevé : a trait à un travail auquel il n'y a plus rien à faire, qui a été entièrement exécuté et auquel il ne manque rien.
Fini : a trait à un travail dont tous les détails ont été travaillés avec soin et avec amour par l'ouvrier.
Parfait : a plutôt rapport à la beauté de la construction de l'ouvrage.

Finir – achever – parachever – terminer (Cf : *terminer*).

Finir – cesser – discontinuer.
Cesser : suspendre momentanément ou définitivement un état, une action, un ouvrage ; il est l'opposé de continuer : on cesse quand on ne continue pas.
Discontinuer : interrompre momentanément quelque chose avec l'intention de la reprendre plus tard.
Finir : n'exprime l'idée de cesser qu'en la liant à celle d'achever, de terminer complètement.

Fixatif – adhésif (Cf : *adhésif*).

Fixer – affermir – arrêter – assurer – attacher – consolider (Cf : *attacher*).

Flageller – fouetter – fustiger (Cf : *fouetter*).

Flagorner – amadouer – cajoler (Cf : *cajoler*).

Flagorneur – adulateur – flatteur – louangeur (Cf : *flatteur*).

Flatteur – adulateur – flagorneur – louangeur.
Adulateur : qui louange à l'excès avec hypocrisie en vue d'en tirer quelque avantage.
Flatteur : qui, sincèrement ou non, dit des choses agréables.
Flagorneur : qui flatte souvent et bassement, à tout propos et avec maladresse.
Louangeur : qui vante pour le plaisir de vanter.

Flétri – fané (Cf : *fané*).

Fleur – élite (Cf : *élite*).

Flexible – docile – souple (Cf : *docile*).

Flexible – pliable (Cf : *pliable*).

Flots – houles – ondes – vagues (Cf : *vagues*).

Fluet – grêle (Cf : *grêle*).

Fluide – liqueur – liquide (Cf : *liquide*).

Fœtus – embryon.
Embryon : nom par lequel on désigne le nouvel être humain ou le nouvel animal pendant tout le temps qu'il est en voie de formation dans le sein, ou plus exactement dans l'utérus de sa mère ; ce terme est plus spécialement appliqué pendant les deux premiers mois de son existence. En outre, embryon peut s'employer au figuré pour désigner un rudiment, un commencement, une ébauche d'une chose quelconque.
Fœtus : c'est l'enfant ou le petit animal déjà formé et présentant toutes les parties principales qui le caractérisent ; il s'emploie à partir du deuxième mois de son existence jusqu'à la naissance. Fœtus ne s'emploie jamais dans un sens figuré.

Foi – créance – croyance – opinion.
Croyance : ce qu'une personne admet comme vrai ; la croyance est déterminée par l'examen de la chose à croire, par les caractères de vérité qu'on peut y trouver, ou encore par sa propre persuasion.
Créance : croyance fondée sur des preuves ou sur un raisonnement ; il diffère de croyance par son sens général et n'exprime jamais une croyance particulière, mais plutôt indéterminée quant aux personnes ou à leur caractère.
Foi : créance que l'on ne veut point discuter et que l'on admet sur l'autorité et l'assurance d'une personne que l'on respecte ; foi s'applique surtout aux dogmes de la religion.
Opinion : croyance dont on ne peut prouver la légitimité ; c'est plutôt une tendance à croire qui est tout à fait personnelle ; quand l'opinion est publique, elle annonce quelque chose de variable qui peut changer avec les circonstances.

Fois (à la) – ensemble (Cf : *ensemble*).

Foison (à) – abondamment – en abondance – amplement – beaucoup – bien – considérablement – copieusement – fort – largement (Cf : *beaucoup*).

Folâtre – badin – enjoué (Cf : *enjoué*).

Folie – démence – manie.
Folie : sorte d'aliénation mentale qui consiste dans l'état d'une personne qui n'a plus sa raison, dont le cerveau est dérangé, qui

n'est ni maîtresse ni moralement responsable de ses actions. Pris familièrement, folie se confond presque avec extravagance, imprudence et légèreté.
Démence : au propre, la démence, terme de droit et de médecine, désigne d'une manière absolue l'aliénation de l'esprit; au figuré, c'est le comble de l'extravagance.
Manie : au propre, c'est une folie partielle qui porte à des excès de fureur, une sorte de préoccupation unique qui trouble l'esprit; au figuré, manie est une habitude bizarre, un goût excessif et déraisonnable, plutôt risible que blâmable.

Foncièrement – à fond.
Foncièrement : montre la personne accomplissant une chose le plus complètement possible, d'une façon profonde, habile et parfois sans exemple.
A fond : se rapporte aux choses et les montre comme complètement claires, débarrassées de tout ce qui pouvait les encombrer; on dira, par exemple : cet homme est foncièrement bon et on connaît son histoire à fond.

Fonction – charge – emploi – ministère – office (Cf : *emploi*).

Fond (à) – foncièrement (Cf : *foncièrement*).

Fond – fonds.
Fond : signifie ce qu'il y a d'essentiel dans une chose, ce qui la constitue principalement, par opposition à la forme et à l'accessoire.
Fonds : contient une idée de possession comme, par exemple, un fonds de boutique ou le fonds de son caractère est la bonté. Ces deux mots ayant la même etymologie, la distinction de leur sens est très difficile puisqu'ils ont été primitivement de simples variétés orthographiques. En termes plus simples : fond désigne la partie fondamentale et fonds la partie causative; on dira, par exemple; le fond de la caisse et un fonds de caisse insuffisant.

Fondement – base (Cf : *base*).

Fonder – ériger – établir – instituer.
Eriger : élever en transformant en quelque chose de supérieur et en emportant toujours une idée d'élévation; on érige un aventurier en héros parce qu'il a accompli une action qui le met au-dessus des autres; on érige un comté en marquisat parce que le nouveau titre en élève le possesseur.
Etablir : installer quelque chose dans un lieu précis en envisageant cette installation sous le point de vue de la stabilité; on établit une colonie dans l'espoir qu'elle reste et fasse souche.
Fonder : jeter les fondements d'une construction; fonder fait

penser à des entreprises futures et au développement qui suivra nécessairement ; on fonde une ville en souhaitant qu'elle prenne beaucoup d'importance dans tous les domaines.
Instituer : donner un commencement à quelque chose ; instituer se rapproche d'établir avec, en plus, une idée de statuts, d'ordres et de mesures bien arrêtés. On institue un juge en lui conférant une autorité.

Fonds – fond(Cf : *fond*).

Fontaine – source (Cf : *source*).

Fonte – fusion.
Fusion : synonyme de fonte, fusion marque simplement l'action de fondre, le passage d'un corps solide à l'état liquide sous une influence quelconque.
Fonte : marque la même action mais diffère de fusion en ce qu'il est plutôt un effet, un phénomène et qu'il appartient au langage populaire.

Force – énergie – vigueur.
Force : mot dont l'emploi est le plus ordinaire ; c'est la puissance en général opposée à la faiblesse. Force ne suppose pas obligatoirement une action et peut également impliquer un état d'indifférence d'un corps pour le repos ou le mouvement, comme la force d'inertie, par exemple.
Energie : c'est la force effective, la puissance et la fermeté dans l'emploi de cette force ; quand on dit, en parlant des ouvrages de l'esprit : l'énergie d'un mot, c'est qu'il rend fortement la pensée de celui qui le prononce.
Vigueur : c'est la force musculaire dans son plein développement et dans toute sa plénitude ; c'est également la représentation saisissante de l'expression énergique de la pensée : on dira, par exemple, la vigueur du style.

Forcer – contraindre – nécessiter – obliger – violenter (Cf : *obliger*).

Forêt – bois (Cf : *bois*).

Forfait – crime – délit – faute – péché (Cf : *crime*).

Forme – configuration – conformation – figure.
Configuration : terme plutôt employé dans les ouvrages d'histoire naturelle ; il concerne principalement la forme extérieure des plantes et des minéraux.
Conformation : s'emploie également en histoire naturelle en parlant de l'homme et de l'animal quant à leur dispositions.
Forme : est du langage usuel ; il exprime quelque chose de

concret et s'applique à l'objet lui-même par rapport à son état physique ou sa manière d'être.
Figure : est aussi du langage usuel; il exprime plutôt quelque chose qu'on ne peut toucher, comme la contenance, l'air ou les manières.

Formel – assuré – authentique – certain – constant – évident – incontestable – indubitable – positif – sûr (Cf : *certain*).

Fort – très (Cf : *très*).

Fort – abondamment – en abondance – amplement – beaucoup – bien – considérablement – copieusement – à foison – largement (Cf : *beaucoup*).

Fort – forteresse (Cf : *forteresse*).

Fort – robuste – vigoureux.
Fort : ce qui est fort est solide, résistant, capable de porter de lourdes charges; fort est opposé directement à faible.
Vigoureux : ce qui est vigoureux est énergique, déploie une grande vivacité aussi bien physique que morale et ne se laisse jamais abattre.
Robuste : ce qui est robuste est tout à la fois fort et vigoureux, solidement constitué et résistant à la fatigue.

Forteresse – fort.
Fort : petit poste militaire défendu par des remparts; ce n'est qu'un ouvrage isolé d'où l'on peut arrêter l'ennemi pendant quelque temps seulement.
Forteresse : place ou fort militaire d'une certaine étendue qu'entourent des remparts et où une garnison peut soutenir un siège et empêcher pendant longtemps l'entrée de l'ennemi.

Fortuitement – accidentellement (Cf : *accidentellement*).

Fortune – hasard – sort (Cf : *hasard*).

Fortuné – heureux (Cf : *heureux*).

Fou – extravagant – insensé.
Extravagant : celui qui est extravagant choque le bon sens et la raison; sa conduite est bizarre et semble inspirée par le délire.
Fou : le fou est celui qui a perdu la raison, qui a l'esprit dérangé et agit comme s'il était poussé par une sorte d'impulsion intérieure qui l'oblige à accomplir des actes irraisonnables.
Insensé : l'insensé est celui qui n'a pas le sens commun; il agit souvent avec assez de réflexion mais il n'a pas de jugement correct et se trouve toujours en contradiction avec lui-même.

Foudre – tonnerre (Cf : *tonnerre*).

Fouetter – flageller – fustiger.
Fouetter : dans son sens étymologique : frapper avec un fouet ; en fait, fouetter se dit quel que soit l'instrument dont on se sert pour infliger une punition ou une correction ; il s'emploie aussi bien pour les animaux que pour les choses : on fouette un cheval, on fouette de la crème, on fouette même le sang.
Flageller : a le même sens que fouetter mais ne se dit plus guère que de l'acte volontaire de certains pénitents qui se servent du fouet comme discipline.
Fustiger : proprement : battre à coups de bâton et, par extension, battre à coups de verges ou de fouet ; fustiger ajoute une idée de violence et d'autorité.

Fougueux – emporté – impétueux – véhément – violent (Cf : *violent*).

Foule – affluence – concours – multitude – presse.
Affluence : grand nombre de personnes exprimant l'idée d'une réunion nombreuse et celle d'arrivées successives qui ont lieu d'une manière durable et continue.
Concours : arrivée en masse d'un grand nombre de personnes qui se portent simultanément au même endroit en y ajoutant une idée de mouvement.
Foule : grand nombre de personnes qui se pressent, avec toujours une idée de mouvement mais en exprimant une idée de tumulte et de cohue.
Multitude : marque qu'il se trouve beaucoup de gens dans un endroit, mais se rapporte uniquement à la quantité.
Presse : multitude de personnes qui éveille l'idée de danger et de rassemblement presque périlleux.

Fourbe – fourberie (Cf : *fourberie*).

Fourberie – fourbe.
Fourbe : la fourbe est l'acte du fourbe, de celui qui trompe, de ce qui est entré profondément dans son caractère odieux.
Fourberie : la fourberie est l'action de tromper et quelquefois aussi l'habitude de tromper ; elle a un caractère moins vil que la fourbe, mais où souvent le mensonge, la finesse et la ruse dominent.

Fourvoyer (se) – s'égarer – se perdre (Cf : *perdre*).

Fracas – tumulte – vacarme (Cf : *vacarme*).

Fracasser – briser – casser – rompre (Cf : *casser*).

Fragile – débile – faible – frêle (Cf : *faible*).

Fraîcheur – frais.

Fraîcheur : froid agréable qui tempère une trop grande chaleur ; fraîcheur suggère une idée de vent très faible qui succède au calme.
Frais : diffère de fraîcheur en ce qu'il fait penser à quelque chose de matériel ; on peut prendre le frais, mais on ne peut prendre la fraîcheur.

Frais – fraîcheur (Cf : *fraîcheur*).

Franc – cordial – ouvert – rond – sincère (Cf : *sincère*).

Franchise – sincérité – véracité (Cf : *sincérité*).

Frapper – battre (Cf : *battre*).

Frayeur – alarme – appréhension – crainte – effroi – épouvante – peur – terreur (Cf : *peur*).

Frêle – débile – faible – fragile (Cf : *faible*).

Frénésie – délire – égarement (Cf : *délire*).

Fréquemment – souvent (Cf : *souvent*).

Fréquenter – courir – hanter.
Fréquenter : c'est aller souvent dans un lieu ou avoir de fréquentes relations avec quelqu'un ; fréquenter pourrait être familier, mais il n'exprime rien de plus que le fait de rencontrer plusieurs fois.
Courir : c'est fréquenter avec empressement en laissant supposer une sorte de goût, de vogue ou de plaisir particulier.
Hanter : c'est fréquenter souvent dans un sens plus familier ; il laisse supposer une certaine influence des gens sur vos propres manières.

Friches – landes (Cf : *landes*).

Fripon – escroc – filou – larron – voleur (Cf : *voleur*).

Frivole – futile.
Frivole : ce qui est frivole est léger, a peu d'importance et ne mérite guère d'attention ; la frivolité a toujours quelque chose d'enfantin.
Futile : ce qui est futile a peu de valeur, est vide et ne peut servir à rien ; la futilité suppose une sorte d'extravagance.

Fronder – blâmer – censurer – condamner – critiquer – désapprouver – épiloguer – improuver – reprendre – réprimander – réprouver – trouver à redire (Cf : *désapprouver*).

Frugalité – sobriété – tempérance (Cf : *sobriété*).

Frustrer – priver – sevrer (Cf : *priver*).

Fugitif – fuyard.

Fugitif : se dit de celui qui a pris la fuite ; fugitif marque plutôt un état qu'une action réelle ; il implique une idée de crainte et de cachette.

Fuyard : se dit de celui qui est actuellement en fuite et qui n'a nullement l'intention d'être repris ; fuyard suppose une idée de témérité dans l'action ; il sert aussi à qualifier les animaux qui ont l'habitude de fuir au moindre danger.

Fuir – éluder – éviter.

Eviter : se soustraire à un mal quelconque dont on est menacé ; éviter n'implique aucun effort spécial, mais simplement le fait de se mettre hors de portée.

Fuir : s'éloigner de ce qui peut nuire ou déplaire ; fuir montre l'action comme un désir d'aller très loin pour échapper à un danger possible, mais celui qui fuit ne l'évite pas toujours.

Eluder : diffère d'éviter et de fuir en ce qu'il suppose de l'adresse, de l'habileté et de la ruse ; on élude une question par un prétexte spécieux quand on ne veut pas ou qu'on ne peut pas y répondre.

Funèbre – funéraire.

Funèbre : se dit de ce qui concerne les funérailles et, par conséquent, de tout ce qui peut inspirer la tristesse ; une couche funèbre est le lit où quelqu'un est mort ; un oiseau funèbre, le hibou par exemple, est regardé par préjugé comme un oiseau de mauvais augure.

Funéraire : se dit de ce qui est relatif aux funérailles considérées sous le point de vue des usages, des cérémonies ou des dépenses. Une urne funéraire est une urne où les anciens renfermaient les cendres des morts ; le style funéraire est celui qui convient pour les épitaphes.

Funérailles – convoi – enterrement – obsèques (Cf : *enterrement*).

Funéraire – funèbre (Cf : *funèbre*).

Fureur – furie – rage.

Fureur : sorte de folie violente ou plutôt passion excessive et extrême qui conduit à un état d'exaspération intérieure.

Furie : c'est la manifestation extérieure de la fureur, mais furie ne fait penser ni à l'objet ni à la cause de l'exaspération.

Rage : diffère de fureur et de furie en ce que la rage est un violent transport de colère, de dépit ou de haine qui se manifeste par un penchant irrésistible et désordonné de mordre ou de détruire quelque chose.

Funeste – fatal (Cf : *fatal*).

Furibond – furieux (Cf : *furieux*).

Furie – fureur – rage (Cf : *fureur*).

Furieux – furibond.
Furibond : marque l'habitude d'avoir des accès de fureur, mais cette fureur est si violente et si impétueuse qu'elle déborde et se répand partout.
Furieux : désigne, le plus souvent, l'état actuel de quelqu'un atteint de fureur, mais d'une façon moins excessive et plus concentrée.

Fusion – fonte (Cf : *fonte*).

Fustiger – flageller – fouetter (Cf : *fouetter*).

Fût – futaille.
Fût : terme généralement employé pour désigner un tonneau où l'on met du vin ou une autre boisson; il indique, dans certains cas et dans certaines régions, bien plus encore la provenance que la capacité.
Futaille : diffère de fût en ce que futaille est un terme collectif désignant une collection de fûts, de barriques, de tonneaux, etc.

Futaille – fût (Cf : *fût*).

Futile – frivole (Cf : *frivole*).

Fuyard – fugitif (Cf : *fugitif*).

Gages – appointements – émoluments – honoraires – salaire – solde – traitement (Cf : *salaire*).

Gager – parier (Cf : *parier*).

Gai – enjoué – gaillard – jovial.

Enjoué : l'homme enjoué est celui qui est doux et communicatif; il montre cette qualité dans ses paroles et son ton est toujours empreint d'une joie mesurée et convenable.

Gai : l'homme gai est celui qui est toujours de bonne humeur, qui est tel par son caractère et qui le montre, non seulement dans ses discours, mais également dans toutes ses actions.

Gaillard : l'homme gaillard est celui qui est plein de hardiesse et qui le montre dans ses propos quelque peu immodestes, libres et souvent licencieux.

Jovial : l'homme jovial est celui qui est proprement ami de la joie; il diffère de gai par une teinte de comique quelque peu trivial et bruyant. On peut très bien ne pas être gai par nature, mais être enjoué quand on veut se rendre agréable; une répartie joviale peut-être amusante mais un ton gaillard est toujours inconvenant.

Gaieté – joie.

Joie : vif contentement qui naît toujours de l'effet des circonstances; la joie est intérieure, on peut la cacher et, quand elle est accompagnée d'un adjectif, elle marque parfois un sentiment qui se répand au dehors.

Gaieté : c'est la belle humeur, la vivacité enjouée ;elle est expressive, se rapporte plus aux manières et elle vient toujours du caractère. La gaieté ne peut se cacher, parce qu'elle est entièrement extérieure.

Gaillard – enjoué – gai – jovial (Cf : *gai*).

Gain – bénéfice – émolument – lucre – profit (Cf : *bénéfice*).

Galant – amant – amoureux (Cf : *amoureux*).

Galimatias – pathos – phébus.
Galimatias : discours confus et obscur qui consiste moins dans le choix des expressions que dans les pensées elles-mêmes qui sont désordonnées, se contredisent et dont il est impossible de saisir le sens.
Pathos : trait d'éloquence destiné à émouvoir mais qui n'est, en réalité, qu'une affectation déplacée de chaleur véhémente et emphatique surtout quand le sujet traité ne mérite pas tant d'émotion.
Phébus : consiste dans un style obscur et ampoulé qui emploie de grands mots pour dire de petites choses, moins pour peindre une émotion que pour s'écouter parler soi-même et affecter ainsi un langage au-dessus du vulgaire.

Ganache – âne – balourd – bête – buse – butor – cruche – ignorant – lourdaud – mâchoire (Cf : *bête*).

Garant – caution – répondant.
Garant : celui qui répond pour soi-même ou pour autrui; il le fait présentement et son engagement rend la chose sûre; on garantit la possession d'un bien, mais on peut aussi garantir la véracité d'un fait.
Caution : celui qui donne une garantie en faveur d'une autre personne; il se rapporte plus à l'avenir et si cette personne ne peut payer sa dette, celui qui cautionne y satisfera pour elle.
Répondant : celui contre qui on a recours quand on ne peut le faire contre l'auteur d'un dommage quelconque lui-même.

Garantir – préserver – sauver (Cf : *sauver*).

Garantir – affirmer – assurer – attester – avancer – certifier – confirmer – prétendre – promettre – répondre – soutenir (Cf : *affirmer*).

Garde – gardien.
Garde : celui qui a pour mission de conserver, surveiller, soigner et au besoin défendre; cette mission est considérée comme l'exécution d'une fonction qui impose des devoirs réglés et une consigne stricte.
Gardien : celui qui a pour fonction de garder et chez qui l'action de garder domine et est considérée en elle-même. On dira, par exemple : un gardien de musée, dont le travail consiste en une surveillance sévère, et un garde municipal qui a reçu des ordres pour maintenir l'ordre.

Garder – accomplir – observer (Cf : *abserver*).

Garder – retenir.

Garder : ne pas se dessaisir d'une chose dans le but de s'en servir sur le champ ou plus tard.
Retenir : conserver une chose par devers soi en résistant à ceux qui voudraient ou auraient le droit de la reprendre; on retient le bien d'autrui quand on ne veut pas le rendre à son propriétaire légitime; on garde le bien d'autrui quand il s'agit d'une chose dont le propriétaire est inconnu.

Gardien – garde (Cf : *garde*).

Gargote – auberge – cabaret – hôtellerie – taverne (Cf : *auberge*).

Gascon – craqueur – fanfaron – hâbleur – menteur (Cf : *menteur*).

Gaspiller – dilapider – dissiper – prodiguer.
Dissiper : dépenser follement, disperser son patrimoine à tort et à travers et en en faisant un mauvais emploi.
Dilapider : ajoute à l'idée de dissiper celle d'une certaine grandeur; dilapider ne convient qu'en parlant de fortune ou des finances de l'Etat.
Gaspiller : c'est également dépenser à tort et à travers; gaspiller est un mot familier qui suppose que la fortune gaspillée l'a été inutilement.
Prodiguer : dépenser avec excès, donner à profusion et ne pas savoir s'arrêter à temps.

Gâter – corrompre – dépraver – pervertir.
Corrompre : marque une sorte de dépravation profonde qui détruit insensiblement et de façon assez intime.
Gâter : exprime la même idée que corrompre; il suppose un commencement de corruption en laissant grandir les défauts et les vices par trop d'indulgence.
Dépraver : marque une corruption désordonnée qui dénote un côté pervers et mauvais.
Pervertir : renchérit sur dépraver en marquant un désordre surtout moral et irréligieux.

Gaucherie – impéritie – inhabileté – maladresse – malhabileté (Cf : *maladresse*).

Gémissement – lamentation – pl: *malaise*).

Gêne – malaise – mésaise (Cf : *malaise*).

Général – commun – universel (Cf : *commun*).

Général – capitaine – commandant.
Capitaine : chef militaire d'une grande habileté et d'un grand savoir dans l'art de combattre.

Commandant : chef militaire qui commande aux troupes, sans égard au talent ni au courage.
Général : chef militaire qui suppose le génie du commandement, mais qui a plutôt rapport au grade.

Générosité – grandeur d'âme – magnanimité.
Grandeur d'âme : élévation des sentiments, noblesse des pensées de quelqu'un, qu'elles se rapportent aux autres ou à soi-même.
Générosité : enchérit sur la grandeur d'âme en lui donnant plus de force et en élevant l'homme au-dessus de ses intérêts personnels et lui faire préférer l'avantage des autres au sien.
Magnanimité : c'est tout à la fois la grandeur d'âme et la noble générosité, mais en plus solennel; magnanimité ne s'emploie qu'en parlant des personnes dignes ou célèbres.

Génie – aptitude – capacité – disposition – goût – talent (Cf : *capacité*).

Génie – esprit.
Esprit : avoir de l'esprit, c'est avoir une attention et une conception rapide, une facilité à comprendre et quelquefois à imaginer; l'esprit s'exerce surtout sur des choses déjà connues et il est propre à les mettre en valeur en plaisant et en étonnant.
Génie : avoir du génie, c'est avoir un talent supérieur et créateur; le génie est un caractère distinctif qui s'affranchit des règles et produit des œuvres grandes et durables.

Genoux (se mettre à) – s'agenouiller (Cf : *mettre à genoux*).

Gens – personnes.
Gens : les hommes en général, et considérés globalement; gens est souvent accompagné d'un complément déterminatif qui exprime l'état ou la profession, une manière d'être, la noblesse ou la roture, la résidence ou les habitudes.
Personnes : les hommes et les femmes en général, mais considérés en eux-mêmes, abstraction faite de toute circonstance extérieure. Il suppose une idée de personnalité et d'individualité.

Gentil – beau – joli (Cf : *beau*).

Gentils – idolâtres – infidèles – païens (Cf : *païens*).

Gérer – administrer – conduire – diriger – gouverner – régir (Cf : *diriger*).

Gibet – potence (Cf : *potence*).

Giron – sein (Cf : *sein*).

Gîter – demeurer – habiter – loger (Cf : *habiter*).

Glissade – glissement.
Glissade : mouvement que l'on fait en glissant, c'est-à-dire en coulant sans effort sur quelque chose d'uni ou de gras.
Glissement : mouvement de ce qui glisse ; ainsi, on dira, par exemple : le glissement de la terre détrempée par la pluie, et non la glissade.

Glissement – glissade (Cf : *glissade*).

Glisser – couler – rouler (Cf : *couler*).

Gloire – honneur.
Gloire : célébrité qu'on acquiert par de grandes actions ou une conduite sublime ; la gloire n'appartient qu'à quelques hommes, elle se répand au loin et commande l'admiration.
Honneur : sentiment qui porte à se sacrifier au devoir ; l'honneur devrait être l'apanage de tous ; il a un caractère plus moral que la gloire et la principale idée qu'il comporte est l'estime.

Glorieux – avantageux – important – orgueilleux – présomptueux – suffisant – superbe – vain (Cf : *orgueilleux*).

Glorifier (se) – se prévaloir – se targuer.
Se glorifier : être fier de quelque chose, s'en faire un titre de gloire et s'en servir pour relever l'idée que les autres se font ou doivent se faire de vous.
Se prévaloir : tirer avantage d'une chose pour assurer un droit ou pour prétendre à une autorisation, soit d'agir, soit de parler d'une certaine manière.
Se targuer : ajoute à l'idée de se prévaloir celle de tirer un avantage avec ostentation et une outrecuidance quelque peu ridicule.

Glose – commentaire (Cf : *commentaire*).

Glossaire – dictionnaire – encyclopédie – lexique – vocabulaire (Cf : *dictionnaire*).

Glouton – goinfre – goulu – gourmand (Cf : *gourmand*).

Gluant – visqueux.
Gluant : ce qui colle comme de la glu ; gluant exprime une qualité de fait qui frappe les yeux.
Visqueux : marque la même qualité comme tenant à la nature même ou à la constitution des substances.

Goinfre – glouton – goulu – gourmand (Cf : *gourmand*).

Gonfalon – bannière – drapeau – enseigne – étendard – labarum –

oriflamme (Cf : *drapeau*).

Gonflé – bouffi – boursouflé – enflé – joufflu – mafflu.
Bouffi : celui qui a des chairs flasques et molles et un embonpoint maladif; au figuré, bouffi marque l'extrême limite de l'orgueil.
Boursouflé : celui dont la grosseur excessive ne contient que du vent ou des gaz; au figuré, boursouflé indique l'emphase et la prétention.
Enflé : celui dont la grosseur est superficielle et détermine un gonflement local; il peut aussi se dire généralement d'un grossissement quelconque; au figuré, enflé indique le manque de naturel.
Gonflé : celui qui a été rendu plus volumineux en le distendant à l'intérieur; au figuré, gonflé indique un épanouissement de l'âme, plutôt mauvais que bon.
Joufflu : celui qui a tout simplement de grosses joues.
Mafflu : celui qui a des joues pleines et rebondies.

Gorge – col – défilé – détroit – pas – port (Cf : *col*).

Gouffre – abîme – précipice (Cf : *précipice*).

Goulu – glouton – goinfre – gourmand (Cf : *gourmand*).

Gourmand – glouton – goinfre – goulu.
Gourmand : s'emploie, d'une manière très générale pour désigner, sans aucune idée accessoire, celui qui aime la bonne chère, les excellents morceaux et qui mange beaucoup en savourant.
Glouton : celui qui se jette sur la nourriture, la dévore à la hâte en faisant un grand bruit avec les mâchoires, la langue et les lèvres; le glouton fait surtout penser à une grande quantité d'aliments qui sont comme engloutis.
Goinfre : celui qui mange énormément et salement; goinfre appartient au langage populaire et dénote surtout quelque chose de grossier dans la manière de boire et de manger.
Goulu : celui qui avale avidement et sans savourer toutes sortes de mets, par habitude; goulu peint l'avidité et semble supposer qu'on veut tout prendre et ne rien laisser aux autres. Il est à remarquer que friand et gourmet ne sont pas synonymes des mots précédents.

Gourmander – gronder – quereller – réprimander – tancer (Cf : *réprimander*).

Goût – aptitude – capacité – disposition – génie – talent (Cf : *capacité*).

Goût – disposition – inclination – penchant – vocation (Cf : *pen-*

chant).

Goûter – applaudir – approuver (Cf : *approuver*).

Gouvernement – administration – régime.
Administration : gestion des affaires publiques selon les principes d'un gouvernement.
Gouvernement : forme politique suivant laquelle un pays est administré.
Régime : système politique établi dans un état.

Gouverner – administrer – conduire – diriger – gérer – régir (Cf : *diriger*).

Grâce – amitié – bienfait – faveur – bon office – plaisir – service (Cf : *service*).

Grâce – abolition – absolution – pardon – rémission (Cf : *pardon*).

Grâce (de bonne) – de bon cœur – de bon gré – volontairement – volontiers (Cf : *volontiers*).

Grâce – amnistie.
Grâce : remise de la peine encourue par un condamné mais qui laisse subsister la flétrissure morale du jugement dont elle arrête les effets; elle est toujours individuelle et ne rend pas au coupable les droits dont il jouissait avant sa condamnation.
Amnistie : décision souveraine qui efface complètement un crime ou un délit politique et en remet les auteurs dans l'état où ils étaient avant de l'avoir commis; elle est le plus souvent collective.

Grâce – agrément – aménité.
Agrément : qualité par laquelle on plaît.
Aménité : agrément qui résulte de la douceur.
Grâce : agrément naturel dont on est pourvu ou dont est pourvue une chose, en y ajoutant une idée d'élégance.

Gracieux – agréable (Cf : *agréable*).

Gracieux – affable – civil – courtois – honnête – poli (Cf : *poli*).

Grain – graine.
Grain : se dit d'une semence qui peut à la fois servir d'aliment et de récolte; un grain de blé peut être mangé et mis en terre pour produire une plante.
Graine : se dit de toute espèce de semence en général; la graine de choux, par exemple, n'est pas du grain puisque c'est la plante elle-même qui sert de nourriture. En outre, grain diffère de graine en ce que graine a toujours un sens plus général : on dira

plus précisément : un ou deux grains de riz, mais de la graine de riz.

Graine – grain (Cf : *grain*).

Grand – ample – spacieux – vaste.
Grand : expression la plus généralement employée; se dit de quelque chose qui a une dimension considérable de tous les côtés.
Ample : ajoute à l'idée de grand celle d'abondance, de répondre à tous les besoins, même au-delà du nécessaire.
Spacieux : qui est de grande étendue, mais en se rapportant à l'espace considéré et pouvant contenir tout ce qu'on a besoin d'y mettre.
Vaste : exprime une étendue d'une grandeur considérable et presque indéfinie et où les limites peuvent même être absentes; au figuré, on dit qu'un homme a l'esprit vaste quand il est capable de connaître et d'embrasser beaucoup de choses.

Grand – considérable – important.
Grand : dont les dimensions excèdent la taille ordinaire; grand se rapporte aux objets considérés en eux-mêmes.
Important : qui peut avoir de graves conséquences par les suites qu'un objet peut provoquer ou par les intérêts qui s'y attachent.
Considérable : qui mérite de fixer l'attention; considérable se rapporte à l'estime qu'on doit faire des choses ou à l'idée qu'on s'en forme. C'est un néologisme d'employer considérable dans le sens de très grand.

Grandeur d'âme – générosité – magnanimité (Cf : *générosité*).

Grand homme – héros (Cf : *héros*).

Grappe – panicule.
Grappe : dans une grappe, les fleurs sont placées à l'extrémité d'axes secondaires qui sont les ramifications d'un axe principal.
Panicule : dans une panicule, les fleurs terminent des axes tertiaires ou d'un ordre plus élevé; le raisin est une grappe, l'inflorescence de l'avoine est une panicule.

Gratification – cadeau – don – présent (Cf : *cadeau*).

Gratis – gratuitement.
Gratis : c'est-à-dire sans qu'il n'en coûte rien; gratis laisse supposer un acte de faveur accordé personnellement et où l'argent est impliqué de façon plus ou moins directe.
Gratuitement : diffère de gratis en ce que l'acte de faveur est accordé généralement de façon globale et qu'il suppose une façon désinteressée sans impliquer d'intention égoïste.

Gratitude – reconnaissance (Cf : *reconnaissance*).

Gratuitement – gratis (Cf : *gratis*).

Grave – sérieux (Cf : *sérieux*).

Grave – grief.
Grave : ce qui est grave est important et quelquefois dangereux à cause des circonstances et des conséquences qui peuvent en résulter ; une maladie grave peut produire des effets désastreux sur l'organisme, quelquefois même la mort.
Grief : ce qui est grief n'est qu'accablant ou douloureux, c'est-à-dire d'une certaine nature fâcheuse et médiocrement mauvaise ; une peine griève se distingue nettement d'une peine capitale.

Gravir – monter (Cf : *monter*).

Gravité – dignité – majesté (Cf : *dignité*).

Gravité – pesanteur – poids (Cf : *poids*).

Gré (de bon) – de bon cœur – de bonne grâce – volontairement – volontiers (Cf : *volontiers*).

Gréement – agrès.
Agrès : ensemble des choses nécessaires à la marche d'un navire.
Gréement : cordages et poulies nécessaires à la marche du navire.

Grêle – délié – fin – menu – mince – ténu (Cf : *mince*).

Grêle – fluet.
Fluet : marque un manque de vigueur sans impliquer pour cela un défaut du corps ; fluet se dit de ce qui est mince et délicat et rappelle vaguement une idée d'échapper à la vue, de par sa minceur même.
Grêle : diffère de fluet en ce qu'il signifie long et mince sans indiquer pour cela un signe de faiblesse ; ce qui est grêle manque simplement d'ampleur.

Grief – grave (Cf : *grave*).

Gripper – attraper – happer (Cf : *attraper*).

Grognard – grogneur – grognon (Cf : *grognon*).

Grogneur – grognard – grognon (Cf : *grognon*).

Grognon – grognard – grogneur.
Grognard : celui qui a l'habitude de grogner, qui ne fait que cela et pour qui le grognement est devenu une manie.

Grogneur : celui qui grogne souvent mais chez qui le grognement n'est pas encore une habitude.
Grognon : celui qui est enclin à grogner parce qu'il est tel par humeur et que c'est dans son naturel.

Gronder – gourmander – quereller – réprimander – tancer (Cf : *réprimander*).

Grossier – impoli – rustique (Cf : *impoli*).

Grossir – enfler.
Enfler : augmenter de volume de façon rapide, presque immédiate mais souvent de peu de durée. Enfler suppose également une chose faite de l'intérieur et par une substance matériellement invisible, comme par exemple : enfler un ballon.
Grossir : augmenter de volume mais de façon plus lente, plus progressive et quelquefois persistante. Grossir suppose également une extension matérielle, non seulement dans ses parties intérieures, mais aussi de la surface ; une ville grossit quand elle prend une certaine extension.

Grotesque – bouffon – burlesque.
Bouffon : le bouffon fait rire par quelque motif que ce soit, mais il est souvent d'un comique assez bas.
Burlesque : le burlesque prête un langage trivial à des personnes de haut rang.
Grotesque : le grotesque provoque l'étonnement ou le rire en outrant la nature, en présentant aux yeux ou à l'esprit une sorte de caricature.

Grotte – antre – caverne – tanière.
Antre : pièce souterraine naturelle, profonde et très obscure.
Caverne : souterrain formé d'une suite de chambres communiquant entre elles par des couloirs, le tout vide et très sombre.
Grotte : souterrain à large ouverture extérieure plus ou moins bien éclairé, d'un aspect pittoresque et présentant des curiosités soit naturelles, soit artificielles et que visitent les curieux.
Tanière : caverne, ou simplement trou dans la terre où se retirent les bêtes sauvages.

Guère – peu (Cf : *peu*).

Guérison – cure.
Cure : traitement préconisé par un médecin et qui amène souvent le retour à la santé.
Guérison : rétablissement de la santé dû quelquefois à une cure ; elle peut aussi être le fait de la nature mais, dans tous les cas, elle se rapporte toujours à l'état du malade lui-même.

Gueux – indigent – mendiant – nécessiteux – pauvre (Cf : *pau-*

vre).

Guerrier – belliqueux – martial – militaire (Cf : *militaire*).

Gueule – bouche (Cf : *bouche*).

Guider – conduire – mener.
Conduire : on conduit une personne en l'accompagnant ou en la faisant aller devant soi; quand conduire se dit des choses, il laisse supposer une certaine habileté.
Guider : on guide une personne pour lui montrer le chemin ou la mettre sur la voie; quand guider se dit des choses, il suppose une idée de direction.
Mener : on mène quelqu'un en le conduisant à son but par différents moyens, y comprıs la force si nécessaire; quand mener se dit des choses, il marque une espèce de violence.

Guigner – lorgner (Cf : *lorgner*).

Guindé – affecté – apprêté – compassé – composé – étudié – maniéré – recherché (Cf : *maniéré*).

Guindé – ampoulé – boursouflé – emphatique (Cf : *emphatique*).

Guinguette – auberge – cabaret – gargote – hôtellerie – taverne (Cf : *auberge*).

H

Ha – ah (Cf : *ah*).

Habile – adroit – entendu – industrieux – ingénieux.
Adroit : celui qui est adroit exécute bien une opération particulière.
Entendu : celui qui est entendu est intelligent et propre à un service, à force de leçons et d'expérience.
Habile : celui qui est habile sait tirer un bon parti de ses facultés.
Industrieux : celui qui est industrieux est à la fois ingénieux et inventif.
Ingénieux : celui qui est ingénieux est seulement plein d'invention.

Habileté – adresse – art – dextérité – entregent – industrie – savoir-faire.
Adresse : choix judicieux des moyens qu'on emploiera pour exécuter.
Art : habileté à faire une chose et suppose une étude ou un enseignement.
Dextérité : suppose l'habileté de la main qui exécute.
Entregent : adresse à se faire bien voir dans le monde.
Habileté : se dit de la capacité et de l'aptitude qu'on apporte dans la conduite d'une affaire ou d'un travail.
Industrie : adresse ingénieuse à faire une chose et suppose de l'invention.
Savoir-faire : talent que l'on déploie pour faire réussir ce que l'on entreprend.

Habillé – affublé – fagoté – revêtu – vêtu.
Vêtu : terme général ; on est vêtu de ce qu'on porte d'ordinaire sur soi.
Revêtu : on est revêtu de ce qu'on porte par dessus un vêtement avec une idée de parure et de dignité.
Habillé : on est habillé quand on est pourvu d'habits mis d'une certaine façon.

Affublé : on est affublé quand on est habillé d'une manière ridicule, mais ne se dit généralement qu'avec indication de la chose.
Fagoté : on est fagoté quand on est habillé sans aucun goût ; on ne l'emploie que d'une manière absolue.

Habillement – accoutrement – habit – vêtement (Cf : *vêtement*).

Habit – accoutrement – habillement – vêtement (Cf : *vêtement*).

Habitat – habitation.
Habitat : portion de la surface terrestre où vit un végétal, un animal ou une race d'hommes ; chaque espèce possède son habitat particulier.
Habitation : n'est synonyme d'habitat que lorsqu'il signifie que cette portion de terre a le climat le mieux adapté à la vie d'un animal.

Habitation – habitat (Cf : *habitat*).

Habitation – logis – maison (Cf : *maison*).

Habiter – demeurer – gîter – loger.
Demeurer : se dit de l'endroit où l'on a son logis et par rapport au lieu même où il est situé ; on peut demeurer à la campagne ou à la ville, dans tel quartier ou dans tel bâtiment.
Gîter : se dit au propre du lieu où le lièvre repose ; quand il s'applique à l'homme, c'est le lieu où l'on couche, surtout en voyage et pour une courte durée ; gîter laisse toujours supposer une vague idée de plaisanterie.
Habiter : terme encore plus général que demeurer ; c'est, dans tous les cas, faire sa demeure en un lieu et il a toujours pour complément direct ce lieu même ; on habite tel pays, telle maison, tel endroit.
Loger : c'est habiter quelque part et a rapport au lieu où l'on se retire temporairement ; loger convient surtout par rapport à l'endroit où on s'arrête en passant, hôtel, auberge ou autre.

Habitude – accoutumance – coutume – us – usage.
Habitude : manière d'être, impulsion naturelle à laquelle on obéit ou on cède.
Coutume : manière d'agir générale qu'on trouve dans un pays déterminé.
Usage : emploi qu'on fait habituellement d'une chose, mais d'une façon plus restrictive.
Accoutumance : habitude de se familiariser avec une chose, souvent pris en mauvaise part.
Us : se dit aujourd'hui presque toujours ironiquement ; il ne s'emploie d'ailleurs qu'avec le mot coutumes.

Hâbleur – craqueur – fanfaron – gascon – menteur (Cf : *menteur*).

Haine – antipathie – aversion – répugnance.
Haine : action de haïr; elle ne s'applique guère qu'aux personnes et porte à tout blâmer dans les individus haïs par une sorte de ressentiment irrité.
Répugnance : ne s'applique qu'aux choses; elle porte à faire gauchement et maladroitement les choses en y mettant beaucoup de mauvaise grâce et de gêne.
Aversion : peut s'appliquer indifféremment aux personnes et aux choses et porte à éviter ceux qui en sont l'objet comme quelque chose de fort désagréable.
Antipathie : peut aussi s'appliquer aux personnes et aux choses; elle est le plus souvent instinctive et consiste à ne supporter les gens que très difficilement en nous rendant leur compagnie fatigante.

Haïr – abhorer – détester – exécrer.
Abhorer : avoir une haine instinctive pour une personne ou pour une chose et où se mêle un sentiment de dégoût et de répugnance insurmontable.
Détester : prendre en haine ce que la raison condamne; il marque une répulsion plus ou moins raisonnée.
Exécrer : avoir en extrême aversion; se dit de quelqu'un qui met le comble à nos maux par ses injustices.
Haïr : détester quelqu'un au point de lui vouloir du mal, mais ne suppose aucun motif particulier.

Haïssable – odieux (Cf : *odieux*).

Haleine – souffle.
Haleine : l'air chassé des poumons par l'expiration; l'haleine s'exhale doucement, chauffe ce qui est froid, constitue quelque chose de constant et d'habituel. Au figuré, haleine se dit des vents doux et légers comme le zéphyr, par exemple.
Souffle : l'air qui sort de la bouche par l'effet de la respiration, mais poussé avec force et dans une direction particulière; le souffle refroidit ce qui est chaud et il est toujours considéré dans une circonstance particulière. Au figuré, il se dit de vents forts et violents, comme l'aquilon ou la tempête.

Hallucination – chimère – illusion (Cf : *illusion*).

Hameau – village (Cf : *village*).

Hanter – courir – fréquenter (Cf : *fréquenter*).

Happer – attraper – gripper (Cf : *attraper*).

Harangue – discours – oraison (Cf : *discours*).

Harassé – excédé – rendu (Cf : *excédé*).

Harceler – agacer – provoquer (Cf : *agacer*).

Hardes – nippes.
Hardes : objets d'habillement considérés comme pouvant être mis en paquets ; ils comprennent les gros vêtements, mais surtout ceux à l'usage de l'homme.
Nippes : désigne également des objets d'habillement mais considérés comme servant plutôt à la propreté et à la parure et comprenant notamment du linge de femme. Au mot nippes s'attache également une idée de valeur et de prix : on a, par exemple, de belles nippes ou on se nippe convenablement.

Hardi – audacieux – effronté (Cf : *audacieux*).

Hardiesse – bravoure – cœur – courage – intrépidité – vaillance – valeur (Cf : *courage*).

Hargneux – querelleur (Cf : *querelleur*).

Hasard – danger – péril – risque (Cf : *danger*).

Hasard – fortune – sort.
Hasard : terme le plus généralement employé et appliqué à tous les événements fortuits, imprévus et dont la cause est absolument inconnue.
Fortune : c'est un ensemble de causes également inconnues qui préside à tous les événements, distribue à son gré les biens et les maux, et règle à la fois la destinée de tous les hommes.
Sort : c'est la destinée considérée comme la cause des divers événements de la vie ; le sort s'applique de façon individuelle, il est relatif à chacun, mais il est représenté sous un point de vue moins important ; on peut dire, par exemple : le hasard a voulu que la fortune lui donne un sort enviable.

Hasarder – aventurer – risquer (Cf : *risquer*).

Hâter – accélérer – presser (Cf : *presser*).

Hâtif – précoce – prématuré (Cf : *précoce*).

Hausser – élever – enlever – exhausser – lever – rehausser – relever – soulever (Cf : *lever*).

Haut – altier – dédaigneux – fier – hautain – impérieux (Cf : *fier*).

Hauts faits – exploit – fait d'armes – prouesse (Cf : *exploit*).

Hautain – altier – dédaigneux – fier – haut – impérieux (Cf : *fier*).

Hauteur – élévation.

Elévation : résultat de l'action d'élever; elle fait envisager, non seulement l'objet de bas en haut, mais encore des accroissements successifs; l'élévation se mesure par la distance réelle de la base au sommet. Au figuré, c'est une grandeur d'âme acquise par l'habitude et qui suppose de la noblesse.
Hauteur : dimension d'un corps dans le sens vertical; c'est une qualité considérée en elle-même et elle change de mesure selon la nature des objets. Quand on dit : cette muraille est haute, cela ne signifie pas qu'elle a une grande élévation, mais qu'elle en a plus que d'ordinaire. Au figuré, hauteur diffère peu de fierté et d'arrogance.

Hâve – blafard – blême – livide – pâle (Cf : *pâle*).

Hébété – idiot – imbécile – inepte – sot – stupide (Cf : *idiot*).

Hébéter – abrutir (Cf : *abrutir*).

Hérédité – héritage – succession (Cf : *héritage*).

Hérétique – apostat – renégat.
Apostat : celui qui renonce à la religion qu'il pratiquait; se dit particulièrement d'un chrétien ou d'un catholique qui embrasse une autre religion.
Renégat : celui qui a renié la religion chrétienne pour en embrasser une autre et particulièrement le mahométisme.
Hérétique : celui qui soutient une doctrine religieuse condamnée comme fausse par l'église catholique, comme l'arianisme ou le manichéïsme, par exemple.

Hérétique – hétérodoxe.
Hérétique : ne marque pas seulement la doctrine religieuse condamnée comme fausse par l'église catholique, mais aussi la séparation complète d'avec ceux qui la professent; une proposition hérétique ne peut émaner que d'un ennemi de la foi catholique.
Hétérodoxe : marque ce qui est contraire au dogme de l'église; une opinion ou un écrit hétérodoxe est moins grave qu'une opinion hérétique et peut même être involontaire si l'on n'est pas suffisamment versé dans les connaissances théologiques.

Héritage – hérédité – succession.
Hérédité : hérédité, héritage et succesion ne peuvent être synonymes que lorsqu'ils sont employés pour désigner la chose même sur laquelle le droit de possession est transmis. Dans ce cas, hérédité, c'est la transmissibilité des manières d'être physiques ou morales des parents aux enfants et il ne s'emploie que par rapport aux anciens.
Héritage : c'est, dans ce sens, ce que l'on tient de ses parents;

héritage est un mot du langage ordinaire qui peut s'employer au figuré pour dire, par exemple : le ciel est notre héritage.
Succession : c'est la manière dont se fait la transmission des droits à hériter; succession est un mot de palais qu'on emploie quand les biens transmis peuvent donner lieu à des contestations.

Héros – grand homme.
Grand homme : celui qui est supérieur, non seulement par la naissance ou les honneurs, mais surtout par son génie, son talent et les services qu'il a pu rendre à son pays ou aux hommes en général.
Héros : celui qui est grand par sa noblesse d'âme et sa vertu; héros laisse toujours supposer quelque chose d'extraordinaire dans le courage et un certain esprit de sacrifice.

Hésiter – balancer.
Balancer : incliner à prendre tantôt un parti, tantôt un autre, en présence de plusieurs qui s'offrent à l'esprit; on est prudent quand on balance devant plusieurs manières d'agir, mais si on balance trop longtemps, c'est de l'indécision.
Hésiter : s'arrêter dans la réalisation d'un projet par crainte des conséquences; les personnes hésitantes manquent d'énergie et laissent souvent passer le moment favorable pour agir.

Hétérodoxe – hérétique (Cf : *hérétique*).

Heureux – fortuné.
Heureux : l'homme heureux est celui qui a du bonheur et du contentement; il jouit en lui-même de sa réussite et sa félicité est calme et intérieure.
Fortuné : l'homme fortuné est celui chez qui la fortune a souri et son bonheur est apparent et extérieur; fortuné est moins familier, mais il renchérit parfois sur heureux.

Heurter – choquer (Cf : *choquer*).

Hideux – affreux – difforme – horrible – laid (Cf : *laid*).

Histoire – annales – archives – chroniques – commentaires – fastes – mémoires – vie.
Annales : récits purs et simples des événements, année par année, ne contenant ni causes ni conséquences, écrits uniquement pour en garder le souvenir.
Archives : signifie proprement : anciens titres ou anciens documents; mais il conserve toujours quelque chose de sa valeur primitive en présentant les récits comme pouvant être invoqués plus tard et pour des raisons particulières.
Chroniques : terme érudit qui est un récit historique qui suit

l'ordre des temps ; il ne s'applique guère qu'aux histoires écrites dans le Moyen Age ; il se dit aussi des premières traditions écrites d'un peuple.
Mémoires : écrits dans lesquels un personnage public ou un particulier consigne les faits dont il a été le témoin oculaire, afin que ces récits puissent servir de matériaux pour l'histoire en général.
Commentaires : mémoires historiques écrites par un homme illustre sur les événements dont il a été le principal acteur ; ils ne sont qu'un canevas d'histoire.
Fastes : récits officiels des faits mémorables qui, chez les Romains, s'inscrivaient sur des tablettes ou des calendriers ; ce mot s'applique toujours à des faits dont il importe de conserver le souvenir.
Histoire : connaissance des faits rapportée par les historiens ; c'est une narration littéraire et savante, plus ou moins parfaite.
Vie : histoire des choses remarquables de la vie d'un homme, qui lui est particulière et qui n'a d'autre importance que celle de bien faire connaître le personnage.

Histoire – anecdote – historiette.
Histoire : récit complet des faits qui intéressent un ou plusieurs peuples ou l'humanité entière ; elle embrasse une longue suite d'événements, mais ce peut être quelquefois le récit d'un fait particulier, mais ce fait relie toujours les uns aux autres une suite de détails.
Historiette : récit d'une aventure plaisante ou d'un fait peu important ; elle ne présente qu'une importance minime.
Anecdote : récit piquant d'un petit événement ou plutôt cet événement lui-même ; elle suppose l'événement curieux et peu connu et peut faire juger du caractère d'un personnage ou d'une époque.

Historiette – anecdote – histoire (Cf : *histoire*).

Homicide – assassin – escarpe – meurtrier (Cf : *assassin*).

Homicide – assassinat – meurtre (Cf : *meurtre*).

Hommages – respects (Cf : *respects*).

Homme (grand) – héros (Cf : *héros*).

Homme d'honneur – homme de bien – honnête homme (Cf : *homme de bien*).

Homme de bien – homme d'honneur – honnête homme.
Homme de bien : celui qui s'applique à accomplir tous les préceptes de la morale ; homme de bien est l'expression la plus

généralement employée.
Homme d'honneur : celui qui se conforme aux lois et aux usages de la société dans laquelle il vit.
Honnête homme : celui qui est probe et se conduit suivant les principes de l'équité naturelle.

Homme de sens – homme de bons sens.
Homme de sens : homme d'un jugement et d'une intelligence supérieurs, que l'on respecte et dont on suit les conseils.
Homme de bon sens : homme qui a assez de jugement pour se tirer à son avantage des affaires ordinaires de la société, mais qui peut n'avoir ni une intelligence hors ligne, ni une profondeur de jugement extraordinaire.

Honnête – affable – civil – courtois – gracieux – poli (Cf : *poli*).

Honnête homme – homme de bien – homme d'honneur (Cf : *homme de bien*).

Honnêteté – affabilité – civilité – courtoisie – politesse (Cf : *politesse*).

Honnêteté – honneur – intégrité – probité – vertu.
Honnêteté : c'est se conduire de façon à être honoré et estimé; l'honnêteté se rapporte surtout aux sentiments moraux et, en quelque sorte à la vertu.
Honneur : diffère de l'honnêteté en ce que l'honneur est plus ambitieux et tient à être admiré; il s'applique plus spécialement aux actes et à l'effet qu'ils produiront sur l'opinion des gens.
Intégrité : c'est se conduire d'une façon irréprochable, que rien ne peut ternir ni entamer et qui paraît capable de résister à toutes les tentatives de corruption.
Probité : c'est se conduire en apportant une attention scrupuleuse à ne point faire de tort à son prochain, à remplir avec lui tous les devoirs de la justice et de la morale; c'est respecter la propriété d'autrui sous toutes ses formes.
Vertu : c'est se conduire de façon à faire le bien et à fuir le mal; c'est une disposition naturelle et attentive de l'âme à vaincre les passions et l'entraînement du mauvais exemple; c'est être bon sous tous les rapports.

Honneur – gloire (Cf : *gloire*).

Honneur – honnêteté – intégrité – probité – vertu (Cf : *honnêteté*).

Honneur – chasteté – continence – pureté – sagesse – vertu (Cf : *sagesse*).

Honneur (homme d') – homme de bien – honnête homme (Cf :

homme de bien).

Honnir – bafouer – conspuer – vilipender (Cf : *bafouer*).

Honoraires – appointements – émoluments – gages – salaire – solde – traitement (Cf : *salaire*).

Honorer – adorer – révérer – vénérer (Cf : *adorer*).

Honte – pudeur (Cf : *pudeur*).

Honte – déshonneur – ignominie – infamie – opprobre – turpitude.
Déshonneur : perte de la considération ou de l'estime qu'on a pour le mérite; le déshonneur se rapporte à l'opinion générale.
Honte : tourment que l'on éprouve à l'idée d'être déshonoré; celui qui a honte n'ose pas le faire connaître.
Ignominie : grand déshonneur qui suppose un mépris profond de la part de tous ses semblables.
Infamie : flétrissure imprimée à l'honneur et à la réputation; elle provient d'une conduite publique vile et honteuse.
Opprobre : déshonneur qui se manifeste par un fait particulier, le plus souvent par une injure.
Turpitude : action honteuse qui se manifeste par une façon de pensée abjecte; elle diffère de l'infamie en ce qu'elle est plus secrète.

Honte – confusion.
Honte : tourment qu'on éprouve à l'idée d'avoir commis une faute; c'est un sentiment intérieur et pénible.
Confusion : trouble que l'on ressent quand on s'aperçoit que la faute que l'on a commise a été découverte; la confusion est toujours intérieure.

Hôpital – hospice.
Hôpital : établissement où l'on reçoit et traite gratuitement les malades pauvres; il ne comporte aucune autre idée accessoire.
Hospice : diffère de l'hôpital en ce que l'hospice est plutôt une maison de charité où l'on nourrit et entretient ceux qui ne sont plus capables de gagner leur vie, sans impliquer nécessairement une idée de maladie, mais plutôt de vieillesse.

Hormis – excepté – hors – sauf (Cf : *sauf*).

Horrible – affreux – difforme – hideux – laid (Cf : *laid*).

Horrible – affreux – effroyable – épouvantable (Cf : *affreux*).

Hors – excepté – hormis – sauf (Cf : *sauf*).

Hospice – hôpital (Cf : *hôpital*).

Hôtel – château – palais (Cf : *château*).

Hôtellerie – auberge – cabaret – gargote – guinguette – taverne (Cf : *auberge*).

Houles – flots – ondes – vagues (Cf : *vagues*).

Humanité – bénignité – bienfaisance – bienveillance – bonté – débonnaireté – douceur – sensibilité (Cf : *bonté*).

Humeur – bouderie – fâcherie.
Bouderie : état d'une personne qui avance les lèvres en signe de mécontentement; elle se manifeste par de petites choses, comme le silence obstiné, l'isolement ou l'indifférence.
Fâcherie : déplaisir que cause un vif mécontentement toujours réel, mais tenant également à de petites choses ou à des motifs futiles.
Humeur : état d'un individu mécontent ou irrité qui tient plus du caractère et suppose quelquefois une fantaisie pénible pour ceux qui ont à la supporter.

Humilier – abaisser – avilir – rabaisser – rabattre – ravaler.
Abaisser : rendre plus bas en général; il convient pour désigner un abaissement quelconque et même un abaissement volontaire.
Rabaisser : rendre plus bas pour mortifier; se dit de ce qui est élevé et que l'on cherche à déprécier.
Rabattre : rabaisser en s'attaquant à un vice ou à un ridicule et d'une manière beaucoup plus rapide.
Ravaler : rabaisser méchamment par colère; il implique aussi l'idée de l'abaissement dans lequel on tombe par suite de la perte d'une situation qu'on occupait d'abord.
Humilier : ramener à des sentiments plus modestes et, par suite, mortifier ou donner de la confusion.
Avilir : rendre méprisable en emportant l'idée de honte et d'ignominie. On peut être humilié par quelque chose d'extérieur, mais on ne peut être avili que par soi-même.

Hutte – baraque – bicoque – cabane – cahute – chaumière – maisonnette (Cf : *cabane*).

Hymen – hyménée.
Hymen : c'est le mariage dans son sens le plus général, l'union des époux, la noce et toutes les festivités qui accompagnent cette union.
Hyménée : c'est le mariage, mais considéré comme un état permanent, qui dure et qui comporte tous les événements de la vie d'un couple, bons ou mauvais; on dira, par exemple :

conclure un hymen, mais les chaînes de l'hyménée.

Hyménée – hymen (Cf : *hymen*).

Hyperbole – exagération (Cf : *exagération*).

Hypocrite – béat – bigot – cafard – cagot – tartufe.

Hypocrite : celui dont le vice consiste à affecter une vertu, une piété, des bons sentiments qu'il n'a pas; sa signification est la plus large puisque l'hypocrite s'applique, pour tromper, non seulement à affecter de la probité, mais se couvre du masque de la religion pour le faire.

Bigot : celui qui s'astreint aux pratiques les plus minutieuses de la dévotion et se fait un cas de conscience de les observer; il veut qu'on le croie religieux.

Cagot : celui qui est bigot par hypocrisie ou par méchanceté en affectant un rigorisme outré.

Béat : celui qui est béat affecte un air de dévotion hypocrite en voulant attirer sur lui l'attention des vrais dévots.

Cafard : celui qui affecte la bigoterie en étant fourbe et doucereux et en voulant séduire par son air caressant.

Tartufe : c'est l'hypocrite de Molière qui prêche la vertu pour enjôler ceux qu'il veut dépouiller.

Hypothèse – supposition (Cf : *supposition*).

I

Idée – connaissance – notion.

Idée : l'idée d'un objet est l'image que l'esprit, entrant en activité, parvient à se forger de cet objet.

Notion : connaissance de certains détails qui existent dans un objet; notion ne désigne qu'un simple et sommaire aperçu quand la vision est générale.

Connaissance : possession complète de toutes les notions auxquelles un objet peut donner lieu; connaissance se dit de tout ce qu'on sait d'une manière nette et après mûr examen.

Idée – imagination – pensée.

Idée : représentation que l'esprit de fait d'une chose réelle ou non; l'idée est une image qui nous arrive sans effort, que nous possédons sans même l'avoir acquise et qui peut être modifiée par le jeu intérieur de nos impressions.

Imagination : c'est la faculté que possède l'esprit de se représenter un objet que les yeux ne voient pas, sans même se préoccuper de sa réalité; c'est l'imagination qui permet de concevoir et d'exprimer vivement nos conceptions.

Pensée : c'est l'idée que l'esprit se forme d'un objet; elle suppose un jugement et surtout une comparaison dans laquelle la volonté et les sentiments jouent leur rôle.

Idiome – dialecte – langage – langue – patois (Cf : *langue).*

Idiot – hébété – imbécile – inepte – sot – stupide.

Hébété : l'hébété est celui dont les sens sont émoussés, qui a perdu une grande part de son intelligence et qui est devenu tel par suite d'une circonstance quelconque.

Stupide : le stupide a l'esprit lourd et pesant, manque d'intelligence et est presque insensible aux impressions; ce peut être parfois un état naturel.

Idiot : l'idiot possède un esprit qui ne s'est pas développé, qui manque totalement d'idées et qui est entièrement privé d'intelligence; l'idiotie peut être un état congénital.

Imbécile : l'imbécile est un faible d'esprit dont les capacités intellectuelles sont bornées et qui n'a pas l'énergie de passer d'une idée à l'autre.
Inepte : l'inepte est dépourvu de toute capacité, il n'est bon à rien et manque de toutes les qualités nécessaires pour remplir une fonction quelconque, même la plus ordinaire.
Sot : le sot n'a aucun jugement, n'a pas le sens commun et le peu d'esprit qu'il a lui fait juger tout de travers.

Idolâtres – gentils – infidèles – païens (Cf : *païens).*

Idylle – églogue.
Idylle : l'idylle désigne plutôt la peinture d'une scène pastorale.
Eglogue : l'églogue est un dialogue pastoral ou le récit d'une action dramatique dont les personnages sont des bergers.

Ignominie – déshonneur – honte – infamie – opprobre – turpitude (Cf : *honte).*

Ignorant – âne – balourd – bête – buse – butor – cruche – ganache – lourdaud – mâchoire (Cf : *bête).*

Il y a – il est (Cf : *avoir : il y a).*

Illusion – chimère – hallucination.
Chimère : objet créé de toutes pièces par l'imagination; c'est une idée sans réalité qui peut nous charmer ou nous effrayer, mais qui s'évanouira dès que la vérité sera connue.
Illusion : erreur de jugement qui consiste en ce que l'esprit se trompe sur la nature, sur l'apparence, sur les qualités d'un objet réel et qui produit une impression effective sur l'un de nos sens; on a une illusion quand on prend une personne pour une autre.
Hallucination : survient sans qu'aucun objet extérieur ne puisse être la cause; on a une hallucination quand on croit voir ou entendre une personne absente.

Illusionniste – prestidigitateur (Cf : *prestidigitateur).*

Illustre – célèbre – fameux – renommé (Cf : *célèbre).*

Image – effigie – figure – portrait.
Figure : représentation d'un objet ou d'un personnage; la figure ne montre que la forme, le contour ou l'attitude.
Image : peut être soit naturelle puisque nous pouvons voir notre image dans un miroir, soit artificielle et, dans ce cas, elle est mise en rapport avec l'original et c'est sa représentation plus ou moins exacte.
Portrait : image d'une personne reproduite trait pour trait et dont la ressemblance est souvent frappante; c'est, en principe, une œuvre d'art faite au moyen de la peinture, du dessin, de la

sculpture, etc.
Effigie : signifie proprement : représentation de la figure d'une personne, et n'appartient pas au langage ordinaire; effigie peut s'employer dans le sens d'image quand il s'agit d'une représentation abstraite ou religieuse, et même dans le sens de portrait quand on veut parler ironiquement.

Imaginaire – chimérique – fantastique.
Chimérique : se dit des choses vaines ou fausses qui ne peuvent se réaliser dans l'avenir; ce qui est chimérique n'est pas fondé sur la raison.
Fantastique : se dit des choses qui n'existent que dans la fantaisie et l'imagination; ce qui est fantastique n'est qu'apparent et incohérent.
Imaginaire : se dit des choses qui n'existent absolument pas mais que l'on se figure exister; ce qui est imaginaire est impossible.

Imagination – idée – pensée (Cf : *idée).*

Imaginer – se figurer – s'imaginer – se représenter.
Se figurer : croire d'une certaine manière et sous une forme qui diffère plus ou moins de la réalité, ce qui existe réellement; se figurer laisse entendre que tout n'est pas complètement imaginaire et qu'une certaine description a été déjà faite.
S'imaginer : croire quelque chose qui est absolument sans fondement, que l'on crée de toute pièce dans son esprit et dont rien de sérieux n'annonce l'existence; mais on veut se persuader à soi-même que la chose existe.
Imaginer : croire en marquant simplement l'action d'une certaine imagination qui suppose que quelque chose devrait exister, mais sans vouloir faire entendre que cette illusion est bien réelle.
Se représenter : ajoute à l'idée de se figurer une représentation réelle et assez exacte de l'objet; cette représentation n'est nullement imaginaire, mais floue et imprécise.

Imbécile – hébété – idiot – inepte – sot – stupide (Cf : *idiot).*

Imiter – contrefaire – copier – singer.
Imiter : chercher à faire exactement la même chose que fait une personne ou un animal; imiter est un mot qui peut servir dans toutes les circonstances.
Contrefaire : imiter aussi fidèlement que possible; il se prend toujours en mauvaise part parce qu'il exprime une idée de fraude et de tromperie.
Singer : mot plus familier qui annonce une imitation maladroite ou grotesque, réelle ou affectée.

Copier : imiter de façon servile, reproduire exactement une écriture, un tableau, un dessin ou tout autre chose.

Immanquable – infaillible.
Immanquable : se dit de choses qui ne peuvent manquer de se produire et considérées comme devant nécessairement arriver et dont le but est presque définitivement atteint. On dira, par exemple, qu'un gain est immanquable si l'on veut parler uniquement du cours ordinaire des choses.
Infaillible : se dit de choses qui ne peuvent manquer de se réaliser mais envisagées par rapport à ce que l'on pense ou à ce que l'on dit et considérées comme ne pouvant faillir ; quand on dit : une réussite infaillible, on fait entendre qu'on a de bonnes raisons de la supposer ainsi.

Immerger – plonger (Cf : *plonger).*

Immigration – émigration – migration (Cf : *migration).*

Imminent – instant – pressant – urgent (Cf : *urgent).*

Immiscer (s') – se mêler (Cf : *mêler).*

Immodéré – démesuré – énorme – excessif – exorbitant – outré (Cf : *énorme).*

Immoler – sacrifier (Cf : *sacrifier).*

Immortel – continuel – éternel – perpétuel – sempiternel (Cf : *éternel).*

Immunité – dispense – exemption (Cf : *dispense).*

Impératif – impérieux.
Impératif : prendre un ton impératif, c'est commander expressément de faire une chose, mais laisse supposer qu'on n'a ni l'intention, ni le pouvoir d'employer la force pour contraindre.
Impérieux : prendre un ton impérieux, c'est commander de façon qu'on n'ose pas désobéir ; il suppose une certaine dureté dans le caractère à laquelle on ne peut résister. Il y a un mode impératif dans les verbes, mais il n'y a pas de mode impérieux, et quand on emploie l'impératif, on parle à ceux qu'on suppose inférieurs.

Imperceptible – invisible (Cf : *invisible).*

Imperfection – défaut – défectuosité – vice (Cf : *défaut).*

Impérieux – impératif (Cf : *impératif).*

Impérieux – altier – dédaigneux – fier – haut – hautain (Cf : *fier).*

Impérieux – absolu (Cf : *absolu).*

Impéritie – gaucherie – inhabileté – maladresse – malhabileté (Cf : *maladresse).*

Impertinent – fat – sot (Cf : *sot).*

Impertinent – insolent.
Impertinent : l'impertinent est celui qui est d'une présomption ridicule parce qu'il s'estime trop lui-même et dont les manières et les paroles sont offensantes.
Insolent : l'insolent est celui qui manque de respect en blessant par son orgueil, qui dédaigne les autres parce qu'il a de la haine ou parce qu'il trouve un plaisir dans la peine que peuvent provoquer ses propos.

Impétueux – emporté – fougueux – véhément – violent (Cf : *violent).*

Impie – incrédule – irréligieux (Cf : *incrédule).*

Impitoyable – implacable – inexorable – inflexible.
Impitoyable : l'homme impitoyable est celui qui ne laisse rien passer, que rien n'arrête et qui est inaccessible à la pitié.
Implacable : l'homme implacable est celui qui persévère dans le ressentiment, qui veut se venger ou punir par tous les moyens.
Inexorable : l'homme inexorable est celui que même les prières ne peuvent fléchir et qui résiste à toutes les supplications.
Inflexible : l'homme inflexible est celui qui est inaccessible à la compassion, qui reste inébranlable même quand ses propres intérêts sont en jeu.

Implacable – impitoyable – inexorable – inflexible (Cf : *impitoyable).*

Implorer – conjurer – invoquer – prier – supplier (Cf : *supplier).*

Impoli – grossier – rustique.
Grossier : marque avant tout l'incivilité ; ce qui est grossier est commun, ni poli, ni civilisé.
Rustique : celui qui est rustique est grossier en ce sens qu'il a des manières campagnardes qui sont, en général, rudes et où la politesse est quelquefois exclue.
Impoli : l'impoli manque de politesse et, par conséquent, est tout à la fois, aux yeux des autres, grossier et rustique.

Important – arrogant – insolent – rogue – suffisant (Cf : *insolent).*

Important – avantageux – glorieux – orgueilleux – présomptueux – suffisant – superbe – vain (Cf : *orgueilleux).*

Important – considérable – grand (Cf : *grand).*

Importun – fâcheux – incommode.
Fâcheux : une chose fâcheuse est de nature à nuire et à embarrasser; un fâcheux déplaît parce qu'il est tel par son caractère et par ses défauts.
Importun : une chose importune gêne fréquemment et continuellement; un importun ennuie par ses sollicitations incessantes, dérange et apporte finalement le trouble.
Incommode : une chose incommode est une chose dont on ne fait usage que très difficilement; l'incommode cause du malaise, nous met dans l'embarras et nous indispose en l'ayant continuellement à charge.

Imposer (en) – abuser – amuser – attraper – décevoir – donner le change – duper – embabouiner – enjôler – leurrer – surprendre – tromper (Cf : *tromper)*.

Imposition – contribution – cote – impôt – subside – taille – taxe – tribut (Cf : *impôt)*.

Impossibilité – impuissance.
Impossibilité : ce qui ne peut être fait ou ce qui ne peut se faire; l'impossibilité tient à la chose même qu'il s'agit d'entreprendre; mettre quelqu'un dans l'impossibilité d'agir, c'est lui susciter des difficultés qui rendent son action pratiquement impossible.
Impuissance : ce qui est incapable de produire un effet quelconque; l'impuissance tient à la personne qui se propose d'entreprendre; mettre quelqu'un dans l'impuissance d'agir, c'est le gêner lui-même dans son action.

Impôt – contribution – cote – imposition – subside – taille – taxe – tribut.
Impôt : terme le plus général qui s'applique à tout ce que les sujets paient au gouvernement, en vue des services publics et de la sécurité des citoyens.
Imposition : acte par lequel le gouvernement établit un impôt et, par extension, cet impôt lui-même.
Contribution : quote-part que chacun est tenu de payer pour acquitter un impôt levé par le gouvernement; une contribution peut quelquefois être volontaire.
Cote : se rapproche de contribution en ce sens que la cote est une quote-part imposée à chaque contribuable.
Taille : impôt-dîme levé avant la révolution sur ceux qui n'étaient ni nobles ni ecclésiastiques. Taille ne doit pas être confondu avec aides qui étaient une sorte d'impôt indirect.
Taxe : impôt en argent levé exceptionnellement dans une circonstance critique et payable par tête.
Tribut : signifie au propre : impôt qu'un peuple conquérant

exige d'un peuple conquis. D'une manière générale, c'est le produit des impôts qui fournit à l'Etat des sommes dont il a besoin.
Subside : autrefois : secours d'argent que des sujets donnaient à leur souverain ; aujourd'hui, subside a la même signification que subvention, mais il est plus considérable et dure longtemps, tout en conservant un caractère transitoire.

Imprécation – exécration – malédiction (Cf : *malédiction).*

Imprévu – inattendu – inespéré – inopiné.
Imprévu : ce qui est imprévu est ce qui arrive lorsqu'on y pense le moins et suppose de l'étourderie ou un degré insuffisant de prudence ; il suggère aussi des précautions qui n'ont pas été prises.
Inattendu : ce qui est inattendu est ce qu'on n'avait pas lieu d'attendre parce que rien, dans les circonstances antérieures, ne pouvait le faire prévoir ; il marque un certain dérangement dans le cours ordinaire des choses.
Inespéré : ce qui est inespéré est ce sur quoi l'on ne comptait plus et qui surprend avec une sorte d'avance dans le temps ; inespéré se dit surtout des choses qui rendent heureux et qui annoncent généralement du bonheur.
Inopiné : ce qui est inopiné est ce auquel on n'avait même pas songé et il indique la surprise que nous cause cet événement ; inopiné suggère toujours quelque chose de subit, qui paraît prodigieux et qu'on n'aurait jamais imaginé.

Imprimer – empreindre.
Empreindre : marquer sur une surface quelconque en faisant penser à une forme spéciale dont la trace est facile à reconnaître. Au figuré, quand on dit : sa figure s'empreint de douceur, la douceur est assimilée à une empreinte indélébile.
Imprimer : diffère d'empreindre en ce que le résultat est moins précis ; c'est aussi marquer par des formes tracées et nettes, mais l'esprit ne pense jamais exactement à ces formes. On peut imprimer une idée à quelqu'un et une idée n'est jamais une forme.

Improuver – blâmer – censurer – condamner – critiquer – désapprouver – épiloguer – fronder – reprendre – réprimander – réprouver – trouver à redire (Cf : *désapprouver).*

Imprudent – écervelé – étourdi – évaporé – éventé – inconsidéré – malavisé (Cf : *écervelé).*

Impudent – effronté – éhonté (Cf : *effronté).*

Impudicité – lascivité – lubricité – luxure – paillardise (Cf : *lubricité).*

Impuissance – impossibilité (Cf : *impossibilité).*

Imputer – attribuer (Cf : *attribuer).*

Inabordable – inaccessible (Cf : *inaccessible).*

Inaccessible – inabordable.
Inabordable : que l'on ne peut approcher à cause des obstacles matériels qui en empêchent l'accès; en parlant des personnes, inabordable tient au caractère : un homme inabordable est quelqu'un dont l'abord est très difficile, mais non impossible.
Inaccessible : que l'on ne peut approcher faute de moyens ou de préparation qui pourraient en faciliter l'accès; un homme inaccessible est quelqu'un d'invulnérable et d'insensible et à qui il est très difficile de parler.

Inaction – désoccupation – désœuvrement – inactivité – inertie – loisir – oisiveté (Cf : *inactivité).*

Inactivité – désoccupation – désœuvrement – inaction – inertie – loisir – oisiveté.
Désoccupation : situation d'une personne qui ne sait même pas ce qu'elle pourrait faire et qui ne fait rien pour se créer une occupation; la désoccupation est généralement un état durable.
Désœuvrement : manière d'être d'une personne qui ne fait rien, qui n'est pas employée au travail, mais qui pourrait éventuellement le faire si elle le voulait; désœuvrement diffère de désoccupation en ce qu'il est un état passager.
Inaction : cessation de toute activité; l'inaction est également passagère et a souvent une cause extérieure; on est dans l'inaction parce que quelque chose empêche d'agir.
Inactivité : diffère de l'inaction en ce qu'elle est un manque d'activité; l'inactivité peut durer et elle provient surtout du caractère ou de l'habitude.
Inertie : état de ce qui n'a pas d'activité propre et qui est inerte; l'inertie suppose jusqu'à l'impuissance d'agir.
Loisir : sorte d'inactivité présentant un temps dont on peut disposer ou suffisant pour faire une chose; c'est le repos d'un moment pour prendre une distraction souvent nécessaire.
Oisiveté : état ou plutôt manière d'être d'une personne qui ne fait absolument rien; l'oisiveté est un défaut qui suppose un caractère enclin à la paresse.

Inadvertance – inattention – mégarde (Cf : *inattention).*

Inaptitude – incapacité – insuffisance (Cf : *incapacité).*

Inattendu – imprévu – inespéré – inopiné (Cf : *imprévu).*

Inattention – inadvertance – mégarde.

Inattention : manque d'attention et surtout son résultat considéré comme le fait de n'avoir pas pris le temps ou la peine d'examiner un objet à fond, objet qu'on connaissait et dont il aurait fallu tenir compte.
Inadvertance : manque d'attention moins coupable que l'inattention; elle est plus excusable parce qu'elle suppose un objet qu'on aurait pu voir, mais dont l'existence ne nous avait pas été annoncée; l'inattention ne se dit que des personnes agissant avec trop de légèreté, tandis que l'inadvertance se dit des faits mêmes dont l'inattention est la cause; on peut dire que l'inattention fait commettre des inadvertances.
Mégarde : ne s'emploie que dans la locution : par mégarde, c'est-à-dire faute de prendre garde, et désigne une inadvertance fâcheuse dont l'effet est toujours regrettable.

Incantation – charme – conjuration – enchantement – ensorcellement – maléfice – sort – sortilège (Cf : *sortilège).*

Incapacité – inaptitude – insuffisance.
Inaptitude : manque de facilité pour apprendre ou pour faire une chose; l'inaptitude exprime nettement le désaccord entre le travail qu'il s'agit d'accomplir et ses propres possibilités.
Incapacité : défaut de celui qui n'est pas en mesure de faire une chose, qui ne peut embrasser un objet dans toute son étendue et dont l'état équivaut presque à de l'impuissance.
Insuffisance : état de celui qui n'a pas assez de talent pour remplir une tâche; l'insuffisance n'exclut pas un certain degré de pouvoir mais les difficultés que cette tâche implique sont presque insurmontables.

Incendie – embrasement.
Incendie : très grand feu qui peut consumer toutes sortes de choses; incendie est un terme descriptif et explicatif : on peut en être témoin, dire comment il a commencé, sa cause éventuelle et sa durée.
Embrasement : action de mettre le feu et, surtout, le résultat de cette action considérée comme un fait actuel qui est sous nos yeux; l'embrasement est généralement total et présente une idée beaucoup plus vaste et plus funeste qu'incendie.

Incertain – douteux – problématique (Cf : *douteux).*

Incertitude – doute – indécision – indétermination – irrésolution – perplexité (Cf : *doute).*

Incessamment – assidûment – constamment – continuellement – sans cesse – sans relâche – toujours (Cf : *toujours).*

Inciter – aiguillonner – animer – encourager – exciter – porter à –

pousser à (Cf : *encourager).*

Inclination – affection – amitié – amour – attachement – passion – tendresse (Cf : *amour).*

Inclination – disposition – goût – penchant – vocation (Cf : *penchant).*

Inclination – penchant – propension.
Inclination : marque l'action d'incliner, c'est-à-dire d'être placé obliquement par rapport à un plan; inclination se dit particulièrement de l'action d'incliner la tête ou le corps en signe d'acquiescement ou de respect.
Propension : force naturelle qui entraîne un corps dans une direction déterminée, une pente principalement; la propension est surtout une tendance à se rapprocher.
Penchant : c'est tout simplement la pente d'un terrain, ou plutôt un terrain en pente, comme le penchant d'une colline ou d'une montagne.

Incommode – fâcheux – importun (Cf : *importun).*

Incommodé – indisposé.
Incommodé : on est incommodé par une sorte de gêne qui est contraire à notre tempérament ou à nos habitudes; un peu de chaleur, un bruit ennuyeux suffisent souvent à incommoder quelqu'un.
Indisposé : on est indisposé par un petit malaise dont on ne peut préciser la cause et qui altère légèrement notre santé; ce malaise peut quelquefois n'être que passager, mais il peut également être le premier symptôme d'une maladie.

Incompréhensible – inconcevable – inintelligible.
Incompréhensible : une chose est incompréhensible quand elle ne peut être comprise, soit parce qu'elle est hors de portée de notre instruction générale, soit parce qu'elle cache un mystère que l'on ne peut expliquer, soit encore parce qu'il faudrait la considérer sous un point de vue qui nous échappe.
Inconcevable : une chose est inconcevable quand elle dépasse la portée de l'esprit humain et qu'on ne peut la représenter sous une forme qui la rende croyable. Un raisonnement incompréhensible paraît absurde, un projet inconcevable est inexplicable.
Inintelligible : ne se dit que du discours parlé ou écrit; une réponse inintelligible est celle dont on ne peut parvenir à saisir le sens, soit parce que les mots et les signes ne représentent rien, soit parce qu'elle est trop compliquée pour qu'on puisse l'apprécier.

Inconcevable – incompréhensible – inintelligible (Cf : *incompré-*

hensible).

Inconsidéré – écervelé – étourdi – évaporé – éventé – imprudent – malavisé (Cf : *écervelé).*

Inconstant – changeant – léger – variable – versatile – volage (Cf : *volage).*

Incontestable – assuré – authentique – certain – constant – évident – formel – indubitable – positif – sûr (Cf : *certain).*

Inconvenance – disconvenance.
Disconvenance : état de ce qui manque de rapport, d'harmonie ou de proportion ; disconvenance se rapporte aux choses en général.
Inconvenance : état de ce qui n'est pas convenable, qui blesse les bienséances ou les usages ; inconvenance s'applique plutôt au caractère.

Incrédule – impie – irréligieux.
Incrédule : l'incrédule est celui qui ne croit pas aux vérités de la religion ou, tout au moins, celles-ci ne lui paraissent pas démontrées et il attend, en quelque sorte, des explications sans toutefois se mettre en état d'hostilité contre elles.
Irréligieux · l'irrégilieux est celui qui n'a pas de religion, qui est convaincu que la religion est absurde ou inutile et qui aimerait bien la voir disparaître à jamais.
Impie : l'impie est celui qui méprise et offense la religion et qui prend son plaisir à l'attaquer ou à blasphémer. En outre, l'impie méprise tout ce qui est universellement respecté.

Incroyable – paradoxal.
Incroyable : ce qui est incroyable se rapporte au présent et au futur et ne sera certainement jamais cru, soit parce que la chose en question dépasse la croyance d'une manière trop excessive ou trop extraordinaire, soit parce qu'on y constate une contradiction ou une impossibilité.
Paradoxal : ce qui est paradoxal se rapporte au passé et au présent, qui sera peut-être cru un jour si l'on parvient à démontrer le contraire de ce que pense actuellement l'opinion courante en la regardant comme impossible ; en outre, le paradoxe suppose toujours quelque chose de nouveau, ce qui est incroyable étant tel depuis fort longtemps.

Inculpé – accusé – prévenu (Cf : *accusé).*

Inculper – accuser (Cf : *accuser*).

Inculte – agreste – âpre – raboteux – revêche – rude – rustique – sauvage – abrupt (Cf : *sauvage).*

Incurable – inguérissable (Cf : *inguérissable)*.

Incursion – invasion – irruption (Cf : *invasion)*.

Indécision – doute – incertitude – indétermination – irrésolution – perplexité (Cf : *doute)*.

Indélébile – ineffaçable.
Indélébile : ce qui est indélébile ne pourra jamais être entièrement détruit, ni disparaître complètement; une marque indélébile, qu'elle soit matérielle ou morale, subsistera toujours, même en changeant de forme ou de caractère.
Ineffaçable : ce qui est ineffaçable est ce qui ne peut être effacé, mais qui pourra toujours être reconnu; si, par hasard, la matière changeait, la forme apparente subsisterait toujours et l'objet resterait le même. Un caractère ineffaçable pourra se lire pendant très longtemps.

Indemnité – dédommagement.
Dédommagement : est du langage usuel et signifie proprement : réparation d'un dommage; mais il laisse supposer une idée de compensation approximative.
Indemnité : est un terme de droit ou d'administration; c'est une somme que l'on est tenu de payer à quelqu'un pour le dommage qu'il a souffert, somme généralement égale au montant de sa perte et imposée par la justice, et de façon à ne plus avoir aucun motif de plainte.

Indépendant – libre (Cf : *libre)*.

Indétermination – doute – incertitude – indécision – irrésolution – perplexité (Cf : *doute)*.

Indication – indice.
Indice : signe qui indique qu'un chose est probable; l'indice réside souvent dans l'objet même et n'autorise qu'un simple soupçon.
Indication : signe révélateur qui suppose une précision plus positive; l'indication peut être fournie par un objet étranger quelconque.

Indice – indication (Cf : *indication)*.

Indicible – ineffable – inénarrable – inexprimable (Cf : *inexprimable)*.

Indifférence – apathie – indolence – insensibilité.
Apathie : calme impertubable de l'âme qui reste toujours dans l'indifférence à sentir et à agir.
Indifférence : état d'un personne qui ne se soucie de rien ou qui

ne prend rien à cœur.
Indolence : état d'une personne peu sensible à ce qui touche ordinairement les autres hommes.
Insensibilité : état d'une personne dont l'esprit ou le cœur ne s'émeut point.

Indigence – besoin – dénuement – disette – misère – nécessité – pauvreté (Cf : *pauvreté).*

Indigence – misère – pauvreté (Cf : *pauvreté).*

Indigène – aborigène – autochtone – naturel.
Aborigène : qui est né dans l'endroit où il vit.
Autochtone : qui est originaire du pays où il habite et n'est pas venu d'ailleurs.
Indigène : qui est établi dans un pays de temps immémorial.
Naturel : originaire d'un pays plus ou moins sauvage et, par plaisanterie, originaire d'une province éloignée.

Indigent – gueux – nécessiteux – pauvre (Cf : *pauvre).*

Indigné – outré.
Indigné : on est indigné par ce qui est méchant, odieux, par tout ce qui révolte notre sentiment intime de la justice et du devoir.
Outré : on est outré par ce qui dépasse la mesure, par tout ce qui se rapporte, soit à nos intérêts personnels, soit à notre dignité.

Indiquer – désigner – marquer.
Désigner : donner des indications pour faire reconnaître, faire penser à une chose au moyen d'un signe qui la rappelle.
Indiquer : faire connaître une personne ou une chose, c'est-à-dire montrer l'endroit ou la direction dans laquelle se trouve cette personne ou cette chose pour la trouver.
Marquer : a un sens beaucoup plus précis; c'est faire connaître de façon positive et au moyen d'une marque quelconque, une chose ou une personne au milieu de beaucoup d'autres.

Indisposé – incommodé (Cf : *incommodé).*

Indolence – mollesse – nonchalance (Cf : *nonchalance).*

Indolence – apathie – indifférence – insensibilité (Cf : *indifférence).*

Indubitable – assuré – authentique – certain – constant – évident – formel – incontestable – positif – sûr (Cf : *certain).*

Induire – convier – engager – inviter (Cf : *inviter).*

Induire – conclure – déduire – inférer (Cf : *conclure).*

Industrie – adresse – art – dextérité – entregent – habileté – savoir-faire (Cf : *habileté).*

Industrieux – adroit – entendu – habile – ingénieux (Cf : *habile).*

Inébranlable – constant – ferme – inflexible.
Constant : on est constant quand on ne change pas ; constant a plus ou moins de rapport avec les sentiments ou la passivité : on est constant dans ses affections, on est constant dans l'adversité.
Inébranlable : on est inébranlable quand on ne se dément jamais et qu'on ne se laisse point abattre ; inébranlable exprime une certaine force de résistance à tout ce qui peut modifier la conduite.
Ferme : on est ferme quand on reste inébranlable dans ses sentiments ou ses opinions ; ferme se rapporte au caractère, à l'action.
Inflexible : on est inflexible quand on reste toujours aussi entier et aussi absolu ; inflexible se rapporte surtout aux résolutions et à la volonté.

Ineffable – indicible – inénarrable – inexprimable (Cf : *inexprimable).*

Ineffaçable – indélébile (Cf : *indélébile).*

Inégalité – différence – disparité – dissemblance – diversité – variété (Cf : *différence).*

Inénarrable – indicible – ineffable – inexprimable (Cf : *inexprimable).*

Inepte – hébété – idiot – imbécile – sot – stupide (Cf : *idiot).*

Inertie – désoccupation – désœuvrement – inaction – inactivité – loisir – oisiveté (Cf : *inactivité).*

Inespéré – imprévu – inattendu – inopiné (Cf : *imprévu).*

Inexprimable – indicible – ineffable – inénarrable.
Indicible : ce qui est indicible est ce qu'on ne saurait exprimer, soit parce qu'on ne peut le voir, soit parce que l'idée qu'on s'en fait n'est ni nette ni juste. Un plaisir indicible est perçu par nos sens sans qu'on puisse dire exactement ce qu'il est.
Ineffable : ce qui est ineffable est ce qui ne peut être exprimé par des paroles ; il suppose du mystère, du respect et parfois un sentiment d'admiration mêlé de tendresse. Une joie ineffable est une joie émue, presque religieuse.
Inénarrable : ce qui est inénarrable est ce qui ne saurait être raconté ; il suppose une suite de faits tellement incroyables ou tellement prodigieux qu'ils ne pourraient composer un récit

vraisemblable.
Inexprimable : ce qui est inexprimable est ce qui ne saurait être exprimé par des paroles, non parce qu'il est impossible d'en parler, mais parce que la langue ne fournira que des expressions trop faibles ou peu exactes et qu'elles ne pourront jamais en donner une idée parfaitement juste.

Infaillible – immanquable (Cf : *immanquable).*

Infamant – diffamant – diffamatoire (Cf : *diffamatoire).*

Infamie – déshonneur – honte – ignominie – opprobre – turpitude (Cf : *honte).*

Infatuer – engouer – entêter – enticher (Cf : *engouer).*

Infécond – infertile – infructueux – ingrat – stérile (Cf : *stérile).*

Infection – fétidité – puanteur (Cf : *puanteur).*

Inférer – conclure – déduire – induire (Cf : *conclure).*

Infériorité – désavantage – dessous – perte.
Infériorité : inégalité de rang, de force et même d'intelligence qui implique une moindre valeur et surtout un état de fait.
Désavantage : infériorité causée par un tort ou un préjudice ; le désavantage se mesure, en général, en argent.
Dessous : désavantage dans une lutte ou un combat ; il suppose la supériorité évidente de l'adversaire.
Perte : désavantage dans la privation complète de quelque chose d'agréable ou de précieux.

Infertile – infécond – infructueux – ingrat – stérile (Cf : *stérile).*

Infester – désoler – dévaster – ravager – ruiner – saccager (Cf : *ravager).*

Infidèle – déloyal – perfide – traître (Cf : *traître).*

Infidèles – gentils – idolâtres – païens (Cf : *païens).*

Infiltration – abcès – apostème – apostume – dépôt – épanchement (Cf : *abcès).*

Infirme – cacochyme – maladif – valétudinaire (Cf : *maladif).*

Infirmer – abolir – abroger – annuler – casser – révoquer (Cf : *annuler).*

Inflexible – constant – ferme – inébranlable (Cf : *inébranlable).*

Inflexible – impitoyable – implacable – inexorable (Cf : *impitoyable).*

Influence – ascendant – autorité – crédit – empire – pouvoir.

Influence : action physique ou morale d'une chose sur une autre et plus spécialement sur l'esprit et la volonté d'une personne.
Ascendant : influence profonde qu'on a de faire agir les autres; il est le résultat d'une sorte de charme et de fascination.
Pouvoir : influence qui n'a d'autre origine que la force et à laquelle on ne peut résister.
Autorité : pouvoir qui s'appuie sur un droit contestable ou non, le plus souvent exercé par des personnes qu'on respecte et qu'on honore.
Crédit : influence qu'on a sur quelqu'un, particulièrement un personnage important, pour le déterminer à faire ce qu'on lui conseille.
Empire : ascendant absolu qu'on a sur quelqu'un.

Informer – avertir – prévenir (Cf : *prévenir).*

Informer – apprendre – enseigner – faire savoir – instruire (Cf : *enseigner).*

Informer (s') – s'enquérir.
S'enquérir : faire des recherches sur quelqu'un ou sur quelque chose, de façon à en bien connaître tous les détails; s'enquérir suppose des démarches réitérées, des demandes incessantes pour trouver ou retrouver une vérité qu'on a intérêt à connaître entièrement.
S'informer : prendre des informations ou même seulement une information, mais sans y attacher une importance particulière; on s'informe de la santé d'une personne par hasard ou par habitude, mais on s'enquiert de la moralité de quelqu'un quand des intérêts sont en jeu.

Infortune – adversité – détresse – disgrâce – malheur – misère (Cf : *malheur).*

Infortune – calamité – catastrophe – désastre – malheur (Cf : *malheur).*

Infructueux – infécond – infertile – ingrat – stérile (Cf : *stérile).*

Infusion – décoction.
Infusion : s'obtient en versant de l'eau bouillante sur une substance qui est actuellement à la température ordinaire.
Décoction : s'obtient en faisant bouillir une substance dans l'eau.

Ingénieux – adroit – entendu – habile – industrieux (Cf : *habile).*

Ingénuité – candeur – naïveté – simplicité (Cf : *naïveté).*

Ingrat – infécond – infertile – infructueux – stérile (Cf : *stérile).*

Inguérissable – incurable.
Incurable : marque l'impossibilité d'être guéri par les moyens ordinaires dont dispose la médecine et suppose même son inutilité.
Inguérissable : marque l'impossibilité absolue d'être guéri ; ainsi le cancer peut être incurable parce que les médecins n'ont pas encore trouvé le moyen de le guérir, mais il n'est pas inguérissable puisqu'on arrive à sauver quelquefois certains malades. Du reste, nous employons plutôt le mot incurable parce que nous conservons toujours quelque espoir de vivre, même si les médecins reconnaissent leur impuissance.

Inhabileté – gaucherie – impéritie – maladresse – malhabileté (Cf : *maladresse).*

Inhabité – désert – sauvage – solitaire.
Désert : ce qui est désert exprime l'abandon en représentant des lieux stériles, incultes, ordinairement sans eau et qui n'offrent pas les ressources nécessaires à la vie : ce qui est désert peut également avoir été délaissé pour une cause quelconque et même être entièrement vide.
Inhabité : ce qui est inhabité n'offre à l'idée que celle de lieux où personne ne demeure et où il ne reste aucun habitant.
Sauvage : ce qui est sauvage est inculte et comporte quelque chose de farouche et d'inhumain ; il suppose un endroit effrayant où pullulent les bêtes féroces.
Solitaire : ce qui est solitaire est situé à l'écart et marque l'isolement ou, tout au moins, un lieu peu ou point fréquenté par les hommes et où on peut se livrer à la méditation.

Inhérence – adhérence – cohérence (Cf : *adhérence).*

Inhibition – défense – prohibition (Cf : *défense).*

Inhumanité – barbarie – cruauté – férocité (Cf : *cruauté).*

Inhumer – enfouir – enterrer (Cf : *enterrer).*

Inimitié – animosité – rancune – ressentiment (Cf : *rancune).*

Inintelligible – incompréhensible – inconcevable (Cf : *incompréhensible).*

Injonction – commandement – ordre – précepte – prescription (Cf : *ordre).*

Injures – invectives – pouilles – sottises.
Injures : ce sont proprement des paroles offensantes, des qualifications et des accusations outrageantes qui ne peuvent s'adresser qu'à des personnes.

Invectives : l'invective est un discours violent qui offense; par extension, le mot ne peut que désigner, par des expressions passionnées ou par des paroles vives, l'action même de s'emporter.
Pouilles : mot très familier qui ne s'emploie plus guère aujourd'hui et qui signifie : petites injures qu'on se permet pour rire ou reproches injurieux dont on ne parle que pour s'en moquer.
Sottises : n'est synonyme des trois autres mots que dans le langage populaire et il signifie dans ce cas : actions ou paroles immodestes proférées par quelqu'un qui ne comprend pas exactement la portée de ses paroles.

Innovation – changement – modification – mutation – révolution – variation – vicissitude (Cf : *changement).*

Inopiné – imprévu – inattendu – inespéré (Cf : *imprévu).*

Inquiétude – angoisse – anxiété.
Angoisse : grande affliction qui provoque une gêne dans la respiration.
Anxiété : grande affliction qui provoque un vif tourment de l'esprit.
Inquiétude : grande affliction qui provoque du souci. Ces trois mots forment gradation : inquiétude est plus faible que anxiété, et angoisse renchérit sur ce dernier.

Inscription – écriteau – épigraphe – épitaphe.
Inscription : ce qu'on écrit sur une plaque de métal, sur le marbre, sur la pierre pour perpétuer le souvenir d'un événement, indiquer la destination d'un édifice, d'un monument, renseigner la postérité sur la vie et la mort d'une personne inhumée dans un tombeau; mais, dans ce dernier cas, l'inscription s'appelle ordinairement *épitaphe.*
Epigraphe : autrefois, inscription mise sur un édifice ou un bâtiment pour en indiquer la destination ou pour faire connaître la date de sa construction. Aujourd'hui, courte citation d'un auteur placée en tête d'un livre ou d'un chapitre pour en indiquer l'esprit.
Ecriteau : est du style vulgaire; il désigne quelques mots écrits en grosses lettres sur du carton ou du bois, même du papier et qu'on peut déplacer; c'est une sorte d'affiche.

Insensé – extravagant – fou (Cf : *fou).*

Insensibilité – apathie – indifférence – indolence (Cf : *indifférence).*

Insidieux – captieux.
Insidieux : se dit de tout moyen caché ou occulte auquel un

individu recourt pour arriver à ses fins; il se dit également des actions, des discours, des flatteries, de tout ce qui a pour but de surprendre; les manœuvres insidieuses sont dirigées contre l'homme tout entier et s'adressent à toutes ses facultés.
Captieux : se dit de tout procédé apparent que celui qui l'emploie cherche à rendre séduisant; captieux s'applique surtout aux raisonnements, aux questions, aux termes par lesquels on cherche à obtenir le consentement ou le suffrage de quelqu'un; les manœuvres captieuses ne s'attaquent qu'à l'esprit ou à la raison.

Insigne – signalé (Cf : *signalé).*

Insinuer – inspirer – persuader – suggérer (Cf : *suggérer).*

Insipide – fade (Cf : *fade).*

Insolent – impertinent (Cf : *impertinent).*

Insolent – arrogant – important – rogue – suffisant.
Arrogant : l'arrogant se distingue par son orgueil hautain et dédaigneux et par ses prétentions mal fondées.
Important : l'important est un homme d'une vanité arrogante et qui tient à se faire passer pour une homme de mérite.
Insolent : l'insolent blesse par son orgueil et son audace à se placer au-dessus de quelqu'un qui lui est supérieur.
Rogue : le rogue est arrogant avec encore plus de rudesse et de brutalité.
Suffisant : le suffisant est sottement entiché de son mérite et a une trop bonne opinion de soi-même.

Inspirer – insinuer – persuader – suggérer (Cf : *suggérer).*

Instant – moment (Cf : *moment).*

Instant – imminent – pressant – urgent (Cf : *urgent).*

Instituer – ériger – établir – fonder (Cf : *fonder).*

Instruire – apprendre – enseigner – faire savoir – informer (Cf : *enseigner).*

Instruire (s') – apprendre – étudier (Cf : *étudier).*

Instruit – éclairé.
Eclairé : l'homme éclairé est celui qui a des connaissances, de l'expérience et l'intelligence nécessaire pour apprécier quelqu'un ou quelque chose.
Instruit : l'homme instruit est celui qui a de l'instruction et un grand savoir, qui a beaucoup étudié et possède une riche mémoire.

Instrument – outil (Cf : *outil).*

Insuffisance – inaptitude – incapacité (Cf : *incapacité).*

Insurrection – émeute – rébellion – révolte – sédition – soulèvement (Cf : *révolte).*

Insulte – affront – avanie – outrage.
Affront : parole ou action offensante à l'adresse d'une personne présente et en face de témoins.
Insulte : attaque offensante faite avec brutalité et insolence.
Outrage : offense qui dépasse toute mesure et ajoute à l'insulte un excès de violence.
Avanie : traitement humiliant, vexant et public.

Intégrité – honnêteté – honneur – probité – vertu (Cf : *honnêteté).*

Intelligence – conception – entendement.
Intelligence : faculté de comprendre et de concevoir ; elle est active et son action est réfléchie et pénétrante ; on ne peut qu'observer les phénomènes de l'intelligence.
Conception : faculté de comprendre les choses pour s'en former une idée nette et exacte ; la conception est active, tout comme l'intelligence, et elle présente une idée de création.
Entendement : ensemble des facultés intellectuelles considéré comme quelque chose de passif qui reçoit et garde les connaissances ; l'entendement présente généralement une idée de bon sens.

Intention – dessein – volonté.
Dessein : projet qu'on fera plus tard ; il suppose qu'on a bien réfléchi à la question, qu'on a combiné tous les moyens pour y parvenir et que le plan a été mûrement arrêté.
Intention : résolution d'exécuter un projet ; l'intention est plus indécise, plus vague dans l'esprit, mais laisse supposer qu'on agira tôt ou tard si évidemment, on ne change pas d'avis.
Volonté : pouvoir de prendre la résolution de faire ou de ne pas faire une chose ; elle s'applique, dans la plupart des cas, à ce qui doit se faire immédiatement et qui ne souffre aucun retard.

Interdit – confondu – consterné – déconcerté – décontenancé – étonné – étourdi – surpris (Cf : *surpris).*

Intéressé – attaché – avare (Cf : *avare).*

Intérieur – interne – intime – intrinsèque.
Intérieur : exprime simplement l'idée de ce qui est au-dedans, de ce qui est dans l'esprit et ne se manifeste pas au-dehors.
Interne : ajoute à l'idée d'intérieur celle d'occuper une place

bien déterminée; interne laisse supposer que l'objet est non seulement caché à notre vue, mais assez difficile à trouver.
Intime : se dit de ce qui est tout à fait en dedans, au plus profond, et ne s'emploie que lorsqu'on veut parler de choses abstraites, comme l'âme, la nature ou la conviction, par exemple.
Intrinsèque : ne se dit que de ce qui est inhérent à une chose ou qui en est la partie essentielle; la valeur intrinsèque d'un objet est celle qu'il a par lui-même et indépendamment de toute convention.

Intérieur – dedans.
Dedans : mot du langage ordinaire; c'est l'espace vide compris entre les parties extérieures d'un objet, espace qui peut se mesurer et se remplir.
Intérieur : est du style plus recherché et fait penser plutôt à l'objet lui-même qui n'est pas visible de l'extérieur; on ne peut chercher qu'à connaître et à découvrir l'intérieur d'une chose.

Intermédiaire – moyen (Cf : *moyen).*

Interne – intérieur – intime – intrinsèque (Cf : *intérieur).*

Interroger – demander – questionner (Cf : *demander).*

Intestins – boyaux – entrailles – viscères.
Intestins : terme anatomique employé pour nommer toute la partie du tube digestif qui fait suite à l'estomac, surtout quand il s'agit de l'homme.
Boyaux : a exactement le même sens qu'intestins, mais il appartient au langage commun et même trivial.
Entrailles : est du style noble et a plusieurs significations : il désigne au propre soit les intestins seulement, soit l'ensemble des organes contenus dans la cavité du ventre et, au figuré, la sensibilité du cœur.
Viscères : tout organe situé dans le crâne, la poitrine ou le ventre, comme le cerveau, le cœur, les poumons, l'estomac, les intestins, etc.

Intime – intérieur – interne – intrinsèque (Cf : *intérieur).*

Intransitif – neutre.
Intransitif : se dit d'un verbe exprimant une action qui n'est pas reçue par un complément direct, comme dîner ou marcher, par exemple.
Neutre : un verbe neutre exprime un état absolu, c'est-à-dire qu'il n'appelle pas de régime direct et qu'il ne peut avoir qu'un régime indirect, comme le verbe jouir par exemple.

Intrépidité – bravoure – cœur – courage – hardiesse – vaillance –

valeur (Cf : *courage).*

Intrigue – brigue – cabale – complot – conjuration – conspiration – faction – parti (Cf : *complot).*

Intrigues – machinations – manèges manœuvres – menées – pratiques (Cf : *machinations).*

Intrinsèque – intérieur – interne – intime (Cf : *intérieur).*

Introduire – produire.
Introduire : faire admettre auprès de quelqu'un dans une société, dans le monde en général, en présentant une personne une seule fois.
Produire : faire connaître quelqu'un en le conduisant plusieurs fois dans le monde et en agissant pour lui assurer le succès.

Inutilement – en vain – vainement.
Inutilement : faire une chose inutilement ne procure aucun avantage et ne rend aucun service, bien que la chose en elle-même puisse être considérée comme ayant toutes les qualités requises.
Vainement : faire une chose vainement ne produit aucun effet et suppose qu'on n'obtient pas de son travail les résultats qu'on souhaitait; vainement se rapporte à l'action même et montre qu'on aurait aussi bien fait de ne pas agir.
En vain : faire une chose en vain, non seulement ne produit pas d'effet, mais trompe l'attente de la personne; en vain se rapporte à la chose faite et elle n'est jamais ce qu'elle aurait dû être.

Invasion – incursion – irruption.
Incursion : littéralement : course de gens de guerre en pays ennemi; l'incursion est essentiellement passagère, faite en vue d'une diversion ou d'un pillage, mais sans vouloir ni occuper le pays, ni y faire un long séjour.
Irruption : c'est l'entrée soudaine et imprévue des ennemis dans un pays; elle suppose soit un certain séjour, soit plutôt une marche en avant pour pousser plus loin son action.
Invasion : diffère de l'irruption en ce qu'elle est moins subite, qu'elle s'étend sur tout un territoire et qu'elle peut durer très longtemps. L'histoire des invasions est, pour ainsi dire, celle de l'humanité elle-même.

Invectives – injures – pouilles – sottises (Cf : *injures).*

Inventaires – catalogue – dénombrement – état – liste – répertoire (Cf : *liste).*

Inventer – découvrir – trouver.
Découvrir : suppose une certaine recherche et se dit de tout ce

qui existait déjà mais qui était caché, secret ou inconnu; découvrir, c'est mettre en évidence en donnant à connaître.
Inventer : suppose un acte de l'imagination et se dit de ce qui n'existait pas et qui a été créé de toutes pièces; inventer, c'est faire quelque chose de nouveau.
Trouver : rencontrer, soit en cherchant, soit en ne cherchant pas, sans savoir si la chose est nouvelle ou si elle était simplement égarée; trouver est presque toujours le fait du hasard.

Invention – découverte.
Découverte : non seulement l'action de trouver, mais la chose elle-même trouvée ou aperçue pour la première fois; découverte se rapproche de la science en ce sens que l'on découvre toujours quelque chose qui existait mais qui était inconnue.
Invention : faculté de créer ou la création elle-même; invention tient plutôt de l'art; on invente quelque chose qui n'existait pas ou qui n'avait jamais été mis en pratique. La photographie a été inventée, on ne l'a pas découverte.

Invisible – imperceptible.
Imperceptible : ce qui est imperceptible ne peut être perçu par la vue ou par un autre sens, du fait de sa petitesse même, et il en sera ainsi tant qu'il ne changera pas de nature ou ne sera grossi par un instrument quelconque.
Invisible : ce qui est invisible est ce qu'on ne peut voir, soit parce qu'il est caché, soit parce qu'on ne peut pas le trouver; mais ce qui est invisible aujourd'hui peut très bien ne pas l'être demain, comme la lune, par exemple.

Inviter – prier à – prier de.
Inviter : inviter quelqu'un à un dîner, ou à une soirée, c'est le convier à y assister et suppose qu'on est tenu de suivre toutes les règles de l'étiquette.
Prier à : prier quelqu'un à dîner suppose moins de cérémonie et laisse entendre que ce dîner aura lieu dans un temps plus ou moins éloigné.
Prier de : prier quelqu'un de dîner marque encore moins de cérémonie et s'emploie de préférence quand le moment de se mettre à table est arrivé.

Inviter – convier – engager – induire.
Inviter : prier de venir quelque part; inviter laisse toujours supposer quelque chose de solennel ou de cérémonieux; ce sont généralement les convenances qui font inviter.
Convier : inviter à un repas; convier suppose une sorte d'intimité et c'est généralement l'affection qui convie.
Engager : inviter, mais en laissant sous-entendre les raisons qui

doivent déterminer à agir.
Induire : presser vivement quelqu'un à faire quelque chose; induire se prend toujours en mauvaise part.

Invoquer – conjurer – implorer – prier – supplier (Cf : *supplier).*

Invoquer – appeler – évoquer (Cf : *appeler).*

Ire – colère – courroux – dépit – emportement (Cf : *colère).*

Ironie – dérision – moquerie – persiflage – raillerie – risée (Cf : *moquerie).*

Irraisonnable – déraisonnable (Cf : *déraisonnable).*

Irrésolution – doute – incertitude – indécision – indétermination – perplexité (Cf : *doute).*

Irréligieux – antireligieux (Cf : *antireligieux).*

Irréligieux – impie – incrédule (Cf : *incrédule).*

Irrigation – arrosage – arrosement (Cf : *arrosage).*

Irruption – incursion – invasion (Cf : *invasion).*

Issue – sortie (Cf : *sortie).*

Issue – succès (Cf : *succès).*

Ivre – soûl.
Ivre : qui a l'esprit troublé par l'alcool; l'homme ivre a les idées plus ou moins claires mais n'est pas encore arrivé au point d'avoir perdu tout sentiment. Au figuré, ivre se prend quelquefois en bonne part pour exprimer la joie ou la passion.
Soûl : exprime l'état ignoble de l'homme qui a bu à l'excès et qui n'a plus aucune idée. Au figuré, soûl exprime l'ennui et le dégoût; être soûl d'une chose, c'est en être complètement dégoûté.

Jaboter – babiller – bavarder – caqueter – jaser (Cf : *bavarder*).

Jadis – anciennement – autrefois.
Anciennement : s'applique au temps le plus reculé et sert à rappeler ce qui se faisait dans l'antiquité ou en des siècles très éloignés.
Jadis : s'applique à un passé quelconque par opposition au présent et semble parfois exprimer un regret.
Autrefois : s'applique à un passé quelconque différant complètement du présent et s'emploie quand on veut marquer ce contraste.

Jaillir – rejaillir.
Jaillir : sortir impétueusement en marquant non seulement un premier mouvement, mais un mouvement simple; l'eau jaillit d'un robinet dès qu'on l'ouvre, une idée jaillit dans l'esprit.
Rejaillir : marque la suite d'un premier mouvement ou un mouvement multiple en divers sens; rejaillir implique une idée de rebond et de retombée. L'eau d'une cascade rejaillit de tous côtés; la bonté ou la honte rejaillit sur les personnes.

Jalousie – envie.
Envie : sentiment lâche, haineux, causé par le désir d'avoir ce qui appartient à autrui et produit par la seule vue du bonheur des autres; l'envie est moins le sentiment de vouloir posséder ce qu'on voit chez ses semblables que les voir perdre tout ce qu'ils possèdent.
Jalousie : c'est le désir de jouir seul d'un bien que l'on possède; la jalousie produit plutôt la rivalité que la haine, mais cette haine n'est pas cachée comme celle de l'envieux, elle est plus ouverte et permet éventuellement à l'adversaire de se mettre en garde.

Jalousie – émulation – rivalité.
Emulation : ambition généreuse d'égaler ou même de surpasser

quelqu'un qui a du mérite; l'émulation est un noble sentiment auquel ne se mêle aucune prétention de priver quiconque de ses droits.
Jalousie : affection inquiète provoquée par la haine et par les avantages dont les autres jouissent; la jalousie est le désir d'ôter ces avantages, même sans en profiter soi-même.
Rivalité : lutte pour disputer du talent, du mérite, de la puissance ou de l'importance avec quelqu'un ou quelque chose; la rivalité participe de la jalousie et diffère de l'émulation par l'idée de conflit et d'opposition qu'elle suppose.

Jappement – aboi – aboiement (Cf : *aboiement*).

Japper – aboyer (Cf : *aboyer*).

Jargon – argot – baragoin – patois.
Jargon : se dit par mépris d'un langage défectueux sans mauvaise intention, qui arrange les mots d'une façon bizarre et recherchée.
Argot : se dit d'un jargon dont en se sert à dessein pour n'être compris que des initiés parce que l'on a intérêt à ne pas dévoiler ses pensées aux autres personnes.
Baragoin : jargon pratiquement inintelligible et qui tient surtout à la manière de prononcer.
Patois : dialecte d'une province qui n'est plus cultivé littérairement et qui n'est plus en usage que dans la conversation.

Jaser – babiller – bavarder – caqueter – jaboter (Cf : *bavarder*).

Jérémiade – complainte – doléance.
Complainte : expression de mécontentement dénuée de tout fondement et généralement rebutante; ce mot s'emploie de préférence au pluriel pour signifier : lamentations.
Doléance : plainte relative à de petites choses et qui est marquée par une sorte de timidité.
Jérémiade : plaintes fréquentes et importunes qui fatiguent par leur longueur et leur monotonie.

Jeter à bas – abattre – démolir – détruire – mettre à bas – renverser – ruiner (Cf : *détruire*).

Joaillerie – bijouterie (Cf : *bijouterie*).

Joie – gaieté (Cf : *gaieté*).

Joignant – adjacent – attenant – contigu – prochain – proche – voisin (Cf : *proche*).

Joindre – assembler – unir (Cf : *unir*).

Joindre – aborder – accoster (Cf : *aborder*).

Joli – beau – gentil (Cf : *beau*).

Jonction – union (Cf : *union*).

Joufflu – bouffi – boursouflé – enflé – gonflé – mafflu (Cf : *gonflé*).

Jouissance – plaisir – volupté (Cf : *plaisir*).

Jour (point du – pointe du) (Cf : *pointe du jour*).

Jour – journée.
Jour : temps qui s'écoule entre le lever et le coucher du soleil et qui sert à mesurer la vie de l'homme ; en outre, c'est également la clarté que le soleil produit sur la terre et peut, par conséquent, être opposé à la nuit.
Journée : c'est la durée d'un jour considérée par rapport aux événements ou aux occupations qui la remplissent ; on peut dire un beau jour ou une belle journée, mais le premier fera penser à la nature ou à la providence, et le second à un jour où le temps a été particulièrement beau.

Journalier – quotidien (Cf : *quotidien*).

Jovial – enjoué – gai – gaillard (Cf : *gai*).

Joyau – bijou (Cf : *bijou*).

Jugement – raison – sens – bon sens (Cf : *raison*).

Jugement – arrêt – sentence.
Jugement : décision d'un tribunal.
Arrêt : décision d'un tribunal qui est sans appel
Sentence : jugement rendu par un tribunal inférieur.

Jugement – discernement.
Jugement : faculté que possède l'esprit humain de décider qu'il y a convenance ou non entre deux idées ; le jugement regarde plus ou moins la pratique et se confond souvent avec le bon sens ; il suppose de la fermeté ou de la solidité.
Discernement : faculté de juger sainement ; le discernement consiste à saisir certaines nuances de façon à distinguer entre ce qui est bien et ce qui ne l'est pas ; il emporte une idée de tact et de délicatesse et porte, le plus souvent, sur la qualité des choses.

Juger – décider – prononcer.
Décider : porter un jugement sur quelque chose en marquant une détermination rapide mais souvent peu réfléchie ; décider se dit aussi dans le sens de : prendre une résolution prompte et brève.
Juger : porter une sentence en qualité de juge ; il suppose une

appréciation et un examen préalable ; on juge toujours d'après la loi ou la logique.
Prononcer : émettre une décision ou un jugement avec une sorte de solennité ; il diffère de décider en ce qu'il suppose une autorité dont on est revêtu.

Jurement – juron – serment (Cf : *serment*).

Juriste – jurisconsulte – légiste.
Jurisconsulte : celui dont la profession est de donner son avis sur des questions de droit et, par conséquent, celui qui est versé dans la connaissance des lois et de la jurisprudence ; c'est le jurisconsulte qui explique la loi et qui résoud, avec une certaine autorité, les questions difficiles.
Juriste : celui qui écrit sur les matières de droit, qui passe sa vie à les étudier mais qui ne donne aucun avis et qui ne vient, en principe, au secours de personne pour la solution des difficultés.
Légiste : celui qui est habile dans la connaissance des lois ; légiste peint surtout la profession ou la carrière ; il ne suppose pas une connaissance aussi complète des lois que le juriste ou le jurisconsulte. Un avoué, par exemple, est un légiste, mais il n'a besoin que de connaître la procédure.

Juron – jurement – serment (Cf : *serment*).

Juste – correct – exact (Cf : *exact*).

Justesse – exactitude – précision (Cf : *précision*).

Justice – droiture – équité.
Equité : respect des droits d'autrui ; c'est la justice conforme au bon sens et non à la loi écrite.
Justice : comprend tout ensemble le droit et le devoir ; la loi romaine définissait la justice comme la volonté ferme et constante d'attribuer à chacun ce qui lui est dû.
Droiture : diffère de la justice en ce qu'elle a un caractère moins social et plus individuel ; la droiture a sa source dans le sens moral de chaque homme.

Justice – droit.
Droit : règle établie en vue de ce qui est juste ; le droit n'est pas une loi, mais plutôt une puissance publique, une sorte de pouvoir qu'on a naturellement ou légalement de faire une chose.
Justice : consiste à donner à chacun ce qui lui appartient et à respecter les droits d'autrui ; elle se rapporte à l'essence même des choses, mais considérée par rapport à la société ; elle peut même se trouver quelquefois en opposition avec le droit.

Justification – apologie – défense (Cf : *défense*).

Labarum – bannière – drapeau – enseigne – étendard – gonfalon – oriflamme (Cf : *drapeau)*.

Labeur – travail (Cf : *travail)*.

Laboratoire – atelier – boutique – chantier – ouvroir (Cf : *atelier)*.

Labour – labourage.
Labour : le labour est le travail de celui qui retourne la terre avec un instrument aratoire quelconque, mais considéré non seulement par rapport à la terre elle-même, mais aussi comme un genre de travail distinct et d'ailleurs assez vague dans son exécution.
Labourage : c'est l'action même de celui qui laboure considérée comme s'accomplissant, venant de s'accomplir ou étant sur le point de se réaliser ; le labourage suppose une idée déterminée et pratiquement terminée.

Labourage – labour (Cf : *labour)*.

Laboureur – agriculteur – agronome – colon – cultivateur (Cf : *agriculteur)*.

Labyrinthe – dédale.
Labyrinthe : s'emploie pour désigner un édifice où l'on s'égare facilement à cause de la multiplicité des couloirs et des chambres et où il est presque impossible de s'y reconnaître.
Dédale : s'emploie au propre et de façon poétique dans le même sens que labyrinthe ; il peut désigner, non seulement un simple édifice, mais n'importe quel endroit où on peut se perdre. Au figuré, un dédale est un embarras, un enchevêtrement inextricable fait avec ingéniosité et habileté.

Lâche – couard – poltron – pusillanime.
Couard : se dit proprement d'un animal apeuré ; quand couard s'applique à l'homme, il est familier et ne se dit que par plaisanterie.

Lâche : se dit de celui qu'on méprise pour son manque de courage et qui n'a que des sentiments bas et vils.
Poltron : se dit de celui qui est sans aucun courage; mais la peur qu'il éprouve est instinctive.
Pusillanime : se dit de celui qui a une âme faible et craintive, un caractère timide et que la moindre difficulté effraye.

Laconique – bref – concis – court – succinct (Cf : *court)*.

Ladre – lépreux (Cf : *lépreux)*.

Ladre – chiche – crasseux – mesquin – sordide – taquin – vilain (Cf : *mesquin)*.

Laid – affreux – difforme – hideux – horrible.
Laid : désagréable à voir, mais uniquement par l'impression qu'il cause sur nous.
Difforme : laid, mais tel par sa nature même.
Affreux : laid en causant de l'effroi ou de la peur.
Hideux : dont la laideur offense la vue; ce qui est hideux est repoussant.
Horrible : qui donne la chair de poule; ce qui est horrible fait frissonner.

Laine – toison.
Laine : c'est le poil doux, élastique, plus ou moins long, ondulé ou frisé qui garnit la peau des moutons et de quelques autres animaux, mais considéré par rapport à l'usage que l'homme peut en faire.
Toison : c'est l'ensemble de tous les brins de laine couvrant le corps de l'animal et ayant besoin d'être tondu pour devenir un objet de commerce et d'industrie. Toison est un terme plus pittoresque que laine et il est souvent employé dans un sens figuré.

Laisser – délaisser.
Laisser : s'éloigner d'une personne ou d'une chose; laisser n'implique aucune autre idée.
Délaisser : ajoute à l'idée de laisser celle d'abandonner; délaisser marque quelquefois aussi une idée de cession.

Lamentable – déplorable – pitoyable.
Déplorable : ce qui est déplorable est digne de compassion et mérite d'être plaint avec douleur; mais il paraît tel aux yeux de la raison.
Lamentable : ce qui est lamentable provoque des plaintes accompagnées de gémissements et de cris; il excite la sensibilité à un haut niveau.
Pitoyable : ce qui est pitoyable est digne de pitié; il suppose

qu'on est touché par les maux d'autrui et qu'on cherche à les soulager.

Lamentation – gémissement – plainte (Cf : *plainte).*

Lancer – darder.
Lancer : exprime simplement l'action de jeter avec force vers un but; quand on dit : le soleil lance ses rayons, c'est simplement une émission de lumière faite avec beaucoup de force.
Darder : frapper avec un dard; il ajoute à l'idée de lancer celle de pénétration et d'impression pénible; quand on dit : le soleil darde ses rayons, il marque l'impression de chaleur ressentie par le corps.

Lancer (se) – s'élancer.
Se lancer : se jeter en avant; se lancer marque une certaine impétuosité dans l'action.
S'élancer : prendre son élan pour s'efforcer d'arriver à un but quelconque; s'élancer suppose une certaine ardeur et, notamment, un point de départ.

Landes – friches.
Friches : les friches sont des terrains de peu d'étendue, non cultivés, qui pourraient être productifs, car il est toujours possible de défricher un terrain qui n'est pas absolument stérile.
Landes : les landes sont de grands espaces de terres incultes et presque stériles où il ne pousse que des genêts, des bruyères, des fougères, etc.; elles sont telles par nature de leur sol et il serait très difficile, sinon impossible, de les rendre fécondes.

Langage – dialecte – idiome – langue – patois (Cf : *langue).*

Langoureux – languissant.
Langoureux : se dit d'une personne affaiblie soit physiquement, soit moralement et qui manque de mouvement, de chaleur et d'intérêt; on trouve, dans ce qui est langoureux, de l'affection et de l'exagération.
Languissant : se dit d'une personne qui est tourmentée par des peines d'esprit continuelles et qui, par conséquent, manque de vivacité et de force; on trouve, dans ce qui est languissant, une langueur assez réelle.

Langue – dialecte – idiome – langage – patois.
Langue : l'ensemble des mots dont une collection d'hommes fait usage pour exprimer ses pensées par la parole; c'est l'expression primitive à laquelle se rapportent le dialecte, l'idiome et le patois.
Langage : a quelquefois le même sens que langue, mais désigne le plus souvent la manière de s'exprimer dans telle ou telle

circonstance particulière. Deux personnes peuvent parler la même langue et tenir un langage différent. De plus, le langage n'est pas seulement un ensemble de mots, mais aussi un système de gestes et de signes exprimant la pensée.
Dialecte : dans un grand pays, le langage de chacune des principales provinces est un dialecte, en tout égal aux autres et tant que l'un de ces dialectes n'a pas pris la prééminence et n'est pas devenu la langue littéraire du pays.
Patois : à partir de l'adoption d'un dialecte comme langue littéraire, tous les autres dialectes, diminués de valeur, tombent à l'état de patois et n'ont plus d'existence littéraire.
Idiome : quoique synonyme de langue, idiome désigne plus spécialement une langue considérée dans les façons de parler qui n'appartiennent qu'à elle seule ; idiome peut avoir le sens de dialecte mais avec une signification plus relevée.

Langueur – abattement – accablement – affaissement – anéantissement – découragement – épuisement – prostration (Cf : *découragement)*.

Languissant – langoureux (Cf : *langoureux)*.

Laquais – domestique – serviteur – valet (Cf : *domestique)*.

Lardon – brocard.
Brocard : raillerie blessante, insultante, ou paroles de moqueries qui peuvent être dirigées soit contre un homme en place, soit contre une classe tout entière de personnes.
Lardon : trait piquant, plus familier et plus personnel et qui se rapproche plutôt du sarcasme.

Lares – pénates (Cf : *pénates)*.

Largement – abondamment – en abondance – amplement – beaucoup – bien – considérablement – copieusement – à foison – fort (Cf : *beaucoup)*.

Largesse – libéralité.
Largesse : distribution d'argent ou d'autres choses faisant surtout penser à la quantité donnée ; la largesse laisse supposer, quand elle est abusive, la séduction et la corruption ; quand elle s'applique à des dons en argent ou en comestibles, elle a presque le caractère d'aumône.
Libéralité : c'est une disposition à donner qui fait penser au caractère généreux du donateur ; mais quand les libéralités sont prodiguées à ceux qui en sont indignes, elles n'ont d'autre but que de s'attacher plus étroitement ces personnes.

Larmes – pleurs.

Larmes : manifestation habituelle de la douleur; larmes se dit dans toutes les circonstances où les yeux se mouillent, quelle que soit la nature du sentiment dont l'âme est affectée; elles peuvent également être provoquées par la joie ou simplement par l'attendrissement. En outre, on peut ne verser qu'une larme, et avoir la larme à l'œil, c'est être attendri ou le paraître.
Pleurs : s'emploie pour exprimer une vive émotion causée par la tristesse et suppose toujours un sentiment pénible et violent. De plus, si les larmes se voient, les pleurs s'entendent et si on essuie ou on sèche ses larmes, on cesse ses pleurs. En outre, pleurs ne s'emploie que très rarement au singulier et uniquement dans le style relevé; il signifie, dans ce cas : plainte ou gémissement.

Larron – escroc – filou – fripon – voleur (Cf : *voleur).*

Las – fatigué (Cf : *fatigué).*

Lascivité – impudicité – lubricité – luxure – paillardise (Cf : *lubricité).*

Laudatif – louangeur (Cf : *louangeur).*

Lavement – clystère – remède.
Clystère : signifie laver et fut le premier terme adopté par les médecins; il ne s'emploie plus guère aujourd'hui que dans le style trivial.
Lavement : c'est le mot clystère employé aujourd'hui par les médecins qui s'en servent ordinairement.
Remède : se dit, dans le langage ordinaire, pour désigner la même chose par une allusion détournée; mais il est équivoque puisque remède est tout ce qui est réputé propre à guérir quelque mal.

Légal – légitime.
Légal : ce qui est légal est établi par la loi, donc conforme à ses prescriptions formelles et écrites.
Légitime : ce qui est légitime est conforme au droit, donc valable d'après la loi et juste aux yeux de la raison morale. Dans un autre sens, ce qui est légal peut quelquefois n'être pas légitime, non dans l'observation de la forme prescrite par la loi, mais en violant son esprit; ainsi, une donation illégitime, c'est-à-dire injuste, peut être légale, mais elle met un héritier dans la nécessité de l'accepter et d'en être frustré.

Léger – changeant – inconstant – variable – versatile – volage (Cf : *volage).*

Légiste – jurisconsulte – juriste (Cf : *juriste).*

Légitime – légal (Cf : *légal).*

Lépreux – ladre.
Lépreux : se dit particulièrement de l'homme atteint de la maladie de la lèpre et dont la peau est couverte de pustules et d'écailles.
Ladre : se dit plus ordinairement des animaux atteints de cette même maladie ; cependant, quand on dit qu'un homme est ladre au lieu de lépreux, c'est pour le dénigrer et marquer ainsi le mépris qu'on éprouve ou qu'on affecte.

Lettre – épître.
Lettre : mot employé dans les circonstances ordinaires pour désigner ce que l'on écrit à un absent et lui donner quelque information ; par extension, toute sorte de correspondance.
Epître : lettre adressée à quelqu'un et surtout lettre des anciens ; d'ailleurs, le pluriel latin litterae signifie : une épître. Pour les modernes, épître est une pièce de vers ou encore un hommage d'un travail littéraire fait à un écrivain. On se sert encore du mot épître pour désigner une lettre longue et ennuyeuse avec une nuance de dérision ; et enfin, dans une acception toute spéciale, lorsqu'il s'agit d'un commerce familier et intime.

Leurre – amorce – appât (Cf : *appât).*

Leurrer – abuser – amuser – attraper – décevoir – donner le change – duper – embabouiner – en imposer – surprendre – tromper (Cf : *tromper).*

Levant – est – orient (Cf : *est).*

Lever – élever – enlever – exhausser – hausser – rehausser – relever – soulever.
Lever : c'est porter plus haut ce qui était à terre ; il marque un simple changement dans la position. Lever est un verbe simple d'où découlent les synonymes : élever, enlever, relever et soulever.
Elever : c'est mettre plus haut et faire en sorte que la chose soit placée au-dessus d'une autre et la domine.
Enlever : lever avec violence, soit pour transporter un objet, soit pour en prendre possession.
Soulever : élever quelque chose de lourd à une petite hauteur et en agissant par dessous.
Relever : lever à nouveau, remettre debout ce qui gisait à terre, ou remettre quelque chose dans son état naturel.
Hausser : rendre plus haut ce qui l'était déjà, mais sans en changer la position. Hausser est un verbe simple d'où découlent exhausser et rehausser.
Exhausser : hausser considérablement ou excessivement, ou

ajouter une autre construction à une première construction.
Rehausser : hausser de nouveau, hausser davantage ce qui avait baissé ou ce qui était déjà une certaine grandeur.

Lexique – dictionnaire – encyclopédie – glossaire – vocabulaire (Cf : *dictionnaire).*

Liaison – affinité – alliance – connexion – connexité – union (Cf : *union).*

Libéralité – largesse (Cf : *largesse).*

Libre – indépendant.
Libre : suppose simplement le pouvoir de faire ou de ne pas faire une chose, c'est-à-dire l'exemption de toute contrainte matérielle et de toute domination aux droits naturels. Un homme libre est, quoi qu'il fasse, soumis aux lois et aux principes de la morale.
Indépendant : suppose, dans son acception rigoureuse, une dépendance absolument complète, une exemption totale de toute influence extérieure sur la volonté ou les actes. Un homme indépendant est celui qui s'est affranchi, non seulement des lois et des mœurs, mais également de tous les préjugés qui ne lui conviennent pas.

Licite – loisible – permis (Cf : *permis).*

Liens – chaînes – fers.
Liens : exprime, d'une manière générale, tout ce qui sert à lier; au figuré, liens exprime une simple dépendance.
Chaînes : liens formés d'anneaux en métal quelconque; au figuré, chaînes exprime une servitude et se dit plus convenablement quand cette servitude nous plaît.
Fers : les fers sont plus durs et plus lourds que les chaînes et plus difficiles à rompre; au figuré, fers exprime l'esclavage ou la situation de celui qui est opprimé.

Lier – attacher.
Attacher : joindre une chose à une autre par un lien; au figuré, on attache pour faire dépendre de quelqu'un.
Lier : entourer d'un lien que l'on serre; au figuré, on lie pour mettre dans l'impossibilité d'agir.

Lieu – endroit – place.
Lieu : mot dont le sens a le plus de généralité; c'est l'espace qu'un corps occupe. Il ne suppose aucune autre précision; on peut tout aussi bien dire : un lieu saint qu'un lieu géométrique, ou encore un lieu charmant.
Endroit : est un peu plus précis que lieu et sert quelquefois à

désigner un espace particulier ou spécial compris dans un lieu plus grand; on dira, par exemple : un endroit écarté de la ville, ville désignant le lieu et endroit une certaine partie de celle-ci.
Place : ajoute à l'idée de lieu celle d'un terrain uni, découvert et public, au milieu d'une ville ou d'un village; place suppose aussi l'idée d'occupation actuelle ou future. On a, par exemple, une bonne place pour voir un spectacle, on occupera plus tard une place élevée dans son état.

Lignée – famille – maison – race (Cf : *famille).*

Ligue – alliance – coalition – confédération (Cf : *alliance).*

Limer – châtier – corriger – polir – raboter – revoir (Cf : *corriger).*

Limite – borne – terme.
Borne : les bornes sont des signes quelconques placés par la nature ou l'homme pour indiquer les limites d'une propriété.
Limite : les limites sont des lignes de séparation tracées entre deux terrains ou entre deux pays contigus pour en marquer l'étendue.
Terme : s'emploie généralement au singulier et marque le point au-delà duquel on ne doit ou on ne peut aller.

Limité – borné – fini.
Limité : ce qui est limité forme une séparation entre deux terrains ou entre deux étendues qui peuvent être considérables; au figuré, il suppose une restriction.
Borné : ce qui est borné est limité par des bornes et généralement de peu d'étendue; au figuré, il suppose une faible intelligence et peu de capacité.
Fini : ce qui est fini est soigneusement limité ou borné; au figuré, il suppose un affaiblissement de l'esprit.

Limon – boue – bourbe – crotte – fange – vase (Cf : *boue).*

Linguiste – polyglotte (Cf : *polyglotte).*

Liquide – fluide – liqueur.
Fluide : fluide est synonyme de liquide quand il se dit de tout corps qui, n'étant point solide, a des molécules douées de la propriété de glisser aisément les unes sur les autres; en outre, fluide est inséparable de l'idée de couler rapidement.
Liquide : la classe des fluides comprenant les liquides et les gaz, tout liquide est un fluide tandis que tout fluide n'est pas un liquide. L'eau, dans son état naturel, est un liquide; elle est fluide que lorsqu'elle coule réellement et rapidement.
Liqueur : avait autrefois le sens de liquide; il ne se dit plus aujourd'hui que des liquides fermentés employés comme boissons et de certaines substances liquides étudiée en chimie.

Liste – catalogue – dénombrement – état – inventaire – répertoire.
Liste : écrit ne contenant purement et simplement que des noms de choses ou de personnes.
Catalogue : liste méthodique d'objets de même nature, dressée soigneusement et donnant des détails sur chaque objet.
Dénombrement : liste de personnes ou de choses comportant une idée de nombre; il se dit principalement du recensement d'une population.
Etat : liste de choses ou de personnes faisant connaître une exacte situation pour la modifier, la comparer avec d'autres, et la corriger s'il y a lieu.
Inventaire : état qu'on dresse, article par article, des biens meubles d'une personne décédée ou des objets d'un magasin.
Répertoire : catalogue disposé de telle sorte qu'on puisse trouver aisément les matières qu'il contient; à l'inverse de l'inventaire qui est une liste de choses trouvées, le répertoire est une liste de choses à trouver.

Lit (se mettre au) – s'aliter (Cf : *mettre au lit).*

Littérature – érudition – savoir – science (Cf : *science).*

Livide – blafard – blême – hâve – pâle (Cf : *pâle).*

Livrer – délivrer.
Livrer : remettre à quelqu'un une chose achetée ou convenue; il marque la livraison pure et simple.
Délivrer : exprime la même idée en y ajoutant celle d'obligation ou de formalités; on livre une marchandise quelconque, mais on délivre un certificat.

Logement – logis.
Logement : endroit qu'une personne ou une seule famille occupe; le logement n'est relatif qu'à cette seule occupation et désigne le domicile.
Logis : n'est relatif qu'au lieu même et surtout à sa destination; logis désigne la construction ou l'habitation où plusieurs personnes peuvent loger, soit en même temps, soit successivement. Si le logis est assez grand, une famille peut y faire son logement.

Loger – demeurer – gîter – habiter (Cf : *habiter).*

Logique – dialectique.
Dialectique : l'art de raisonner extérieurement pour convaincre les autres, et surtout, l'art de discuter et d'exposer des preuves et des arguments.
Logique : science qui enseigne à raisonner et à diriger sa pensée dans la recherche de la vérité. En philosophie, elle renferme la dialectique comme moyen de communication de la vérité.

Logis (Cf : *logement).* (Cf : *maison).*

Loi – décret.
Loi : prescription souveraine à laquelle tous les citoyens doivent obéir ; elle est obligatoire pour tout un peuple et elle décide de ce qui doit être fait par tous. En outre, nul n'est censé l'ignorer.
Décret : a moins de généralité et moins de force que la loi et, dans le sens qu'on donne généralement aujourd'hui à ce mot, c'est une application de la loi à un cas spécial et il a souvent besoin d'une sanction pour devenir obligatoire.

Loisible – licite – permis (Cf : *permis).*

Loisir – désœuvrement – inactivité – oisiveté (Cf : *inactivité).*

Longtemps – longuement.
Longtemps : c'est-à-dire : pendant un temps assez considérable ; longtemps n'a rapport qu'à ce temps et à sa durée. Quand on dit, je vous ai attendu longtemps, cela veut dire qu'il s'est écoulé un grand nombre d'instants pendant cette attente.
Longuement : est relatif à l'action même dont il s'agit et il marque que cette action a reçu beaucoup de développement. Quand on dit : je vous ai attendu longuement, cela signifie que l'attente a été longue et qu'elle nous a causé de l'ennui.

Longuement – longtemps (Cf : *longtemps).*

Loquacité – bavardage (Cf : *bavardage).*

Lorgner – guigner.
Guigner : regarder du coin de l'œil en fermant presque les yeux et en faisant semblant de ne pas voir ; guigner implique une idée de fausseté.
Lorgner : regarder à la dérobée comme avec une lorgnette, c'est-à-dire pour voir de plus près et dans tous les détails ; lorgner implique une idée de convoitise.

Lorsque – comme – quand (Cf : *quand).*

Louange – applaudissement – éloge (Cf : *éloge).*

Louangeur – adulateur – flagorneur – flatteur (Cf : *flatteur).*

Louangeur – laudatif.
Laudatif : ne se dit que des discours ou des paroles en les désignant beaucoup plus comme propres à la louange que faisant expressément l'action de louer.
Louangeur : diffère de laudatif en ce qu'il ne se dit que des discours ou des paroles qui louent actuellement ; on dira : un discours louangeur pour vanter son mérite, mais on ne pourra pas dire une épigramme laudative, parce que épigramme ne

peut qu'exprimer le blâme ou la moquerie.

Louche – ambigu – amphibologique – équivoque.
Ambigu : expression la plus générale qui signifie : susceptible d'être interprété de plusieurs manières; il se dit des pensées aussi bien que des actions.
Equivoque : qui peut être compris de deux manières différentes, mais rendu tel à dessein dans le but de tromper.
Amphibologique : dont la signification ne peut être précisée et qui n'est donc pas conforme aux lois du langage.
Louche : dont la signification n'est pas claire et qui n'est pas juste ou conforme au vrai.

Louer – célébrer – exalter – prôner – vanter (Cf : *vanter).*

Louer – affermer.
Affermer : céder l'usufruit d'un bien rural, le droit d'en avoir la jouissance pour un certain temps et moyennant une redevance annuelle; ne se dit que des terres, quelquefois des impôts et des droits à percevoir.
Louer : a la même signification mais se dit de toute espèce de location et pour un temps qui peut être court.

Lourd – massif – pesant.
Lourd : ce qui est lourd est difficile à porter, forme une charge plus ou moins pénible justement à cause de son poids; au figuré, un esprit lourd manque de facilité et de finesse, il est gauche.
Pesant : ce qui est pesant est ou semble d'un poids considérable de par sa nature même et quand on le compare à d'autres choses sous le seul rapport de la force. Au figuré, un esprit pesant manque de grâce et de vivacité, il conçoit avec peine et a peu d'initiative.
Massif : ce qui est massif est ou paraît épais ou pesant et fait naître la pensée de l'effort pénible qu'il serait nécessaire pour le remuer. Au figuré, un esprit massif est grossier et lourd.

Lourdaud – âne – balourd – bête – buse – butor – cruche – ganache – ignorant – mâchoire (Cf : *bête).*

Loyal – droit – vrai (Cf : *droit).*

Lubricité – impudicité – lascivité – luxure – paillardise.
Impudicité : vice contraire à la chasteté qui rappelle l'idée que la pudeur est violée; l'impudicité est, en principe, un terme qui ne convient qu'en parlant de l'homme.
Lascivité : inclination aux plaisirs sensuels; la lascivité se rapporte au tempérament où les désirs sont continuels et où on ne néglige aucune occasion de les satisfaire.

Lubricité : diffère de la lascivité en ce que, dans la lubricité, la passion est plus profonde; elle est irrésistible et elle produit les actes les plus honteux.
Luxure : un des sept péchés capitaux et qui est le mot utilisé en théologie et par la morale chrétienne; c'est une sensualité déshonnête qui implique à la fois la lascivité, la lubricité et l'impudicité.
Paillardise : c'est l'impudicité en langage trivial et libre, dans tout ce qu'elle comporte de sale et de grossier et sans en atténuer le sens en aucune façon que ce soit.

Lucre – bénéfice – émolument – gain – profit (Cf : *bénéfice).*

Lueur – clarté – lumière (Cf : *lumière).*

Luire – briller – reluire (Cf : *briller).*

Lumière – clarté – lueur.
Lumière : la cause que nous appelons lumière nous est inconnue dans son essence; c'est un effet physique par lequel notre œil perçoit la forme et la couleur des objets présents. Il est le terme le plus général et il désigne cet effet sans ajouter d'idée accessoire.
Lueur : lumière peu vive, faible et passagère qui donne l'idée d'une sorte d'apparence.
Clarté : lumière durable, nette et brillante, qui éclaire pleinement les objets et nous permet de les voir.

Lunatique – maniaque (Cf : *maniaque).*

Lustre – brillant – éclat – splendeur (Cf : *splendeur).*

Luxe – faste – magnificence – pompe – somptuosité – splendeur.
Faste : affectation d'éclat qu'on étale extérieurement et avec une certaine ostentation de façon à être admiré et même à exciter l'envie.
Luxe : renchérit sur faste en ce que l'étalage porte également sur l'intérieur : vêtements, service de la table, meubles, dans les mets comme dans les équipages.
Magnificence : affectation à faire des dépenses éclatantes et des largesses extraordinaires; la magnificence annonce toujours quelque chose de grand et de noble.
Pompe : étalage de magnificence assez solennel et qui ressemble souvent à une sorte de fête organisée d'avance.
Somptuosité : grande et magnifique dépense faite avec une profusion inouïe et une largesse qui dépasse souvent la mesure.
Splendeur : grand éclat d'une beauté somptueuse où s'attache une idée de très vive lumière.

Luxure – lascivité – lubricité – paillardise (Cf : *lubricité).*

M

Macération – digestion.

Macération : opération qui consiste à laisser séjourner un corps solide dans un liquide pour en dissoudre les parties solubles; la macération a toujours lieu à la température de l'air ambiant.

Digestion : diffère de la macération en ce qu'elle se fait dans un liquide porté à une température supérieure.

Macérer – mater – mortifier (Cf : *mortifier*).

Machination – manigance.

Machination : préparation et conduite secrète d'un complot ou d'un projet dont le but est de nuire à quelqu'un.

Manigance : diffère de machination en ce que la manigance est surtout une petite manœuvre destinée à tromper, à frauder sur une marchandise quelconque.

Machinations – intrigues – manèges – manœuvres – menées – pratiques.

Intrigues : pratiques secrètes qu'on emploie pour faire réussir ou faire manquer une affaire; elle supposent des façons d'agir plutôt détournées qu'odieuses et certains actes dont on espère tirer parti d'une manière ou d'une autre.

Machinations : intrigues compliquées ourdies dans un mauvais dessein et destinées uniquement à nuire.

Menées : pratiques artificieuses sourdes ou cachées pour faire réussir une affaire; les menées ont toujours quelque chose de mauvais.

Pratiques : menées déloyales et basses ou intelligences secrètes avec des gens d'un parti contraire.

Manœuvres : moyens adroits qui consistent en de petites machinations employées et combinées pour qu'une affaire réussisse.

Manèges : manières d'agir cauteleuses suggérées instantanément par les circonstances et qui ont quelque chose d'instinctif; les manœuvres et les manèges ne se prennent pas toujours en mauvaise part.

Machine – androïde – automate – robot (Cf : *robot*).

Machiner – ourdir – tramer (Cf : *ourdir*).

Mâchoire – âne – balourd – bête – buse – butor – cruche – ganache – ignorant – lourdaud (Cf : *bête*).

Mafflu – bouffi – boursouflé – enflé – gonflé – joufflu (Cf . *gonflé*).

Magicien – sorcier (Cf : *sorcier*).

Magie – sorcellerie (Cf : *sorcier*).

Magnanimité – générosité – grandeur d'âme (Cf : *générosité*).

Magnificence – faste – luxe – pompe – somptuosité – splendeur (Cf : *luxe*).

Maigreur – amaigrissement – atrophie (Cf : *amaigrissement*).

Maigrir – amaigrir.
Amaigrir : rendre maigre en marquant un passage lent et successif.
Maigrir : devenir maigre en marquant un passage plus rapide.

Maint – plusieurs (Cf : *plusieurs*).

Maintenant – actuellement – aujourd'hui – à présent – présentement.
Actuellement : marque le moment présent avec quelque chose d'opposé à ce qui est idéal ou supposé.
Aujourd'hui : le jour où l'on est; s'emploie aussi pour opposer une époque à une autre.
Maintenant : à l'instant où l'on est en exprimant une suite ou une continuité.
A présent : le moment où l'on est en marquant un rapport à un temps antérieur.
Présentement : à l'instant même en ne marquant pas expressément de rapport avec le passé.

Maintenir – soutenir (Cf : *soutenir*).

Maintien – contenance – port – prestance – représentation.
Contenance : manière de se tenir ou de se présenter dans une circonstance particulière où l'on s'efforce d'avoir une pose étudiée qu'on s'applique à prendre.
Maintien : pose naturelle du corps qui est une manière d'être; le maintien est habituel et il est toujours attribué à la volonté.
Port : désigne non seulement la manière de se tenir, mais aussi la tenue et la démarche; il évoque souvent une idée de noblesse

et de grandeur quand on dit, par exemple : un port de reine.
Prestance : se dit d'une manière de se tenir accompagnée de dignité et de gravité; la prestance suppose quelque chose d'affecté qui ne convient qu'à la supériorité.
Représentation : terme plein de dignité qui a trait à la conduite et à la position qu'on occupe et qui, quelquefois, impose le respect.

Maison – famille – lignée – race (Cf : *famille*).

Maison – habitation – logis.
Habitation : lieu où l'on fait sa demeure, avec ou sans dépendances; l'habitation peut être fermée, elle peut également être ouverte; on peut se creuser une habitation dans le flanc d'une montagne, une caverne ou une grotte peuvent aussi servir d'habitation.
Maison : diffère de l'habitation en ce que la maison est toujours fermée de murs, possède des portes et des fenêtres, est divisée en chambres et que, réunies à d'autres, forment des villages ou des villes.
Logis : c'est l'habitation personnelle et réservée, soit à une personne, soit à une famille; le logis n'est pas à proprement parler la maison, mais plutôt l'endroit où l'on aime vivre.

Maisonnette – baraque – bicoque – cabane – cahute – chaumière – hutte (Cf : *cabane*).

Majesté – dignité – gravité (Cf : *dignité*).

Mal – affliction – amertume – chagrin – désolation – douleur – peine – souffrance – tourment – tristesse (Cf : *tristesse*).

Mal – maladie (Cf : *maladie*).

Maladie – mal.
Mal : désigne généralement une douleur ou une affection assez localisée que l'on ressent dans une certaine partie du corps.
Maladie : bien que le terme maladie soit aussi employé avec la signification de mal, il est le plus souvent assez vague et ne fait qu'indiquer une altération de la santé survenant par suite d'une cause quelconque.

Maladif – cacochyme – infirme – valétudinaire.
Cacochyme : dont la santé est ruinée ou très faible; se dit surtout des vieillards et ne s'emploie guère que par plaisanterie ou par dénigrement.
Infirme : atteint de faiblesse physique; il implique l'idée de débilité et ce qui rend impropre à tout travail.
Maladif : sujet à être malade de temps en temps.

Valétudinaire : qui a habituellement une mauvaise santé exigeant des précautions et des soins constants ; il ne s'emploie guère dans le style ordinaire.

Maladresse – gaucherie – impéritie – inhabileté – malhabileté.
Gaucherie : défaut de celui qui manque d'aisance, qui ne fait rien avec grâce et dont les mouvements paraissent embarrassés, comme de travers.
Inhabileté :défaut de celui qui n'a aucune habileté et qui est incapable de faire quoi que ce soit, parce qu'il n'en a pas les qualités et parce qu'il n'en aura jamais ; l'inhabileté est une manière habituelle d'agir.
Impéritie : étymologiquement, a la même signification qu'inhabileté ; c'est le manque total d'habileté, mais ce mot est d'un emploi relevé et beaucoup plus rare.
Malhabileté : diffère d'inhabileté en ce qu'il ne suppose qu'une insuffisance d'habileté ; un homme malhabile n'a pas encore les capacités demandées ou requises pour un travail qui est, lui, actuellement trop difficile.
Maladresse : manque d'adresse qui se rapporte ordinairement à un acte particulier ; on peut faire une démarche avec maladresse, ce qui ne veut pas dire que toutes les démarches seront faites de cette façon dans l'avenir.

Malaise – gêne – mésaise.
Gêne : tourment ou douleur qui met à l'étroit et embarrasse, qui empêche d'avoir toute sa liberté d'esprit ; la gêne est un sentiment pénible dont on connaît ordinairement la raison.
Malaise : trouble physique ou moral où l'on se sent mal sans pouvoir toutefois en préciser la cause.
Mésaise : est moins positif ; il implique plutôt un sentiment de manque d'aise, et plus spécialement d'argent, qu'une souffrance plus ou moins bien déterminée.

Malavisé – écervelé – étourdi – évaporé – éventé – imprudent – inconsidéré (Cf : *écervelé*).

Malcontent – mécontent (Cf : *mécontent*).

Malédiction – exécration – imprécation.
Exécration : chez les anciens : menaces faites en invoquant les dieux ; elle signifie aujourd'hui : appel à des maux horribles provoqué par une haine profonde.
Imprécation : chez les anciens : formule par laquelle on flétrissait un ennemi de l'Etat ; actuellement : souhait qu'on fait contre quelqu'un. L'imprécation a moins de force que l'exécration, mais fait toujours appel à la divinité pour qu'elle accable de maux l'objet de notre colère.

Malédiction : vœu pour qu'il arrive du mal à quelqu'un ; ce n'est qu'un simple souhait de malheur toujours prononcé par un supérieur contre son inférieur. La malédiction est aussi quelquefois considérée comme une difficulté de réussir : une terre de malédiction est une terre condamnée à la misère.

Maléfice – charme – conjuration – enchantement – ensorcellement – incantation – sort – sortilège (Cf : *sortilège*).

Malencontre – déconvenue – mésaventure (Cf : *mésaventure*).

Malfaisant – nuisible – pernicieux (Cf : *nuisible*).

Malfait – contrefait (Cf : *contrefait*).

Malfamé – diffamé (Cf : *diffamé*).

Malgré – nonobstant.
Malgré : c'est-à-dire : contre le gré, le désir ou la volonté ; malgré annonce un obstacle, une sorte de résistance active comme si la chose avait réellement la volonté de ne pas vouloir se plier aux ordres.
Nonobstant : ne diffère de malgré que parce que ce mot a vieilli et n'est plus guère employé qu'en style de palais et avec un certain degré d'ironie et de moquerie.

Malhabileté – gaucherie – impéritie – inhabileté – maladresse (Cf : *maladresse*).

Malheur – adversité – détresse – disgrâce – infortune – misère.
Adversité : situation malheureuse dans laquelle on a le sort contre soi.
Détresse : situation très critique qui comporte l'idée de dénuement.
Disgrâce : perte des bonnes grâces d'une personne puissante.
Infortune : série de malheurs qui atteignent successivement un individu, mais qui arrivent inopinément et sans qu'il y ait de sa faute ; c'est le synonyme poétique de malheur.
Malheur : événement désastreux pour un particulier.
Misère : état malheureux qui implique la privation des choses nécessaires.

Malheur – calamité – catastrophe – désastre – infortune.
Malheur : terme général qui consiste en un événement désastreux et qui peut servir à définir les quatre autres mots ; il peut se dire aussi bien des personnes que des choses.
Calamité : littéralement : destruction des tiges de blé. Malheur qui frappe à la fois un grand nombre de personnes ou une grande étendue de pays ; c'est un fléau qui répand la désolation.
Catastrophe : grand malheur qui implique une idée de renver-

sement et de destruction.
Désastre : grand malheur qui produit des dégâts considérables et même quelquefois un écroulement de fortune.
Infortune : série de malheurs qui atteignent successivement un individu mais qui arrivent inopinément et sans qu'il y ait de sa faute; il est plus solennel que malheur.

Malheureux – misérable.
Malheureux : celui qui est dans le malheur et dont la fortune a été contraire par suite d'un accident fâcheux ou d'une circonstance regrettable; le malheureux offre le spectacle de l'infortune.
Misérable : celui qui est non seulement malheureux, mais digne de pitié en manquant des ressources nécessaires à la vie; le misérable ne peut exciter que la pitié et la compassion.

Malhonnête – déshonnête.
Déshonnête : ne se dit que des choses qui sont contraires à l'honnêteté et à la bienséance; tenir un langage déshonnête, c'est tenir un langage contraire à la pureté et à la pudeur.
Malhonnête : ne se dit habituellement que des personnes; un homme malhonnête est celui qui manque à la probité et à l'honneur. Quand il s'agit de choses, il signifie incivil ou grossier.

Malice – malignité – méchanceté (Cf : *méchanceté*).

Malicieux – malin – mauvais – méchant (Cf : *méchant*).

Malignité – malice – méchanceté (Cf : *méchanceté*).

Malin – malicieux – mauvais – méchant (Cf : *méchant*).

Malplaisant – déplaisant (Cf : *déplaisant*).

Malpropre – sale (Cf : *sale*).

Malséant – messéant.
Malséant : ce qui est malséant est contraire à la bienséance, mais semble indiquer que le fait n'a pas beaucoup de gravité en lui-même et qu'il n'est en quelque sorte qu'un reproche.
Messéant : diffère de malséant en ce qu'il semble indiquer que les bienséances non observées ont plus de gravité et qu'il s'agit presque d'inconvenances.

Maltraiter – traiter mal.
Maltraiter : c'est traiter durement en paroles et surtout en actions; il laisse supposer ou envisager des sévices ou, tout au moins, un certain préjudice.
Traiter mal : c'est agir avec quelqu'un d'une manière peu conve-

nable, soit avec mépris, soit avec une certaine rigueur, mais ne suppose l'action qu'en paroles seulement.

Manèges – intrigues – machinations – manœuvres – menées – pratiques (Cf : *machinations*).

Maniaque – lunatique.
Lunatique : c'est l'individu rendu fantasque, bizarre, changeant, par une influence qu'on attribuait autrefois à la lune ; lunatique se dit surtout d'une personne capricieuse ou qui change souvent d'idées.
Maniaque : c'est l'individu atteint de manie, c'est-à-dire d'une habitude singulière qui lui donne des idées fixes auxquelles il ne démord pas ; le maniaque peut, à l'inverse du lunatique, être dangereux si ses bizarreries ne sont pas prises au sérieux.

Manie – tic (Cf : *tic*).

Manie – démence – folie (Cf : *folie*).

Manier – palper – tâter – toucher (Cf : *toucher*).

Manière – air.
Air : apparence que l'on a ordinairement et qui nous est particulière.
Manière : façon d'agir propre à chacun ; les manières viennent souvent de l'éducation.

Manière – façon (Cf : *façon*).

Maniéré – affecté – apprêté – compassé – composé – étudié – guindé – recherché.
Affecté : qui fait des efforts exagérés pour attirer l'attention aussi bien dans les manières que dans le langage.
Apprêté : qui prétend en imposer par ses manières et son langage et ajoute à l'idée d'affecté.
Composé : qui cherche à cacher quelque chose d'une manière pédante et hypocrite.
Compassé : qui a trop de régularité et de symétrie minutieuses dans ses actes ou ses paroles.
Etudié : qui manque de naturel et renferme une idée de pédantisme et d'astuce.
Guindé : qui affecte une gravité ridicule en renchérissant sur l'idée exprimée par apprêté.
Maniéré : qui est entaché d'affectation et exprime les prétentions ridicules de copier certaines personnes.
Recherché : empreint d'affectation en indiquant que l'on pousse celle-ci jusqu'à la minutie.

Manifeste – clair – évident – notoire – public (Cf : *évident*).

Manifester – annoncer – déclarer – découvrir (Cf : *déclarer*).

Manigance – machination (Cf : *machination*).

Manœuvres – intrigues – machinations – manèges – menées – pratiques (Cf : *machination*).

Manœuvre – manouvrier.
Manœuvre : c'est l'ouvrier qui, dans un métier quelconque, ne fait que les gros travaux, soit par routine, soit par nécessité momentanée; il implique une idée de maladresse et même parfois d'incapacité.
Manouvrier : c'est l'ouvrier qui travaille de ses mains et à la journée et qui en fait une profession; le manouvrier n'a pas d'autre état et il peut même acquérir une certaine habileté en faisant toujours les mêmes travaux.

Manouvrier – manœuvre (Cf : *manœuvre*).

Manque – défaut – faute – privation.
Manque : exprime, d'une façon simple, l'absence d'une chose ou sa non-possession.
Défaut : marque cette absence mais en y ajoutant une idée d'imperfection; défaut laisse supposer que la chose a été soit trop rapidement exécutée, soit mal faite.
Privation : marque une absence beaucoup plus pénible, comme la perte d'un bien ou d'un avantage; privation fait entendre que celui à qui la chose manque en est affecté et en souffre.
Faute : n'est synonyme des trois autres mots qu'employé dans certaines locutions où il est suivi de la préposition de; il signifie, dans ce cas : par manque de, comme lorsqu'on dit, par exemple : il est venu à pied, faute d'argent.

Mansuétude – douceur (Cf : *douceur*).

Manufacture – fabrique – usine (Cf : *usine*).

Marchandise – denrée.
Marchandise : terme généralement employé pour désigner tout objet que l'on vend, quel qu'il soit et dont on trafique.
Denrée : peut également s'appliquer à une marchandise quelconque mais se dit plus spécialement des produits de la terre qui entrent dans la consommation ordinaire des hommes et des animaux.

Marche – degré.
Degré : s'emploie surtout dans le style poétique ou oratoire et présente toujours une idée de hauteur ou d'ascension, même de façon ordinaire.

Marche : est le seul terme qui convienne pour désigner chaque pas ou chaque degré d'un escalier, là où les pieds se posent un instant pour reprendre ensuite.

Marché – accord – contrat – convention – pacte – traité (Cf : *convention*).

Mari – époux.
Mari : celui qui a épousé une femme ; mari ne rappelle que le lien purement civil et physique.
Epoux : est plus noble et fait penser aux sentiments d'attachement et de fidélité. Dans le langage ordinaire, le mot époux est ridicule et emphatique ; une femme dit : mon mari, un homme dit : je suis le mari de cette femme, et non son époux.

Marin – maritime.
Marin : annonce un rapport très spécial avec la mer et plus précisément ce qui vit dans la mer ou ce qui se trouve dans la mer ou sur ses bords, comme par exemple, un animal marin ou le sel marin.
Maritime : annonce plutôt le voisinage de la mer, ce qui en fait partie et les choses pour lesquelles la mer est un moyen et non un but ; on dit : une ville maritime parce qu'elle doit sa richesse à la mer, ou un arsenal maritime parce qu'il est relatif à la navigation sur mer.

Maritime – marin (Cf : *marin*).

Marquer – désigner – indiquer (Cf : *indiquer*).

Marri – fâché – repentant (Cf : *fâché*).

Martial – belliqueux – guerrier – militaire (Cf : *militaire*).

Massacre – boucherie – carnage – tuerie.
Tuerie : terme vulgaire employé dans le style familier et qui n'implique pas d'autre idée que celle d'un grand nombre d'hommes qui ont été tués.
Carnage : il y a carnage quand les corps des individus tués forment une masse de chair considérable ; il exprime surtout une idée de destruction sanglante.
Massacre : c'est la mise à mort d'un grand nombre de personnes qui ne se défendent point ou ne se défendent que faiblement ; il suppose également que personne n'est épargné.
Boucherie : massacre accompli par des individus qui tuent leurs semblables avec la même indifférence que celle des bouchers qui tuent les animaux, et d'une façon impitoyable.

Massif – lourd – pesant (Cf : *lourd*).

Mater – macérer – mortifier (Cf : *mortifier*).

Matière – article – chapitre – point – sujet (Cf : *sujet*).

Matin – matinée.
Matin : les premières heures du jour considérées simplement comme un espace de temps et, plus spécialement, le temps qui s'écoule depuis le moment où l'on se lève jusqu'à midi.
Matinée : diffère de matin en ce qu'elle est plutôt considérée par rapport aux événements ou aux occupations; on dira; par exemple : faire la grasse matinée, on ne dira pas faire le gras matin.

Matinal – matineux – matinier.
Matinal : se dit d'une personne qui se lève tôt matin, mais le jour même dont on parle.
Matineux : se dit d'une personne qui a l'habitude de se lever tôt matin, tous les jours de la semaine.
Matinier : s'emploie en parlant des choses qui appartiennent au matin et ne se dit plus que de l'étoile matinière, c'est-à-dire Vénus.

Matinée – matin (Cf : *matin*).

Matineux – matinal – matinier (Cf : *matinal*).

Matinier – matinal – matineux (Cf : *matinal*).

Maturation – maturité (Cf : *maturité*).

Maturité – maturation.
Maturation : c'est l'ensemble des phénomènes qui s'accomplissent dans l'intérieur d'un fruit pendant tout le temps qu'il met à mûrir.
Maturité : c'est tout simplement l'état d'un fruit qui est devenu complètement mûr; maturité peut s'employer au figuré et signifie, dans ce cas : l'état d'une chose qui approche de la perfection.

Mauvais – malicieux – malin – méchant (Cf : *méchant*).

Mauvais – chétif – méchant.
Chétif : ce qui est chétif n'a ni force, ni vigueur; il est peu considérable ou peu relevé.
Mauvais : ce qui est mauvais n'a pas la qualité qu'il devrait avoir; il est l'opposé de bon et peut se dire de toute espèce de choses quant à leur mérite ou à leur valeur.
Méchant : ce qui est méchant est nuisible et ne vaut rien; il a peu de valeur et de mérite et ne s'applique qu'aux choses faites par l'homme ou pour son usage.

Mauviette – alouette (Cf : *alouette*).

Maxime – adage – aphorisme – apophtegme – axiome – proverbe – sentence (Cf : *proverbe*).

Méchanceté – malice – malignité.
Malice : inclination à mal faire, mais c'est en général, une plaisanterie ou plutôt une espièglerie ; la malice cherche moins le mal pour lui-même que le plaisir de montrer sa finesse ou sa ruse.
Malignité : inclination à faire, à penser ou à dire du mal ; elle suppose le désir de nuire et elle ajoute à la malice une sorte de puissance dans les actes dont elle ne cherche pas à déguiser le caractère.
Méchanceté : penchant à faire le mal ; la méchanceté a un caractère beaucoup plus odieux que la malice ou la malignité ; elle est nuisible et même quelquefois vicieuse.

Méchant – chétif – mauvais (Cf : *mauvais*).

Méchant – malicieux – malin – mauvais.
Malicieux : le malicieux est enclin au mal, mais surtout à l'espièglerie et à la plaisanterie ; quand il fait du mal, c'est un tour qu'il joue et l'on est quelquefois presque forcé d'en rire.
Malin : le malin se distingue par sa finesse et par sa ruse ; il peut être dangereux par le fait qu'il se plaît à faire du mal et que ce mal peut quelquefois approcher de la méchanceté. Si le démon est appelé esprit malin, c'est parce qu'il est plus rusé que méchant.
Mauvais : le mauvais est celui qui cause du mal et qui ne songe nullement à le cacher parce que tel est son caractère et parce que sa nature lui fait faire ou dire des méchancetés.
Méchant : le méchant est porté à faire du mal avec réflexion ; non seulement il fait souffrir tous ceux avec qui il est en contact, mais encore il cherche les moyens de les faire souffrir le plus possible.

Mécontent – malcontent.
Malcontent : être malcontent, c'est éprouver un certain mécontentement, c'est trouver que les choses ne sont pas entièrement comme on l'espérait ou comme on le désirait ; en outre, malcontent s'emploie presque toujours avec un complément.
Mécontent : être mécontent, c'est ne pas être content du tout, c'est croire qu'on a mal agi à notre égard et en éprouver du dépit ou une irritation réelle ; mécontent s'emploie souvent d'une manière absolue.

Mécontentement – déplaisir.
Déplaisir : le déplaisir est une contrariété ou un chagrin causé

soit par des choses, soit par des personnes ; ce n'est qu'un désagrément assez pénible.
Mécontentement : état d'esprit de celui qui croit qu'on a mal agi à son égard ; le mécontentement ne provient que des personnes dont on était en droit d'attendre un autre comportement.

Médecine – médicament – remède (Cf : *remède*).

Médicament – médecine – remède (Cf : *remède*).

Méditatif – penseur – pensif – rêveur (Cf : *pensif*).

Méditation – application – attention – contention – réflexion (Cf : *attention*).

Méfiance – défiance.
Méfiance : absence absolue de confiance ; l'homme méfiant se croit toujours entouré d'embûches et qu'il sera toujours trompé.
Défiance : simplement une certaine absence de confiance ; l'homme défiant ne se fie qu'avec précaution et craint d'être trompé.

Méfiant – ombrageux – soupçonneux.
Méfiant : l'homme méfiant est celui qui ne se fie à personne et qui accorde difficilement sa confiance parce qu'il a, non seulement mauvaise opinion de tout le monde, mais parce qu'il croirait faire une sottise en attribuant aux autres une action désintéressée.
Ombrageux : l'homme ombrageux est celui qui a peur, même de son ombre, qui s'effraye facilement et qui voit partout des dangers ou des pièges ; il est susceptible à cause de son peu de courage à supporter la moindre contrariété.
Soupçonneux : l'homme soupçonneux est celui qui croit n'importe quoi sur de vagues indices, de simples conjectures ou même sur une légère apparence ; il est toujours en défiance et il invente même parfois des raisons de l'être.

Mégarde – inadvertance – inattention (Cf : *inattention*).

Mélancolie – chagrin – tristesse (Cf : *tristesse*).

Mélancolique – morne – sombre – soucieux (Cf : *soucieux*).

Mélancolique – atrabilaire.
Mélancolique : celui qui est habituellement triste et qui recherche la solitude.
Atrabilaire : celui qui est d'humeur chagrine et violente et toujours en colère contre les autres.

Mélanger – mêler – mixtionner.
Mêler : réunir et confondre ensemble plusieurs choses ; mêler

exprime une idée simple et est toujours employé quand on veut présenter l'action comme étant faite sans ordre et un peu au hasard.
Mélanger : réunir en un seul tout des choses de diverses natures et, plus spécialement, combiner en proportions quelconques pour obtenir un ensemble propre à remplir un but déterminé, un certain goût ou une certaine odeur, par exemple.
Mixtionner : s'emploie surtout en pharmacie et se dit de mélange de plusieurs drogues pour en faire un médicament; son usage est assez restreint.

Mêler – mélanger – mixtionner (Cf : *mélanger*).

Mêler (se) – s'immiscer.
Se mêler : celui qui se mêle des affaires des autres s'ingère dans ce qui ne le regarde pas, en faisant preuve d'une indiscrétion mêlée de maladresse et de légèreté.
S'immiscer : celui qui s'immisce dans les affaires des autres le fait indûment pour y jeter le trouble ou obtenir des avantages auxquels il ne pourrait prétendre. S'immiscer diffère de se mêler parce qu'il comporte en lui-même une idée d'empiètement et d'usurpation.

Même que (de) – ainsi que – comme (Cf : *comme*).

Mémoire – réminiscence – ressouvenir – souvenance – souvenir.
Mémoire : faculté que l'homme possède de se représenter, quoique absents, les objets qu'il a vus et de se rappeler les idées qu'il a déjà eues; la mémoire suppose le fait d'avoir retenu des choses importantes, mais plus ou moins vagues.
Souvenir : diffère de mémoire en ce que souvenir est beaucoup plus restreint et beaucoup plus précis; c'est un événement antérieur qui redevient présent à l'esprit et dont on a conservé tous les détails.
Ressouvenir : idée que l'on conserve ou que l'on se rappelle d'une chose passée; le ressouvenir vague et c'est toujours une circonstance fortuite qui présente le souvenir de nouveau à notre pensée.
Réminiscence : idée qui revient à l'esprit et qu'on ne se souvient plus d'avoir eue autrefois; la réminiscence est, en quelque sorte, un ressouvenir incomplet, comme une trace confuse laissée dans notre esprit.
Souvenance : est un terme qui appartient au vieux langage et au langage poétique; il exprime un souvenir ancien qui dure depuis fort longtemps et qui conserve une certaine nostalgie.

Mémoires – autobiographie.
Autobiographie : vie d'un homme écrite par lui-même; c'est en

quelque sorte une espèce de confession.
Mémoires : écrits dans lesquels un personnage consigne les faits dont il a été témoin et qui peuvent être étrangers au narrateur.

Mémoires – annales – archives – chroniques – commentaires – fastes – histoire – vie (Cf : *histoire*).

Ménage – économie – épargne – parcimonie (Cf : *épargne*).

Ménagements – attentions – considération – égards (Cf : *égards*).

Mendiant – gueux – indigent – nécessiteux – pauvre (Cf : *pauvre*).

Menées – intrigues – machinations – manèges – manœuvres – pratiques (Cf : *machination*).

Mener – amener – conduire – emmener – ramener – remener – remmener (Cf : *conduire*).

Mener – conduire – guider (Cf : *guider*).

Mensonge – menterie.
Mensonge : c'est un propos contraire à la vérité qui présente l'action du menteur comme non seulement mauvaise en soi, mais grave si l'on ne peut trouver d'excuses ou si l'on ne veut pas en chercher.
Menterie : c'est un mensonge qui ne peut avoir de graves conséquences, qui est fait sans mauvaise intention et qui ne s'emploie que dans la conversation et toujours en plaisantant.

Mensonge – feinte.
Mensonge : propos contraire à la vérité dans le dessein de tromper. Il n'emporte aucune autre idée accessoire : on ment toujours pour déguiser un fait.
Feinte : diffère du mensonge en ce que la feinte est un artifice par lequel on cache une chose sous une apparence contraire ; c'est, en quelque sorte, mentir sans en avoir l'air.

Menterie – mensonge (Cf : *mensonge*).

Menteur– craqueur – fanfaron – gascon – hâbleur.
Menteur : le menteur est celui qui tient des propos contraires à la vérité dans le dessein de tromper, mais sans indiquer aucune autre idée accessoire.
Fanfaron : le fanfaron est un menteur qui vante trop sa bravoure, bravoure qu'il n'a pas et qu'il veut trop faire paraître pour donner une haute idée de son courage.
Hâbleur : le hâbleur est un menteur qui aime à tenir des discours pleins d'exagération et de vanterie pour avoir le plaisir de voir les autres occupés de sa personne.
Craqueur : le craqueur se distingue du hâbleur en ce qu'il

appartient au langage familier.
Gascon : le gascon se distingue du fanfaron en ce qu'il appartient lui aussi au langage familier.

Menu – délié – fin – grêle – mince – ténu (Cf : *mince*).

Menuiserie – ébénisterie.
Menuiserie : le menuisier taille en plein bois.
Ebénisterie : l'ébéniste a souvent recours au placage.

Mépris – dédain.
Mépris : sentiment qui porte à n'attacher aucun prix à une chose, à n'avoir ni considération ni estime pour une personne ; il suppose qu'on a jugé la chose ou la personne en elle-même et qu'on l'a trouvée indigne d'être estimée ; mais on est quelquefois dans l'obligation de mépriser certaines personnes ou certaines actions.
Dédain : mépris qui se trahit extérieurement ; il ne suppose pas que l'objet ou la personne dédaignée soit mauvaise en elle-même, mais seulement qu'on la juge indigne de son attention ; le dédain suppose également l'indifférence et n'est jamais exempt d'une fierté assez méprisable.

Méprisable – contemptible.
Méprisable : qui n'attache aucun prix à une chose, qui n'a ni considération, ni estime pour les personnes ; méprisable est la forme ordinaire qui s'emploie le plus fréquemment.
Contemptible : est d'un emploi plus rare et il convient surtout lorsqu'il s'agit de choses qui excitent le mépris chez des personnes capables de discerner ce qui échappe au plus grand nombre.

Méprise – bévue – erreur (Cf : *erreur*).

Méprise – quiproquo (Cf : *quiproquo*).

Mercenaire – vénal.
Mercenaire : ce qui est fait en vue d'un salaire et considéré comme un gain nécessaire à la vie matérielle ; mercenaire suppose un métier et, par conséquent, une sorte d'obéissance à travailler pour quelqu'un qui donnerait des ordres.
Vénal : ce qui s'achète à prix d'argent ou qui est disposé à tout faire pour de l'argent ; vénal suppose une disposition constante à se vendre au plus offrant, avec bassesse et cupidité.

Merci – miséricorde.
Merci : demander merci, c'est demander l'indulgence, le pardon et il n'y a que le faible qui demande merci, c'est-à-dire un peu de complaisance et de ménagement. Par contre, être à la merci de

quelqu'un ne comporte aucune idée de faveur ou de grâce : c'est être sous sa complète dépendance.
Miséricorde : crier ou demander miséricorde ne s'emploie plus guère aujourd'hui ; c'est la grâce ou le pardon accordé à ceux qu'on devrait punir ou qui méritent une peine sévère. Le criminel demande miséricorde parce qu'il se voit menacé d'un sort peu enviable.

Mérite – valeur – vertu (Cf : *valeur*).

Mériter – être digne.
Etre digne : être digne est absolu et se rapporte à l'essence même des choses ; on est digne par sa probité, son honnêteté, sa nature.
Mériter : est relatif à telle ou telle circonstance ou à tel ou tel fait ; on peut être digne d'une récompense sans pour cela mériter un prix.

Merveille – miracle – prodige (Cf : *miracle*).

Mésaise – gêne – malaise (Cf : *malaise*).

Mésavenant – désagréable – fâcheux (Cf : *désagréable*).

Mésaventure – déconvenue – malencontre.
Déconvenue : revers imprévu qui est l'opposé de ce qu'on souhaitait ; elle suppose une espérance trompée.
Malencontre : la malencontre est une mauvaise rencontre ; c'est également un événement accidentel qui est cause de dérangement et parfois de malheur.
Mésaventure : événement fâcheux qui n'est qu'un simple fait pouvant faire l'objet d'un récit détaillé, mais qui est toujours présenté plus ou moins comiquement.

Mesquin – chiche – crasseux – ladre – sordide – taquin – vilain.
Chiche : celui qui s'interdit de faire la plus petite dépense.
Crasseux : celui qui se refuse les choses les plus nécessaires et qui annonce, de ce fait, un extérieur sale et misérable.
Ladre : celui qui est insensible, sourd à toutes les prières et qui ne dépenserait pas un sou pour les malheureux.
Mesquin : celui qui dépense toujours moins que les circonstances ne l'exigent.
Sordide : diffère de crasseux en ce qu'il se dit de choses aussi bien que de personnes en y ajoutant une idée de répulsion.
Taquin : autrefois, celui qui était d'une avarice sordide et chicanant à tout propos pour dépenser le moins possible.
Vilain : celui qui vit chichement en marquant la bassesse de ses goûts et la petitesse de son esprit.

Messager – commissionnaire – envoyé – estafette – exprès –

facteur (1).
Commissionnaire : celui qui, en général, est chargé de porter une lettre ou un paquet.
Messager : celui qui est chargé d'annoncer quelque chose.
Envoyé : messager chargé d'une mission assez importante.
Estafette : celui qui portait autrefois les dépêches d'une poste à la poste suivante; il ne s'emploie plus guère aujourd'hui que dans l'armée.
Exprès : celui qui était chargé d'une mission spéciale.
Facteur : celui qui porte à leur adresse les lettres envoyées par la poste.

Messéant – malséant (Cf : *malséant*).

Mesure – modération – retenue (Cf : *modération*).

Mésuser – abuser (Cf : *abuser*).

Métachronisme – anachronisme – parachronisme – prochronisme (Cf : *anachronisme*).

Métamorphoser – transformer (Cf : *transformer*).

Métastase – rétrocession.
Métastase : c'est le déplacement du siège d'une maladie ou le changement des symptômes d'une maladie.
Rétrocession : c'est la disparition d'une maladie externe qui est remplacée par l'affection d'un organe interne.

Métier – art – état – parti – profession (Cf : *profession*).

Mettre – placer – poser.
Mettre : faire en sorte que quelque chose soit dans un lieu déterminé, sans ajouter à cette idée rien de particulier.
Placer : c'est mettre dans une place et indique, de ce fait, plus de précision dans le choix du lieu; il marque aussi une idée d'ordre et d'assignation.
Poser : c'est mettre sur quelque chose et présente une idée de situation convenable succédant à un état de stabilité plus ou moins durable. On met un cheval dans une écurie, on place un spectateur dans un théâtre, on pose ses pieds sur un tabouret.

Mettre à bas – abattre – démolir – détruire – jeter à bas – renverser – ruiner (Cf : *détruire*).

Mettre à genoux (se) – s'agenouiller.
Se mettre à genoux : exprime la même idée que s'agenouiller.
S'agenouiller : se mettre à genoux et semble marquer en plus un

(1) synonymes arbitraires.

sentiment d'humilité et d'adoration.

Mettre au lit (se) – s'aliter.
Se mettre au lit : on se met au lit pour se reposer ou pour dormir.
S'aliter : forcer à prendre et garder le lit pour cause de maladie.

Mettre à table (se) – s'attabler.
Se mettre à table : exprime simplement l'action habituelle de s'asseoir pour manger; on peut en outre se mettre à table seul.
S'attabler : éveille l'idée d'une circonstance plus ou moins importante et d'un acte qui sort de l'usage ordinaire de quelqu'un; on s'attable plutôt en compagnie d'amis ou même d'étrangers.

Meurtre – assassinat – homicide.
Homicide : action de tuer un homme; il peut être involontaire, légal et même quelquefois légitime.
Meurtre : qualifie l'homicide commis volontairement.
Assassinat : qualifie tout meurtre commis avec préméditation ou en guet-apens.

Meurtrier – assassin – escarpe – homicide (Cf : *assassin*).

Miasmes – effluves (Cf : *effluves*).

Midi – sud (Cf : *sud*).

Mignard – mignon (Cf : *mignon*).

Mignon – mignard.
Mignard : se dit de ce qui est gracieux et délicat, mêlé de gentillesse et d'afféterie; mignard s'applique plutôt au ton, au langage et aux manières.
Mignon : se dit également de ce qui est gentil et délicat, mais s'applique surtout à la personne même et aux formes du corps.

Migration – émigration – immigration.
Migration : action d'un groupe nombreux d'hommes qui, habitant un pays, le quittent pour aller s'établir dans un autre. Migration se dit plus particulièrement du déplacement souvent assez considérable que font certains animaux à des époques périodiques.
Emigration : c'est simplement l'action de quitter son pays, pour un motif ou pour un autre, le plus souvent à cause de la misère et du manque de travail.
Immigration : c'est l'établissement d'étrangers dans un pays; un étranger émigre quand il va dans un autre pays que le sien; il immigre quand il s'y installe de façon plus ou moins définitive.

Milieu – centre.

Centre : suppose une circonférence; c'est un point intérieur qui s'étend autour dans tous les sens; au figuré, le centre est l'endroit où une chose a le plus d'intensité, ou l'objet vers lequel tendent tous les autres.
Milieu : suppose une étendue quelconque; c'est un point qui est à égale distance des deux extrémités; au figuré, le milieu est l'espace dans lequel nous nous trouvons et au sein duquel nous passons notre vie.

Militaire – belliqueux – guerrier – martial.
Belliqueux : qui aime la guerre, qui est disposé à combattre de n'importe quelle façon, mais sans vouloir uniquement briller dans une bataille.
Guerrier : celui qui, non seulement aime la guerre, mais qui aime aussi la faire; il suppose des dispositions et surtout la pratique des combats; il signifie soldat dans le style noble.
Martial : diffère de belliqueux en ce qu'il n'exprime qu'une sorte d'apparence à aimer la guerre; si on a un air martial, on peut avoir des goûts belliqueux.
Militaire : celui qui fait un métier de soldat, soit pendant la guerre, soit en temps de paix; il est opposé à civil tandis que belliqueux, guerrier et martial sont opposés à pacifique.

Mince – délié – fin – grêle – menu – ténu.
Délié : se dit de tout ce qui est effilé, de tout ce qui peut être long et souple comme un fil.
Fin : ajoute à l'idée de délié celle de délicatesse et d'élégance; fin est opposé à grossier.
Grêle : se dit de ce qui est long et mince mais qui manque d'ampleur; grêle s'emploie surtout en anatomie en parlant de l'intestin.
Menu : se dit de tout ce qui est petit en tous sens, qui a un très faible volume et qui occupe peu de place; menu est opposé à gros.
Mince : ce qui est mince a fort peu d'épaisseur et ne limite l'étendue que dans cette seule dimension; mince est opposé à épais.
Ténu : ce qui est ténu est peu compact et ne s'emploie guère qu'en parlant des liquides et des fluides.

Mine – air – physionomie (Cf : *air*).

Ministère – charge – emploi – fonction – office (Cf : *emploi*).

Minutie – bagatelle – misère – niaiserie – rien – vétille (Cf : *rien*).

Miracle – merveille – prodige.
Merveille : chose qui cause de l'admiration, soit parce qu'elle se

distingue des autres d'une manière extraordinaire, soit parce qu'elle excite notre étonnement par sa beauté ou son éclat; une merveille peut être naturelle, comme lorsqu'on dit les merveilles de la nature, soit faite de la main de l'homme, comme les sept merveilles du monde.
Miracle : le miracle est proprement un acte de la puissance divine contraire aux lois de la nature et, par extension, tout ce qui excite l'étonnement et l'admiration dont la cause est inconnue ou paraît comme mystérieuse.
Prodige : le prodige est une chose surprenante, qui frappe l'attention générale et qui cause un profond étonnement; il ajoute à l'idée de miracle un de ces faits extraordinaires que racontent les anciens historiens et qui annoncent des bouleversements terribles, des catastrophes ou des succès invraisemblables.

Mirage – mirement.
Mirage : phénomène particulier qui fait supposer la présence de l'eau dans des lieux où il n'en existe pas et, par extension, toute apparence séduisante et trompeuse.
Mirement : c'est le mirage dans le langage des marins; être en mirement, c'est paraître, par cet effet, dans une situation plus élevée que sa situation réelle.

Mirement – mirage (Cf : *mirage*).

Mirer – viser (Cf : *viser*).

Misérable – malheureux (Cf : *malheureux*).

Misère – adversité – détresse – disgrâce – infortune – malheur (Cf : *malheur*).

Misère – bagatelle – minutie – niaiserie – rien – vétille (Cf : *rien*).

Misère – besoin – dénuement – disette – indigence – nécessité – pauvreté (Cf : *pauvreté*).

Misère – indigence – pauvreté (Cf : *pauvreté*).

Miséricorde – commisération – compassion – pitié (Cf : *pitié*).

Miséricorde – merci (Cf : *merci*).

Mitiger – adoucir – modérer – modifier – tempérer (Cf : *modérer*).

Mixtionner – mélanger – mêler (Cf : *mélanger*).

Mobile – motif (Cf : *motif*).

Mode – vogue.

Mode : usage passager qui dépend du goût et du caprice de quelques individus; c'est une manière, une fantaisie qui a d'abord plu à quelques personnes et que tout le monde a imité.
Vogue : engouement, crédit ou préférences du public pour une personne ou pour une chose; c'est plus un succès d'estime auquel le caprice n'est pas toujours étranger qu'une véritable mode; la vogue n'a d'ailleurs qu'une durée très limitée.

Modèle – exemple (Cf : *exemple*).

Modèle – type.
Modèle : représentation en petit d'un ouvrage que l'on exécutera ensuite avec ses dimensions réelles; au figuré, le modèle est toujours quelque chose digne d'être imité; on dira, par exemple : un modèle de patience ou un modèle de vertu.
Type : c'est l'objet auquel on compare d'autres objets de même nature et qu'on veut multiplier, soit par l'impression, soit par tout autre moyen. Au figuré, le type est quelque chose d'idéal dont on cherche seulement à approcher, ou le représentant le plus parfait d'une catégorie d'homme : Trissotin, par exemple, est le type même du pédant.

Modération – mesure – retenue.
Mesure : c'est l'observation des bienséances; elle n'empêche pas d'agir, mais suppose une règle extérieure qu'on s'impose et basée sur une juste appréciation des circonstances.
Modération : c'est la vertu de celui qui garde une juste mesure pour renfermer l'action dans de sages proportions; elle tient au caractère et c'est une qualité intime qui se manifeste ordinairement dans toute la conduite.
Retenue : c'est la qualité de celui qui sait se contenir, qui agit avec prudence et circonspection; il y a dans la retenue quelque chose d'essentiellement négatif parce qu'elle se rapporte à ce qu'elle empêche de faire et, quand elle est excessive, elle devient timidité.

Modérer – adoucir – mitiger – modifier – tempérer.
Adoucir : rendre plus supportable; on adoucit ce qui est âpre ou sauvage.
Mitiger : rendre moins sévère; on mitige ce qui est trop absolu.
Modérer : user de mesure dans ce que l'on fait, mettre des bornes; on modère son impétuosité.
Modifier : amender en changeant l'état d'une chose; on modifie une phrase ou la nature d'un terrain.
Tempérer : affaiblir par un mélange; on tempère ce qui est trop fort ou trop violent.

Moderne – neuf – nouveau – récent (Cf : *nouveau*).

Modestie – décence – pudeur – pudicité.
Décence : la décence, qui est l'honnête observation des convenances, regarde également la mise, le maintien, les paroles et les mœurs en général.
Modestie : la modestie, qui est opposée à la vanité et à l'orgueil, a trait à la retenue dans la manière de penser et de parler de soi.
Pudeur : la pudeur est une retenue qui empêche de dire, d'entendre ou de faire certaines choses sans embarras, de crainte d'offenser la décence ou la modestie; elle suppose une certaine délicatesse dans la façon de se comporter.
Pudicité : vertu qui fait craindre d'offenser la pureté; elle tient à la nature même de l'âme et suppose quelque chose de très intime.

Modification – changement – innovation – mutation – révolution – variation – vicissitude (Cf : *changement*).

Modifier – adoucir – mitiger – modérer – tempérer (Cf : *modérer*).

Moisir – chancir.
Moisir : exprime un état de corruption assez avancé.
Chancir : chancir est beaucoup moins usité que moisir; il ne suppose qu'un commencement de corruption.

Molester – persécuter – tourmenter – vexer (Cf : *vexer*).

Mollesse – indolence – nonchalance (Cf : *nonchalance*).

Moment – instant.
Moment : désigne un temps qui n'est jamais long, mais il comporte pourtant assez de durée pour qu'on puisse arrêter son esprit sur l'événement.
Instant : désigne un temps encore plus court, un temps d'une durée si petite qu'elle est à peine mesurable; instant renchérit en quelque sorte sur l'idée de brièveté que moment exprime.

Monacal – monastique.
Monacal : se rapporte à tout ce qui appartient à l'état de moine et qui paraît extérieurement; on dira, par exemple : un habit monacal ou une pratique monacale.
Monastique : se rapporte plutôt aux mœurs, à l'esprit qui doit animer les moines, au fond même des choses; on dira : des vœux monastiques ou la vie monastique.

Monarque – empereur – potentat – prince – roi – souverain (Cf : *roi*).

Monastère – abbaye – cloître – couvent (Cf : *abbaye*).

Monastique – monacal (Cf : *monacal*).

Monceau – amas – pile – tas (Cf : *tas*).

Monde – société – sphère (Cf : *société*).

Monde – univers.
Monde : n'est synonyme d'univers que lorsqu'il est pris dans son acception la plus étendue possible ; monde éveille l'idée d'un grand ensemble où vivent tous les êtres de la création et où règne un certain arrangement.
Univers : c'est l'ensemble de tout ce qui existe ou de ce qui est en voie de formation, la totalité de ce qui a été créé en y comprenant même ce qui ne nous est pas connu. Dans un sens plus étendu, il peut y avoir plusieurs mondes : intellectuel, physique, moral, etc., mais il ne peut y avoir qu'un seul univers.

Monologue – soliloque.
Monologue : s'emploie pour désigner une scène où un acteur est seul et se parle à lui-même, et que son discours a une certaine étendue ; il suppose des auditeurs et laisse percer une certaine préoccupation.
Soliloque : s'emploie pour désigner le discours d'un homme qui s'entretient avec lui-même, pour marquer certaines réflexions tout à fait personnelles et sans que personne y fasse attention.

Mont – montagne (Cf : *montagne*).

Montagne – mont.
Mont : grande masse de terre ou de rochers élevée au dessus du terrain environnant et qui occupe une place unique et bien déterminée ; le mont est l'opposé de la vallée.
Montagne : a une signification moins précise et peut présenter plusieurs parties et plusieurs aspects différents ; ce peut être également une suite de monts qui tiennent l'un à l'autre ; la montagne est l'opposé de la plaine.

Montagneux – montueux.
Montagneux : un pays montagneux est, en principe, très élevé ; c'est un endroit d'une étendue assez considérable dans laquelle se trouvent plusieurs chaînes de montagnes.
Montueux : un pays montueux est beaucoup moins étendu et il n'y a pas, à proprement parler de montagnes, mais plutôt des monts et des collines qui rendent sa surface accidentée.

Monter – gravir.
Monter : se rendre à un lieu plus élevé ; il ne suppose aucune autre idée, ni de danger, ni de difficulté, sauf celle de parvenir à une certaine hauteur.

Gravir : monter en grimpant pour atteindre un endroit escarpé en s'aidant des pieds et des mains ; gravir suppose des efforts, de la patience et une certaine endurance.

Montre – étalage – ostentation – parade (Cf : *étalage*).

Montueux – montagneux (Cf : *montagneux*).

Moquerie – dérision – ironie – persiflage – raillerie – risée.
Moquerie : terme général et le plus souvent employé pour faire de quelqu'un ou de quelque chose un objet de plaisanterie ; il suppose aussi qu'on veut, soit offenser, soit nuire.
Dérision : moquerie mêlée de mépris, faite de façon indirecte et qui consiste à montrer le peu de considération qu'on a d'une personne ou d'une chose.
Raillerie : plaisanterie qui consiste à tourner quelqu'un en ridicule ; elle n'a pas l'intention de nuire réellement, mais simplement de faire rire ; la raillerie ne peut blesser que si elle est exagérée.
Ironie : raillerie qui consiste à dire le contraire de ce qu'on veut faire entendre ; c'est une sorte d'ignorance feinte pour instruire les autres.
Persiflage : raillerie prise pour un compliment par celui qui en est victime ; elle consiste à rendre quelqu'un ridicule en ayant l'air de le flatter ou en lui faisant croire des choses absurdes.
Risée : c'est le grand éclat de rire que poussent en même temps plusieurs personnes pour se moquer ; risée porte toujours l'attention sur la personne aux dépens de laquelle les autres rient.

Moral – nécessaire (Cf : *nécessaire*).

Mordant – caustique – satirique (Cf : *caustique*).

Morgue – amour-propre – orgueil – superbe (Cf : *orgueil*).

Moribond – mourant (Cf : *mourant*).

Morne – mélancolique – sombre – soucieux (Cf : *soucieux*).

Mort – décès – fin – trépas.
Mort : mot de la langue usuelle qui signifie tout simplement : fin de la vie, et qui peut s'employer dans toutes les situations et dans tous les styles ; il est le seul qui donne l'idée exacte de la perte de l'existence.
Décès : mort naturelle en parlant des personnes ; c'est un terme de jurisprudence qui fait plutôt penser à une mutation de propriété.
Fin : présente la mort comme devant arriver dans un terme plus ou moins éloigné en lui donnant un caractère immuable et inéluctable.

Trépas : passage de la vie à la mort en parlant de l'homme ; il emporte avec lui quelque chose d'assez élevé et le fait naturel de n'être plus de ce monde.

Monument – bâtiment – construction – édifice (Cf : *construction*).

Mortifié – affligé – attristé – contristé – fâché (Cf : *attristé*).

Mortifier – macérer – mater.
Macérer : soumettre son corps à des austérités, par le jeûne, l'abstinence, la discipline afin, qu'étant affaibli physiquement, il ressente moins vivement le désir charnel.
Mortifier : ajoute à l'idée de macérer celle d'affliger non seulement son corps, mais ses passions en général, par les souffrances, les privations et le repentir.
Mater : se dit surtout de l'homme charnel qu'on parvient à humilier, dont on fait taire les appétits dépravés au moyen de tous les exercices de la pénitence.

Mot – parole (Cf : *parole*).

Mot – expression – terme.
Expression : manière d'exprimer sa pensée au point de vue de l'art et de l'effet produit sur les auditeurs ou les lecteurs ; ce peut être aussi une tournure de phrase qui peut être bien ou mal choisie.
Mot : assemblage de sons exprimant une idée propre à telle ou telle langue ; un mot a un sens qui lui est particulier et qui est toujours plus exact qu'un autre.
Terme : ce qui fixe la pensée et qui en donne une idée nette et précise ; ce peut être également une façon particulière à un art, une science ou un métier et, dans ce cas, c'est un terme propre qui souvent est peu connu du public.

Motif – mobile.
Mobile : le mobile est ce qui pousse à agir, qui fait toujours concevoir quelque chose et qui est, en quelque sorte, une cause motrice ; il peut être plus ou moins fort selon l'influence de la chose ou des passions qui l'animent.
Motif : le motif est ce qui excite à faire une chose et ne rappelle que la faculté d'influencer la volonté ; les motifs sont plausibles ou non selon la raison qu'on leur donne.

Mourant – moribond.
Mourant : celui qui se meurt, qui va s'éteindre et disparaître ; le mourant est arrivé à ses derniers moments et il est très près de la mort.
Moribond : celui qui est sur le point de mourir, qui paraît mourant, qui doit s'attendre à ce que la mort le frappe bientôt, à

ce qu'elle ne tardera pas à frapper.

Mouvement – animation – effervescence.
Mouvement : apparition subite d'un sentiment, manifestation d'une passion.
Animation : mouvement vif qui communique de la force, de la chaleur et de l'éclat en donnant un air de vie.
Effervescence : émotion tumultueuse de l'âme qui contient l'idée de bouillonnement et d'échauffement.

Moyen – voie.
Moyen : ce que l'on met en œuvre pour faire une chose, pour obtenir un résultat; c'est, en quelque sorte, une entremise employée pour produire une action ou un effet désiré.
Voie : tout moyen par lequel une personne ou une chose arrive à destination; c'est une direction qu'on donne à sa conduite pour arriver à un but. Si on invente ou crée un moyen en se servant des choses qu'on trouve sous sa main et dont on tire parti, on s'ouvre une voie que d'autres personnes pourront suivre, le système étant tracé par avance.

Moyen – intermédiaire.
Moyen : ce que l'on met en œuvre pour faire une chose ou pour obtenir un résultat et, plus spécialement, la façon d'agir de quelqu'un pour en mettre d'autres d'accord ou pour leur faire conclure une affaire.
Intermédiaire : ce qui se trouve entre deux choses et, par extension, la personne qui s'entremet pour que deux individus puissent discuter et se trouver dans une position équivalente.

Multitude – affluence – concours – foule – presse (Cf : *foule*).

Mur – muraille.
Mur : ouvrage de maçonnerie assez simple qui sert à enclore un espace, à supporter les étapes d'un bâtiment; c'est en principe, dans un édifice, ce qui doit être bâti en premier avant de diviser l'intérieur.
Muraille : la muraille est un ouvrage plus considérable; c'est un assemblage de murs épais et élevés destinés à protéger ou à défendre et construits, en principe, pour arrêter l'ennemi. Le mur d'une ville est tout simplement le rempart qui l'entoure et qui en limite l'étendue.

Muraille – mur (Cf : *mur*).

Musée – muséum.
Musée : chez les Grecs, lieu destiné à l'étude; aujourd'hui, tout édifice où sont rassemblés les chefs-d'œuvre de la peinture, de la sculpture, des objets antiques qui intéressent les sciences, les

arts, etc.
Muséum : diffère de musée en ce que le muséum est destiné à réunir tout ce qui concerne l'histoire naturelle en général et à son étude.

Muséum – musée (Cf : *musée*).

Mutation – changement – innovation – modification – révolution – variation – vicissitude (Cf : *changement*).

Mutuel – réciproque (Cf : *réciproque*).

Myrmidon – nain – pygmée (Cf : *nain*).

Mysticisme – mysticité.
Mysticité : toute chose qui se rapporte aux mystères a un caractère de mysticité, c'est-à-dire d'une certaine croyance qui se forme autour d'une idée.
Mysticisme : c'est la qualité qui est relative aux mystères et à laquelle on a tendance à tout rapporter, du moins le plus généralement.

Mysticité – mysticisme (Cf : *mysticisme*).

N

Nabot – ragot – trapu (Cf : *trapu*).

Naïf – naturel – simple (Cf : *naturel*).

Nain – myrmidon – pygmée.
Nain : mot qu'on emploie le plus généralement et dans le langage ordinaire pour désigner un homme de très petite taille.
Myrmidon : nom d'un peuple de Thessalie qu'on croyait issu de fourmis métamorphosées en hommes et pas plus grands que ces insectes. Par extension et en littérature, on l'emploie pour désigner un homme très petit et pour montrer son érudition.
Pygmée : nom d'un peuple nain d'Afrique Equatoriale et, toujours par extension, un très petit homme.

Naissance – commencement – origine – source.
Origine : la façon dont une chose commence; elle présente la cause extérieure de cette manifestation comme un simple objet de connaissance.
Commencement : le moment où une chose commence; il désigne la première manifestation de l'existence dans son sens le plus général.
Source : la cause productrice d'une chose; elle laisse supposer une fécondité qui continue longtemps de produire ses effets.
Naissance : la première apparition d'une chose; elle ne se dit que des choses qui ont une sorte de vie et qui grandissent avec le temps.

Naïveté – candeur – ingénuité – simplicité.
Naïveté : la naïveté n'est que le naturel; c'est la qualité de celui qui dit sans détour ce qu'il pense, avec une simplicité d'enfant.
Candeur : la candeur représente la pureté de l'âme; c'est une confiance naïve résultant de l'innocence.
Ingénuité : l'ingénuité est un effet de l'inexpérience et quelquefois même de la sottise; c'est une naïveté pleine de franchise.
Simplicité : la simplicité est la qualité de ce qui peut être décom-

posé ; c'est un terme général dans lequel rentrent les trois autres.

Narrer – conter – raconter (Cf : *raconter*).

Natif – né (Cf : *né*).

Nation – peuple (Cf : *peuple*).

Naturalisation – acclimatation – acclimatement (Cf : *acclimatation*).

Naturel – aborigène – autochtone – indigène (Cf : *indigène*).

Naturel – complexion – constitution – tempérament (Cf : *tempérament*).

Naturel – naïf – simple.

Naïf : ce qui est naïf est exempt d'artifice et d'apprêt ; il est simple et gracieux et, si on aime la naïveté chez l'enfant, c'est parce qu'on la regarde comme une preuve de son innocence. Cependant, on pourrait dire que ce qui est trop naïf conduit souvent à la niaiserie.

Naturel : ce qui est naturel est pur, non frelaté et ne comporte, en principe, aucune affectation, sans toutefois vouloir exclure une certaine recherche ou une certaine beauté qui ne peut être qu'un don de la nature.

Simple : ce qui est simple n'est pas compliqué, facile à comprendre et à employer ; il se présente à nos yeux tel qu'il est, sans ornement, sans faste, sans recherche, sans affectation et sans aucun dessein de séduire. Ce qui est simple est toujours sans déguisement ni malice, mais ce qui est trop simple se laisse aisément tromper.

Nautonier – nocher – pilote (Cf : *pilote*).

Navire – bateau – bâtiment – vaisseau (Cf : *bateau*).

Né – natif.

Né : c'est-à-dire tout simplement : venu au monde, sans impliquer aucune autre idée accessoire.

Natif : est beaucoup plus précis et marque qu'on est né dans un lieu où les parents étaient déjà fixés et qu'on en est, en quelque sorte, originaire. Natif est d'ailleurs toujours suivi d'un nom de lieu.

Néanmoins – cependant – pourtant – toutefois (Cf : *cependant*).

Nécessaire – moral.

Nécessaire : n'est synonyme de moral que lorsqu'il s'agit d'une vérité absolue, qui ne peut pas ne pas être, dont le contraire est impossible logiquement, c'est-à-dire impliquerait contradiction.

Moral : diffère de nécessaire en ce que la certitude n'est pas basée sur des preuves logiques ni rigoureuses, mais procède de la croyance, de la foi, de la parole de quelqu'un, de tout ce qui est fondé sur de fortes probabilités.

Nécessité – besoin – dénuement – disette – indigence – misère – pauvreté (Cf : *pauvreté*).

Nécessiter – contraindre – forcer – obliger – violenter (Cf : *obliger*).

Nécessiteux – gueux – indigent – mendiant – pauvre (Cf : *pauvre*).

Négoce – commerce – trafic (Cf : *commerce*).

Nègre – noir (Cf : *noir*).

Nenni – non (Cf : *non*).

Net – blanc – propre (Cf : *propre*).

Nettoiement – nettoyage (Cf : *nettoyage*).

Nettoyage – nettoiement.
Nettoiement : c'est tout simplement l'action de nettoyer et peut s'employer quelle que soit la chose à nettoyer et quelles que soient les circonstances.
Nettoyage : diffère du nettoiement en ce que l'action de nettoyer est considérée comme exigeant toute une série d'opérations que seuls les gens de métier peuvent connaître.

Neuf – moderne – nouveau – récent (Cf : *nouveau*).

Neutre – intransitif (Cf : *intransitif*).

Niais – badaud – benêt – nigaud (Cf : *nigaud*).

Niaiserie – bagatelle – minutie – misère – rien – vétille (Cf : *rien*).

Nigaud – badaud – benêt – niais.
Badaud : celui qui s'étonne de tout comme s'il n'avait jamais rien vu et qui s'arrête à regarder les choses les plus insignifiantes.
Benêt : celui qui est d'une simplicité voisine de l'idiotisme et qui se laisse mener par le bout du nez.
Niais : celui qui est inexpérimenté, sans malice et sans défense, incapable de se tirer d'affaire tout seul et que la moindre chose embarrasse.
Nigaud : celui qui se laisse attraper par les artifices les plus grossiers.

Nimbe – auréole (Cf : *auréole*).

Nippes – hardes (Cf : *hardes*).

Nocher – nautonier – pilote (Cf : *pilote*).

Nœud – articulation.
Articulation : se dit de la jointure des os, aussi bien de l'homme que des animaux vertébrés.
Nœud : se dit de la jointure d'une corde ou d'une ficelle.

Noir – nègre.
Noir : personne qui appartient à la race noire et considérée sous le rapport de la couleur de sa peau ; noir peut également s'appliquer à des hommes dont la couleur est plus ou moins foncée.
Nègre : se dit proprement des Noirs originaires d'Afrique, mais il ajoute à la couleur une idée de servitude, de travail forcé et d'esclavage, aujourd'hui d'ailleurs pratiquement disparu.

Noircir – décréditer – décrier – dénigrer – déshonorer – diffamer – discréditer (Cf : *diffamer*).

Noisetier – coudre – coudrier.
Noisetier : désigne communément l'arbre que nous connaissons, mais rappelle surtout l'idée des noisettes qu'il produit.
Coudrier : désigne également l'arbre, mais sans faire penser à son fruit.
Coudre : s'applique plutôt au bois et aux branches du noisetier ; c'est un mot qui a vieilli et qui s'emploie moins fréquemment que coudrier ; de même que noisetier s'emploie de préférence à coudrier.

Nom – célébrité – renom – renommée – réputation (Cf : *réputation*).

Nommer – appeler.
Nommer : désigner une personne par son nom propre.
Appeler : désigner une personne par un signe ou une quelconque qualification.

Non – nenni.
Non : adverbe qui exprime purement et simplement la négation et qui est opposé à oui. Non ne se joint pas à un verbe et forme, le plus souvent, une proposition implicite.
Nenni : exprime le refus dans le langage populaire et dans certaines locutions proverbiales ; il marque une action et enchérit sur non en voulant dire : non pas.

Nonchalance – indolence – mollesse.
Indolence : état d'une personne peu sensible à ce qui touche ordinairement les autres hommes ; l'indolence suppose une sorte d'apathie, mais surtout de l'indifférence.
Mollesse : état d'une personne qui manque d'énergie et de

vigueur ; elle suppose une sorte d'impuissance qui n'exclut pas le désir d'agir, mais d'une façon naturellement lente.
Nonchalence : se distingue de la mollesse en ce qu'il s'y mêle de l'insouciance, de la négligence, et même un certain manque de soins.

Nonobstant – malgré (Cf : *malgré*).

Nord – septentrion.
Nord : c'est la partie du ciel qu'on a à sa gauche quand on regarde le soleil levant ; nord s'emploie généralement pour désigner le point cardinal opposé au sud.
Septentrion : c'est le nord, celui des pôles du monde qui est situé près de la constellation de la Petite Ourse et qui n'est guère usité que dans le langage poétique.

Notes – considérations – observations – pensées – réflexions – remarques (Cf : *remarques*).

Notifier – signifier.
Notifier : c'est déclarer nettement, annoncer, faire connaître d'une manière officielle ; on notifie un arrêt, par exemple.
Signifier : ajoute à l'idée de faire connaître celle d'un ordre positif auquel il faut obéir ; on signifie un jugement, par exemple.

Notion – connaissance – idée (Cf : *idée*).

Notoire – clair – évident – manifeste – public (Cf : *évident*).

Nourricier – nourrissant – nutritif (Cf : *nourrissant*).

Nourrir – sustenter.
Nourrir : c'est proprement entretenir la vie, fournir au corps les aliments nécessaires et dont il a besoin, non seulement pour ne pas mourir, mais encore pour le développer, le fortifier et le faire durer le plus longtemps possible.
Sustenter : c'est également entretenir la vie par le moyen des aliments, mais en laissant supposer un état de faiblesse ou de besoin ; il exprime ainsi une sorte de soutien nécessaire pour empêcher de succomber ; on nourrit ses enfants, on sustente les pauvres.

Nourrissant – nourricier – nutritif.
Nourricier : employé surtout en botanique, se dit de sucs qui nourrissent la plante et de ce qui sert également à la nutrition.
Nourrissant : se dit ordinairement de ce qui a la propriété de bien nourrir et marque ainsi l'effet produit par ces aliments.
Nutritif : se dit de toute substance propre à servir d'aliment et marque l'action de nourrir et non la faculté.

Nourriture – aliment – subsistance.
Aliment : tout ce que l'on peut manger ou boire pour se nourrir.
Nourriture : est proprement l'action d'ingérer les aliments qui en sont la matière principale.
Subsistance : est ce qu'il y a de nourrissant dans une chose pour le corps et pour l'esprit; elle exprime une idée qui n'est pas d'une application immédiate.

Nouveau – moderne – neuf – récent.
Moderne : ce qui est moderne appartient à l'histoire du siècle actuel ou à des temps tout à fait récents et qui ne remontent pas très loin de nous; un édifice moderne, par exemple, est celui qui a été construit depuis peu et que nous pouvons voir de nos jours.
Neuf : ce qui est neuf est ce qui a été fait tout récemment ou qui n'a pas encore servi et qui ne montre aucune trace d'usure; il peut encore se dire de ce dont on n'a pas encore entendu parler ou de celui qui n'a pas encore l'expérience d'une chose; être neuf dans son métier. c'est être encore novice.
Nouveau : ce qui est nouveau est ce qui commence d'être ou de paraître, ou ce qui n'existe ou qui n'est connu que depuis très peu de temps; nouveau peut également se dire de ce qui arrive, se dit ou se fait pour la première fois, comme dans l'expression : voici du nouveau.
Récent : ce qui est récent est ce qui a été fait ou ce qui est arrivé il y a peu de temps; récent ne peut se dire que des choses qui arrivent réellement et il les présente comme n'étant pas anciennes. Avoir la mémoire récente d'une chose, c'est s'en souvenir comme si elle venait d'avoir lieu.

Nouvelle – conte – fable – roman (Cf : *roman*).

Nuage – nue – nuée.
Nuage : le nuage est un amas de vapeurs en suspension dans l'atmosphère et considéré par rapport à son effet, en produisant les orages, la pluie et l'obscurité. Au figuré, on emploie nuage pour parler de tout ce qui obscurcit ou de tout ce qui trouble un état serein.
Nue : la nue est un nuage très élevé considéré par rapport à sa hauteur; au figuré, il exprime toujours la même idée de hauteur et même quelquefois d'excès. Se perdre dans les nues, c'est s'élever si haut dans ses raisonnements que l'on perd soi-même de vue le sujet que l'on a entrepris de traiter.
Nuée : la nuée est un fort nuage orageux considéré par rapport à son étendue et à son volume. Au figuré, la nuée est une grande multitude impliquant une idée de danger et de péril.

Nuancer – nuer
Nuancer : rapprocher des couleurs, des nuances de telle sorte que le passage de l'un à l'autre soit presque insensible. Nuancer s'emploie surtout quand l'artiste semble avoir calculé le mélange idéal des couleurs en vue de l'effet qu'il voulait produire et suppose de la finesse et une grande habileté.
Nuer : diffère de nuancer en ce qu'il ne s'emploie plus guère aujourd'hui ; nuer suppose surtout un objet nuancé par la nature elle-même avec l'habileté d'un artiste.

Nue – nuage – nuée (Cf : *nuage*).

Nuée – nuage – nue (Cf : *nuage*).

Nuer – nuancer (Cf : *nuancer*).

Nuisible – malfaisant – pernicieux.
Malfaisant : ce qui est malfaisant est ce qui se plaît à faire du mal en renfermant une idée d'action ; un homme malfaisant est enclin aux mauvaises actions.
Nuisible : ce qui est nuisible est ce qui nuit, qui doit ou qui peut nuire ; il qualifie plutôt une manière d'être en étant le contraire d'utile ou d'avantageux.
Pernicieux : ce qui est pernicieux est ce qui est nuisible à la santé et qui porte ou qui occasionne la mort ; pernicieux suppose toujours une idée de perte et de ruine totale.

Nuit (bonne) – adieu – bonjour – bonsoir – au revoir (Cf : *revoir*).

Nuit – obscurité – ténèbres (Cf : *obscurité*).

Nul – aucun (Cf : *aucun*).

Numéral – numérique (Cf : *numérique*).

Numérique – numéral.
Numéral : ce qui désigne un nombre considéré dans sa forme et dans son expression ; les lettres numérales, par exemple, ont exactement la valeur de nos chiffres, c'est-à-dire qu'elles sont la représentation figurée des nombres.
Numérique : ce qui a rapport aux nombres considérés par rapport à leur idée même ou à leur nature propre. Un calcul numérique s'exécute sur des nombres considérés avec leurs valeurs respectives et soumis à diverses combinaisons.

Nutritif – nourricier – nourrissant (Cf : *nourrissant*).

O

Obéissance – soumission.
Obéissance : action de faire la volonté d'un autre, d'exécuter un ordre ; l'obéissance implique l'acte de celui qui fait ce qui lui est commandé mais ne suppose pas nécessairement la contrainte ni l'obligation de céder à une force quelconque.
Soumission : c'est la disposition à obéir et l'action par laquelle on se déclare prêt à accepter l'autorité ou la domination. Il peut y avoir soumission sans qu'aucun ordre n'ait été donné, mais la soumission porte toujours à l'obéissance.

Objet – sujet (Cf : *sujet*).

Oblation – offrande (Cf : *offrande*).

Obligation – devoir.
Devoir : ce dont il est impossible de se soustraire ; le devoir comporte une idée de morale très élevée et une sorte d'obéissance passive au bien général.
Obligation : devoir dont on ne peut être déchargé ; il comporte une idée plus personnelle se rattachant aux circonstances qui rendent le fait nécessaire.

Obligeant – officieux – serviable (Cf : *serviable*).

Obliger – engager.
Obliger : imposer comme un devoir moral et même quelquefois nécessité par les circonstances.
Engager : exprime un devoir moins strict, moins précis, quelquefois même une simple convenance.

Obliger – contraindre – forcer – nécessiter – violenter.
Obliger : imposer à quelqu'un la nécessité inéluctable de faire une chose ; il rappelle l'idée d'une obligation morale ou d'un devoir.
Contraindre : faire agir un individu contre son gré en employant pour cela un moyen quelconque ; c'est, en quelque sorte, lui

restreindre sa liberté.
Forcer : contraindre par la force; il suppose une puissance irrésistible.
Violenter : forcer en maltraitant physiquement; il suppose une tentative ou, au moins, une pensée de résistance.
Nécessiter : rendre une chose nécessaire; il ne s'emploie guère qu'en théologie et fait penser à une volonté qui s'oppose à la nature même des choses.

Obreptice – subreptice (Cf : *subreptice*).

Obscur – sombre – ténébreux.
Obscur : ce qui est obscur est ce qui manque de lumière et marque simplement le défaut de clarté; au figuré, ce qu'il est difficile de comprendre ou ce qui n'est pas bien connu est obscur.
Sombre : ce qui est sombre est peu éclairé et ajoute au défaut de clarté une idée de couleur très foncée tirant sur le brun; au figuré, sombre est ce qui est d'une tristesse farouche.
Ténébreux : ce qui est ténébreux est ce qui est dans une profonde obscurité, qui n'a ni lumière ni clarté et qui, de ce fait, est capable d'inspirer de l'effroi. Au figuré, ténébreux est ce qui se cache avec soin dans l'ombre pour accomplir un méfait.

Obscurcir – éclipser – effacer (Cf : *éclipser*).

Obscurcir – offusquer.
Obscurcir : c'est rendre obscur, soit en agissant sur l'objet lui-même en le rendant moins lumineux, soit en voilant son éclat. Quand on dit : un nuage obscurcit le ciel, on veut dire que la quantité de lumière répandue se trouve réellement amoindrie.
Offusquer : c'est soustraire à la vue par un obstacle interposé et empêcher la lumière de paraître comme s'il y avait un écran. Quand on dit : un nuage offusque le soleil, on veut dire qu'il y a moins de lumière à cause de l'interposition de ce nuage. L'esprit est obscurci quand il est frappé d'aveuglement, il est offusqué quand on lui a caché la vérité.

Obscurité – nuit – ténèbres.
Nuit : le temps pendant lequel le soleil étant sur notre horizon, il règne sur la terre une absence de clarté plus ou moins complète; c'est aussi une partie des vingt-quatre heures dont se compose une journée; mais c'est surtout le temps pendant lequel on est privé de lumière.
Obscurité : c'est un terme abstrait qui ne marque qu'un état. Au figuré, on emploie nuit toutes les fois qu'on veut représenter l'obscurité comme ayant plus ou moins de durée.
Ténèbres : diffère d'obscurité en ce que ténèbres est un terme

concret et fait considérer l'absence de lumière comme quelque chose de réel et même de palpable ou de tangible, puisqu'on peut non seulement les traverser mais aussi y séjourner.

Obséder – assiéger.
Assiéger : importuner sans cesse quelqu'un pour le forcer à une action quelconque ; il peut s'employer au propre et au figuré.
Obséder : importuner quelqu'un en le tourmentant sans cesse pour le soumettre ; il ne s'emploie qu'au figuré.

Obsèques – convoi – enterrement – funérailles (Cf : *enterrement*).

Observance – observation (Cf : *observation*).

Observations – considérations – notes – pensées – réflexions – remarques (Cf : *remarques*).

Observation – observance.
Observance : c'est l'exécution ponctuelle de ce que prescrit une règle religieuse, la loi, la civilité ; il désigne quelque chose de très général et parfois l'ordre religieux lui-même.
Observation : diffère d'observance en ce qu'il peut également désigner l'action d'exécuter ponctuellement une chose en dehors des pratiques religieuses ; observation peut se rapporter à un précepte particulier ou à un acte distinct.

Observer – considérer – contempler – envisager – examiner – regarder – remarquer (Cf : *regarder*).

Observer – accomplir – garder.
Observer : on observe la loi par son attention à exécuter ce qu'elle nous prescrit.
Garder : on garde la loi en veillant continuellement à ce qu'elle ne soit pas violée.
Accomplir : on l'accomplit en faisant entièrement tout ce qu'elle ordonne.

Obstacle – empêchement.
Obstacle : tout ce qui s'oppose à l'accomplissement d'une chose, tout ce qui empêche qu'une force produise son effet. L'obstacle est ce qui arrête et il faut le renverser pour en venir à bout.
Empêchement : ce qui gêne la liberté d'agir, ce qui s'oppose à ce que quelque chose ait lieu. Il faut se débarrasser d'un empêchement et c'est avec de la patience qu'on y parvient.

Obstacle – barrière – embarras – empêchement – entraves – traverse.
Obstacle : tout ce qui s'oppose à l'accomplissement d'une chose ; ce peut être soit un objet matériel, soit un acte hostile.
Barrière : représente l'objet qui arrête comme spécialement

dressé pour empêcher le passage; il forme également métaphore et ne diffère guère, dans ce cas, du mot obstacle.
Embarras : obstacle qui empêche de passer avec idée d'encombrement, de difficultés et surtout de retard dans l'exécution d'une chose.
Empêchement : obstacle qui embarrasse ou qui gêne et qui rend l'action momentanément impossible, soit extérieurement, soit dans l'esprit de celui qui voudrait agir.
Entraves : empêchements qui consistent en des liens qu'on met aux jambes d'une personne ou d'un animal et qui s'opposent à sa marche.
Traverse : n'est employé qu'au sens figuré pour marquer un obstacle où se mêle l'idée d'affliction et de peine facile à surmonter.

Obstiné – entêté – entier – opiniâtre – têtu (Cf : *têtu*).

Occasion – cas – circonstance – conjoncture – occurrence (Cf : *circonstance*).

Occident – ouest – ponant (Cf : *ouest*).

Occupation – travail (Cf : *travail*).

Occurrence – cas – circonstance – conjoncture – occasion (Cf : *circonstance*).

Odeur – senteur.
Odeur : c'est l'impression particulière produite sur l'odorat par les émanations des corps; les odeurs ne sont généralement pas perçues de la même manière, ni de la même façon selon nos sensations du moment.
Senteur : c'est tout simplement l'odeur, agréable ou non, qu'exhale un corps et qui varie suivant les individus.

Odieux – haïssable.
Haïssable : marque proprement ce qui mérite d'être haï, ce qui est capable d'inspirer de la haine plutôt que ce qui pourrait l'exciter.
Odieux : désigne ce qui est l'objet d'une haine actuellement ressentie ou, avec encore plus de force que haïssable, de tout objet qui ne mérite que de la haine.

Odorant – odoriférant.
Odorant : se dit de ce qui a de l'odeur et même de ce qui peut sentir mauvais, bien que ce mot s'applique plutôt aux odeurs agréables; mais ce qui est odorant a besoin d'être flairé pour que son odeur soit ressentie.
Odoriférant : se dit de ce qui répand généralement une odeur

agréable et qui porte en soi la faculté de répandre au loin son odeur ; on dira plutôt : une fleur odorante parce qu'elle a besoin d'être sentie, et une plante odoriférante parce que son odeur se répand d'elle-même.

Odorat – olfaction.
Odorat : c'est le sens par lequel on perçoit les odeurs ; il peut être fin ou subtil, mais ne comporte en général aucune autre idée accessoire.
Olfaction : c'est l'exercice actif de l'odorat grâce auquel on perçoit les odeurs et, pour qu'il soit possible, il faut qu'il y ait une atmosphère odorante.

Odoriférant – odorant (Cf : *odorant*).

Œil (coup d') – œillade – regard (Cf : *regard*).

Œillade – coup d'œil – regard (Cf : *regard*).

Œuvre – ouvrage.
Œuvre : toute chose créée ou faite par l'homme, qui subsiste encore et qui est considérée comme une action moralement bonne ou mauvaise, digne de louange ou de blâme suivant l'intention de l'agent. Le mot œuvres, au pluriel, s'applique, toujours avec un sens général, aux compositions littéraires d'un auteur.
Ouvrage : tout ce qui résulte d'un travail dépensé à faire une chose et considéré comme terminé et que nos yeux peuvent contempler. Le mot ouvrage, quand il s'agit d'écrit d'un auteur, s'applique de façon précise quand on veut parler de l'un d'entre eux d'une façon plus matérielle.

Œuvres (bonnes) – bonnes actions.
Bonnes actions : expression ordinaire pour désigner un acte méritoire.
Bonnes œuvres : expression religieuse pour désigner la même action.

Office – charge – emploi – fonction – ministère (Cf : *emploi*).

Office (bon) – amitié – bienfait – faveur – grâce – plaisir – service (Cf : *service*).

Officieux – obligeant – serviable (Cf : *serviable*).

Offrande – oblation.
Offrande : don offert à la divinité ou à un sanctuaire et, généralement, tout ce qu'on offre à une personne pour lui témoigner son dévouement ou son respect.
Oblation : diffère d'offrande en ce que oblation n'est employé

qu'en style religieux et que c'est uniquement une offrande faite à Dieu. De plus, leur sens étymologique permettrait de supposer que l'offrande serait la chose qui doit être offerte et l'oblation l'action même d'offrir.

Offrir – donner – présenter (Cf : *donner*).

Offusquer – obscurcir (Cf : *obscurcir*).

Oiseux – oisif.
Oiseux : quand il est synonyme de oisif, il marque l'habitude de ne rien faire; des paroles oiseuses sont des paroles qui ne servent à rien et, par conséquent, complètement stériles.
Oisif : exprime l'inoccupation, l'état de celui qui ne travaille pas et qui ne fait absolument rien; un talent oisif est un talent dont on ne fait point usage dans son état actuel, mais qui pourrait devenir actif.

Oisif – oiseux (Cf : *oiseux*).

Oisiveté – désoccupation – désœuvrement – inaction – inactivité – inertie – loisir (Cf : *inactivité*).

Olfaction – odorat (Cf : *odorat*).

Ombrageux – méfiant – soupçonneux (Cf : *méfiant*).

Ondes – flots – houles – vagues (Cf : *vagues*).

Opiniâtre – entêté – entier – obstiné – têtu (Cf : *têtu*).

Opinion – avis – pensée – sentiment (Cf : *pensée*).

Opinion – créance – croyance – foi (Cf : *foi*).

Opposé – contradictoire – contraire (Cf : *contraire*).

Opposite (à l') – en face – vis-à-vis (Cf : *vis-à-vis*).

Oppresser – accabler – opprimer.
Accabler : anéantir les forces par un poids; on peut être accablé par une cause intérieure, comme le chagrin par exemple; on peut également être accablé sans que personne y contribue d'une manière volontaire.
Opprimer : soumettre quelqu'un par la violence; se prend toujours en mauvaise part parce qu'il exprime l'abus tyrannique d'une autorité; on n'est opprimé que par des causes réelles.
Oppresser : gêner par un sentiment de pression, obséder par une pénible impression morale.

Opprimer – accabler – oppresser (Cf : *oppresser*).

Opprobre – déshonneur – honte – ignominie – infamie – turpitude

(Cf : *honte*).

Opter – adopter – aimer mieux – choisir – élire – préférer – trier (Cf : *choisir*).

Opulence – abondance – aisance – richesse (Cf : *richesse*).

Orage – bourrasque – ouragan – tempête – tourmente (Cf : *tempête*).

Oraison – discours – harangue (Cf : *discours*).

Ordinaire – commun – trivial – vulgaire (Cf : *vulgaire*).

Ordonner – disposer – organiser – ranger (Cf : *ranger*).

Ordre – règle.
Règle : n'est synonyme d'ordre que lorsque règle est considérée dans les choses mêmes auxquelles on a appliqué les dispositions que le bon sens prescrit. Etre en règle, c'est se conformer aux prescriptions de la loi, de la coutume, de l'usage, et fait penser à l'action par laquelle on a ordonné ces choses.
Ordre : être en ordre, considéré comme synonyme d'être en règle, ne fait penser qu'à l'état même dans lequel se trouvent les choses qu'on a ordonné de faire.

Ordre – commandement – injonction – précepte – prescription.
Commandement : terme le plus général ; c'est un acte particulier donné par un dépositaire ou un délégué de l'autorité publique ; il se dit aussi bien de l'autorité elle-même.
Ordre : acte d'un supérieur quelconque avertissant un subordonné qu'il aura à faire telle ou telle chose ; il ne suppose pas une autorité aussi puissante que le commandement : on exécute un ordre mais on obéit à un commandement.
Injonction : commandement formel d'obtempérer à une décision de l'autorité ; il laisse supposer une certaine répugnance de la part de ceux qui doivent obéir.
Prescription : acte par lequel on recommande en même temps que l'on conseille de faire une chose ; ce peut être aussi un ordre précis qui détermine exactement ce qui doit être fait.
Précepte : joint l'idée d'enseignement à celle d'ordre ; le précepte a toujours pour objet la piété ou la vertu.

Organiser – disposer – ordonner – ranger (Cf : *ranger*).

Orgueil – amour-propre – morgue – superbe.
Orgueil : opinion trop avantageuse de soi-même par laquelle l'homme rehausse son idée de grandeur et d'excellence sur le sentiment qu'il a de son mérite et de sa noblesse.
Amour-propre : orgueil qui se dit le plus ordinairement dans un

sens défavorable et désigne le trop grand attachement d'un homme à ce qui lui est personnel ; c'est un orgueil aveugle qui nous jette dans des illusions souvent mal fondées sur ce qui nous regarde.
Superbe : orgueil hautain qui ne s'emploie guère que par dérision et dans le langage de la dévotion.
Morgue : orgueil affecté et suffisant qui consiste, en prenant un air hautain et grave, à inspirer soit le respect, soit la crainte.

Orgueilleux – avantageux – glorieux – important – présomptueux – suffisant – superbe – vain.
Avantageux : l'homme avantageux est celui qui a pleine et entière confiance dans ses capacités.
Glorieux : l'homme glorieux est celui qui aime faire étalage de son mérite.
Important : l'homme important est celui qui s'imagine qu'il a beaucoup de crédit et d'influence.
Orgueilleux : l'homme orgueilleux est celui qui a une opinion trop avantageuse de lui-même.
Présomptueux : l'homme présomptueux est celui qui est certain du succès de ce qu'il entreprend.
Suffisant : l'homme suffisant est celui qui est sottement entiché de son mérite.
Superbe : l'homme superbe est celui qui étale un orgueil hautain.
Vain : l'homme vain est celui qui exagère son mérite et s'en fait accroire.

Orient – est – levant (Cf : *est*).

Oriflamme – bannière – drapeau – enseigne – étendard – gonfalon – labarum (Cf : *drapeau*).

Origine – commencement – naissance – source (Cf : *naissance*).

Orner – décorer – embellir – parer (Cf : *décorer*).

Os – ossements.
Os : c'est le corps dur, résistant et solide, qui fait partie du squelette des animaux, considéré en lui-même ou par rapport à la place qu'il occupe dans le corps ou à la fonction qu'il remplit.
Ossements : ce sont les os qui, après la mort de l'animal, sont dépouillés de chair et considérés alors comme de simples débris qui sont enfouis dans le sol ou dispersés au hasard.

Ossements – os (Cf : *os*).

Ostentation – étalage – montre – parade (Cf : *étalage*).

Ouest – occident – ponant.

Ouest : le côté du ciel et de l'horizon où le soleil se couche; ouest est toujours employé pour désigner le point cardinal opposé à l'est.
Occident : la partie du globe terrestre qui est du côté du couchant par rapport à nous et plus particulièrement les peuples qui habitent ces contrées.
Ponant : vieux mot qui désignait l'occident ou l'Océan par opposition à la Méditerranée; ponant n'est plus employé aujourd'hui qu'en poésie ou en littérature.

Ouragan – bourrasque – orage – tempête – tourmente (Cf : *tempête*).

Ourdir – machiner – tramer.
Ourdir : agencer secrètement, préparer les premières mesures qui pourront conduire à l'exécution d'un dessein ou mener à bien une entreprise quelconque; ourdir n'est pas toujours nécessairement pris dans un mauvais sens : ourdir un projet, c'est quelquefois le mener avec plus ou moins d'habileté.
Tramer : suppose des moyens plus artificieux pour parvenir au but et une exécution plus proche dans le temps; tramer, c'est comploter plus ou moins odieusement.
Machiner : enchérit sur tramer en laissant supposer des préparatifs assez compliqués, une sorte de machine qu'on monte à grands frais pour produire un effet désastreux.

Outil – instrument.
Outil : tout ustensile servant à travailler; l'outil est en principe très simple et a pour but de suppléer à l'habileté; son usage s'acquiert par l'habitude.
Instrument : appareil d'une construction déjà plus compliquée et qui exige une certaine habileté personnelle; un instrument est nécessaire pour parvenir à un résultat positif, pour cultiver les arts ou pour servir la science; un violon peut être un outil entre les mains de l'artiste qui s'en sert pour travailler, mais c'est avant tout un instrument de musique. En outre, instrument est le seul qui s'emploie fréquemment au figuré, précisément parce qu'il est moins vulgaire qu'outil.

Outrage – affront – avanie – insulte (Cf : *insulte*).

Outrageant – outrageux.
Outrageant : se dit de ce qui outrage, c'est-à-dire de ce qui offense, en marquant l'effet actuel ou, tout au moins, l'effet habituel; une parole outrageante peut n'être telle qu'à cause des circonstances.
Outrageux : se dit de ce qui fait outrage, c'est-à-dire qui marque la nature même de la chose qui consiste à être elle-même un

outrage. Une parole outrageuse n'est, en général, qu'un outrage puisque c'est sa propre nature; outrageux peut également se dire des personnes et il les représente, dans ce cas-là, comme prenant du plaisir à outrager tout le monde.

Outrageux – outrageant (Cf : *outrageant*).

Outre cela – d'ailleurs – de plus – en outre (Cf : *ailleurs*).

Outre (en) – d'ailleurs – outre cela – de plus (Cf : *ailleurs*).

Outré – démesuré – énorme – excessif – exorbitant – immodéré (Cf : *énorme*).

Outré – indigné (Cf : *indigné*).

Outrepasser – dépasser – passer – surpasser (Cf : *dépasser*).

Ouvert – cordial – franc – rond – sincère (Cf : *sincère*).

Ouvrage – œuvre (Cf : *œuvre*).

Ouvrage – production.
Ouvrage : ce qui résulte d'un travail manuel et dans lequel on considère d'abord l'exécution; on peut dire qu'un maçon, quand il construit une maison, fait un ouvrage.
Production : c'est l'action de donner naissance en considérant, non seulement la force qui produit, mais le génie qui crée; on dira, par exemple : une production littéraire en parlant d'un auteur qui a écrit des livres.

Ouvrier – artisan – artiste (Cf : *artisan*).

Ouvrier – travailleur.
Ouvrier : celui qui exécute un travail manuel considéré par rapport à son ouvrage et à sa cause et qui le fait bien, comme on lui a appris à le faire.
Travailleur : celui qui est appliqué dans son travail et considéré sous le rapport de la peine qu'il prend pour le faire, de ses efforts et de ses fatigues et qui, non seulement ne perd pas son temps, mais fait son travail avec goût et zèle.

Ouvroir – atelier – boutique – chantier – laboratoire (Cf : *atelier*).

Ovale – ellipse.
Ellipse : n'est synonyme d'ovale que lorsqu'elle est considérée comme un cercle imparfait; l'ellipse est une courbe géométrique que l'on range parmi les sections coniques.
Ovale : présente l'apparence d'une ellipse en étant une courbe arrondie et oblongue, mais en diffère par sa nature et par ses propriétés.

P

Pacage – pâtis – pâturage – pâture (Cf : *pâturage*).

Pacifier – apaiser – calmer (Cf : *calmer*).

Pacifique – paisible.

Pacifique : exprime l'amour de la paix et tout ce qui peut se faire ou être entrepris pour faire régner la paix ; pacifique s'emploie toutes les fois qu'on se propose de rétablir le calme et la concorde, même en temps de guerre. Un règne pacifique, par exemple, est exempt de conflits, un esprit pacifique apaise les différends et les dissensions.

Paisible : exprime la douceur et la tranquillité ; on est paisible quand on est en paix, qu'on ne ressent aucun trouble ; un séjour paisible est un séjour où l'on est au calme et où il n'y a ni bruit ni agitation. Si pacifique marque tout spécialement l'absence de guerre, paisible ajoute en plus l'absence de toute agitation politique ou morale.

Pacte – accord – contrat – convention – marché – traité (Cf : *convention*).

Païens – gentils – idolâtres – infidèles.

Gentils : les hommes de l'antiquité qui n'étaient ni juifs ni chrétiens ; ce mot ne s'emploie qu'en parlant du temps où le peuple juif occupait encore la Palestine.

Païens : s'emploie par opposition à chrétiens, mais on ne l'applique de fait qu'à ceux qui adorent de faux dieux ; ainsi, les juifs et les musulmans ne sont pas considérés comme des païens.

Idolâtres : ceux qui adorent les idoles, c'est-à-dire des statues représentant des divinités et qui leur rendent un culte.

Infidèles : ceux qui, à un point de vue très général, manquent à la foi promise et n'ont pas la vraie foi.

Paillardise – impudicité – lascivité – lubricité – luxure (Cf : *lubricité*).

Paire – couple.
Paire : se dit de deux choses qu'il est d'usage d'employer toujours ensemble, ou d'une seule chose composée de deux parties qui font le même service ; on dira, par exemple : une paire de bas ou une paire de lunettes.
Couple : quand couple est féminin, il se dit de deux choses de même espèce qui ne vont point nécessairement ensemble et qui peuvent n'être unies qu'accidentellement ; on dira, par exemple : une couple d'œufs. Quand couple est masculin, il se dit de deux êtres animés associés pour une fin commune, comme par exemple : un couple d'amis.

Paisible – pacifique (Cf : *pacifique*).

Paix – calme – quiétude – repos – tranquillité (Cf : *tranquillité*).

Palais – château – hôtel (Cf : *château*).

Pâle – blafard – blême – hâve – livide.
Pâle : terme généralement employé pour exprimer l'absence de couleur ; il n'ajoute pas nécessairement quelque chose de choquant ou de maladif.
Blafard : ce qui est blafard est d'un blanc mat et terne et se présente comme quelque chose de sale et de désagréable.
Blême : ce qui est blême est excessivement pâle, soit par l'effet d'une maladie, soit par l'effet de la peur.
Hâve : ce qui est hâve est pâle et très maigre ; il ajoute aux autres mots une idée de décharnement.
Livide : ce qui est livide est de couleur plombée et d'un bleu noirâtre ; c'est en quelque sorte la couleur des cadavres.

Palingénésie – régénération – renaissance (Cf : *renaissance*).

Palis – palissade (Cf : *palissade*).

Palissade – palis.
Palis : un palis est une clôture de pieux destiné à fermer, de la manière la plus simple, un jardin ou un endroit quelconque, dans le seul but d'empêcher d'entrer ou de sortir.
Palissade : la palissade est un ouvrage plus important qui consiste en une barrière de gros pieux fermant l'entrée d'une fortification et qu'on élève également dans les parcs et les grands jardins.

Pallier – cacher – celer – couvrir – déguiser – dissimuler – taire – voiler (Cf : *cacher*).

Palper – manier – tâter – toucher (Cf : *toucher*).

Panégyrique – éloge (Cf : *éloge*).

Panicule – grappe (Cf : *grappe*).

Panne – débine – dèche – purée (Cf : *dèche*).

Papelard – patelin – patelineur (Cf : *patelin*).

Parabole – allégorie – apologue.
Allégorie : discours qui dit autre chose que ce qu'il paraît dire, ou fiction qui présente une chose pour une autre.
Apologue : enseignement allégorique d'une vérité morale.
Parabole : allégorie morale contenue principalement dans l'Evangile.

Parachever – achever – finir – terminer (Cf : *terminer*).

Parachronisme – anachronisme – métachronisme – prochronisme (Cf : *anachronisme*).

Parade – étalage – montre – ostentation (Cf : *étalage*).

Paradis – ciel.
Ciel : séjour des bienheureux après la mort; il comporte l'idée de gloire et de sainteté.
Paradis : lieu de délices où vont les âmes des justes après la mort et où séjournent les anges; il est l'opposé de l'enfer et fait davantage songer au bonheur et à la béatitude. Il s'emploie, au figuré, pour désigner un séjour idyllique.

Paradoxal – incroyable (Cf : *incroyable*).

Paraître – sembler (Cf : *sembler*).

Paraître – comparaître.
Paraître : se faire voir, se montrer et, par conséquent, devenir visible.
Comparaître : paraître ensemble et, plus spécialement, se présenter devant quelqu'un; il suppose presque toujours une idée de justice ou de jugement.

Paraître – apparaître.
Paraître : devenir visible en parlant des choses ordinaires.
Apparaître : devenir visible en parlant des choses qui, par leur nature ou leur rareté, tiennent du miracle ou du prodige.

Paralogisme – sophisme (Cf : *sophisme*).

Paralytique – perclus.
Paralytique : être paralytique, c'est être atteint de paralysie, c'est-à-dire de la privation ou de la diminution du sentiment et du mouvement volontaire, ou seulement de l'un ou de l'autre.
Perclus : c'est être impotent de tout le corps ou d'une partie du corps; perclus annonce quelque chose de moins grave et de moins dangereux que paralytique qui est toujours un terme très

sérieux.

Parasite – écornifleur.
Parasite : celui qui fait métier d'aller manger à la table des riches et paie ses hôtes en flatteries et en bons mots.
Ecornifleur : celui qui se fait offrir un repas par ruse; il s'emploie dans le langage familier et éveille l'idée d'effronterie; l'écornifleur n'inspire que du mépris et on le traite sans ménagement.

Parce que – puisque.
Parce que : implique nécessairement une cause quelconque et une connaissance plus ou moins exacte de ce que l'on prétend.
Puisque : invoque, en plus de la cause, une raison ou un motif que l'on connaît de façon certaine.

Parcimonie – économie – épargne – ménage (Cf : *épargne*).

Pardon – abolition – absolution – grâce – rémission.
Abolition : acte de clémence qui ne laisse plus aucune trace du crime. En vieux droit français : pardon d'un crime.
Absolution : action d'effacer un péché ou une faute.
Rémission : action de dispenser quelqu'un de la peine qu'il doit subir; ce peut être un acte de clémence partielle.
Grâce : remise ou commutation d'une peine très grave accordée par un souverain ou par un chef de gouvernement.
Pardon : action d'oublier une offense.

Pardonner – excuser.
Excuser : présenter une raison pour se justifier ou justifier quelqu'un d'autre; excuser n'implique généralement qu'une faute légère ou un oubli et prouve que celui qui excuse sait faire la part des circonstances.
Pardonner : renoncer à punir une faute grave ou une injure dont on aurait droit de se tenir offensé; pardonner prouve que celui qui pardonne a de la générosité et une certaine grandeur d'âme.

Pareil – semblable – tel (Cf : *semblable*).

Parer – décorer – embellir – orner (Cf : *décorer*).

Paresse – fainéantise.
Paresse : répugnance qu'on éprouve pour le travail et qui peut se traduire par un amour immodéré du repos. La paresse tient au tempérament et au caractère; quand un paresseux veut vaincre sa paresse, il travaille aussi bien qu'un autre.
Fainéantise : vice de celui qui ne fait rien, qui ne veut pas travailler; c'est, en quelque sorte, la paresse en action. La

fainéantise est une habitude, un parti pris et le fainéant sera toujours un homme inutile.

Paresseux – fainéant (Cf : *paresse*).

Parfait – achevé – fini (Cf : *fini*).

Parfait – accompli – consommé.
Accompli : achevé et exécuté d'une maniere complète; s'emploie de préférence avec des personnes et jamais en mauvaise part.
Consommé : fait plutôt penser à une seule qualité acquise par un long usage.
Parfait : qui a toutes les qualités et qui est accompli en son genre; il emporte une idée d'unité qui va bien avec les noms de choses abstraites; il désigne également dans les personnes une qualité particulière et unique.

Parfum – aromate – arôme.
Aromate : toute substance végétale d'où s'exhale une odeur.
Parfum : toute substance odorante quelle qu'en soit la nature et spécialement l'odeur qui s'exhale d'un aromate; le parfum peut être soit ajouté, soit factice.
Arôme : principe odorant et agréable d'origine végétale; il s'adresse plutôt au goût et il est propre à la chose et la distingue.

Parier – gager.
Parier : faire une convention qui suppose un enjeu égal des deux côtés et dont le gain sera décidé par un événement quelconque; parier s'emploie aussi sans enjeu, mais dans ce cas, l'événement est complètement indépendant de l'action de celui qui parie.
Gager : diffère de parier en ce qu'il se rapporte à un événement futur en faveur duquel on donne sa parole ou son opinion, comme une sorte de gage.

Parler d'abondance – parler avec abondance (Cf : *abondance*).

Parodie – pastiche.
Parodie : c'est l'imitation, le travestissement burlesque d'une poésie sérieuse ou une contrefaçon de manières ou de langage.
Pastiche : c'est proprement le tableau que fait un peintre en imitant la manière d'un grand maître ou d'un grand auteur pour une œuvre littéraire et dans lequel on copie le style d'un homme célèbre ou d'une certaine époque. On dira, par exemple, une parodie du Cid ou un pastiche de Raphaël.

Parole (donner) – s'engager – promettre (Cf : *promettre*).

Parole – mot.

Mot : son unique ou assemblage de sons exprimant une idée; le mot est considéré en lui-même comme ayant telle ou telle valeur. En outre, un mot est bref; ce peut être une simple phrase facile à retenir, mais il est en principe court et exact.
Parole : outre sa signification de voix articulée qui distingue l'homme des autres animaux, la parole fait considérer l'expression sous le rapport de l'idée et des intentions qu'on y attache; elle peut s'entendre de tout ce que dit un homme dans telle ou telle circonstance.

Part (avoir-prendre) – partager – participer (Cf : *partager*).

Part – partie – portion.
Part : implique nécessairement une idée de partage ou de division et du droit auquel on peut prétendre quant à ce partage ou à cette division. Quand on dit : je veux ma part, cela signifie qu'on a le droit d'en exiger un morceau; on dit également : il n'a pas eu sa part quand on parle de celui qui n'a pas reçu ce qui lui revenait de droit.
Partie : c'est un morceau d'un tout considéré par rapport à la chose dont elle est détachée et l'axiome bien connu : le tout est plus grand que la partie en exprime bien la signification. En outre, les parties peuvent exister naturellement ensemble.
Portion : diffère de partie en ce qu'il est surtout considéré quant à sa quantité et qu'il marque ensuite une division spéciale, peut-être factice mais obligatoire. De plus, quand on dit par exemple : avoir part au gâteau, cela signifie avoir le droit d'en recevoir une certaine portion.

Partager – diviser (Cf : *diviser*).

Partager – avoir part – prendre part – participer.
Partager : c'est diviser en plusieurs parts mais en impliquant ceux avec qui l'on entre en partage; partager l'opinion de quelqu'un, c'est s'y mêler, agir et même montrer l'exemple en lui donnant tout son appui.
Prendre part : diffère de partager en ce qu'il fait plutôt penser à la chose partagée et y ajoute une idée de coopération et de concours. Prendre part à une affaire, c'est s'y intéresser et ne pas se livrer à l'inaction pendant que les autres en supportent le poids. En outre, c'est toujours volontairement qu'on partage ou qu'on prend part.
Avoir part : ne suppose en aucune façon l'intervention formelle de la volonté; quand on ne fait qu'avoir part à une affaire quelconque, cela veut dire que l'on a fait effectivement quelque chose, mais cela n'implique aucun accord avec les intéressés.
Participer : ajoute à l'idée d'avoir part celle d'avoir agi de son

plein gré, et laisse supposer une sorte d'entente tacite quant à l'intérêt qu'on est en droit d'attendre ; celui qui participe à un crime devient criminel lui-même.

Partager – départir – dispenser – distribuer – répartir.
Partager : verbe le plus généralement employé signifiant : diviser en plusieurs parts, donner à chacun la part qui lui revient ; partager se dit de toutes choses et surtout quand les parts doivent être égales.
Départir : partager en supposant une haute autorité ; la nature départ ses dons à tous les êtres, les grands départissent leurs libéralités.
Répartir : partager en supposant un partage antérieur ; il laisse penser qu'un autre partage devra être effectué pour distribuer légalement les droits de chacun.
Distribuer : répartir, quelle que soit la nature des choses qu'il s'agit de répandre, en laissant supposer des parts appliquées un peu au hasard.
Dispenser : distribuer, mais en faisant entendre que celui qui fait l'action se trouve dans une position qui lui permet d'accorder la demande.

Parti – propos – résolution (Cf : *résolution*).

Parti – art – état – métier – profession (Cf : *profession*).

Parti – brigue – cabale – complot – conjuration – conspiration – faction – intrigue (Cf : *complot*).

Participer – avoir part – prendre part – partager (Cf : *partager*).

Partie – part – portion (Cf : *part*).

Parure – ajustement – toilette (Cf : *toilette*).

Pas – col – défilé – détroit – gorge – port (Cf : *col*).

Pas – point.
Pas : forme avec ne une négation complète ; d'abord employé avec des verbes exprimant le mouvement, son usage s'est généralisé et il peut, aujourd'hui, accompagner tous les verbes, même ceux qui n'ont aucun rapport avec l'idée de mouvement.
Point : forme également avec ne une négation complète et peut aussi accompagner tous les verbes ; il diffère de ne pas en ce qu'il nie plus fortement.

Passer – dépasser – outrepasser – surpasser (Cf : *dépasser*).

Passer – se passer.
Passer : marque d'une façon générale l'écoulement du temps et signifie qu'une chose est passagère et qu'elle ne dure qu'un

moment déterminé. Quand on dit : le temps passe vite, on représente le temps comme ayant une durée plus ou moins limitée selon la nature des individus.
Se passer : montre les choses même pendant leur durée et les représente dans leur manière d'être pendant que l'action du temps s'écoule. Quand on dit : le temps se passe, cela veut dire qu'on a à supporter le poids des ans d'une façon ou d'une autre.

Passion – affection – amitié – amour – attachement – inclination – tendresse (Cf : *amour*).

Pasteur – berger – pâtre (Cf : *berger*).

Pastiche – parodie (Cf : *parodie*).

Patelin – papelard – patelineur.
Patelin : celui qui est conforme au caractère de l'homme qui, par ses manières flatteuses et insinuantes, amène les autres à faire ce qu'il veut.
Patelineur : celui qui agit de façon à se concilier quelqu'un par des flatteries artificieuses.
Papelard : le papelard est surtout un faux dévot et, plus précisément, un hypocrite qui laisse percer une certaine sensualité.

Patelineur – papelard – patelin (Cf : *patelin*).

Pathétique – touchant (Cf : *touchant*).

Pathos – galimatias – phébus (Cf : *galimatias*).

Patient – endurant.
Endurant : l'homme endurant supporte toutes les contrariétés de façon plutôt intérieure et ne le montre jamais. Endurant implique une idée d'indifférence, mais surtout de résignation : aussi accable-t-on les gens trop endurants.
Patient : l'homme patient à une disposition naturelle à endurer les douleurs, les injures, les incommodités, les adversités ; il est tel par son caractère, il sait attendre et rien ne peut le lasser.

Pâtir – endurer – souffrir – supporter (Cf : *souffrir*).

Pâtis – pacage – pâturage – pâture (Cf : *pâturage*).

Patois – argot – baragoin – jargon (Cf : *jargon*).

Patois – dialecte – idiome – langage – langue (Cf : *langue*).

Pâtre – berger – pasteur (Cf : *berger*).

Patriotisme – civisme.
Civisme : vertu qui porte à s'attacher à sa patrie pour l'utilité de ses concitoyens en consacrant ses efforts au bien public.

Patriotisme : amour de la patrie en général; c'est un mot qui est de tous les temps et qui, quelquefois, pour servir des intérêts personnels, peut s'employer pompeusement.

Pâturage – pacage – pâtis – pâture.
Pacage : c'est un terrain où l'on mène paître les bestiaux, mais le mot pacage est un terme de coutume rarement employé aujourd'hui; il rappelle plutôt un droit que prennent certains propriétaires de faire paître leurs bestiaux en certains endroits.
Pâtis : les pâtis sont des landes ou friches où pâturent les animaux et qui fournissent une nourriture abondante.
Pâture : la pâture est un terrain qui produit de l'herbe sans culture et en petite quantité; pâture est surtout employé pour désigner ce qui sert de nourriture aux animaux.
Pâturage : les pâturages sont des terrains où l'on entretient l'herbe avec soin et destinés uniquement à la nourriture des bestiaux et où ils peuvent trouver tout ce qui est nécessaire à leur développement.

Pâture – pacage – pâtis – pâturage (Cf : *pâturage*).

Pauvre – gueux – indigent – mendiant – nécessiteux.
Pauvre : terme général le plus souvent employé pour désigner celui qui n'a pas ou qui ne possède qu'à peine un bien d'une sorte quelconque; pauvre est directement opposé à riche.
Nécessiteux : celui qui manque du nécessaire et qui a des besoins si pressants qu'il faut lui venir en aide.
Indigent : diffère de nécessiteux en ce sens qu'en plus du manque du nécessaire, indigent ajoute une idée de souffrance.
Mendiant : celui qui a l'habitude de demander l'aumône; il n'implique pas nécessairement une sollicitation basse et empressée.
Gueux : diffère de mendiant en présentant la pauvreté comme quelque chose de sale et de mauvais; gueux ajoute même une idée de ruse assez vile.

Pauvreté – besoin – dénuement – disette – indigence – misère – nécessité.
Pauvreté : terme le plus général qui consiste à posséder peu ou à ne posséder que le nécessaire; elle est relative à la condition des personnes.
Besoin : manque d'une chose qu'on voudrait avoir et dont on ne peut se passer sans souffrir.
Nécessité : manque d'une chose absolument nécessaire et qui appelle un besoin urgent et pénible.
Dénuement : privation complète du nécessaire mais semble indiquer un état antérieur où l'on avait ce que l'on a perdu.

Disette : manque de choses nécessaires à la vie et en particulier d'aliments; il s'agit presque toujours d'un manque général qui peut s'étendre à tout un pays.
Indigence : pauvreté qui se fait péniblement sentir et qui engendre des besoins vitaux.
Misère : indigence extrême qui implique une idée de pitié et de malheur.

Pauvreté – indigence – misère.
Pauvreté : le contraire de la richesse qui consiste à ne posséder que peu d'argent ou peu de biens et, plus généralement, être privé de façon presque absolue de toute chose, mais sans exprimer formellement cette privation.
Indigence : c'est la pauvreté considérée comme imposant des besoins à ceux qui manquent des choses les plus nécessaires à la vie, qui en souffrent et qui demandent de l'aide.
Misère : c'est un état malheureux où se mêlent la pauvreté et une indigence extrême; elle laisse supposer, non seulement la peine ou la difficulté, mais la faiblesse et presque le néant de l'homme.

Paye – solde.
Paye : action de donner un salaire considérée surtout par rapport à celui qui est payé et qui reçoit ainsi le prix de ses services. De plus, paye peut s'employer pour toute personne qui reçoit de l'argent en échange de son travail.
Solde : c'est proprement la paye que l'on donne aux militaires en considérant l'engagement contracté par celui qui s'acquitte de ce qu'il est convenu de donner pour un service. On reçoit ou on touche une paye, mais on distribue la solde.

Payer – acquitter – s'acquitter.
Acquitter : se libérer d'une obligation soit en payant, soit de toute autre manière.
S'acquitter : se débarrasser définitivement d'une dette de façon à ne plus l'avoir en mémoire.
Payer : donner le prix convenu pour un achat, un travail ou un service quelconque.

Pays – contrée – région.
Pays : terme général qui s'emploie quand on veut parler soit de la terre habitable elle-même, soit de ses habitants, soit encore des mœurs ou du degré de civilisation.
Contrée : étendue de pays présentant une certaine homogénéité sous le rapport de ses richesses et de la nature de son terrain.
Région : grande étendue de pays qui fait plutôt penser à une situation géographique; on dira, par exemple : un pays civilisé,

une contrée féconde, une région septentrionale.

Péché – crime – délit – faute – forfait (Cf : *crime*).

Pédant – pédantesque.
Pédant : le pédant est celui qui aime à faire étalage de science, qui s'astreint ou veut astreindre les autres à des minuties; pédant se dit des personnes et des mœurs.
Pédantesque : ce qui est pédantesque tient du pédant, sent le pédant, a toutes les apparences de la pédanteur plutôt que la réalité; pédantesque se dit surtout du langage et du style.

Pédantesque – pédant (Cf : *pédant*).

Peindre – dépeindre.
Peindre : représenter une personne ou une chose par des figures et par des couleurs; ce qui est peint ne forme qu'une image vue ou représentée par la pensée, d'une manière sensible ou non.
Dépeindre : est plus précis que peindre et donne une description plus exacte et plus détaillée; ce qui est dépeint forme aussi une image, mais elle est nette et ne peut être confondue avec aucune autre.

Peine – affliction – amertume – chagrin – désolation – douleur – mal – souffrance – tourment – tristesse (Cf : *tristesse*).

Peines – afflictions – croix – tribulations.
Peines : terme général qui désigne les souffrances du corps et de l'esprit.
Afflictions : peines causées par de graves malheurs.
Croix : afflictions expiatoires que Dieu envoie aux chrétiens pour les rendre dignes des récompenses futures.
Tribulations : afflictions particulières supportées avec résignation et qui sont dues à des persécutions.

Pénates – lares.
Lares : nom des dieux domestiques des Romains, qui étaient les âmes des ancêtres divinisés; par extension, et surtout dans le langage poétique, la maison elle-même : on dit : revoir ses lares, c'est-à-dire revoir son foyer.
Pénates : chez les Romains, terme général désignant les dieux ou génies protecteurs de chaque maison, de chaque famille; par extension, mais cette fois dans le langage usuel et familier, la maison que l'on habite. On dit : revoir ses pénates, c'est-à-dire retrouver son domicile habituel.

Penaud – abasourdi – ébahi – ébaubi – émerveillé – stupéfait (Cf : *stupéfait*).

Penchant – inclination – propension (Cf : *inclination*).

Penchant – disposition – goût – inclination – vocation.
Penchant : force intérieure qui vous pousse vers quelqu'un ou quelque chose, qui vous entraîne involontairement vers un objet.
Inclination : faible penchant qui suppose un semblant d'affection et qui vous fait tendre vers un objet.
Vocation : inclination que l'on se sent pour un état ; il laisse supposer ou même prévoir de la disposition et du talent.
Disposition : tendance ou aptitude que l'on possède pour faire quelque chose ; la disposition suppose toujours une bonne intention.
Goût : inclination que l'on a pour une personne ou pour une chose ; il suppose de la grâce et de l'élégance et une sorte de détermination ou d'incitation tout à fait personnelle.

Pendant – durant.
Pendant : préposition signifiant : tout le temps de la durée de ; cette durée, étant plus ou moins longue, il suffit qu'une chose arrive à un instant compris dans ce temps pour qu'on puisse dire : pendant.
Durant : exprime la même idée, sauf que la durée comprend tous les instants. On dira, par exemple : pendant le carême, c'est-à-dire entre deux périodes, mais on dira : durant la nuit, c'est-à-dire tant que la nuit dure.

Pendant que – tandis que.
Pendant que : c'est-à-dire : tout le temps de la durée de ; pendant que ne fait que marquer la simultanéité, sans aucune idée accessoire.
Tandis que : ajoute à la simultanéité une idée d'opposition ou de contraste et peut signifier alors : au lieu que.

Pénétrable – perméable.
Pénétrable : une chose pénétrable est une chose où l'on peut pénétrer, où il est possible d'entrer et d'arriver ainsi jusqu'à ses parties intérieures les plus secrètes. Un secret est impénétrable parce qu'il ne peut être découvert, deviné ou compris et qu'on ne peut arriver à le percer.
Perméable : une chose perméable est une chose qui peut être traversée par un liquide ou un fluide impondérable et quand il est possible de passer au travers pour aller au-delà. Le verre, par exemple, est perméable à la lumière parce que celle-ci, après l'avoir traversé, répand encore sa clarté.

Pénétrant – perçant (Cf : *perçant*).

Pénétration – perspicacité – sagacité (Cf : *perspicacité*).

Pensée – avis – opinion – sentiment.
Pensée : idée que l'esprit se forme d'un objet et qui n'est quelquefois qu'une conjecture.
Sentiment : impression particulière à un seul individu ou à plusieurs.
Opinion : manière de penser qui est commune à tous les hommes.
Avis : manière de voir jugée par un autre.

Pensée – idée – imagination (Cf : *idée*).

Pensées – considérations – notes – observations – réflexions – remarques (Cf : *remarques*).

Penser – rêver – songer (Cf : *rêver*).

Penseur – méditatif – pensif – rêveur (Cf : *pensif*).

Pensif – méditatif – penseur – rêveur.
Méditatif : le méditatif est celui qui est porté à la méditation, c'est-à-dire à réfléchir profondément sur les choses, et qui vit en lui-même et se détache de tous les intérêts autres que ceux auxquels il pense.
Penseur : le penseur est celui qui a l'habitude de réfléchir et qui réfléchit fortement; c'est en quelque sorte un philosophe qui approfondit les questions pour communiquer au public le fruit de ses recherches.
Pensif : le pensif est celui qui est fortement préoccupé, qui a des inquiétudes particulières ou qui est assailli par certains souvenirs du passé.
Rêveur : le rêveur est celui qui s'adonne à des rêveries et qui, au contraire du pensif, pense à l'avenir en ayant parfois des idées chimériques; le rêveur se plaît à former de vagues projets qui ne se réaliseront peut-être jamais.

Perçant – pénétrant.
Pénétrant : marque une action assez lente mais qui se fait en tous sens; une vue pénétrante, par exemple, voit non seulement l'objet qu'elle cherche, mais découvre avec plus ou moins de force ce qui est caché ou ce qui se fait vivement sentir. Un esprit pénétrant comprend, découvre, devine aisément.
Perçant : marque plus vivement l'action en allant directement beaucoup plus loin; une vue perçante découvre ce qui est éloigné ou très petit, malgré l'obscurité, malgré l'éloignement. Un esprit perçant aperçoit, devine ce qui échappe aux autres.

Perception – sensation – sentiment (Cf : *sensation*).

Perception – recouvrement.

Perception : c'est tout simplement l'action de percevoir l'impôt et aussi quelquefois l'emploi même de percepteur.
Recouvrement : diffère de la perception en ce que le recouvrement est la perception de sommes d'argent qui sont dues et des démarches faites pour les recouvrer. On perçoit un impôt, on dresse un état de recouvrement.

Percevoir – apercevoir – découvrir – remarquer – voir (Cf : *voir*).

Perclus – paralytique (Cf : *paralytique*).

Perdre (se) – s'égarer – se fourvoyer.
S'égarer : perdre son chemin en en prenant un autre qui peut, soit conduire à l'endroit précis recherché, soit même dans une direction opposée; s'égarer laisse sous-entendre qu'on peut toujours arriver à reconnaître sa route.
Se perdre : s'égarer définitivement et ne plus pouvoir retrouver le bon chemin, sans aucun espoir d'orientation possible.
Se fourvoyer : s'égarer grossièrement; c'est un terme familier qui s'emploie en parlant surtout des animaux. Quand il se dit des hommes, il renferme toujours une idée assez ironique.

Péremptoire – décisif – dogmatique – tranchant (Cf : *décisif*).

Pères – aïeux – ancêtres (Cf : *ancêtres*).

Perfide – déloyal – infidèle – traître (Cf : *traître*).

Perfidie – artifice – astuce – ruse (Cf : *ruse*).

Péril – danger – hasard – risque (Cf : *danger*).

Périphrase – circonlocution (Cf : *circonlocution*).

Permanent – constant – durable – stable (Cf : *durable*).

Perméable – pénétrable (Cf : *pénétrable*).

Permettre – autoriser.
Permettre : donner uniquement l'autorisation de dire ou de faire.
Autoriser : conférer un pouvoir, donner le droit de dire ou de faire.

Permettre – souffrir – tolérer.
Permettre : c'est donner la liberté, l'autorisation de dire ou de faire une chose; du fait que permettre c'est ne pas empêcher, on reconnaît implicitement que la chose devient licite et ne mérite aucun blâme.
Souffrir : c'est admettre par faiblesse ou par impuissance; on peut souffrir un acte particulier, mais en ressentant une certaine douleur morale qui suppose une sorte de condescendance.

Tolérer : c'est laisser faire ce qu'on peut ou doit empêcher, souvent par modération et pour ne pas paraître abuser de sa force ; tolérer suppose de l'indulgence et une absence d'animosité pour ce que l'on désapprouve, une certaine manière d'agir à un point de vue très général.

Permis – licite – loisible.
Licite : ce qui est licite est ce que l'homme a le droit de faire en vertu de sa liberté naturelle, mais quand celle-ci se trouve en accord avec la loi écrite ou prescrite.
Loisible : ce qui est loisible est ce que l'on peut faire si on a le temps suffisant pour accomplir une chose, mais toujours en accord avec la loi ou le règlement.
Permis : ce qui est permis est tout simplement ce qui n'est pas défendu ; il suppose une permission spéciale donnée par une autorité légitime et, quand il s'emploie avec la négation ne, il suppose presque toujours une défense formelle.

Permuter – changer – échanger – troquer (Cf : *changer*).

Pernicieux – malfaisant – nuisible (Cf : *nuisible*).

Perpétuel – continuel – éternel – immortel – sempiternel (Cf : *éternel*).

Perplexité – doute – incertitude – indécision – indétermination – irrésolution (Cf : *doute*).

Persécuter – molester – tourmenter – vexer (Cf : *vexer*).

Persévérer – continuer – persister (Cf : *continuer*).

Persiflage – dérision – ironie – moquerie – raillerie – risée (Cf : *moquerie*).

Persister – continuer – persévérer (Cf : *continuer*).

Personnage – rôle.
Personnage : personne réelle ou imaginaire qu'un auteur fait figurer dans un poème, un roman, une pièce de théâtre, et surtout la représentation de cette personne dans une action dramatique, c'est-à-dire, non seulement ses paroles ou ses actions, mais aussi son caractère, ses défauts, ses qualités et ses ridicules.
Rôle : c'est proprement ce que doit réciter l'acteur dans une pièce de théâtre et la manière dont il le dit. Quand on dit qu'un acteur joue bien tel personnage, on fait entendre par là qu'il s'identifie complètement avec son rôle et que l'illusion produite est complète. Jouer le rôle de Tartufe, par exemple, c'est oublier l'acteur pour ne plus voir que Tartufe lui-même.

Personnes – gens (Cf : *gens*).

Personnel – égoïste (Cf : *égoïste*).

Perspicacité – pénétration – sagacité.
Pénétration : c'est la faculté de comprendre et de découvrir aisément et facilement ; la pénétration va au fond des choses et ne s'arrête qu'à la limite de ce qui est compréhensible.
Perspicacité : c'est la pénétration d'esprit qui découvre les choses cachées et qui arrive, malgré les difficultés, à connaître la vérité, quelques précautions qu'on ait prises pour la soustraire à la vue.
Sagacité : enchérit sur la perspicacité avec une habileté toute spéciale qui est presque un don naturel, une sorte d'instinct qui fait que rien n'échappe à l'esprit.

Perspicuité – clarté (Cf : *clarté*).

Persuader – insinuer – inspirer – suggérer (Cf : *suggérer*).

Persuader – convaincre.
Convaincre : indique une action qui s'adresse à l'esprit ; celui qui est convaincu croit parce qu'on l'a forcé à reconnaître la vérité d'une chose.
Persuader : s'adresse plutôt au cœur ; c'est inspirer une confiance qui détermine la volonté. Celui qui est persuadé croit parce qu'il est porté à croire et qu'il est décidé à le faire.

Persuasion – conviction (Cf : *persuader*).

Perte – désavantage – dessous – infériorité (Cf : *infériorité*).

Pervers – corrompu – dépravé – vicieux (Cf : *vicieux*).

Pervertir – corrompre – dépraver – gâter (Cf : *gâter*).

Pesant – lourd – massif (Cf : *lourd*).

Pesanteur – gravité – poids (Cf : *poids*).

Pestiféré – pestilent – pestilentiel – pestilentieux.
Pestiféré : appartient au langage scientifique et se dit principalement de tout ce qui communique la peste.
Pestilent : se dit de tout ce qui a un rapport direct ou actuel avec la peste ; une fièvre pestilente est la peste elle-même ou une de ses manifestations.
Pestilentiel : se dit de ce qui tient de la peste en marquant un rapport plus ou moins éloigné ; une fièvre pestilentielle a surtout un caractère pernicieux.
Pestilentieux : ne s'emploie plus guère aujourd'hui et se disait de tout ce qui pouvait être contagieux, au propre et au figuré.

Pestilent – pestiféré – pestilentiel – pestilentieux (Cf : *pestiféré*).

Pestilentiel – pestiféré – pestilent – pestilentieux (Cf : *pestiféré*).

Pestilentieux – pestiféré – pestilent – pestilentiel (Cf : *pestiféré*).

Petit – exigu.
Petit : qui a peu de longueur, de volume ou de surface; petit n'exprime que ce peu de développement.
Exigu : ajoute à petit une idée d'insuffisance et d'extrême petitesse; il signifie simplement : trop petit.

Pétulance – turbulence – vivacité (Cf : *vivacité*).

Peu – guère.
Guère : signifie proprement : beaucoup; guère doit être précédé de la négation ne pour vouloir dire une petite quantité; il a, de ce fait une valeur relative et beaucoup moins positive que peu.
Peu : diffère en ce sens que peu est absolu; on dira, par exemple, qu'il y a eu peu de touristes en telle année, et l'on dira qu'il n'y en avait guère dans telle région pour marquer un insuffisance relative.

Peuple – nation.
Nation : l'ensemble des hommes qui vivent dans un même pays et qui sont liés par des intérêts communs, par la langue ou par des traditions historiques; elle peut être considérée par rapport à certaines qualités ou à certains défauts communs à la généralité des individus qui la composent avec des coutumes et des mœurs particulières.
Peuple : un peuple se distingue d'abord par le pays qu'il occupe et surtout par les lois et le gouvernement auquel il est soumis. Si une nation peut former plusieurs peuples, du fait d'une division éventuelle, un peuple peut également être formé de plusieurs nations quand il les réunit sous une même autorité. Peuple est toujours employé quand on le considère sous le rapport politique; il peut, en outre, servir à désigner une classe dans la nation; on dira, par exemple : le peuple de la campagne et le peuple de la ville.

Peur (avoir) – appréhender – craindre – redouter (Cf : *craindre*).

Peur – alarme – appréhension – crainte – effroi – épouvante – frayeur – terreur.
Peur : terme général qui indique un trouble violent et instinctif qu'on éprouve quand on se croit menacé d'un grand danger.
Terreur : peur violente qui nous ôte l'usage de nos facultés; elle naît d'un danger qui peut être réel ou imaginaire.

Crainte : sentiment de peur de celui qui redoute le résultat d'une chose favorable ou défavorable.
Frayeur : sentiment d'une grande crainte passagère et momentanée, accompagnée quelquefois de frissons.
Alarme : émotion causée par un danger ou par l'approche d'un danger dont on se sent menacé.
Appréhension : crainte basée sur l'incertitude d'un événement futur.
Effroi : grande frayeur inspirée par une répulsion très vive.
Epouvante : terreur soudaine et très grande qui nous oblige le plus souvent à fuir sur le champ.

Peureux – poltron.
Peureux : le peureux est celui qui est aisément accessible à la peur, c'est-à-dire au sentiment d'inquiétude que l'âme éprouve à la présence ou à la pensée du danger.
Poltron : le poltron est celui qui non seulement a peur, mais est complètement dépourvu de courage et qui fait preuve de lâcheté devant le danger.

Phébus – galimatias – pathos (Cf : *galimatias*).

Physionomie – air – mine (Cf : *air*).

Pic (à) – abrupt – escarpé (Cf : *escarpé*).

Piège – embûche – embuscade.
Embûche : endroit qu'on dispose en secret pour y attirer quelqu'un, le maltraiter ou le voler; dans un sens plus abstrait, il désigne tout moyen employé ou organisé pour tromper. On y attache toujours une idée d'attaque déloyale et intéressée.
Embuscade : lieu où l'on se cache pour attaquer l'ennemi à l'improviste; c'est proprement un terme de guerre et se dit, non seulement de la troupe qu'on met dans ce lieu, mais de toute personne cachée pour en surprendre une autre.
Piège : le piège est, en principe, une machine servant à prendre les animaux; il peut également se dire pour l'homme mais il est, dans ce sens, plus difficile et plus fin à reconnaître que l'embûche; le piège, quel qu'il soit, ne suppose jamais d'attaque.

Piété – dévotion – religion (Cf : *religion*).

Pigeon – colombe.
Pigeon : mot vulgaire qui désigne l'oiseau tel que nous le connaissons ou tel qu'il se présente à nos yeux.
Colombe : mot plus relevé qui s'emploie surtout dans l'écriture sainte ou dans les comparaisons morales pour désigner le même animal. Au figuré, pigeon désigne la duperie tandis que colombe, contrairement et curieusement, désigne la timidité.

Pile – amas – monceau – tas (Cf : *tas*).

Piler – broyer – pulvériser – triturer (Cf : *pulvériser*).

Pilote – nautonier – nocher.
Pilote : celui qui est chargé de conduire un navire ; c'est un mot du langage ordinaire qui comporte l'idée de guider un bateau dans les passages difficiles.
Nautonier : diffère de pilote en ce qu'il a surtout vieilli et qu'il n'est plus employé qu'en poésie. Caron était le nautonier des Enfers.
Nocher : le nocher était autrefois le patron d'un navire ; comme nautonier, il ne convient plus aujourd'hui qu'à la poésie badine et peut tout aussi bien signifier un simple batelier qu'un pilote.

Piquant – poignant.
Piquant : se dit de ce qui produit une sensation comparable à une piqûre, assez douloureuse, mais cependant légère ; piquant se dit aussi de choses qui plaisent par leur finesse et leur vivacité. Un récit piquant ne manque pas d'intérêt et cause même un certain plaisir.
Poignant : se dit de ce qui produit une sensation toujours pénible et douloureuse ; dans ce qui est poignant, la blessure est profonde et durable. On dit : un remords poignant parce qu'il cause une douleur morale.

Piquer (se) – affecter – afficher (Cf : *afficher*).

Pirate – corsaire.
Corsaire : commandant d'un vaisseau autorisé par un gouvernement à faire la chasse aux navires marchands ennemis.
Pirate : brigand qui, contre le droit des gens, court les mers pour piller les navires.

Piteux – pitoyable (Cf : *pitoyable*).

Pitié – commisération – compassion – miséricorde.
Pitié : terme le plus généralement employé pour désigner la qualité de l'âme sensible aux souffrances d'autrui ; pitié suppose le désir de chercher à soulager les maux.
Compassion : façon dont est affecté celui qui est doué de pitié ; compassion laisse supposer une souffrance partagée.
Commisération : expression extérieure de la compassion ; commisération suppose qu'on ressent les privations comme si on les supportait soi-même, mais sans y apporter aucune aide matérielle.
Miséricorde : penchant à l'indulgence d'un être capable de pitié et qui peut punir ou pardonner ; miséricorde suppose une dispo-

sition constante à soulager ceux qui souffrent.

Pitoyable – déplorable – lamentable (Cf : *lamentable*).

Pitoyable – piteux.
Pitoyable : ce qui est pitoyable excite la pitié et se dit de ceux qui doivent l'exciter et qui en sont dignes. Pitoyable peut être aussi pris dans le sens de méprisable, mais très rarement, car la pitié que l'on inspire est le plus souvent méritée et se présente sous un autre caractère.
Piteux : ce qui est piteux est digne de pitié, mais piteux est plus familier que pitoyable et s'emploie souvent d'une manière ironique. Si piteux se dit quelquefois de ce qui excite réellement la pitié, il garde toujours un caractère humble et larmoyant.

Pivot – arc-boutant.
Arc-boutant : maçonnerie servant à consolider et à soutenir extérieurement un édifice; au figuré, il exprime le soutien d'une entreprise ou d'un parti.
Pivot : le pivot soutient et fait tourner en même temps; au figuré, il exprime toujours une idée de mouvement.

Place – endroit – lieu (Cf : *lieu*).

Placer – mettre – poser (Cf : *mettre*).

Plaie – blessure (Cf : *blessure*).

Plain – égal – plat – ras – uni (Cf : *plat*).

Plaindre – regretter (Cf : *regretter*).

Plainte – gémissement – lamentation.
Gémissement : le gémissement n'est pas une voix, mais un cri plaintif et inarticulé, comme le gémissement des blessés, par exemple.
Plainte : paroles par lesquelles on exprime sa souffrance ou sa douleur; on dira, par exemple, des plaintes amères ou aiguës.
Lamentation : plainte accompagnée de gémissements et de cris; les célèbres lamentations de Jérémie sont de sombres tirades que le prophète fait sur la ruine de Jérusalem.

Plaire – complaire.
Plaire : tout simplement le fait d'être agréable; on plaît en montrant des qualités qu'on possède réellement. Se plaire, c'est prendre plaisir à quelque chose.
Complaire : s'accommoder au goût de quelqu'un pour lui faire plaisir et en employant toutes sortes de moyens pour le flatter. Se complaire, c'est éprouver une satisfaction intérieure, mais il se prend toujours en mauvaise part.

Plaisanterie – bouffonnerie – facétie.
Plaisanterie : chose dite ou faite pour amuser ou pour faire rire; il ne présente, dans sa signification, aucune idée de blâme ou d'offense.
Facétie : plaisanterie moins délicate sur les convenances; elle est comique, quelquefois spirituelle, mais plus osée.
Bouffonnerie : plaisanterie grossière qui tient plutôt de la farce.

Plaisir – amitié – bienfait – faveur – grâce – bon office – service (Cf : *service*).

Plaisir – béatitude – bien-être – bonheur – félicité – prospérité (Cf : *bonheur*).

Plaisir – jouissance – volupté.
Plaisir : a un sens très général et exprime toute sensation agréable, tout sentiment dont les sens sont l'instrument, tout ce qui satisfait à la fois l'esprit et le corps.
Jouissance : pour qu'un plaisir devienne une jouissance, il convient qu'il ne soit pas trop rapide, il faut qu'il se prolonge ou que nous cherchions nous-mêmes à le prolonger; la jouissance est un sentiment calme et intime qu'on éprouve de façon durable et dont on est pénétré.
Volupté : la volupté est presque toujours un plaisir sensuel, comme ceux de l'amour ou de la table et par lequel on se laisse dominer; on peut également donner aux plaisirs de l'esprit le nom de volupté, mais ils sont considérés alors comme s'imposant à la volonté et capables de donner naissance à de véritables passions.

Plan – dessein – entreprise – projet (Cf : *projet*).

Plan – dessin (Cf : *dessin*).

Planche – ais.
Planche : indique en général une pièce de bois longue, plate et peu épaisse.
Ais : indique une planche de bois ayant un usage particulier; le mot a vieilli en devenant un terme poétique.

Plantation – repiquage.
Plantation : c'est tout simplement l'action de planter, c'est-à-dire mettre une plante en terre pour qu'elle prenne racine et se développe.
Repiquage : c'est l'action de planter à demeure un jeune végétal qui a poussé des semis; on repique des salades, par exemple.

Plante – végétal.
Végétal : c'est un être organisé, doué de la faculté de se nourrir

et de respirer, mais qui diffère de l'animal en ce qu'il ne possède généralement ni la faculté de se mouvoir volontairement ni la sensibilité.
Plante : c'est, avec un sens beaucoup plus précis, n'importe quel végétal : herbe, arbrisseau ou arbre. On ne dit pas, par exemple : un végétal médicinal ou potager, mais une plante médicinale ou potagère.

Plat – égal – plain – ras – uni.
Egal : se dit d'une chose dont la surface est rigoureusement droite dans toutes ses parties; il s'applique surtout à des endroits de peu d'étendue.
Plain : se dit d'une chose dont la surface ne présente aucune inégalité, sans éminences et sans dépressions; il s'applique surtout à de grandes étendues. On dira, par exemple, la Beauce est un pays plain, mais on dira un champ égal.
Plat : terme du langage usuel qui se dit de tout objet égal ou plain, quelle que soit d'ailleurs la position de cet objet.
Ras : se dit proprement de ce qui est tondu de près; par extension, il s'applique également à une surface où rien ne pointe, où rien ne fait saillie, mais qui peut offrir quand même quelques inégalités.
Uni : ajoute à l'idée de plain ou d'égal celle d'une chose qui n'offre ni hauts, ni bas, qui n'est pas accidentée et qui facilite la marche.

Plausible – probable – vraisemblable (Cf : *vraisemblable*).

Plein – rempli (Cf : *rempli*).

Pleurard – braillard – brailleur – criard – crieur – pleureur (Cf : *criard*).

Pleureur – braillard – brailleur – criard – crieur – pleurard (Cf : *criard*).

Pleurs – larmes (Cf : *larmes*).

Pliable – flexible.
Flexible : ce qui est flexible est ce qui peut être courbé facilement sans se briser; toute matière souple est, en principe, flexible.
Pliable : ce qui est pliable peut également être courbé mais diffère de flexible en ce que pliable est surtout employé dans le sens de : qui peut être plié, former des plis, comme le papier ou le linge, par exemple; flexible n'offre jamais cette signification.

Plier – ployer.
Plier : c'est mettre régulièrement en un ou plusieurs doubles

une étoffe, du linge, du papier, etc; on plie une serviette ou on plie une feuille de papier en quatre. Au figuré, plier, c'est faire céder, assujettir, renoncer à sa propre volonté pour suivre celle d'un autre.
Ployer : s'il n'existe aucune différence d'emploi entre ployer et plier, ployer marque cependant une simple courbure; une branche ploie sous le poids des fruits; on pourrait dire aussi qu'elle plie, mais ployer est préférable dans ce sens. Au figuré, ployer, c'est céder un peu avec une moindre résistance.

Plonger – immerger.
Immerger : enfoncer entièrement dans l'eau ou dans un liquide quelconque; immerger ne comporte pas d'autre idée accessoire que celle d'un corps entièrement recouvert d'eau.
Plonger : ajoute à l'idée d'immersion celle de direction de haut en bas; en outre, plonger peut s'employer au figuré en parlant des choses ou des personnes, mais il comporte toujours l'idée d'enfoncer : on plonge un poignard ou on plonge quelqu'un dans un cachot.

Ployer – plier (Cf : *plier*).

Plus (de) – d'ailleurs – en outre – outre cela (Cf : *ailleurs*).

Plus – davantage.
Plus : adverbe de comparaison qui marque une supériorité reconnue dès le commencement de la phrase.
Davantage : a moins de précision; il marque une comparaison presque secondaire mais toujours avec quelque chose exprimé en premier lieu.

Plusieurs – maint.
Plusieurs : c'est-à-dire un nombre plus ou moins grand mais supérieur à l'unité. En outre, quand on dit, par exemple : plusieurs personnes attendent, cela laisse supposer que ces personnes sont arrivées les unes après les autres et non toutes ensemble.
Maint : ne se dit guère dans la conversation que dans quelques locutions comme : maintes fois; sa signification est comprise entre beaucoup et plusieurs.

Poids – gravité – pesanteur.
Gravité : au point de vue le plus général et sans employer de termes scientifiques, la gravité est la propriété qu'ont les corps d'être pesants.
Pesanteur : la pesanteur ne fait qu'exprimer, en langage populaire, et d'une manière abstraite et vague, la force avec laquelle les corps sont attirés vers la terre.

Poids : le poids est le résultat de l'action de la pesanteur sur un corps, pesanteur évaluée, mesurée ou comparée, ou bien c'est l'objet lui-même qui sert à mesurer les autres corps. Le poids spécifique d'un corps est le rapport du poids de ce corps au poids d'un volume d'eau égal à celui de ce corps.

Poignant – piquant (Cf : *piquant*).

Point – article – chapitre – matière – sujet (Cf : *sujet*).

Point – pas (Cf : *pas*).

Point du jour – pointe du jour (Cf : *pointe du jour*).

Pointe du jour – point du jour.
Point du jour : c'est le moment où le jour commence à venir, son commencement; on peut fixer à l'avance l'heure appelée point du jour.
Pointe du jour : ce sont les premières lueurs, la première apparition de la lumière qui vient chasser la nuit; ce sont nos yeux qui nous font reconnaître la pointe du jour.

Poison – venin.
Poison : toute substance qui, introduite dans le tube digestif, absorbée par la peau ou une membrane muqueuse, compromet la vie; le poison est quelque chose de matériel, soit formé par la nature, soit préparé à dessein et dont l'effet peut être mortel. Au figuré, un poison est tout ce qui se montre à découvert, trouble la sérénité de l'âme et nuit au bonheur de la vie.
Venin : c'est le liquide sécrété par certaines glandes chez quelques animaux qui s'en servent comme moyen de défense ou d'attaque; le venin est quelque chose d'intérieur, capable de causer des désordres graves ou même de donner la mort. Au figuré, le venin est ce qui est caché et qui produit sur l'esprit un effet comparable à celui qu'il produit réellement sur le corps.

Poli – affable – civil – courtois – gracieux – honnête.
Affable : l'homme affable est rempli de bienveillance, mais attend qu'on vienne à lui pour la manifester.
Civil : l'homme civil est toujours bien élevé et se montre fidèle observateur des convenances.
Courtois : l'homme courtois est d'une politesse affable, mais la pousse à l'extrême en devenant parfois importun.
Gracieux : l'homme gracieux tient à être agréable et va même souvent au-devant de nos désirs.
Honnête : l'homme honnête est celui qu'on trouve convenable en société.
Poli : l'homme poli est celui qui observe avec attention toutes les convenances de la société.

Poli – civilisé – policé.
Civilisé : un peuple civilisé est celui qui est sorti de l'état sauvage et barbare ; il suppose des arts, de l'industrie, du commerce et des institutions politiques. Civilisé est opposé à brut.
Poli : un peuple poli est celui qui a été formé par l'éducation, qui a atteint un haut degré de perfection et quand ses relations sociales sont pleines de douceur et de charme. Poli est opposé à grossier.
Policé : un peuple policé est celui qui est assujetti aux règlements faits en vue du bon ordre et de la sécurité publique. Policé est opposé à sauvage.

Policé – civilisé – poli (Cf : *poli*).

Polir – châtier – corriger – limer – raboter – retoucher – revoir (Cf : *corriger*).

Politesse – affabilité – civilité – courtoisie – honnêteté.
Civilité : manière honnête de parler dans le monde ; elle consiste dans un cérémonial de convention.
Politesse : ajoute à la civilité quelque chose de plus affectueux et consiste à ne rien faire qui puisse déplaire aux autres.
Courtoisie : politesse affable où il y a plus d'abandon.
Affabilité : qualité de celui qui se montre plein de bienveillance dans ses relations.
Honnêteté : qualité qui consiste dans l'observation de la bienséance et de la politesse.

Poltron – couard – lâche – pusillanime (Cf : *lâche*).

Poltron – peureux (Cf : *peureux*).

Polyglotte – linguiste.
Linguiste : c'est le savant qui s'occupe de linguistique, c'est-à-dire de la science des langues ou de l'étude des langues comparées ; il suppose de la recherche et du savoir.
Polyglotte : celui qui sait ou parle plusieurs langues, soit parce qu'il les a apprises, soit par une sorte de don naturel ; il ne suppose aucun savoir ni aucune recherche particulière, sauf le fait de pouvoir traduire, de façon presque instantanée, une langue en une autre.

Pompe – faste – luxe – magnificence – somptuosité – splendeur (Cf : *luxe*).

Ponant – occident – ouest (Cf : *ouest*).

Ponctualité – exactitude (Cf : *exactitude*).

Pontife – évêque – prélat (Cf : *évêque*).

Port – col – défilé – détroit – gorge – pas (Cf : *col*).

Port – contenance – maintien – prestance – représentation (Cf : *maintien*).

Porter à – aiguillonner – animer – encourager – exciter – inciter – pouser à (Cf : *encourager*).

Porter – apporter – emporter – transporter.
Porter : marque seulement l'idée de poids qu'on soutient ou qu'on supporte.
Apporter : marque, en plus de l'idée de poids, celle du lieu où l'on porte un fardeau.
Transporter : a rapport non seulement au poids mais à celui de porter le fardeau d'un lieu à un autre.
Emporter : ajoute à toutes les idées précédentes celle de s'approprier la chose dont on était chargé.

Portion – part – partie (Cf : *part*).

Portrait – effigie – figure – image (Cf : *image*).

Posé – calme – rassis – tranquille (Cf : *tranquille*).

Poser – mettre – placer (Cf : *mettre*).

Positif – assuré – authentique – certain – constant – évident – formel – incontestable – indubitable – sûr (Cf : *certain*).

Position – assiette – situation.
Position : manière d'être générale d'une chose et rappelle une idée d'orientation.
Assiette : manière d'être placé ; elle rappelle une idée durable et habituelle.
Situation : non seulement l'endroit où une chose se trouve placée mais comprend encore les environs ; il y a dans le mot de situation une idée de subordination qui n'existe pas dans assiette.

Posséder – avoir (Cf : *avoir*).

Poster – aposter.
Poster : placer quelqu'un dans un lieu quelconque.
Aposter : placer quelqu'un dans un poste d'observation.

Posture – attitude (Cf : *attitude*).

Potage – soupe.
Soupe : aliment composé de bouillon et de tranches de pain qu'on sert généralement au commencement du repas.
Potage : aliment semi-liquide fait de bouillon et de quelque

substance alimentaire qu'on y fait cuire ou tremper; tout potage est une soupe.

Potence – gibet.
Potence : instrument de supplice semblable à un poteau qu'on dresse et à l'extrémité duquel est suspendue une corde pour pendre les condamnés.
Gibet : a une signification plus générale puisqu'il désigne, non seulement le lieu d'exécution, les fourches patibulaires où l'on exposait le corps des criminels pendus, mais aussi l'instrument du supplice sous ses différentes formes. Ainsi, la croix est un gibet.

Potentat – empereur – monarque – prince – roi – souverain (Cf : *roi*).

Potion – boisson – breuvage (Cf : *boisson*).

Poudingue – brèche – conglomérat (Cf : *conglomérat*).

Poudre – poussière.
Poudre : substance qu'on a réduite en très petites parcelles pour des usages très particuliers, comme la poudre de canon ou le café en poudre, par exemple.
Poussière : c'est proprement de la terre desséchée réduite en fines molécules, mais c'est également ce qui n'a aucune valeur et ce qui salit; cette idée de saleté n'est pas renfermée aussi formellement dans le mot poudre qui est d'ailleurs, quand il est réellement synonyme de poussière, un terme beaucoup plus relevé.

Pouilles – injures – invectives – sottises (Cf : *injures*).

Pour – quant à.
Pour : c'est-à-dire à l'intention de, en faveur de; pour appelle l'attention sur quelque chose venant après ce dont on a déjà parlé et il fait attendre certaines différences plus ou moins bien tranchées.
Quant à : c'est-à-dire relativement à ou pour ce qui est de; quant à semble mettre à part la chose ou la personne qu'on va désigner ou dont on va s'occuper.

Pour – afin de – afin que – pour – pour que.
Afin de : révèle l'intention d'arriver à un certain but.
Pour : révèle la même intention d'une manière plus vague et moins générale.
Afin que : est moins précis et moins général que afin de.
Pour que : est moins précis et moins général que pour.

Pour lors – alors (Cf : *alors*).

Pour que – afin de – afin que – pour (Cf : *pour*).

Pourquoi (c'est) – ainsi (Cf : *ainsi*).

Pourrir – putréfier.
Pourrir : terme généralement employé par tout le monde et qui signifie : se décomposer sous l'influence de l'air, de l'humidité, de la chaleur ou d'un ferment, en parlant des animaux et des végétaux morts.
Putréfier : est un mot savant qui signifie : faire pourrir et qui est surtout employé dans le langage scientifique.

Poursuivre – continuer (Cf : *continuer*).

Pourtant – cependant – néanmoins – toutefois (Cf : *cependant*).

Pourvoi – appel (Cf : *appel*).

Pousser à – aiguillonner – animer – encourager – exciter – inciter – porter à (Cf : *encourager*).

Poussière – poudre (Cf : *poudre*).

Pouvoir – ascendant – autorité – crédit – empire – influence (Cf : *influence*).

Pouvoir – autorité – domination – empire – puissance.
Pourvoir : faculté qui n'a d'autre origine que la force; il peut être communiqué pour exercer l'autorité et la puissance.
Autorité : pouvoir qui s'appuie sur un droit contestable ou non; elle peut également provenir du mérite.
Puissance : autorité qui repose sur le consentement ou sur l'influence.
Domination : autorité absolue qui peut être tyrannique.
Empire : autorité qui naît de la manière de trouver le faible des hommes et de s'en servir.

Pouvoir – faculté – puissance.
Faculté : moyen de faire une chose; la faculté est une capacité virtuelle plutôt qu'agissante à laquelle s'attache une idée de propriété. Elle désigne également, de façon spéciale, les diverses manifestations de l'esprit puisque l'âme a trois facultés principales : la sensibilité, l'intelligence et la volonté.
Puissance : exprime une force conçue comme inhérente au sujet de laquelle s'attache une idée d'attribut essentiel. La puissance est moins considérable que la faculté et annonce quelque chose de plus grand et de plus élevé comme l'efficacité ou une certaine propriété.
Pouvoir : diffère de faculté et de puissance en ce que le pouvoir est la même force, mais considérée comme agissant ou étant

libre d'agir. Au pouvoir s'attache toujours une idée d'action ou d'exécution toute proche. On peut dire, par exemple, qu'un paralytique a la faculté ou la puissance de marche, mais il n'en a pas le pouvoir.

Pratiques – intrigues – machinations – manèges – manœuvres – menées (Cf : *machinations*).

Précédent – antécédent – antérieur.
Antécédent : qui est arrivé antérieurement ou précédemment et qui est la cause d'une chose qui suit ; il appartient exclusivement au langage didactique.
Antérieur : qui est arrivé peu de temps ou longtemps auparavant ; il laisse supposer une priorité assez vague et est l'opposé de postérieur.
Précédent : qui est arrivé immédiatement avant ; il est l'opposé de suivant.

Précédents – antécédents (Cf : *antécédents*).

Précéder – devancer.
Devancer : marcher en avant, soit en étant actif, soit en étant diligent ; devancer laisse supposer une certaine distance de l'objet ou de la personne qui reste en arrière.
Précéder : se trouver immédiatement avant, en marquant un avantage de place et de rang ; on devance quelqu'un quand on le laisse derrière soi, on le précède en marchant devant lui pour le conduire.

Précepte – commandement – injonction – ordre – prescription (Cf : *ordre*).

Précipice – abîme – gouffre.
Abîme : lieu dont on ne connaît pas le fond et où l'on se perd.
Gouffre : ouverture large et profonde dans laquelle on est englouti.
Précipice : espace profond et à bords escarpés où l'on tombe de haut en bas.

Précis – abrégé – analyse – extrait – raccourci – résumé – sommaire (Cf : *résumé*).

Précision – concision.
Concision : en entend par concision la brièveté du discours ; une phrase est concise quand elle exprime une pensée en peu de mots.
Précision : on entend par précision l'exactitude du discours ; une phrase est précise quand elle dit nettement ce qu'elle veut dire. Un discours concis peut manquer de précision et un discours

précis peut manquer de concision.

Précision – exactitude – justesse.
Exactitude : consiste à dire les choses telles qu'elles sont, de façon rigoureuse, sans rien omettre et sans que l'opinion personnelle ne s'en mêle.
Justesse : consiste à dire ce qui est juste, convenable dans le choix des mots et des expressions les plus propres à désigner les objets et les personnes.
Précision : c'est l'extrême exactitude qui consiste à rejeter tout ce qui est inutile et à ne dire que ce qu'il faut, de façon nette où rien n'est superflu.

Précoce – hâtif – prématuré.
Hâtif : peut se dire de tout ce qui se développe avant le temps, de tout objet qui cause, manifeste ou reçoit ce développement d'une façon rapide; on dira tout aussi bien : une croissance hâtive, un fruit hâtif et même un esprit hâtif.
Précoce : joint à l'idée de développement rapide celle d'avance par rapport au temps ordinaire; ce qui est précoce est tel naturellement, c'est-à-dire mûr avant la saison ou plus avancé que l'âge ne le laisse supposer, sans pour cela montrer des qualités inférieures.
Prématuré : diffère de précoce en ce qu'une chose prématurée n'est devenue telle que par des moyens factices ou par quelque accident regrettable; en outre, prématuré ne doit être employé que pour des choses qui ne peuvent pas mûrir. On dira, par exemple, une fleur précoce, mais on ne dira jamais une fleur prématurée.

Préconiser – célébrer – exalter – louer – prôner – vanter (Cf : *vanter*).

Préconnaissance – prénotion (Cf : *prénotion*).

Prédécesseur – ancêtre – devancier.
Ancêtre : désigne un homme duquel nous descendons, mais qui a vécu il y a fort longtemps et avec qui nous n'avons quelquefois aucun degré de parenté.
Prédécesseur : désigne celui qui a précédé quelqu'un dans un emploi ou dans une dignité obtenue parfois par faveur ou par élection.
Devancier : est moins noble que prédécesseur et désigne quelqu'un qui a précédé dans une carrière à laquelle on aspire.

Prédication – sermon (Cf : *sermon*).

Prédiction – prophétie.
Prédiction : c'est l'action d'annoncer qu'une chose future aura

lieu ; n'importe qui peut faire une prédiction de quelque manière qu'on prétende connaître l'avenir et quel que soit l'objet annoncé d'avance. Ainsi, au siècle dernier, on faisait des prédictions météorologiques et non des prévisions.
Prophétie : c'est une prédiction faite sous l'inspiration de Dieu à certains hommes et se rapportant toujours aux choses de la religion. On donne quelquefois le nom de prophéties aux choses annoncées par les oracles païens ou à certaines prédictions qui semblent avoir quelque chose de sacré.

Prééminence – avantage – dessus – supériorité (Cf : *supériorité*).

Préférer – adopter – aimer mieux – choisir – élire – opter – trier (Cf : *choisir*).

Préjudice – dam – détriment – dommage – tort (Cf : *tort*).

Préjugé – préoccupation – prévention.
Préjugé : c'est une opinion adoptée sans examen ou après un examen insuffisant, soit qu'on a jugé d'après les circonstances, soit par excès de confiance, soit encore par suite d'habitudes contractées.
Préoccupation : c'est l'état d'un esprit tellement possédé de certaines idées qu'il ne peut plus en concevoir de contraires et qui est tellement absorbé par un objet qu'il ne prête aucune attention aux autres.
Prévention : c'est une opinion non motivée que l'on se forme sur quelqu'un ou sur quelque chose ; elle s'apparente à la partialité par un jugement préconçu quand il s'agit de connaître le mérite ou la valeur.

Prélat – évêque – pontife (Cf : *évêque*).

Prématuré – hâtif – précoce (Cf : *précoce*).

Prendre part – avoir part – partager – participer (Cf : *partager*).

Prénotion – préconnaissance.
Prénotion : c'est une première notion, vague, confuse, élémentaire, une sorte d'idée innée que l'on se fait d'une personne et surtout d'une chose.
Préconnaissance : diffère de prénotion en ce qu'il est moins généralement employé et qu'il suppose une connaissance préalable, en quelque sorte anticipée.

Préoccupation – préjugé – prévention (Cf : *préjugé*).

Préparatifs – appareil – apprêts.
Préparatifs : mesures que l'on prend longtemps à l'avance pour l'exécution d'un projet.

Apprêts : ce que l'on fait au moment d'exécuter un projet.
Appareil : l'ensemble des apprêts.

Préparer – apprêter – disposer.
Apprêter : façonner en supposant de l'industrie et de la recherche et pour que l'objet puisse servir immédiatement.
Préparer : travailler à l'avance en supposant de la prévoyance et de la diligence et pour mettre en état les choses nécessaires.
Disposer : arranger convenablement en supposant de l'ordre et pour des choses dont on a besoin.

Prérogative – privilège (Cf : *privilège*).

Près – auprès – proche.
Auprès : dans le voisinage immédiat; il marque simplement la proximité.
Près : marque une proximité plus rapprochée.
Proche : marque une proximité encore plus rapprochée.

Présage – augure.
Présage : signe que l'on croit, à tort ou à raison, annoncer l'avenir.
Augure : conjecture que l'on forme en interprétant ce signe.

Prescription – commandement – injonction – ordre – précepte (Cf : *ordre*).

Présent (à) – actuellement – aujourd'hui – maintenant – présentement (Cf : *maintenant*).

Présent – cadeau – don – gratification (Cf : *cadeau*).

Présent (être) – assister (Cf : *assister*).

Présentement – actuellement – aujourd'hui – maintenant – à présent (Cf : *maintenant*).

Présenter – donner – offrir (Cf : *donner*).

Préserver – garantir – sauver (Cf : *sauver*).

Présomption – conjecture.
Présomption : opinion fondée sur la réalité des faits; elle peut être incomplète mais elle s'impose à nous par la force des choses; on peut condamner quelqu'un sur qui pèsent de fortes présomptions.
Conjecture : opinion établie sur des probabilités; c'est une inclination à croire d'après les apparences. On ne peut condamner quelqu'un sur de simples conjectures.

Présomptueux – avantageux – glorieux – important – orgueilleux – suffisant – superbe – vain (Cf : *orgueilleux*).

Presque – quasi.
Presque : c'est-à-dire : à peu près; presque est d'un usage général et aurait plutôt rapport à l'apparence.
Quasi : est très rarement employé et aurait rapport à la manière d'être. Un feu presque éteint est tout prêt de s'éteindre, un feu quasi éteint est comme s'il était déjà éteint.

Pressant – imminent – instant – urgent (Cf : *urgent*).

Presse – affluence – concours – foule – multitude (Cf : *foule*).

Pressé – rapide – vite (Cf : *vite*).

Pressentir – se douter – soupçonner (Cf : *soupçonner*).

Presser – accélérer – hâter.
Accélérer : rendre plus rapide; s'applique à une action déjà commencée, comme le mouvement par exemple.
Hâter : se dit plutôt des choses et des événements et quand il s'agit de mettre un projet à exécution.
Presser : se dit mieux des personnes en annonçant quelque chose de plus urgent et de plus pressant.

Prestance – contenance – maintien – port – représentation (Cf : *maintien*).

Prestidigitateur – illusionniste.
Prestidigitateur : c'est l'artiste qui possède la faculté de créer des phénomènes d'illusion paraissant en contradiction avec les lois naturelles, mais toujours de façon amusante et gracieuse. Le prestidigitateur se sert surtout de ses mains pour accomplir ses tours.
Illusionniste : diffère du prestidigitateur en ce qu'il présente des illusions produites par des moyens optiques ou mécaniques; les illusionnistes sont souvent appelés *escamoteurs*.

Présumer – augurer – conjecturer.
Présumer : prendre d'avance une opinion.
Conjecturer : se faire une opinion fondée sur des probabilités.
Augurer : deviner l'avenir en faisant intervenir des choses cachées.

Prétendre – affirmer – assurer – attester – avancer – certifier – confirmer – garantir – promettre – répondre – soutenir (Cf : *affirmer*).

Prétendre – aspirer.
Aspirer : aspirer à une chose, c'est la désirer.
Prétendre : prétendre à une chose, c'est croire que l'on a droit à sa possession ou croire en avoir.

Prêtrise – sacerdoce (Cf : *sacerdoce*).

Prévaloir (se) – se glorifier – se targuer (Cf : *glorifier*).

Prévenir – avertir – informer.
Avertir : attirer l'attention sur une chose.
Informer : porter à la connaissance de quelqu'un ce qu'il ne peut savoir par lui-même.
Prévenir : faire connaître en accompagnant d'une injonction; un supérieur prévient ses subordonnés, mais ne les informe pas.

Prévention – préjugé – préoccupation (Cf : *préjugé*).

Prévenu – accusé – inculpé (Cf : *accusé*).

Prier – conjurer – implorer – invoquer – supplier (Cf : *supplier*).

Prier à – inviter – prier de (Cf : *inviter*).

Prier de – inviter – prier à (Cf : *inviter*).

Prince – empereur – monarque – potentat – roi – souverain (Cf : *roi*).

Principe – élément – rudiment (Cf : *élément*).

Priser – apprécier – estimer – évaluer (Cf : *estimer*).

Prisonnier – captif – esclave.
Captif : le captif est celui qui est pris à la guerre et retenu; il ne se dit plus guère aujourd'hui qu'au figuré et, dans ce cas, il marque un assujettissement ou un attachement très fort.
Prisonnier : le prisonnier est celui qui est retenu en prison pour une cause quelconque; il désigne plus généralement les soldats qui se sont laissés prendre par l'ennemi et, dans ce cas, il les désigne substantivement.
Esclave : l'esclave est le captif dont on a fait un serviteur et qui est devenu la propriété d'un maître; au figuré, esclave annonce un dévouement aveugle et un renoncement total à toute volonté personnelle.

Privation – défaut – faute – manque (Cf : *manque*).

Privé – apprivoisé – domestique (Cf : *apprivoisé*).

Privé – dénué – dépouillé – dépouvu – destitué (Cf : *dépourvu*).

Priver – frustrer – sevrer
Frustrer : c'est empêcher quelqu'un de jouir d'une chose sur laquelle il avait le droit de compter ou annuler l'espérance qu'il avait conçue de posséder quelque chose dans l'avenir; on frustre quelqu'un d'une succession en le déshéritant.

Priver : c'est ôter à quelqu'un une chose qu'il possède ou lui interdire de posséder une chose à laquelle il pouvait prétendre; on prive un homme de sa liberté quand on l'enferme.
Sevrer : c'est priver quelqu'un d'une chose dont il était accoutumé à jouir et le mettre ainsi dans une nouvelle situation; on sèvre quelqu'un de ses rentes en les lui coupant.

Priver (se) – abstenir (s').
Abstenir (s') : se priver d'une chose de peu de valeur.
Se priver : s'ôter à soi-même une chose dont on a la jouissance.

Privilège – prérogative.
Prérogative : c'est le pouvoir ou le droit exceptionnel attaché à une dignité et montrant une supériorité réelle ou universellement reconnue; ainsi la noblesse jouissait-elle de prérogatives importantes. C'est aussi, et plus généralement, la faculté dont un être animé jouit exclusivement : ainsi l'homme a la prérogative de la raison qui le met au-dessus des autres animaux.
Privilège : c'est le droit ou l'avantage accordé à un ou plusieurs individus et qui sont, par là même, exemptés de la loi commune; le privilège est généralement interdit au public et c'est ordinairement une concession ou une liberté d'action tolérée par des sollicitations ou par une faveur toute spéciale.

Prix (emporter le – remporter le) (Cf : *remporter*).

Prix – valeur (Cf : *valeur*).

Prix – récompense – rémunération – rétribution (Cf : *récompense*).

Probabilité – apparence – vraisemblance (Cf : *vraisemblance*).

Probable – plausible – vraisemblable (Cf : *vraisemblable*).

Probité – honnêteté – honneur – intégrité – vertu (Cf : *honnêteté*).

Problématique – douteux – incertain (Cf : *douteux*).

Problème – demande – question (Cf : *question*).

Procéder – découler – dériver – émaner – provenir (Cf : *provenir*).

Prochain – adjacent – attenant – contigu – joignant – proche – voisin (Cf : *proche*).

Proche – auprès – près (Cf : *près*).

Proche – adjacent – attenant – contigu – joignant – prochain – voisin.
Adjacent : situé auprès, mais qui est un terme spécial de géomé-

trie et de géographie.
Attenant : se dit surtout d'une chose considérée relativement à une autre principale, à laquelle elle tient comme accessoire.
Contigu : se dit de deux choses qui se touchent immédiatement sur une étendue assez considérable.
Joignant : se dit d'une chose qui est immédiatement à côté d'une autre, mais qui peut ne pas être dépendante de celle à laquelle elle touche.
Prochain : indique la proximité d'une manière plus faible et la distance est assez courte.
Proche : qui est tout près, d'une manière essentielle et rigoureuse.
Voisin : qui est tout auprès et donc pas très éloigné.

Prochronisme – anachronisme – métachronisme – parachronisme (Cf : *anachronisme*).

Prodige – merveille – miracle (Cf : *miracle*).

Prodigue – dépensier – dissipateur (Cf : *dépensier*).

Prodiguer – dilapider – dissiper – gaspiller (Cf : *gaspiller*).

Production – ouvrage (Cf : *ouvrage*).

Production – produit (Cf : *produit*).

Produire – alléguer – citer – rapporter (Cf : *citer*).

Produire – introduire (Cf : *introduire*).

Produit – production.
Production : n'est synonyme de produit que lorsque production désigne, non l'action de produire, mais la chose produite elle-même, et quand on la considère comme une manifestation de la force, de l'esprit ou du talent. Ainsi les productions littéraires sont dans des bibliothèques, les productions des arts dans des musées où on peut les admirer et les critiquer.
Produit : le produit est la chose considérée en elle-même par rapport à sa valeur ou à son usage ; il fait naître l'idée de profit, de bénéfice et de rapport ; ainsi, les produits des arts et ceux manufacturés sont dans le commerce où on peut les acheter pour ses besoins ou pour sa satisfaction.

Profanation – sacrilège (Cf : *sacrilège*).

Proférer – articuler – prononcer (Cf : *prononcer*).

Profession – art – état – métier – parti.
Art : se dit de tout procédé pour faire une chose et plus ordinairement des travaux de l'intelligence ; toutefois, les travaux de

la main peuvent également recevoir le nom d'art quand ils exigent de l'habileté.
Métier : se dit de la pratique d'un art manuel ou quelquefois ce qu'on a coutume de faire par une longue habitude.
Etat : se dit particulièrement de la position ou du rang qu'on occupe dans la société.
Profession : se dit de la classe à laquelle on appartient uniquement par ses occupations.
Parti : se dit du métier que l'on a choisi d'une façon délibérée après avoir supputé les avantages et les inconvénients de plusieurs autres.

Profit – avantage – utilité (Cf : *avantage*).

Profit – bénéfice – émolument – gain – lucre (Cf : *bénéfice*).

Prohibé – défendu (Cf : *défendu*).

Prohibition – défense – inhibition (Cf : *défense*).

Proie – butin.
Butin : tout ce que le soldat prend à l'ennemi avec l'autorisation de ses chefs; il désigne l'objet pris ou la valeur elle-même de l'objet et implique une idée de pillage.
Proie : être vivant que saisit et dévore l'animal carnassier; il désigne l'être comme ayant souffert avec violence et appelé à être tué; il implique une idée de destruction.

Projet – dessein – entreprise – plan.
Projet : toute chose que l'on se propose de faire; le projet est toujours vague, éloigné dans le temps et considéré surtout sous le rapport de la difficulté ou de l'habileté.
Dessein : marque une intention réfléchie d'atteindre un but et cette intention est souvent considérée sous le rapport moral comme bonne ou mauvaise.
Entreprise : mise à exécution d'un projet qui annonce un début d'engagement et qui nécessitera certains efforts et certaines conditions.
Plan : marque un projet longuement médité; le plan suppose qu'on a tracé méthodiquement les diverses parties de l'œuvre à entreprendre du commencement à la fin.

Prolepse – antéoccupation – anthypophore – anticipation (Cf : *anticipation*).

Prolifère – prolifique (Cf : *prolifique*).

Prolifique – prolifère.
Prolifère : se dit principalement d'un organe végétal donnant naissance, d'une manière anormale, à un organe de même

nature et qu'on voit, en quelque sorte, se produire sous nos yeux.
Prolifique : se dit de ce qui a la faculté d'engendrer, de produire, de tout ce qui est générateur par nature ; prolifique est en outre moins étranger au langage populaire que prolifère.

Prolixe – diffus.
Diffus : on est diffus quand on est trop abondant en paroles, délayant ce qui pourrait être exprimé plus brièvement ; dans le style diffus, les mots manquent toujours de précision et ne parviennent pas à désigner les choses de façon exacte.
Prolixe : on est prolixe quand on est trop long, qu'on délaye trop ses pensées, qu'on donne trop de détails souvent inutiles ; dans le style prolixe, on dit toujours plus de choses qu'il ne faut et on se perd dans les fioritures.

Prolongation – prolongement.
Prolongation : c'est l'action même de prolonger, c'est-à-dire d'augmenter la longueur ou d'accroître la durée ; prolongation se dit particulièrement du délai qu'on accorde ou du temps qu'on ajoute.
Prolongement : c'est l'extension elle-même, l'accroissement de longueur et, plus précisément, la continuation de l'action ; on dira : la prolongation d'un délai, mais le prolongement d'une rue.

Prolongement – prolongation (Cf : *prolongation*).

Prolonger – allonger – proroger.
Allonger : rendre plus long de n'importe quelle manière en étendant la matière ; on peut allonger une robe ou un discours.
Prolonger : rendre plus long dans une direction déterminée et particulièrement dans la durée d'une chose ; on peut prolonger un travail ou une discussion.
Proroger : prolonger le temps qu'on accorde ou qu'on prend au sujet d'une chose pour en maintenir sa valeur ; on peut proroger une loi ou une session.

Promenade – promenoir.
Promenoir : promenoir est un mot presque inusité aujourd'hui et désignait un lieu couvert spécialement arrangé pour se promener, d'une petite étendue et destiné à un petit nombre de personnes.
Promenade : c'est le terme employé aujourd'hui pour désigner le lieu où l'on va çà et là pour prendre de l'exercice ou pour se récréer.

Promenoir – promenade (Cf : *promenade*).

Promettre – affirmer – assurer – attester – avancer – certifier –

confirmer – garantir – prétendre – répondre – soutenir (Cf : *affirmer*).

Promettre – s'engager – donner parole.
S'engager : s'obliger à faire quelque chose, soit par écrit, soit par serment, soit par convention; s'engager, c'est donner naissance à un droit ou à accepter des fonctions qui restreignent la liberté.
Donner parole : s'obliger par une assurance formelle à faire quelque chose, donner un droit fondé sur la seule loyauté en contractant une sorte d'engagement d'honneur.
Promettre : déclarer de vive voix ou par écrit qu'on fera quelque chose; promettre ne fait concevoir qu'une espérance et non un droit, sauf quand on le fortifie par une expression accessoire comme lorsqu'on dit : Je vous promets formellement ou solennellement.

Promptement – vite (Cf : *vite.*).

Promptitude – activité – célérité – diligence – rapidité – vélocité – vitesse (Cf : *vitesse*).

Prôner – célébrer – exalter – louer – préconiser – vanter (Cf : *vanter*).

Prononcer – décider – juger (Cf : *juger*).

Prononcer – articuler – proférer.
Prononcer : exprimer les lettres, les syllabes, les mots par des sons au moyen de la voix; il signifie aussi déclarer à haute voix et en public.
Articuler : prononcer distinctement et en détail; il veut dire aussi annoncer des choses précises et positives.
Proférer : prononcer à haute et intelligible voix; il s'emploie surtout pour les injures, les blasphèmes, etc.

Propension – inclination – penchant (Cf : *inclination*).

Prophète – devin.
Devin : personne qui prétend découvrir les choses cachées dans l'avenir, le présent et le passé; il ne doit cette puissance qu'à un art soi-disant magique, mais surtout et généralement à sa perspicacité.
Prophète : personne qui, par conjecture ou par hasard, annonce ce qui doit arriver; on lui confère souvent un caractère sacré en attribuant sa puissance de connaître l'avenir à la divinité même.

Prophétie – prédiction (Cf : *prédiction*).

Propice – favorable (Cf : *favorable*).

Propos – parti – résolution (Cf : *résolution*).

Propre – blanc – net.
Net : ce qui est net est clair, transparent, sans tache et, par conséquent, toute souillure ou saleté a été soigneusement écartée.
Propre : ajoute à l'idée de netteté celle d'être en bon état et une absence de négligence ; il peut se dire d'une personne pour marquer le soin qu'elle prend d'elle-même et la manière de se vêtir.
Blanc : n'est synonyme des deux autres mots qu'en parlant de tout ce qui, pour être net ou propre, a besoin d'être lavé ou nettoyé.

Proroger – allonger – prolonger (Cf : *prolonger*).

Proscrire – bannir – exiler (Cf : *exiler*).

Prospérité – béatitude – bien-être – bonheur – félicité – plaisir (Cf : *bonheur*).

Prostration – abattement – accablement – affaissement – anéantissement – découragement – épuisement – langueur (Cf : *découragement*).

Protection – auspices – sauvegarde.
Protection : action de prendre soin des intérêts de quelqu'un ; il indique un secours.
Sauvegarde : protection puissante et efficace ; il indique une garantie et une défense.
Auspices : protection conduite par quelqu'un ; il n'est synonyme des deux autres mots qu'au figuré.

Protéger – défendre – soutenir (Cf : *défendre*).

Protestations – démonstrations – témoignages (Cf : *témoignages*).

Protester – attester.
Protester : assurer d'une manière positive et publique.
Attester : déclarer pour servir de preuve ou de témoignage.

Prouesses – exploit – fait d'armes – hauts faits (Cf : *exploit*).

Provenir – découler – dériver – émaner – procéder.
Découler : résulter d'une chose de manière directe et naturelle, comme une eau qui coule lentement, goutte à goutte, et qui n'est arrêtée par aucun obstacle. Découler marque l'action quand il se conjugue avec avoir et l'état quand il se conjugue avec être.
Dériver : résulter d'une chose en supposant un écart ou un

détour; dériver, c'est venir en empruntant un chemin qui n'est pas naturel, qui ne suit pas la direction principale, qui est dévié par un moyen quelconque.
Emaner : diffère de découler en ce qu'il exprime un dégagement se répandant dans tous les sens et de toutes parts; il laisse supposer une émission presque invisible mais puissante et qu'on peut ressentir.
Procéder : exprime toujours la provenance et se rapporte plutôt à l'idée elle-même; quand on dit : le français procède du latin, c'est l'intelligence qui le décide comme étant l'effet d'une cause.
Provenir : se rapporte à la réalité; ce sont les yeux qui constatent la provenance et la matérialité de l'objet qui est représenté comme étant séparé d'un autre dans lequel il était contenu.

Proverbe – adage – aphorisme – apophtegme – axiome – maxime – sentence.
Sentence : parole qui renferme une pensée morale considérée au point de vue littéraire ou oratoire.
Aphorisme : sentence importante, exprimée en peu de mots, surtout dans le domaine de la médecine.
Adage : proverbe ancien exprimé d'une manière piquante et enjouée.
Apophtegme : pensée remarquable d'un personnage célèbre ou ancien, ou imitée d'un ancien.
Maxime : proposition très importante qui sert de règle de conduite.
Axiome : vérité dont l'évidence n'a pas besoin d'être démontrée et qui fait autorité.
Proverbe : vérité morale exprimée en peu de mots et citée souvent dans la conversation.

Provoquer – agacer – harceler (Cf : *agacer*).

Prudence – sagesse.
Prudence : vertu qui nous porte à nous abstenir des paroles ou des actions qui pourraient nous nuire; il y a dans la prudence plus d'intérêt personnel et elle est presque toujours accompagnée d'un sentiment de crainte.
Sagesse : c'est tout à la fois la prudence et l'habileté dans la conduite de la vie et elle fait agir de la manière la plus conforme à la raison; il y a dans la sagesse plus de grandeur et elle suppose toujours une raison plus élevée.

Prudent – avisé – circonspect.
Avisé : se dit d'un esprit naturellement fin et qui songe à tout; l'homme avisé fait usage d'imagination.
Circonspect : se dit d'une personne qui est sur ses gardes et qui

ne fait rien au hasard; l'homme circonspect fait usage d'attention.

Prudent : s'applique à une personne qui met en quelque sorte de la science dans sa conduite, qui prévoit les événements et y conforme sa vie; l'homme prudent fait usage de réflexion.

Puanteur – fétidité – infection.

Puanteur : terme simple et vulgaire et qui a trait à tout ce qui exhale une mauvaise odeur, très forte et incommodante.

Infection : ajoute à l'idée de puanteur celle de contagion possible causée par un corps organique en décomposition.

Fétidité : marque la puanteur comme tenant à la constitution même des substances; fétidité est un terme plutôt scientifique.

Public – clair – évident – manifeste – notoire (Cf : *évident*).

Publier – divulguer – éditer.

Divulguer : faire connaître au public une chose qu'il ignorait et qui, en principe, aurait dû être tenue secrète; mais même les secrets se divulgent petit à petit.

Publier : porter à la connaissance de tout le monde, rendre notoire une chose quelconque, sans que le mot entraîne une idée défavorable; il conserve cependant une certaine idée de consentement.

Editer : ajoute à l'idée de publier celle de mettre au jour et de vendre l'œuvre d'un artiste quelconque.

Pudeur – décence – modestie – pudicité (Cf : *modestie*).

Pudeur – honte.

Honte : n'est réellement synonyme de pudeur que lorsqu'il exprime le sentiment qu'on éprouve à la pensée d'une mauvaise action non encore effectuée; dans ce cas, c'est le tourment qu'on ressent à l'idée de n'être plus respecté par l'opinion publique.

Pudeur : c'est la crainte de perdre sa propre estime, de se dégrader à ses propres yeux, de faire une action contraire à la pureté et à la modestie.

Pudibond – pudique (Cf : *pudique*).

Pudicité – décence – modestie – pudeur (Cf : *modestie*).

Pudique – pudibond.

Pudique : être pudique, c'est avoir de la pudeur, c'est-à-dire craindre d'offenser la décence ou la modestie.

Pudibond : être pubibond, c'est être trop pudique ou avoir une pudeur extrême qui fait toujours prendre le terme dans un sens ironique et amusant; une femme pudique a une certaine honte; un homme pudibond rougit niaisement pour des bagatelles.

Puérilité – enfantillage (Cf : *enfantillage*).

Puisque – parce que (Cf : *parce que*).

Puissance – faculté – pouvoir (Cf : *pouvoir*).

Puissance – autorité – domination – empire – pouvoir (Cf : *pouvoir*).

Pulvériser – broyer – piler – triturer.
Broyer : réduire en grains ou en pâte, soit en pressant, soit en frottant.
Piler : écraser avec un pilon dans un mortier.
Pulvériser : réduire en une fine poussière; il peut se prendre quelquefois avec le sens de détruire ou de réduire à néant.
Triturer : réduire en parties menues; c'est un terme didactique et savant et s'emploie de préférence de façon scientifique.

Punir – châtier – corriger.
Punir : punir exprime simplement la peine que doit supporter quelqu'un par suite d'une faute; il peut se dire des personnes comme des événements.
Châtier : châtier marque plutôt l'action d'un supérieur infligeant une peine dans l'intention d'améliorer le coupable; au passif, être châtié indique toujours la punition reçue.
Corriger : corriger diffère de châtier en ce qu'il évoque une idée de peine corporelle et en ce que l'amélioration semble plus proche; se corriger signifie : s'amender, devenir meilleur.

Purée – débine – dèche – panne (Cf : *dèche*).

Pureté – chasteté – continence – honneur – sagesse – vertu (Cf : *sagesse*).

Purger – épurer – purifier (Cf : *purifier*).

Purifier – épurer – purger.
Epurer : rendre pur avec beaucoup de soin, en opérant lentement et plusieurs fois.
Purger : rendre pur en nettoyant, en ôtant toutes les matières nuisibles ou en délivrant des souillures.
Purifier : rendre pur en débarrassant de la présence de tout corps étranger; purifier marque une action qui modifie la substance même des choses.

Pusillanime – couard – lâche – poltron (Cf : *lâche*).

Putréfier – pourrir (Cf : *pourrir*).

Pygmée – myrmidon – nain (Cf : *nain*).

Q

Qualité (de) – de condition.
De condition : un homme de condition est un homme qui occupe un rang élevé et qui fait actuellement partie de la haute société, soit par ses occupations, soit par sa fortune.
De qualité : un homme de qualité est un homme dont les aïeux ont possédé un titre nobiliaire et qui est donc noble de naissance.

Quand – comme – lorsque.
Comme : à l'instant même, au moment même où ; il marque une certaine précision.
Lorsque : se rapporte à un temps particulier, plus ou moins fixe.
Quand : terme le plus général qui peut s'appliquer à un événement futur ou hypothétique.

Quant à – pour (Cf : *pour*).

Quasi – presque (Cf : *presque*).

Querelle – altercation – contestation – controverse – débat – démêlé – différend – discussion – dispute (Cf : *dispute*).

Quereller – gourmander – gronder – réprimander – tancer (Cf : *réprimander*).

Querelleur – hargneux.
Hargneux : l'homme hargneux est d'humeur chagrine et tracassière ; il n'est jamais content et il manifeste son mécontentement en harcelant tous ceux qui l'entourent par des reproches continuels.
Querelleur : l'homme querelleur est celui qui se fait un malin plaisir à échanger de violents reproches avec tout le monde et à exciter le mécontentement de chacun ; il peut être dangereux du fait que son attitude peut provoquer les coups.

Question – demande – problème.
Demande : action de demander qui suppose nécessairement

une interrogation plus ou moins directe. Une demande est, en principe, simple et la réponse n'offre, en général, aucune difficulté spéciale.
Question : demande qui est faite pour avoir des renseignements sur quelque chose ; elle suppose également une interrogation et la réponse est souvent plus difficile s'il s'agit d'élucider par l'examen ou la discussion.
Problème : question que l'on propose et qui doit être résolue d'après les principes de la science ; le problème suppose toujours une interrogation indirecte et très difficile à résoudre.

Questionner – demander – interroger (Cf : *demander*).

Quiétude – calme – paix – repos – tranquillité (Cf : *tranquillité*).

Quinte – boutade – caprice – saillie – vertigo (Cf : *caprice*).

Quiproquo – méprise.
Méprise : consiste à prendre une personne pour une autre ou une chose pour une autre, soit qu'on se trompe sur ses qualités, soit parce qu'on a commis une erreur.
Quiproquo : ne s'emploie ordinairement et familièrement que lorsqu'une chose est prise ou donnée pour une autre ; le quiproquo est toujours plaisant et montre une situation assez amusante.

Quittance – acquit – reçu (Cf : *reçu*).

Quitte – acquitté (Cf : *acquitté*).

Quitter – abandonner – délaisser – renoncer.
Abandonner : renoncer à quelque chose en ne voulant plus en faire usage ; ne pas garder près de soi quand il s'agit de personnes avec une idée de souffrance et de besoin pour ces personnes et de froideur pour celui qui abandonne.
Délaisser : abandonner une personne de parti pris et la laisser dans l'isolement.
Quitter : s'éloigner en exprimant la séparation de la manière la plus simple, sans y ajouter rien de désobligeant ou de fâcheux.
Renoncer : abandonner à regret en présentant l'action comme un sacrifice ou comme le résultat d'une sorte de violence qu'on se fait à soi-même.

Quotidien – journalier.
Journalier : ce qui est journalier est ce qui arrive chaque jour, ce qui se fait tous les jours, mais le plus souvent avec des changements ou des variations qui peuvent être considérables ; une humeur journalière change d'un jour à l'autre, suivant qu'on est plus ou moins bien disposé.

Quotidien : est beaucoup plus net et se dit plus précisément des choses de chaque jour, qui arrivent régulièrement et dont on a besoin journellement; un journal quotidien, par exemple paraît tous les jours de la semaine, de façon continue.

R

Rabaisser – abaisser – avilir – humilier – rabattre – ravaler (Cf : *humilier*).

Rabattre – abaisser – avilir – humilier – rabaisser – ravaler (Cf : *humilier*).

Rabattre – abattre (Cf : *abattre*).

Rabêtir – abêtir (Cf : *abêtir*).

Raboter – châtier – corriger – limer – polir – retoucher – revoir (Cf : *corriger*).

Raboteux – abrupt – agreste – âpre – inculte – revêche – rude – rustique – sauvage (Cf : *sauvage*).

Raccommodement – accommodement (Cf : *accommodement*).

Raccommoder – accorder – réconcilier (Cf : *réconcilier*).

Raccourci – abrégé – analyse – extrait – précis – résumé – sommaire (Cf : *résumé*).

Raccourcir – abréger – accourcir (Cf : *abréger*).

Race – famille – lignée – maison (Cf : *famille*).

Raconter – conter – narrer.
Conter : on conte dans le dessein d'amuser, en disant des choses incroyables et surprenantes imaginées à plaisir.
Raconter : on raconte pour dire des choses plus ou moins intéressantes, comment elles se sont passées et vraies la plupart du temps ; on peut aussi raconter pour instruire.
Narrer : on narre pour faire le récit d'un événement en lui donnant assez d'étendue pour en faire quelque chose de littéraire, principalement sur le rapport du style.

Radieux – rayonnant.
Radieux : ce qui est radieux émet des rayons de lumière dans

tous les sens et marque un état constant ; un visage radieux manifeste la joie, le contentement, une sûreté sereine.
Rayonnant : ce qui est rayonnant marque seulement un fait qui peut n'être que passager ; un visage rayonnant ressent le contentement qu'on éprouve à l'occasion d'un événement particulier.

Radoucir – adoucir (Cf : *adoucir*).

Raffermir – affermir – cimenter – confirmer – sceller (Cf : *confirmer*).

Raffinement – subtilité.
Raffinement : le raffinement est, en fait, une extrême finesse qu'on ne trouve que dans les personnes ou, du moins, il fait toujours penser à la personne qui use de ce procédé. Raffinement s'emploie dès qu'on cesse de présenter ou de voir les choses dans leur état naturel.
Subtilité : la subtilité se trouve aussi bien dans les personnes que dans les choses et renchérit sur raffinement ; c'est, en quelque sorte, le raffinement poussé jusqu'à la minutie et même quelquefois l'excès.

Rage – fureur – furie (Cf : *fureur*).

Ragot – nabot – trapu (Cf : *trapu*).

Raillerie – dérision – ironie – moquerie – persiflage – risée (Cf : *moquerie*).

Raison – jugement – sens – bon sens.
Sens : faculté que l'on possède de percevoir les objets extérieurs et de voir les choses comme elles sont ; c'est également pouvoir reconnaître instinctivement ce qui est bien ou mal, sans impliquer un perfectionnement par l'étude ou par l'exercice.
Jugement : c'est le produit de la faculté que possède l'esprit humain de décider qu'il y a convenance ou non entre deux idées ; c'est, en quelque sorte le sens lui-même, mais exercé et développé par la pratique.
Raison : c'est également une faculté naturelle, mais plus élevée qui nous montre où sont le devoir, l'équité ou la justice et qui nous contraint à éviter l'erreur et à agir d'une certaine manière.
Bon sens : aptitude de l'esprit à juger sainement les choses et le bon sens se rapproche de la raison sous le rapport moral ; il montre davantage de sagesse dans la conduite.

Râle – râlement.
Râle : c'est le bruit morbide qu'on entend en auscultant la poitrine de personnes atteintes de diverses maladies, et cette respiration pénible donne l'idée d'un état désespéré.

Râlement : c'est l'action de râler, l'état ou la crise où se trouve la personne ; le râle est l'impression que le moribond fait sur nous, le râlement est l'état où il se trouve lui-même.

Râlement – râle (Cf : *râle*).

Ramas – collection – compilation – ramassis – rapsodie – recueil (Cf : *collection*).

Ramassis – collection – compilation – ramas – rapsodie – recueil (Cf : *collection*).

Ramener – amener – conduire – emmener – mener – remener – remmener (Cf : *conduire*).

Ramollir – amollir.
Amollir : rendre mou : on amollit ce qui est dur.
Ramollir : rendre mou ce qui est trop ou très dur.

Rancidité – rancissure.
Rancidité : c'est simplement la qualité d'une chose qui est rance et rancidité désigne cette qualité sans faire penser à un état plus sain qui l'aurait précédé.
Rancissure : c'est l'état d'un corps rance ; rancissure ne fait que désigner le changement qui s'est accompli dans une matière quelconque.

Rancissure – rancidité (Cf : *rancidité*).

Rancune – animosité – inimitié – ressentiment.
Animosité : haine prolongée contre quelqu'un et qui ne peut qu'augmenter avec le temps.
Inimitié : antipathie naturelle qui existe chez les hommes et aussi chez certains animaux, comme le chien et le chat, par exemple.
Ressentiment : souvenir d'une offense, d'une injure avec désir de se venger.
Rancune : ressentiment invétéré qu'on dissimule le plus souvent.

Rang – rangée.
Rang : ensemble de personnes ou de choses placées sur une même ligne ; rang marque simplement une idée d'ordre ou de place.
Rangée : marque plutôt l'action de ranger et quelquefois les objets ou les personnes qui sont rangés. On dira tout aussi bien : un rang d'arbres qu'une rangée d'arbres, mais le mot rangée est préférable dans ce cas, parce que les arbres sont toujours présents à l'esprit.

Rangé – réglé.

Rangé : l'homme rangé est celui qui a non seulement de l'ordre, mais également une bonne conduite en ne perdant pas son temps ou en ne dissipant pas sa fortune ; rangé se rapporte aux occupations et à la dépense.
Réglé : l'homme réglé se conforme à une règle de sagesse et se prescrit à lui-même une conduite sans défauts ; réglé se rapporte surtout aux mœurs.

Rangée – rang (Cf : *rang*).

Ranger – arranger.
Ranger : placer les choses dans un certain ordre ou remettre une chose à la place qu'elle occupe habituellement ; il n'offre qu'une idée de travail manuel.
Arranger : fixer l'ordre dans lequel on placera les choses et leur assigner une place particulière ; il exprime un acte d'intelligence et a un sens plus général.

Ranger – disposer – ordonner – organiser.
Disposer : mettre dans un certain ordre, préparer une chose en vue d'un résultat définitif.
Ordonner : diffère de disposer en ce que l'ordre a été établi et fixé en fonction d'une autorité supérieure.
Organiser : prendre les dispositions nécessaires pour qu'une chose ait lieu ou la placer de telle sorte qu'elle puisse fonctionner.
Ranger : placer dans un ordre logique qui laisse supposer que chaque chose a été bien mise à sa place.

Rapetasser – rapiécer – rapiéceter (Cf : *rapiécer*).

Rapetisser – apetisser.
Apetisser : rendre plus petit en marquant une diminution subite.
Rapetisser : rendre plus petit en marquant une diminution lente et successive.

Rapide – pressé – vite (Cf : *vite*).

Rapidité – activité – célérité – diligence – promptitude – vélocité – vitesse (Cf : *vitesse*).

Rapiécer – rapetasser – rapiéceter.
Rapiécer : c'est mettre purement et simplement des pièces à un vêtement ou à du linge pour le raccommoder et le rendre plus présentable.
Rapiéceter : c'est mettre pièce sur pièce ou, plus généralement, beaucoup de petites pièces à ce qui a été déjà rapiécé.
Rapetasser : c'est raccommoder grossièrement avec des pièces disparates, uniquement pour boucher les trous, sans idée d'élé-

gance et de propreté.

Rapiéceter – rapetasser – rapiécer (Cf : *rapiécer*).

Rapport – analogie – convenance – correspondance.
Rapport : ressemblance plus ou moins grande et assez faible, et qui peut même quelquefois exprimer le contraire : on dit, par exemple, un rapport de différence.
Analogie : rapport de ressemblance.
Correspondance : rapport de réciprocité.
Convenance : rapport de conformité.

Rapporter – alléguer – citer – produire (Cf : *citer*).

Rapsodie – collection – compilation – ramas – ramassis – recueil (Cf : *collection*).

Ras – égal – plain – plat – uni (Cf : *plat*).

Raser – démanteler – démolir (Cf : *démolir*).

Rassembler – assembler.
Assembler : réunir des gens qu'on a sous la main ou des choses peu éloignées et semblables entre elles; on assemble des parents, par exemple.
Rassembler : réunir des gens auxquels on est plus ou moins étranger ou des choses éloignées et dissemblables; on rassemble des soldats, par exemple.

Rassis – calme – posé – tranquille (Cf : *tranquille*).

Rassurer – assurer.
Assurer : se prémunir contre un danger possible; au figuré, faire qu'une chose ne manque pas.
Rassurer : raffermir ou consolider; au figuré, rendre tranquille, donner une sorte de sécurité.

Ratification – acquiescement – adhésion – agrément – approbation – consentement (Cf : *consentement*).

Raturer – biffer – effacer – rayer (Cf : *effacer*).

Ravager – désoler – dévaster – infester – ruiner – saccager.
Désoler : désoler un pays, c'est le changer en solitude, le détruire en plongeant ses habitants dans l'affliction et en les réduisant au désespoir.
Dévaster : c'est changer un pays en un vaste désert.
Infester : c'est envahir en causant de la gêne et du dommage par des actes d'hostilité et de brigandage qui ne laissent aucun repos aux habitants.
Ravager : c'est causer des dégâts avec violence et rapidité,

comme le fait un torrent ou une épidémie.
Ruiner : c'est ravager en détruisant tout ce qui faisait la fortune et la valeur d'un pays et en n'y laissant que des ruines.
Saccager : c'est piller totalement, employer le fer et le feu pour bouleverser tout quelque part.

Ravaler – abaisser – avilir – humilier – rabaisser – rabattre (Cf : *humilier*).

Ravi – aise – content (Cf : *content*).

Ravir – arracher (Cf : *arracher*).

Ravir – charmer – enchanter.
Charmer : plaire d'une façon douce; charmer exprime presque toujours une émotion délicieuse.
Enchanter : séduire en inspirant une grande admiration.
Ravir : charmer et enchanter en même temps, transporter de plaisir, de joie et d'admiration; il conduit quelquefois jusqu'à l'extase.

Ravissement – extase – transport (Cf : *extase*).

Rayer – biffer – effacer – raturer (Cf : *effacer*).

Rayonnant – radieux (Cf : *radieux*).

Réaliser – accomplir – effectuer – exécuter.
Accomplir : faire d'une manière exacte une chose telle qu'elle avait été annoncée.
Effectuer : faire qu'une chose arrive à exécution, à son effet.
Exécuter : faire une chose d'après un plan, un modèle arrêté d'avance.
Réaliser : rendre réel et effectif ce qui n'existait auparavant que dans l'esprit.

Rébellion – émeute – insurrection – révolte – sédition – soulèvement (Cf : *révolte*).

Récalcitrant – rétif – revêche.
Récalcitrant : ce qui est récalcitrant résiste avec humeur et opiniâtreté à la volonté d'autrui et réagit contre elle avec violence.
Rétif : ce qui est rétif marque aussi la résistance mais y ajoute une idée d'obstination; ce qui est rétif est, en général, difficile à conduire; c'est une sorte d'habitude qui se manifeste soit par l'immobilité, soit par l'inertie.
Revêche : ce qui est revêche est peu traitable et rébarbatif; un homme revêche est acariâtre, hargneux et on ne sait jamais par quel bout le prendre.

Récent – moderne – neuf – nouveau (Cf : *nouveau*).

Recevoir – accepter – agréer (Cf : *accepter*).

Recevoir – admettre (Cf : *admettre*).

Réchapper – échapper (Cf : *échapper*).

Recherché – affecté – apprêté – compassé – composé – étudié – guindé – maniéré (Cf : *maniéré*).

Rechigner – refrogner.
Rechigner : témoigner de la répugnance, de la mauvaise humeur et manifester son mécontentement dans la manière dont on traite les autres ou dont on reçoit leurs avances ; rechigner suppose un certain dépit qui perce dans toute la personne.
Refrogner : c'est froncer la peau du front, du visage en signe de mécontentement ou de chagrin ; refrogner suppose une humeur intérieure provenant des choses ou du caractère plutôt que des personnes avec qui l'on a des rapports. A noter que refrogner ne s'emploie plus guère de nos jours et a laissé la place au verbe *renfrogner* ; on dit aujourd'hui une mine renfrognée plutôt qu'une mine refrognée.

Rechute – récidive (Cf : *récidive*).

Récidive – rechute.
Rechute : c'est, soit la réapparition d'une maladie qu'on croyait guérie, soit le retour à la même faute ou à la même habitude vicieuse ; la rechute est toujours plus grave et plus dangereuse que le premier état dont elle est la seconde chute.
Récidive : c'est l'action de retomber dans la même faute ou le même crime et elle se rapporte à tous les actes volontaires que l'homme a déjà commis et qu'il commet de nouveau. La récidive suppose une grande perversité et exige, de ce fait, une punition plus sévère parce qu'on y voit la preuve d'une sorte d'obstination dans le mal.

Réciproque – mutuel.
Mutuel : se dit de tout ce qui se transmet de l'un à l'autre à charge de réciprocité ; mutuel a rapport à l'état et à la manière d'être. Il peut se dire aussi d'actions simultanées provenant de la spontanéité de l'une ou l'autre partie, comme, par exemple, un don mutuel.
Réciproque : se dit de ce qui a lieu entre deux choses ou deux personnes agissant l'une sur l'autre, mais réciproque semble indiquer qu'il n'y a, d'un côté, qu'un simple désir de donner quelque chose en retour.

Récit – relation.
Récit : c'est tout simplement la narration d'un fait ; récit est un

mot d'un usage très courant, mais il laisse supposer que le narrateur est présent quand il raconte une chose et que ses paroles nous arrivent d'une façon directe.
Relation : convient quand on parle de voyages lointains ou de ce qu'on a raconté, soit dans des livres, soit dans des correspondances. Relation ne suppose pas nécessairement la présence d'un narrateur.

Réclamer – redemander – revendiquer.
Redemander : c'est simplement demander à nouveau une chose que l'on a donnée ou prêtée et dont la propriété ne nous est pas contestée.
Réclamer : c'est demander instamment en faisant appel à l'équité et à la raison; réclamer suppose, outre la demande qu'on en fait, des raisons prouvant le droit qu'on a de faire cette demande.
Revendiquer : c'est réclamer une chose qui nous appartient; revendiquer indique une action judiciaire tendant à rentrer en possession d'un objet qu'un autre possède illégalement.

Recoin – coin (Cf : *coin*).

Récolter – recueillir.
Récolter : c'est l'action de recueillir et de rentrer les produits des champs, des jardins, de tout ce qui concerne la culture; récolter ne s'applique qu'aux produits de la terre qu'on enlève en totalité quand ils sont arrivés à maturité.
Recueillir : s'applique à tout ce qui peut être ramassé, sans présenter à l'esprit l'idée d'un travail bien réglé et général; si on récolte des fruits, on recueille, par exemple, le miel; on peut tout aussi bien recueillir des suffrages, des idées, ou autre chose.

Récompense – prix – rémunération – rétribution.
Prix : prix est un terme général et s'applique à tout ce qui peut être obtenu ou donné en retour du bien, et même du mal, qu'on a fait. S'il s'agit de bien, il se rapproche de récompense, s'il s'agit de mal, il se rapproche de punition.
Récompense : c'est le don que l'on fait à quelqu'un qui a bien agi ou qui a rendu un service; il diffère de prix en ce que celui-ci est d'ordinairement une récompense promise d'avance et parce qu'il suit immédiatement l'action qui le mérite. La récompense, elle, peut venir bien plus tard.
Rémunération : rémunération est beaucoup moins usitée dans ce sens et désigne l'action même de récompense ou de recevoir une récompense, mais presque jamais la récompense elle-même; c'est plutôt un terme de morale et de théologie.
Rétribution : c'est la récompense d'un travail ou d'un service

rendu ; il exprime un idée de retour entre l'action et ce qui est considéré comme un salaire ; le rapport est plus précis suivant la nature même de l'action.

Réconcilier – accorder – raccommoder.
Accorder : ramener aux mêmes sentiments ; on accorde les personnes qui sont en contestation pour un fait quelconque.
Raccommoder : faire cesser une brouille ; on raccommode des personnes séparées momentanément.
Réconcilier : rendre amis ceux qui étaient ennemis ; on réconcilie ceux que divisent de grandes inimitiés.

Reconnaissance – gratitude.
Gratitude : sentiment qui dispose à être sensible à un service ou à un bienfait ; gratitude ne peut jamais se dire quand il s'agit de s'acquitter d'une obligation contractée envers quelqu'un.
Reconnaissance : c'est l'affection et le dévouement que fait naître un bienfait reçu, ou plutôt, c'est le souvenir d'un bienfait accompagné de la conscience qu'on doit quelque chose en retour. Etant d'un emploi plus commun, reconnaissance peut également se prendre dans le sens de sentiment affectueux.

Recourbé – courbe – courbé (Cf : *courbé*).

Recouvrement – perception (Cf : *perception*).

Récréation – amusement – divertissement – réjouissance (Cf : *divertissement*).

Rectitude – droiture (Cf : *droiture*).

Reçu – acquit – quittance.
Quittance : écrit par lequel on déclare à quelqu'un qu'on a reçu de lui une somme d'argent ; s'emploie dans les transactions ordinaires de la vie.
Reçu : écrit, en général sous seing-privé, par lequel on constate qu'on a été payé d'une somme ou qu'on a pris livraison d'un objet.
Acquit : décharge complète d'un engagement ; il est surtout commercial et s'applique principalement aux factures.

Recueil – collection – compilation – ramas – ramassis – rapsodie (Cf : *collection*).

Recueillir – récolter (Cf : *récolter*).

Reculer – différer – remettre – renvoyer – retarder – tarder (Cf : *retarder*).

Reculer – rétrograder.
Reculer : c'est proprement aller en arrière ou marcher à recu-

lons ; mais reculer ne suppose aucun mouvement antérieur et se dit d'un corps qui, après être resté quelque temps immobile, revient en arrière, dans le sens opposé à sa marche. En outre, reculer est un terme assez vulgaire qui peut s'employer dans tous les sens ; on recule une chaise, on recule une fête ou on recule pour mieux sauter.
Rétrograder : c'est se retourner d'abord pour revenir ensuite sur ses pas ; rétrograder suppose toujours un mouvement antérieur et annonce un mouvement de retour. Rétrograder, c'est également revenir à un ancien état de choses quand on s'est aperçu qu'on allait un peu trop loin, et on rétrograde alors jusqu'au point où l'on aurait dû s'arrêter.

Redemander – réclamer – revendiquer (Cf : *réclamer*).

Redire (trouver à) – blâmer – censurer – condamner – critiquer – désapprouver – épiloguer – fronder – improuver – reprendre – réprimander – réprouver (Cf : *désapprouver*).

Redonner – remettre – rendre – restituer (Cf : *rendre*).

Redouter – appréhender – craindre – avoir peur (Cf : *craindre*).

Réduire – dompter – surmonter – triompher de – vaincre (Cf : *vaincre*).

Réflexion – application – attention – contention – méditation (Cf : *attention*).

Réflexions – considérations – notes – observations – pensées – remarques (Cf : *remarques*).

Réformation – amendement – correction – réforme (Cf : *correction*).

Réforme – amendement – correction – réformation (Cf : *correction*).

Réformer – amender – corriger (Cf : *correction*).

Refrogner – rechigner (Cf : *rechigner*).

Refuge – asile.
Asile : lieu de retraite ou de repos où l'on est à l'abri ; au figuré, il se prend avec une idée de sûreté.
Refuge : lieu où l'on se confine pour échapper à un danger ; au figuré, il évoque une idée de retraite pour brigands ou vagabonds.

Regard – coup d'œil – œillade.
Regard : c'est, d'une manière générale, l'action de diriger volontairement la vue sur quelque chose et n'annonce rien

d'autre que l'intention de voir.
Coup d'œil : c'est un regard prompt, à peine sensible, qu'on jette en passant et qu'on ne remarque généralement pas.
Œillade : c'est un coup d'œil furtif, jeté à dessein comme signe de connivence ou de bienveillance ; elle est expressive et, le plus souvent, inspirée par une passion réelle ou feinte ou par le désir d'exciter l'amour.

Regarder – concerner – toucher (Cf : *concerner*).

Regarder – considérer – contempler – envisager – examiner – observer – remarquer.
Regarder : exprime tout simplement l'action de porter ou de diriger sa vue ou son attention sur un objet.
Considérer : regarder attentivement et en détail, de façon à bien connaître une chose telle qu'elle est.
Contempler : regarder avec plaisir ou admiration.
Remarquer : regarder avec l'intention de fixer dans sa mémoire, mais cette intention ne peut être provoquée que par les faits eux-mêmes.
Examiner : regarder une chose pour s'en faire une idée exacte, pour se l'expliquer à soi-même ; il renferme l'idée d'épreuve et de vérification.
Observer : regarder pour juger, pour conclure ; il suppose de l'étude et un travail de l'esprit.
Envisager : regarder en face ou regarder sous un point de vue particulier en excluant toute idée de crainte.

Régénération – palingénésie – renaissance (Cf : *renaissance*).

Régime : administration – gouvernement (Cf : *gouvernement*).

Région – contrée – pays (Cf : *pays*).

Régir – administrer – conduire – diriger – gérer – gouverner (Cf : *diriger*).

Règle – ordre (Cf : *ordre*).

Règle – règlement.
Règle : c'est ce que prescrit la loi, la coutume ou l'usage ; elle vient généralement d'une autorité supérieure et elle est plus ou moins valable.
Règlement : c'est l'action d'imposer ou de s'imposer des règles ; le règlement détermine de quelle façon les choses doivent être faites et il peut toujours être changé ou modifié quand l'expérience en fait connaître les imperfections.

Réglé – rangé (Cf : *rangé*).

Réglé – régulier.

Réglé : ce qui est réglé est soumis à une règle quelconque, bonne ou mauvaise, générale ou spéciale, constante ou variable ; réglé marque un état qui résulte de l'action même de se soumettre à cette règle.
Régulier : ce qui est régulier est conforme à la loi, à la morale dans ses façons de procéder, et à une règle essentiellement raisonnable et bonne. Il marque une qualité propre, une manière d'être en quelque sorte naturelle. Une chose peut être mal réglée ; elle ne peut jamais être mal régulière.

Règlement – règle (Cf : *règle*).

Regret – remords – repentance – repentir (Cf : *remords*).

Regretter – plaindre.
Plaindre : ne peut être regardé comme synonyme de regretter que lorsqu'il signifie : donner à contre-cœur, insuffisamment et avec peine. Quand on dit : plaindre l'argent donné pour ses impôts, on éprouve un sentiment de frustration dans le temps même où on donne son argent.
Regretter : se dit dans ce sens lorsqu'on parle du passé, qu'on éprouve le regret d'une chose qu'on a perdue et qu'on est fâché d'une emplette ou d'une dépense que l'on a faite.

Régulier – réglé (Cf : *réglé*).

Rehausser – élever – enlever – exhausser – hausser – lever – rehausser – soulever (Cf : *lever*).

Rejaillir – jaillir (Cf : *jaillir*).

Réjouissance – amusement – divertissement – récréation (Cf : *divertissement*).

Relâche – relâchement (Cf : *relâchement*).

Relâche (sans) – assidûment – constamment – continuellement – incessamment – sans cesse – toujours (Cf : *toujours*).

Relâchement – relâche.
Relâche : il y a relâche quand une occupation est interrompue, quand il y a cessation momentanée d'un état pénible pour un motif quelconque ou quand une représentation théâtrale est suspendue pour une raison motivée ; il y a relâche quand le repos et l'immobilité succèdent au mouvement.
Relâchement : il y a relâchement quand on s'aperçoit d'une diminution de zèle dans l'accomplissement de ses devoirs, quand on est moins actif, moins empressé ou moins habile. On dira, par exemple : cet élève montre du relâchement dans ses études quand il s'applique moins à faire valoir toutes ses capacités.

Relation – récit (Cf : *récit*).

Reléguer – confiner.
Confiner : forcer à séjourner dans un certain lieu et ce lieu peut même quelquefois être une prison; il emporte une idée de limites très étroites.
Reléguer : envoyer quelqu'un demeurer dans un lieu ou un pays retiré et déterminé, mais en conservant une certaine liberté; reléguer exprime surtout l'idée d'éloignement d'une durée assez longue.

Relevé – élevé – sublime – transcendant (Cf : *élevé*).

Relever – élever – enlever – exhausser – hausser – lever – rehausser – soulever (Cf : *lever*).

Religion – dévotion – piété.
Religion : l'ensemble des croyances de l'homme touchant la divinité et des pratiques qui découlent de ces croyances; la religion est dans le cœur et ne paraît pas au dehors. Ceux qui ne remplissent pas les devoirs de cette nature sont quand même religieux quand ils en ont le sentiment vrai.
Dévotion : au propre, dévotion signifie : dévouement; c'est l'attachement aux pratiques religieuses; elle suppose une attention constante à remplir ses devoirs envers Dieu et il en résulte qu'elle paraît en dehors. La dévotion peut parfois n'être basée que sur des sentiments hypocrites.
Piété : attachement plein de respect pour les choses de la religion; c'est une sorte de zèle qui peut être tout à la fois intérieur et extérieur.

Reluire – briller – luire (Cf : *briller*).

Remarques – considérations – notes – observations – pensées – réflexions.
Notes : commentaires qui ont pour objet l'éclaircissement d'un passage d'un auteur ou l'explication de quelques points restés obscurs.
Remarques : notes plus ou moins intéressantes qui ont frappé l'esprit et qu'on a distingué parmi plusieurs choses.
Considérations : remarques qui s'enchaînent selon un ordre logique et qui supposent un examen attentif.
Observations : remarques faites sur un ouvrage et qui sont, le plus souvent, le résultat de recherches savantes et profondes.
Pensées : ce que l'esprit se forme d'un objet quelconque, de n'importe quelle manière, et qui est communiqué aux autres hommes pour y réfléchir.

Réflexions : pensées qui sont le fruit du travail de l'esprit analysant certaines idées et notamment les mœurs et la conduite.

Remarquer – apercevoir – découvrir – percevoir – voir (Cf : *voir*).

Remarquer – considérer – contempler – envisager – examiner – observer – regarder (Cf : *regarder*).

Remède – clystère – lavement (Cf : *lavement*).

Remède – médecine – médicament.
Remède : tout ce qui est réputé propre à guérir quelque mal, tout ce qui sert à prévenir, à adoucir ou à faire cesser une maladie quelconque, que ce soit la nature elle-même en fournissant le bon air ou les eaux minérales, ou l'exercice, les bains ou tout autre chose. Remède peut s'appliquer également au figuré dans le sens le plus large.
Médicament : le médicament est une substance propre à guérir, mais préparée pour servir de remède.
Médecine : la médecine est un remède quelconque, le plus souvent une purgation et ne se dit que des choses qui peuvent réellement guérir, qui sont parfois amères et pour lesquelles on se résigne parfois à agir de façon désagréable.

Remener – amener – conduire – emmener – mener – ramener – remmener (Cf : *conduire*).

Remettre – redonner – rendre – restituer (Cf : *rendre*).

Remettre – différer – reculer – renvoyer – retarder – tarder (Cf : *retarder*).

Réminiscence – mémoire – ressouvenir – souvenance – souvenir (Cf : *mémoire*).

Rémission – abolition – absolution – grâce – pardon (Cf : *pardon*).

Remmener – amener – conduire – emmener – mener – ramener – remener (Cf : *conduire*).

Remontrance – représentation.
Remontrance : c'est, le plus souvent, une observation critique que l'on fait à quelqu'un sur ses actions, ses projets ou sa conduite. Quand la remontrance se rapporte à un acte futur, elle semble supposer une sorte de blâme ou, tout au moins, un droit de blâmer.
Représentation : c'est une objection faite à quelqu'un avec égards et mesure, un simple avis se rapportant à ce qui n'est pas encore accompli. Il diffère de remontrance en ce qu'il annonce une sorte d'infériorité et même de docilité chez celui qui prend la liberté d'exposer son avis.

Rémora – accroc – anicroche – enclouure (Cf : *accroc*).

Remords – attrition – componction – contrition – repentir (Cf : *repentir*).

Remords – regret – repentance – repentir.
Regret : c'est, en général, le déplaisir qu'on éprouve d'avoir fait ou de n'avoir pas fait quelque chose ; mais regret ne devient synonyme des autres mots suivants que lorsqu'il se dit, par extension, d'une action contraire au devoir, une sorte de chagrin marqué par un sentiment assez faible d'ailleurs.
Remords : c'est une reproche que l'on se fait à soi-même d'avoir mal agi en telle ou telle circonstance, qu'on ne peut éviter et qui provoque une sorte de tourment intérieur.
Repentir : c'est éprouver une véritable douleur, un véritable regret de ses fautes et de ses péchés ; repentir suppose le désir de réparer la faute ainsi que la résolution de ne plus en commettre de semblables.
Repentance : diffère de repentir en ce qu'il est d'abord moins usité et qu'ensuite il marque, non seulement la douleur que l'on ressent de ses péchés, mais aussi une sorte de continuité dans le repentir.

Rempart – boulevard.
Boulevard : autrefois : terre-plein d'un rempart. Aujourd'hui et au figuré : place très forte pouvant arrêter une invasion au moyen de défense naturelle ou artificielle ; le boulevard est tout ce qui peut offrir une protection durable et puissante contre une attaque ; une chaîne de montagnes peut former le boulevard d'un pays.
Rempart : défense élevée de main d'homme ou défense naturelle, mais moins forte et moins considérable que le boulevard, le rempart est tout objet qui sert momentanément d'abri contre un ennemi.

Rempli – plein.
Plein : ne marque rien autre chose que l'état ; un tonneau plein de vin contient du vin jusqu'aux bords. Au figuré, un homme plein de lui-même est un homme qui a trop bonne opinion de sa personne et qui est tel par sa propre nature.
Rempli : marque plutôt l'action de remplir et celui qui a accompli cette action ; un tonneau est rempli de vin quand quelqu'un a mis du vin à l'intérieur de bas en haut. Au figuré, un homme rempli de lui-même est un homme qui a une trop haute opinion de ses capacités.

Remplir – emplir.

Emplir : exprime l'action de rendre plein d'une façon quelconque et en quelque sorte absolue, comme si cette action se faisait en une seule fois et tout d'un coup. Emplir convient particulièrement quand il s'agit de petites quantités de liquide.
Remplir : emplir de nouveau ce qui a été vidé ou ce qui l'était en partie, ajouter ce qu'il faut pour compléter. Remplir laisse aussi entendre une quantité supérieure, mais sans plénitude entière et réelle.

Remporter le prix – emporter le prix.
Emporter le prix : on emporte le prix quand on a obtenu la juste récompense de ce qu'on voulait obtenir et ce, sans aucune idée de rivalité quelconque.
Remporter le prix : on remporte le prix quand on est parvenu, à la suite d'efforts, à vaincre tous ses rivaux.

Remuer – émouvoir – toucher (Cf : *toucher*).

Rémunération – prix – récompense – rétribution (Cf : *récompense*).

Renaissance – palingénésie – régénération.
Renaissance : se dit, en langage ordinaire, de tout ce qui a une nouvelle naissance ou une nouvelle apparition; il peut se prendre en bonne ou en mauvaise part et l'on dit tout aussi bien : la renaissance du printemps que la renaissance de la violence.
Régénération : c'est proprement la reproduction d'une partie détruite d'un animal ou d'un végétal; régénération se prend toujours en bonne part et suppose une sorte de renouvellement qui purifie et qui ramène la santé physique ou morale.
Palingénésie : c'est, tout à la fois, la renaissance et la régénération; on dira, par exemple, que la palingénésie universelle est un rêve de philosophe.

Renchérir – enchérir.
Enchérir : on enchérit sur une chose quelconque en offrant un prix supérieur, ou en surpassant en bien ou en mal.
Renchérir : on renchérit sur ce qui a déjà été enchéri, c'est-à-dire en offrant un prix plus supérieur encore; l'acte de renchérir renferme quelque chose de hardi et de téméraire.

Rencontre (aller à la) – aller au devant (Cf : *aller à la rencontre*).

Rencontrer – trouver (Cf : *trouver*).

Rendre (se) – acquiescer – céder (Cf : *céder*).

Rendre – redonner – remettre – restituer.
Redonner : c'est donner à nouveau la même chose ou donner même pour la première fois à quelqu'un quelque chose qu'il

avait déjà eue, comme lorsqu'on dit, par exemple, le bon air lui redonne la santé; mais redonner ne suppose aucun droit de possession d'un objet.
Remettre : ne suppose pas nécessairement une possession antérieure; remettre ne peut se dire que des objets matériels; c'est mettre entre les mains de quelqu'un ce qui lui appartient ou ce qui lui est destiné; on remet une lettre, par exemple. Remettre peut quelquefois exprimer l'action de livrer un objet en dépôt et suppose, dans ce cas, une sorte de confiance.
Rendre : c'est remettre en possession et suppose un droit chez celui qui reçoit; rendre la liberté à quelqu'un, c'est lui redonner formellement la liberté qu'il n'avait plus en accomplissant un acte de justice.
Restituer : c'est rendre ce qui a été pris ou ce qui est possédé indûment, en marquant la réparation d'un tort causé; on restitue, par exemple, de l'argent volé à la personne à qui on l'avait pris.

Rendu – excédé – harassé (Cf : *excédé*).

Renégat – apostat – hérétique (Cf : *hérétique*).

Renfermer – ceindre – enceindre – enclore – enfermer – entourer – envelopper – environner (Cf : *entourer*).

Renfrogner – (Cf : *rechigner*).

Renier – abjurer.
Abjurer : renoncer solennellement à une religion, à une doctrine ou à une opinion que l'on pratiquait et qu'on a reconnues, à tort ou à raison, fausses.
Renier : abandonner par faiblesse, refuser de reconnaître par lâcheté ou par faiblesse ce qu'on respecte et ce à quoi l'on devait rester attaché.

Renom – célébrité – nom – renommée – réputation (Cf : *réputation*).

Renommé – célèbre – fameux – illustre (Cf : *célèbre*).

Renommée – célébrité – nom – renom – réputation (Cf : *réputation*).

Renoncement – renonciation.
Renoncement : c'est un désintéressement absolu aux plaisirs et aux vanités du monde, un acte intérieur mû par des motifs purement religieux et presque mystiques.
Renonciation : c'est l'action de renoncer, de faire abandon des droits qu'on a sur une chose; c'est un acte extérieur que tout le monde peut faire et dont l'effet est une sorte d'aliénation volontaire.

Renoncer – abandonner – délaisser – quitter (Cf : *quitter*).

Renonciation – renoncement (Cf : *renoncement*).

Renouvellement – rénovation.
Renouvellement : c'est le rétablissement d'une chose dans son premier état ou dans un état meilleur et, le plus souvent, l'action de faire du nouveau ; renouvellement présente toujours cette action comme tendant au résultat.
Rénovation : c'est toujours l'action de celui qui fait du renouveau, mais considéré dans les difficultés de la transformation et dans toutes les formalités qu'elle exige.

Rénovation – renouvellement (Cf : *renouvellement*).

Rente – revenu (Cf : *revenu*).

Renversement – chute – décadence – ruine (Cf : *ruine*).

Renverser – abattre – démolir – détruire – jeter à bas – mettre à bas – ruiner (Cf : *détruire*).

Renvoyer – différer – reculer – remettre – retarder – tarder (Cf : *retarder*).

Repaire – tanière (Cf : *tanière*).

Répandre – verser (Cf : *verser*).

Réparer – restaurer – rétablir.
Réparer : réparer, c'est remettre en bon état certaines parties endommagées en les rendant meilleures ou en les remplaçant par d'autres. La réparation se rapporte toujours à l'utilité matérielle et à la solidité.
Restaurer : diffère de réparer en ce qu'il signifie remettre en bon état, non seulement quelques parties, mais l'ensemble tout entier en lui redonnant beauté, éclat et vigueur. Quand on dit, par exemple : restaurer sa santé, on présente plus la santé comme une sorte d'ornement que comme une nécessité physique. La restauration a pour but tout ce qui tient à l'art.
Rétablir : c'est remettre une chose dans son premier état ou dans un état meilleur, c'est-à-dire refaire ce qui a été détruit ou abandonné de façon à ce qu'il puisse servir à nouveau. On rétablit ses forces parce qu'elles étaient pratiquement nulles.

Répartie – réplique – réponse.
Ces mots diffèrent entre eux comme les verbes répartir – répliquer et répondre (Cf : *répondre*).

Répartir – départir – dispenser – distribuer – partager (Cf : *partager*).

Repartir – répliquer – répondre (Cf : *répondre*).

Repentance – regret – remords – repentir (Cf : *remords*).

Repentant – fâché – marri (Cf : *fâché*).

Repentir – regret – remords – repentance (Cf : *remords*).

Repentir – attrition – componction – contrition – remords.
Attrition : douleur causée par la crainte d'être puni pour avoir offensé Dieu.
Contrition : regret douloureux d'avoir offensé Dieu inspiré par la conscience et auquel la crainte d'un châtiment demeure étrangère.
Remords : reproche que l'on se fait à soi-même d'avoir mal agi et qui accompagne le chagrin qu'on en ressent.
Componction : vive douleur qu'on ressent d'avoir péché et qui indique qu'on a du remords.
Repentir : regret que l'on éprouve de ses fautes ou de ses péchés et qu'on voudrait réparer.

Répertoire – catalogue – dénombrement – état – inventaire – liste (Cf : *liste*).

Repiquage – plantation (Cf : *plantation*).

Replier – reployer.
Replier : c'est plier une chose qui avait été déjà pliée ou dépliée; on replie une serviette parce que celle-ci avait été pliée au début du repas.
Reployer : c'est courber une ou plusieurs fois; une branche ploie sous le poids des fruits; quand on en a cueilli quelques-uns, on peut reployer la branche une seconde fois pour une autre cueillette.

Réplique – répartie – réponse (Cf : *répartie*).

Répliquer – repartir – répondre (Cf : *répondre*).

Reployer – replier (Cf : *replier*).

Répondant – caution – garant (Cf : *garant*).

Répondre – affirmer – assurer – attester – avancer – certifier – confirmer – garantir – prétendre – promettre – soutenir (Cf : *affirmer*).

Répondre – repartir – répliquer.
Répondre : c'est satisfaire à une demande ou à une question; répondre a un sens très général : on répond de vive voix ou par

écrit, on répond à une critique, à une insinuation, on répond à l'affection d'un ami, on répond toutes les fois qu'on prend la parole après un autre.
Répliquer : c'est répondre à ce qui a été répondu par celui à qui l'on parle, ou lorsqu'on oppose des raisons à celui qui avait donné un ordre ou qui avait adressé une réprimande; ainsi, un avocat réplique ou on réplique à des reproches.
Repartir : c'est répondre sur le champ d'une manière vive, spirituelle et courte, qui étonne ou qui réduit au silence ceux dont on pourrait craindre les critiques.

Répondre – correspondre.
Répondre : faire une réponse en marquant seulement le rapport entre la question et ce qui en découle.
Correspondre : ajoute à répondre une idée de réciprocité et d'échange, et même quelquefois de conformité.

Réponse – repartie – réplique (Cf : *repartie*).

Repos – calme – paix – quiétude – tranquillité (Cf : *tranquillité*).

Reprendre – blâmer – censurer – condamner – critiquer – désapprouver – épiloguer – fronder – improuver – réprimander – réprouver – trouver à redire (Cf : *désapprouver*).

Représentation – contenance – maintien – port – prestance (Cf : *maintien*).

Représentation – remontrance (Cf : *remontrance*).

Représenter (se) – se figurer – imaginer – s'imaginer (Cf : *imaginer*).

Réprimander – blâmer – censurer – condamner – critiquer – désapprouver – épiloguer – fronder – improuver – reprendre – réprouver – trouver à redire (Cf : *désapprouver*).

Réprimander – gourmander – gronder – quereller – tancer.
Réprimander : adresser une sévère remontrance pour rappeler à quelqu'un et avec autorité qu'il s'est écarté de son devoir.
Gourmander : réprimander durement, sans ménagement, en traitant quelqu'un presque méchamment.
Quereller : reprimander en faisant de violents reproches auxquels on répond presque toujours; quereller annonce une aigreur d'où peut résulter une sorte de dispute.
Gronder : réprimander en supposant de l'humeur et du chagrin; gronder ne se dit guère que par rapport à ceux qui vivent dans notre intimité et suppose une certaine déférence de la part de ceux qu'on gronde.
Tancer : réprimander de manière familière ou ironique et ne

s'emploie que lorsqu'il s'agit d'une faute légère. Tancer vertement quelqu'un présente la chose sous un aspect assez comique.

Réprouver – blâmer – censurer – condamner – critiquer – désapprouver – épiloguer – fronder – improuver – reprendre – réprimander – trouver à redire (Cf : *désapprouver*).

Répudiation – divorce (Cf : *divorce*).

Répugnance – antipathie – aversion – haine (Cf : *haine*).

Répugnance – dégoût (Cf : *dégoût*).

Réputation – considération – déférence – égards – respect (Cf : *respect*).

Réputation – célébrité – nom – renom – renommée.
Réputation : mot dont l'emploi est le plus ordinaire et qui signifie littéralement et en général : ce que l'on pense de quelqu'un, soit en bien, soit en mal.
Célébrité : réputation qui s'étend au loin, qui attire attention; elle s'attache au talent ou aux faits importants.
Nom : réputation faite pour parler de soi et acquérir ainsi une certaine célébrité.
Renom : renchérit sur nom en ce qu'il est une opinion actuelle et présente, faite par beaucoup de monde; mais on peut jouir d'un bon ou d'un mauvais renom.
Renommée : diffère de renom en ce que la renommée fait penser à des actions plus importantes et plus considérables; c'est une célébrité qui résulte de ce qu'une personne ou une chose est connue de tout le monde.

Réserve – discrétion – retenue (Cf : *discrétion*).

Réserver – conserver (Cf : *conserver*).

Résidence – demeure – domicile – séjour (Cf : *demeure*).

Résigner – abdiquer – se démettre (Cf : *abdiquer*).

Résistant – coriace – dur (Cf : *dur*).

Résolu – résous.
Résolu : participe passé ordinaire du verbe résoudre, peut s'employer dans tous les sens qui conviennent à ce verbe; résolu exprime un état, mais il rappelle néanmoins à l'esprit l'idée de l'action dont il est le résultat.
Résous : est également participe de résoudre mais ne s'emploie que pour désigner un changement physique en marquant purement et simplement ce changement d'état; il signifie : changé, transformé, comme lorsqu'on dit, par exemple : un brouillard

résous en pluie.

Résolution – décision (Cf : *décision*).

Résolution – parti – propos.
Parti : prendre un parti, c'est se déterminer à agir d'une certaine manière, après avoir pesé le pour et le contre et se décider de façon définitive.
Résolution : prendre une résolution, c'est un dessein que l'on forme en montrant de la volonté et du courage, malgré les difficultés et ne tenir compte ni des avantages ni des inconvénients.
Propos : ne se dit guère dans ce sens qu'accompagné des qualificatifs bon ou ferme et marque l'effort qu'on se propose de faire pour ne plus offenser ni blesser personne.

Résoudre – décider – déterminer (Cf : *décider*).

Résoudre – dissoudre (Cf : *dissoudre*).

Résous – résolu (Cf : *résolu*).

Respect – révérence – vénération.
Respect : respect est le terme ordinaire dont on se sert dans toutes les circonstances où l'on éprouve de la considération ou de la déférence en présence d'une personne ou d'une chose qui impose, surtout lorsque cette déférence se manifeste par des témoignages extérieurs.
Vénération : c'est une profonde et respectueuse estime qui ressemble presque à un culte et qui fait considérer la personne comme sainte et auguste.
Révérence : c'est un respect mêlé d'une sorte de crainte et qui s'applique aussi bien aux choses qu'aux personnes; on ne parle de choses saintes, par exemple, qu'avec révérence.

Respect – considération – déférence – égards – réputation.
Réputation : littéralement : ce que les autres pensent de nous. Cette opinion peut être bonne ou mauvaise; quand réputation est employé seul, il se prend en bonne part et suppose, de la part du public, une certaine admiration ou un certain intérêt.
Considération : résulte du rang qu'on occupe et des services qu'on peut rendre; c'est l'estime dont on jouit, mais on peut également la perdre du fait d'actions qui attirent les reproches.
Respect : considération qu'on éprouve en présence d'une personne ou d'une chose qui impose; le respect implique souvent la crainte et rend parfois pusillanime.
Déférence : complaisance respectueuse qu'on a envers un supérieur ou, simplement, une satisfaction intérieure de s'efforcer à plaire.

Egards : marque tout à la fois la considération, l'estime et la déférence et, dans ce sens, il ne s'emploie qu'au pluriel.

Respects – hommages.
Hommages : civilités qui supposent souvent une estime réelle mais dépendantes des circonstances extérieures ou du but particulier qu'on se propose ; les hommages peuvent également être inspirés par le désir de plaire : on rend, par exemple, des hommages à la femme qu'on veut séduire.
Respects : civilités plus spontanées imposées par l'admiration, la déférence ou la reconnaissance d'un mérite éclatant ; les respects ne sont jamais rendus de façon intéressée.

Ressemblance – analogie – conformité – similitude.
Analogie : deux choses ont de l'analogie quand il y a entre elles une simple ressemblance dans l'une quelconque de leurs propriétés.
Conformité : deux choses ont de la conformité quand il existe entre elles des rapports abstraits, intellectuels ou moraux.
Ressemblance : deux choses ont de la ressemblance quand il y a rapport d'analogie entre les formes et les propriétés.
Similitude : deux choses ont de la similitude quand il y a ressemblance corporelle ou physique.

Ressemblant – semblable.
Ressemblant : ce qui est ressemblant se rapporte surtout aux traits ou à la physionomie en général ; un portrait est ressemblant parce qu'il y a une certaine similitude entre l'imitation du portrait et le portrait lui-même, mais il ne possède aucune des qualités de ce modèle.
Semblable : ce qui est semblable se rapporte beaucoup plus aux qualités, à la nature ou à l'essence même des êtres. On dit, par exemple : nos semblables en parlant des hommes en général, mais nous n'avons entre nous aucune ressemblance de figure ou de physionomie ; par contre, nous avons les mêmes qualités et les mêmes défauts. On dit aussi que deux triangles sont semblables parce qu'ils ont entre eux un grand nombre de propriétés communes.

Ressentiment – animosité – inimitié – rancune (Cf : *rancune*).

Ressentir – sentir (Cf : *sentir*).

Ressource – expédient.
Expédient : moyen insolite de se tirer d'embarras, de mener une chose à bonne fin et de surmonter momentanément une difficulté ; un homme fertile en expédients sait toujours se tirer d'affaire par un esprit prompt et sagace qui lui permet de voir ou

d'entrevoir sur le champ une solution à son problème.
Ressource : ce à quoi l'on a recours pour se tirer d'embarras ; il diffère de l'expédient en ce qu'il n'est pas une action, mais une circonstance dont on peut tirer parti pour rétablir une situation parfois compromise. Un homme de ressource est un homme habile à trouver les moyens de réussir.

Ressouvenir – mémoire – réminiscence – souvenance – souvenir (Cf : *mémoire*).

Restant – reste (Cf : *reste*).

Restaurer – réparer – rétablir (Cf : *réparer*).

Reste – restant.
Restant : c'est la partie encore subsistante d'un tout qui n'est plus intact ; restant est un terme concret et suppose une chose matérielle occupant une place distincte et formant elle-même une masse déterminée.
Reste : diffère de restant en ce qu'il est le plus souvent employé d'une manière abstraite, comme, par exemple, le résultat d'une soustraction purement arithmétique ; c'est également ce qui demeure d'une qualité physique ou morale, comme lorsqu'on dit : un reste de beauté ou un reste de courage.

Reste (au) – du reste.
Du reste : c'est-à-dire : pour ce qui est du reste ; du reste marque une sorte d'excédent ou de surplus qui renforce l'affirmation ou la négation.
Au reste : c'est-à-dire : quant au reste ; au reste annonce plutôt une raison qui n'est pas implicite mais qui s'ajoute à la pensée de celui qui parle.

Rester – demeurer.
Demeurer : exprime, sans aucune idée accessoire, l'action d'être toujours à la même place pour une durée plus ou moins longue.
Rester : c'est ne pas partir ; rester convient mieux quand il s'agit de ne pas séjourner longtemps. Il éveille également une idée d'opposition dans l'état ou la situation ; on dit : demeurer dans son opinion et rester sur ses positions.

Restituer – redonner – remettre – rendre (Cf : *rendre*).

Résulter – s'ensuivre – suivre.
Résulter : découler de ; résulter exprime une conséquence qui ne devient évidente que par le moyen d'un raisonnement ou d'une opération quelconque.
S'ensuivre : exprime la même conséquence mais de façon plus directe ; cette conséquence est naturelle, simple et se tire en

quelque sorte d'elle-même.
Suivre : diffère de s'ensuivre en ce qu'il peut être suivi d'un complément qui pourrait, dans ce cas, former pléonasme.

Résumé – abrégé – analyse – extrait – précis – raccourci – sommaire.
Abrégé : livre dans lequel on expose d'une manière succincte ce qui a été dit avec plus de détails.
Analyse : exposition sommaire d'un ouvrage dans lequel on examine le but, le plan, l'ordonnance et la méthode employée.
Extrait : morceau détaché d'un ouvrage ou recueil de morceaux détachés.
Précis : sommaire ou abrégé dans lequel tout est exprimé avec netteté.
Raccourci : réduction d'un ouvrage plus important.
Résumé : récapitulation d'un ouvrage mis à la fin et souvent en forme de conclusion.
Sommaire : exposition très abrégée du contenu d'un écrit et qu'on place généralement en tête de livre ou en tête de chapitre.

Rétablir – réparer – restaurer (Cf : *réparer*).

Retarder – différer – reculer – remettre – renvoyer – tarder.
Différer : on diffère quand on a l'intention de faire plus tard ce que l'on n'a pas encore eu le temps ou la possibilité de faire ; il suppose l'attente d'un moment plus favorable pour agir.
Reculer : on recule en reportant plus loin ce qu'on n'a pas envie de faire, avec le secret espoir que les circonstances futures offriront un moyen de s'en dispenser.
Renvoyer : on renvoie à une époque qu'on fixera plus tard ou à une époque qui ne viendra peut-être jamais ; il suppose une certaine brusquerie ou une certaine mauvaise volonté.
Remettre : on remet en renvoyant à un autre temps, sans aucune hésitation, parce qu'on n'est pas disposé à faire la chose sur le champ.
Tarder : on tarde quand on attend trop longtemps pour faire une chose ; tarder implique un défaut d'activité et il sera peut-être trop tard quand on se décidera enfin à agir.
Retarder : on retarde en empêchant qu'une chose se fasse à un moment précis ; retarder ajoute à l'idée de tarder une volonté réfléchie et motivée due, soit aux obstacles, soit à sa propre impuissance.

Retenir – arrêter (Cf : *arrêter*).

Retenir – garder (Cf : *garder*).

Retenue – discrétion – réserve (Cf : *discrétion*).

Retenue – mesure – modération (Cf : *modération*).

Rétif – récalcitrant – revêche (Cf : *récalcitrant*).

Retoucher – châtier – corriger – limer – polir – raboter – revoir (Cf : *corriger*).

Retourner – revenir (Cf : *revenir*).

Rétracter (se) – se dédire.
Se dédire : désavouer ce qu'on a dit, faire l'aveu d'une erreur; c'est aussi revenir sur un engagement pour dire qu'on ne l'exécute pas, mais cet engagement est ordinairement peu important et conclu avec une certaine désinvolture.
Se rétracter : déclarer qu'on renie, qu'on désavoue une chose importante qu'on a faite, pensée, dite ou écrite avec plus ou moins de solennité.

Rétribution – prix – récompense – rémunération (Cf : *récompense*).

Rétrocession – métastase (Cf : *métastase*).

Rétrograder – reculer (Cf : *reculer*).

Rets – filet (Cf : *filet*).

Réunion – assemblée.
Réunion : ensemble de personnes qui se compose essentiellement d'amis, de parents ou d'hommes politiques qui partagent la même opinion.
Assemblée : réunion de personnes qui peut être composée aussi bien d'amis que d'ennemis ou d'adversaires; elle est toujours plus nombreuse que la réunion.

Réunir – unir (Cf : *unir*).

Réussite – succès (Cf : *succès*).

Rêve – rêverie – songe.
Songe : c'est l'ensemble de ce que nous croyons voir, dire ou faire pendant notre sommeil. Les songes ressemblent à quelque chose d'assez réel puisque nous pouvons les raconter et on a cru souvent qu'ils annonçaient l'avenir. Au figuré, le songe est une opinion chimérique qui manque de réalité et qui passe très vite.
Rêve : c'est un assemblage volontaire d'images ou d'idées sans suite qui se présentent à l'esprit toujours pendant notre sommeil. Le rêve ne laisse dans la mémoire qu'un souvenir confus qui ne peut servir de base à un récit suivi. On peut quelquefois faire des rêves en étant éveillé, mais c'est alors quelque chose de bien précis. Au figuré, le rêve est un projet ou une idée ridicule

que l'on repousse comme indigne de fixer son attention.
Rêverie : c'est l'état de l'esprit occupé par des idées vagues, à moitié volontaires, et le produit d'une imagination qui divague et qui se plaît souvent à divaguer; la rêverie ne s'accomplit ni dans la veille, ni dans le sommeil, mais elle rend notre esprit étranger à toutes les réalités environnantes. On dit souvent : se plaire dans la rêverie, parce que l'on s'y promène d'objet en objet, d'une manière vaine et extravagante.

Revêche – abrupt – agreste – âpre – inculte – raboteux – rude – rustique – sauvage (Cf : *sauvage*).

Revêche – récalcitrant – rétif (Cf : *récalcitrant*).

Réveiller – éveiller.
Eveiller : tirer du sommeil, mais de façon tout à fait naturelle; elle ne suppose aucun effort particulier, ni rien d'extraordinaire dans l'action. Au figuré, éveiller veut dire : exciter ou provoquer.
Réveiller : suppose, au contraire, une action plutôt brusque de faire cesser de dormir; on est réveillé par un bruit inattendu et violent. Au figuré, réveiller, c'est exciter de nouveau, ranimer énergiquement.

Révéler – déceler – découvrir – dévoiler (Cf : *découvrir*).

Revendiquer – réclamer – redemander (Cf : *réclamer*).

Revenir – convenir (Cf : *convenir*).

Revenir – retourner.
Revenir : c'est quitter le lieu où l'on était allé pour se rendre à l'endroit où l'on était auparavant et retrouver ainsi un état antérieur. Revenir marque une sorte d'insistance pour paraître à nouveau.
Retourner : c'est s'éloigner d'un lieu où l'on était pour se rapprocher d'un autre lieu où l'on était déjà allé. Retourner marque un changement contraire pour reprendre quelque chose interrompu volontairement.

Revenu – rente.
Rente : c'est l'intérêt que reçoit annuellement celui qui a donné ou prêté une somme d'argent, soit à un particulier, soit à l'état. Rente suppose toujours quelque chose de réglé, d'un engagement plus ou moins obligatoire, le fait de ne se livrer à aucun travail et de toucher de l'argent uniquement par le droit qu'on a acquis en confiant à d'autres la gestion de ses capitaux et de ses biens. Quand on dit de quelqu'un qu'il a dix mille francs de rente, c'est que son capital placé lui rapporte dix mille francs par

an, et cela, d'une manière en quelque sorte invariable.
Revenu : revenu a un sens beaucoup plus général; il peut se dire de tout l'argent qu'on reçoit, quelle que soit la provenance : propriétés, emploi, pension et même constitution de rente. Quand on dit de quelqu'un qu'il a dix mille francs de revenus, c'est dire qu'il gagne dix mille francs par an par tous les moyens qu'il a en son pouvoir et en y ajoutant toutes les recettes possibles et casuelles.

Rêver – penser – songer.
Penser : c'est former l'idée d'une chose; il désigne l'action de notre esprit se dirigeant sur un objet ou qui s'en fait un à lui-même. Penser peut également n'exprimer qu'une seule idée de peu de durée. Penser à l'avenir, par exemple, c'est s'abstenir de faire une dépense inutile à un moment bien précis.
Rêver : c'est méditer profondément; rêver ajoute à l'idée de penser celle de se laisser aller à des sujets plus ou moins incohérents ou vagues, ou de s'abandonner à un courant de pensées qui naissent les unes à la suite des autres sans que notre volonté y soit pour quelque chose.
Songer : c'est être préoccupé par une idée; songer marque le soin ou l'inquiétude qu'on a à fixer sa pensée sur un objet, soit pour prévoir la suite d'un événement, soit pour chercher à agir le mieux possible; songer fait également supposer une suite de pensées ou une pensée qui se continue.

Révérence – respect – vénération (Cf : *respect*).

Révérence – salut – salutation (Cf : *salut*).

Révérer – adorer – honorer – vénérer (Cf : *adorer*).

Rêverie – rêve – songe (Cf : *rêve*).

Revers – accident (Cf : *accident*).

Revêtu – affublé – fagoté – habillé – vêtu (Cf : *habillé*).

Rêveur – méditatif – penseur – pensif (Cf : *pensif*).

Reviser – revoir (Cf : *revoir*).

Révocation – destitution (Cf : *destitution*).

Revoir – châtier – corriger – limer – polir – raboter – retoucher (Cf : *corriger*).

Revoir – reviser.
Revoir : c'est examiner de nouveau pour s'assurer que tout est comme il faut, corriger des fautes s'il y en a, et rendre ainsi plus parfaites les choses qui peuvent laisser à désirer. On revoit un

compte ou on revoit un ouvrage pour le soumettre à un examen plus attentif.
Reviser : c'est examiner de nouveau ce qui a été signalé comme fautif, le modifier au besoin et redresser les erreurs commises. On revise un procès, par exemple, quand la première sentence n'a pas été rendue selon les prescriptions de la justice et de la loi.

Revoir (au) – adieu – bonjour – bonsoir – bonne nuit[1].
Adieu : terme général qui a trait aux paroles que l'on prononce en quittant quelqu'un.
Bonjour : terme qu'on emploie habituellement pour saluer.
Bonsoir : terme dont on se sert pour saluer quelqu'un en prenant congé de lui le soir.
Bonne nuit : terme dont on se sert pour souhaiter un sommeil paisible.
Au revoir : formule d'adieu familière et qui sert en toutes occasions.

Révolte – émeute – insurrection – rébellion – sédition – soulèvement.
Emeute : rassemblement séditieux d'une certaine partie du peuple qui témoigne son mécontentement. L'émeute n'est pas, en principe, préméditée, elle n'est pas armée, elle se forme d'elle-même et se dissipe d'elle-même. Mais une simple émeute peut devenir le signal d'une révolution.
Insurrection : est beaucoup plus grave que l'émeute et elle se fait généralement en armes; c'est l'action du peuple tout entier qui veut renverser un gouvernement qu'il ne peut plus supporter. L'insurrection était, chez certains orateurs de la révolution, un devoir auquel tout citoyen était tenu de répondre.
Rébellion : c'est la résistance avec violence et voies de fait pour s'opposer par la force à l'exécution des ordres de la justice ou à ceux chargés d'exécuter les lois. La rébellion est un état de guerre ouverte mais qui ne tend qu'à refuser l'obéissance.
Révolte : marque proprement le refus d'obéir aux lois ou aux ordres; la révolte consiste surtout dans la résolution subite où l'on entre de résister par la violence.
Sédition : rébellion préméditée qui suppose des complots et des intrigues; elle est concertée, elle obéit à un mot d'ordre et elle incite le peuple à prendre les armes.
Soulèvement : commencement de révolte; elle participe à la fois de l'insurrection et de la rébellion. On peut d'ailleurs prévoir un soulèvement et, s'il se produit, il prend alors un autre nom.

[1] Synonymes arbitraires.

Révolution – changement – innovation – modification – mutation – variation – vicissitude (Cf : *changement*).

Révoquer – abolir – abroger – annuler – casser – infirmer (Cf : *annuler*).

Rhéteur – rhétoricien.
Rhéteur : chez les anciens, professeur d'éloquence; aujourd'hui, mauvais orateur qui cache le vide des pensées sous l'enflure du style; rhéteur se prend toujours en mauvaise part, soit comme écrivain emphatique, soit comme déclamateur.
Rhétoricien : c'est celui qui sait la rhétorique ou qui étudie pour l'apprendre; comme rhéteur, rhétoricien se prend toujours aussi en mauvaise part, car il manque d'habileté et de pratique.

Rhétoricien – rhéteur (Cf : *rhéteur*).

Riche – excellent (Cf : *excellent*).

Riche – fécond – fertile (Cf : *fertile*).

Richesse – abondance – aisance – opulence.
Abondance : grande quantité qui résulte de l'affluence de toutes sortes de biens.
Aisance : fortune suffisante qui permet de se procurer les commodités de la vie.
Opulence : abondance de biens qui consiste généralement dans une grande et brillante fortune.
Richesse : grands biens qu'on a à sa disposition.

Ridicule – risible.
Ridicule : ce qui est ridicule est ce dont il y a lieu de se moquer et qualifie les objets en eux-mêmes. Un homme ridicule a tout ce qu'il faut pour que les autres se moquent de lui; c'est pourquoi ridicule se prend toujours en mauvaise part.
Risible : ce qui est risible qualifie les objets par l'effet qu'ils produisent : une méprise risible, par exemple, peut n'être telle qu'à cause des circonstances ou du hasard. Par contre, si risible peut se prendre aussi en mauvaise part, il y a des choses pour lesquelles sa propriété est un avantage réel : un bon mot ne vaut rien s'il n'est pas risible; un acteur comique doit se montrer risible pour prouver son talent.

Rien – bagatelle – minutie – misère – niaiserie – vétille.
Bagatelle : chose sans importance qui n'offre qu'une curiosité très passagère.
Minutie : chose de peu de conséquence, particulièrement un détail dont il vaudrait mieux ne pas s'occuper.
Misère : bagatelle qui emporte l'idée d'un petit mal très léger ou

d'une chose insignifiante.
Niaiserie : bagatelle qui n'offre d'intérêt que pour un homme de peu d'esprit.
Rien : bagatelle qui n'a ni importance ni valeur; il s'emploie généralement au pluriel.
Vétille : bagatelle qui peut présenter un obstacle mais qui ne mérite pas qu'on s'y arrête.

Rigide – rigoureux – roide.
Rigide : se dit du caractère intime des personnes; un censeur rigide, par exemple, s'attache si fermement et si scrupuleusement aux règles et aux dogmes qu'il ne cherchera jamais à les faire plier; en outre, c'est dans les choses relatives aux mœurs ou à l'éducation qu'on se montre rigide.
Rigoureux : se dit des actes inspirés par la rigidité et quelquefois des personnes quand on les considère par rapport à leurs actes. Un homme rigoureux fait sévèrement respecter ses droits et ne souffre aucune infraction à la règle; c'est dans les choses relatives à la justice qu'on se montre rigoureux.
Roide : exprime moins la sévérité que l'obstination ou l'âpreté du caractère; un homme roide est d'une grande fermeté dans ses sentiments; c'est dans les relations du monde qu'on se montre le plus souvent roide.

Rigoureux – austère – dur – rude – sévère (Cf : *sévère*).

Rigoureux – rigide – roide (Cf : *rigide*).

Risée – dérision – ironie – moquerie – persiflage – raillerie (Cf : *moquerie*).

Risible – ridicule (Cf : *ridicule*).

Risque – danger – hasard – péril (Cf : *danger*).

Risquer – aventurer – hasarder.
Hasarder : entreprendre imprudemment; il s'emploie quand on veut exprimer plus ou moins de hardiesse et de témérité.
Risquer : entreprendre une chose en s'exposant à un péril possible et à ses conséquences qui peuvent être fâcheuses.
Aventurer : entreprendre au hasard; il suppose de l'ignorance et quelquefois de l'étourderie.

Rivage – bord – côte – rive.
Bord : la terre qui limite une masse d'eau ou qui en est très peu éloignée.
Côte : le bord qui s'élève au-dessus du niveau de l'eau; seule la mer a des côtes et on y attache l'idée d'une étendue assez considérable.

Rive : la ligne de démarcation entre la terre et l'eau; rive se dit plutôt par rapport aux ruisseaux.
Rivage : la terre qui avoisine l'eau; il est beaucoup plus étendu que la rive et il n'y a que la mer et les grands fleuves qui ont des rivages.

Rival – compétiteur – concurrent – contendant – émulateur – émule (Cf : *concurrent*).

Rivalité – émulation – jalousie (Cf : *jalousie*).

Rive – bord – côte – rivage (Cf : *rivage*).

Robot – androïde – automate – machine.
Machine : terme général employé pour désigner tout instrument propre à faire mouvoir un corps au moyen d'un mécanisme quelconque.
Automate : machine mue par des ressorts intérieurs et imitant la forme et les mouvements d'un être vivant.
Androïde : automate qui représente un homme ou ayant une figure humaine.
Robot : automate perfectionné qui peut accomplir le travail d'un homme ou tout autre travail pour lequel il est programmé.

Robuste – fort – vigoureux (Cf : *fort*).

Roc – roche – rocher (Cf : *rocher*).

Roche – roc – rocher (Cf : *rocher*).

Rocher – roc – roche.
Roc : c'est une masse de pierre dure qui tient à la terre et considérée surtout par rapport à sa dureté et à sa solidité, comme dans l'expression : ferme comme un roc. On dit aussi : bâtir sur le roc, c'est-à-dire fonder quelque chose qui durera longtemps, pour montrer combien d'efforts et de temps il a fallu pour arriver à cet état.
Roche : c'est un roc peu enfoncé dans la terre, quelquefois caché et considéré par rapport à la terre sous tous les points de vue divers qu'elle peut offrir : une roche peut se tailler, se détacher, elle contient des cristaux et elle peut même donner naissance à des sources.
Rocher : c'est un roc très élevé, très escarpé, terminé en pointe et considéré par rapport à son accès difficile et dangereux; il est dur et inébranlable, mais il est souvent isolé et toujours proéminent. On dit d'un homme qu'il a un cœur ou une âme de rocher quand il est dur et insensible.

Rogue : arrogant – important – insolent – suffisant (Cf : *insolent*).

Roi – empereur – monarque – potentat – prince – souverain.

Prince : celui qui, dans un sens très général, possède une souveraineté ou qui est d'une famille souveraine; il désigne plus particulièrement celui qui est placé au premier rang dans une cour.
Roi : titre et fonction principale du chef d'un grand nombre d'états dont tous les autres chefs subalternes suivent la direction suprême.
Monarque : ajoute à l'idée de roi celle d'un mode de gouvernement dans lequel l'état n'a qu'un seul chef commandant à un grand nombre de sujets.
Potentat : prince souverain qui se rend redoutable par son despotisme, qui a une grande puissance et qui peut lever de nombreuses armées.
Souverain : monarque qui possède l'autorité suprême, qui l'exerce sans contrôle, qui imprime la direction qui lui convient et qui peut annuler ou casser toutes les délibérations de ses ministres.
Empereur : chef souverain d'un empire qui exerce son influence ou son autorité sur un vaste état et qui a un pouvoir absolu.

Roide – rigide – rigoureux (Cf : *rigide*).

Rôle – personnage (Cf : *personnage*).

Roman – conte – fable – nouvelle.
Conte : récit d'une aventure imaginaire, invraisemblable ou merveilleuse, fait pour amuser ou pour produire sur l'esprit une vive impression.
Roman : conte très long qui est une suite d'aventures créées de toutes pièces et propre à exciter l'intérêt; on pourrait dire que le roman est une création de l'esprit moderne.
Nouvelle : conte inédit et qui, pour la longueur, tient le milieu entre le conte proprement dit et le roman; elle a pour but de passionner ou d'émouvoir.
Fable : petit conte en vers ou en prose dans lequel sont mis en scène et personnifiés des animaux, des végétaux ou des objets et qui est composé dans le but d'inculquer un principe de morale.

Rompre – briser – casser – fracasser (Cf : *casser*).

Rond – cordial – franc – ouvert – sincère (Cf : *sincère*).

Rondeur – rotondité.
Rondeur : c'est la qualité de ce qui est rond, sphérique ou cylindrique; rondeur marque simplement cette forme ronde sans y ajouter autre chose.
Rotondité : ajoute à la rondeur une idée de grosseur et de capacité; on dit, par exemple, la rondeur de la terre n'est pas

parfaite, mais on dira plus justement : la rotondité de la terre, parce qu'elle n'est ni plate ni mince, mais qu'elle a un volume considérable en plus de sa rondeur relative.

Rôt – rôti (Cf : *rôti*).

Rôti – rôt.
Rôt : on ne se sert plus guère aujourd'hui du mot rôt que pour désigner, très vaguement, la partie du repas où l'on met sur la table et où l'on mange des viandes rôties; il désignait autrefois le service qui suivait immédiatement celui des potages, des entrées.
Rôti : désigne, en particulier, tel ou tel plat de viande rôtie, pourvu qu'on n'y ait joint aucune espèce de sauce. On offre à un convive une tranche de rôti et non une tranche de rôt.

Rotondité – rondeur (Cf : *rondeur*).

Rouge – rougeur (Cf : *rougeur*).

Rouge – rubicond.
Rouge : rouge est le mot ordinaire qu'on emploie dans toutes les circonstances pour qualifier une couleur qui rappelle celle du sang.
Rubicond : se dit de ce qui est tout rouge et particulièrement d'un rouge vermeil; rubicond ne s'emploie qu'en parlant du visage et d'une façon plaisante.

Rougeur – rouge.
Rouge : c'est la coloration rouge que prend le visage par un afflux subit du sang à la peau causé par la honte, la pudeur, la colère; quand on dit que le rouge lui monte au visage, on parle toujours d'une manière très générale.
Rougeur : la rougeur a un sens plus précis et plus spécial que le rouge et s'emploie dès que la sensation devient particulière, soit sous le rapport de la personne, soit sous celui du sentiment; on dira, par exemple : la rougeur de la honte. De plus, rougeur est seul employé lorsque la couleur du visage provient d'une cause physique.

Rouler – couler – glisser (Cf : *couler*).

Route – chemin – voie.
Chemin : terme général qui peut se dire de tout ce qui conduit d'un endroit à un autre; c'est aussi un terme relatif quant aux facilités ou aux difficultés qu'il peut présenter pour le voyageur. Au figuré, chemin désigne la manière ordinaire d'arriver à un but, mais il implique une idée d'obstacle et une connaissance peu sûre.

Route : grand chemin soigneusement construit qui peut traverser un pays entier en conduisant d'une ville à une autre tout en faisant penser à la direction et aux lieux rencontrés. Au figuré, route suppose l'emploi des mêmes moyens que tout le monde pour arriver à un but quelconque.
Voie : ne s'emploie au propre que pour désigner les anciennes routes des Romains ou pour désigner, d'une manière générale, les endroits permis à tout le monde, la voie publique, par exemple. Au figuré, voie désigne le moyen dont on se sert pour arriver à une fin particulière.

Rubicond – rouge (Cf : *rouge*).

Rude – abrupt – agreste – âpre – inculte – raboteux – revêche – rustique – sauvage (Cf : *sauvage*).

Rude – austère – dur – rigoureux – sévère (Cf : *sévère*).

Rude – âpre – austère.
Apre : au figuré, l'homme âpre est intraitable et inabordable.
Austère : au figuré, l'homme austère est sévère envers soi-même.
Rude : au figuré, l'homme rude est dur, grossier et sans politesse.

Rudiment – élément – principe (Cf : *élément*).

Ruine – chute – décadence – renversement.
Chute : action d'une chose qui tombe et qui meurt.
Décadence : état d'une chose qui s'amoindrit et qui annonce un commencement de ruine.
Renversement : état d'une chose qui est détruite presque en totalité ; il suppose une cause violente qui a provoqué un grand désordre dans la chute.
Ruine : état d'une chose qui a subi une destruction complète ; elle est moins soudaine que la chute, mais elle annonce une fin totale.

Ruines – débris – décombres.
Débris : ce sont les restes d'une chose quelconque brisée ou détruite en grande partie. Au figuré, les débris sont également des restes dont on peut se servir ; on peut souper avec les débris d'un repas.
Ruines : ce sont les débris d'un édifice qui a été abattu ou qui s'est écroulé. Au figuré, les ruines ne peuvent que donner une idée ou une image de ce qui a été détruit.
Décombres : terme plus vulgaire pour désigner les matériaux provenant d'une démolition et qu'il est nécessaire d'enlever.

Ruiner – abattre – démolir – détruire – jeter à bas – mettre à bas –

renverser (Cf : *détruire*).

Ruiner – désoler – dévaster – infester – ravager – saccager (Cf : *ravager*).

Rural – rustique.
Rural : marque un simple rapport avec la campagne; une propriété rurale, par exemple, se trouve à la campagne, mais son propriétaire peut habiter la ville et faire cultiver ses terres par un agriculteur quelconque qui saura en tirer un bon parti.
Rustique : marque une manière d'être ou une manière de vivre toute relative à la campagne; une occupation rustique est celle de gens qui n'habitent jamais la ville et dont tous les travaux sont champêtres. Un homme rustique est tout simplement un habitant de la campagne.

Ruse – artifice – astuce – perfidie.
Ruse : moyen dont on se sert pour tromper; il suppose de la finesse et de l'imagination.
Astuce : ruse empreinte de méchanceté; elle est le plus souvent dissimulée.
Perfidie : vice de celui qui trahit la confiance qu'on a en lui; il suppose un degré plus grand que l'astuce.
Artifice : procédé ingénieux qui consiste en une ruse méthodique et conduite avec art.

Rustaud – rustique – rustre (Cf : *rustre*).

Rustique – abrupt – agreste – âpre – inculte – raboteux – revêche – rude – sauvage (Cf : *sauvage*).

Rustique – grossier – impoli (Cf : *impoli*).

Rustique – rustaud – rustre (Cf : *rustre*).

Rustique – rural (Cf : *rural*).

Rustre – rustaud – rustique.
Rustique : un homme rustique est celui qui n'a pas l'habitude de vivre parmi les habitants des villes et manque donc de la politesse et de l'élégance que donne cette habitude; c'est un défaut qui n'est que le résultat de ses travaux ordinaires.
Rustaud : le rustaud est le paysan qui, sachant qu'il est rustique, ne veut pas se donner la moindre peine pour ne pas le paraître et, de ce fait, est grossier dans son extérieur et impoli dans ses manières.
Rustre : le rustre est encore plus grossier et plus impoli; il l'est par son caractère autant que par ses manières.

S

Sac – saccagement.

Sac : c'est proprement le pillage complet d'une ville, mais sac ne fait que désigner simplement le fait.

Saccagement : diffère de sac en ce que saccagement peint l'action au moment même où elle se déroule, nous la montre, et nous fait penser à toutes les atrocités qui en découlent.

Saccagement – sac (Cf : *sac).*

Saccager – désoler – dévaster – infester – ravager – ruiner (Cf : *ravager).*

Sacerdoce – prêtrise.

Prêtrise : ordre sacré qui, dans l'église catholique, confère le pouvoir de dire la messe et d'administrer les sacrements; la prêtrise désigne simplement l'état, la fonction de prêtre sans y ajouter rien qui la relève.

Sacerdoce : c'est le ministère de celui qui applique et interprète les rites d'une religion établie; mais le mot sacerdoce imprime à l'état de prêtre quelque chose de solennel et de sacré. Ainsi, on se sert toujours du mot sacerdoce en parlant d'un évêque et, à plus forte raison, du pape.

Sacrer – consacrer (Cf : *consacrer).*

Sacrifier – immoler.

Immoler : c'est égorger une victime en l'honneur d'une divinité en acceptant toujours l'idée de la mort d'un être vivant. Immoler signifie littéralement : placer le gâteau sacré sur la victime, l'usage étant, chez les anciens, de mettre un gâteau sur la tête de l'animal qu'on allait égorger.

Sacrifier : c'est offrir une chose à la divinité sans pour cela impliquer l'idée d'immolation, bien que celle-ci soit une conséquence directe du sacrifice. Sacrifier signifie quelquefois faire périr, mais la mort n'est pas essentielle et le mot sacrifier adoucit toujours l'idée propre d'immoler. Au figuré, se sacrifier, c'est se dévouer entièrement; s'immoler, c'est perdre sa vie pour vouloir en sauver une autre.

Sacrilège – profanation.
Profanation : c'est l'action de traiter avec irrévérence les choses de la religion et les employer à des usages profanes; la profanation peut signifier l'action pendant qu'elle se commet, mais il peut arriver qu'on profane une chose sainte par oubli ou par ignorance.
Sacrilège : ajoute à la profanation l'action impie faite en vue d'avilir une chose sacrée et l'intention bien arrêtée de ne pas respecter les choses saintes. Outre l'idée de crime odieux, sacrilège désigne toujours l'acte sans faire penser au temps pendant lequel il a été commis.

Sagacité – pénétration – perspicacité (Cf : *perspicacité).*

Sagesse – prudence (Cf : *prudence).*

Sagesse – chasteté – continence – honneur – pureté – vertu.
Chasteté : vertu ou qualité de celui qui s'abstient des plaisirs charnels défendus et qui, par conséquent, est pur.
Continence : la continence est le fait de s'abstenir de tout plaisir ou de toute relation sexuelle; ce fait peut être contraint ou volontaire.
Pureté : la pureté est l'innocence et la chasteté la plus parfaite; elle est exempte de corruption et de souillure et elle impose le respect.
Honneur : l'honneur est, chez la femme, l'intention de conserver sa pudeur et la volonté de rester estimable aux yeux du monde.
Sagesse : la sagesse est, toujours chez la femme, une modération ou une retenue qui entraîne de la prudence à éviter les occasions dangereuses.
Vertu : la vertu fait penser à la force et au courage avec lequel une femme résisterait aux attaques de ses soupirants.

Saillie – boutade – caprice – quinte – vertigo (Cf : *caprice).*

Salaire – appointements – émoluments – gages – honoraires – solde – traitement.
Salaire : terme usité le plus souvent pour désigner l'argent donné en paiement d'un travail ou d'un service : on l'emploie plus particulièrement pour les travailleurs ou pour les ouvriers.
Gages : salaire d'un domestique ou d'une personne de service.
Appointements : salaire des employés et des gens en place.
Traitement : salaire que reçoit celui qui exerce un haut emploi, une dignité.

Honoraires : salaire que l'on donne en rémunération de ses services à celui qui exerce une profession libérale.
Emoluments : salaire variable suivant les circonstances.
Solde : salaire qu'on donne aux militaires.

Sale – malpropre.
Malpropre : ce qui est malpropre a l'air négligé, n'est pas convenable ou ne l'est point assez; il pourrait être propre mais on ne l'a pas suffisamment soigné, par suite d'une sorte de laisser-aller ou d'une déconsidération.
Sale : ce qui est sale est malpropre jusqu'au dégoût; il y a évidemment des choses qui sont sales par nature, comme la boue, par exemple, mais il ne viendrait jamais à l'idée de personne de songer à la nettoyer. En outre, quand sale est employé dans un sens figuré, il est à peu près synonyme de *vil* et de *méprisable.*

Salut – révérence – salutation.
Révérence : la révérence marque un respect assez craintif, vrai ou simulé, et se fait en s'inclinant et en pliant les genoux. Les jeunes filles apprennent à faire la révérence avec grâce et tirer sa révérence, c'est tout simplement saluer.
Salut : le salut est l'acte même de saluer; il peut être une marque de respect mais, le plus souvent, il n'exprime que l'estime et surtout la politesse qui exige qu'on rende le salut à celui de qui on l'a reçu.
Salutation : la salutation est proprement la manière de saluer ou l'action considérée par rapport à celui qui salue; elle peut également marquer de l'estime ou de la bienveillance, mais elle peut aussi être froide ou distante.

Salutation – révérence – salut (Cf : *salut).*

Sanglant – ensanglanté – sanguinolent.
Ensanglanté : taché ou couvert de sang, mais sans spécifier qui a été la cause de cette effusion ou de quelle façon elle s'est produite.
Sanglant : se dit d'un animal ou d'un homme qui est couvert du sang qu'il perd lui-même à la suite d'une violence quelconque.
Sanguinolent : marque plutôt la teinte elle-même du sang que l'effusion proprement dite; sanguinolent s'emploie quand on veut parler de matières mêlées de sang.

Sanguinolent – ensanglanté – sanglant (Cf : *sanglant).*

Sapidité – saveur (Cf : *saveur).*

Sardonien – sardonique (Cf : *sardonique).*

Sardonique – sardonien.

Sardonique : n'est usité seulement que dans l'expression : rire sardonique, c'est-à-dire à contre-cœur ou avec malignité; il convient à tous les langages et il distingue le rire surtout par la nature du sentiment qui l'inspire.
Sardonien : diffère de sardonique en ce qu'il n'est employé qu'en médecine ou quand il s'agit de distinguer le rire auquel il s'applique du rire ordinaire à un point de vue purement physiologique.

Satirique – caustique – mordant (Cf : *caustique).*

Satisfaction – contentement.
Satisfaction : état dans lequel se trouve une personne qui a obtenu ce qu'elle avait désiré ou souhaité; satisfaction se rapporte à l'esprit et au goût.
Contentement : état d'une personne qui ne désire rien mais qui est heureuse de sa position; contentement se rapporte à l'âme et à la sensibilité.

Satisfait – content (Cf : *satisfaction).*

Sauf – excepté – hormis – hors.
Excepté : à l'exception de : c'est-à-dire que, dans une certaine quantité, quelque chose ou quelqu'un n'est pas compris ou inclus.
Hormis : exprime une idée de situation en-dehors ou de situation extérieure; jusqu'au XIIIe siècle, hormis s'écrivait en deux mots : hors mis : mis en dehors.
Hors : diffère de hormis en ce qu'il exprime plutôt une idée d'exclusion plus ou moins impérative.
Sauf : diffère d'excepté en ce qu'il exprime une sorte de réserve ou un cas tout à fait particulier dans l'exception.

Sauvage – désert – inhabité – solitaire (Cf : *inhabité).*

Sauvage – abrupt – agreste – âpre – inculte – raboteux – revêche – rude – rustique (1).
Abrupt : qui n'a pas été adouci par l'éducation.
Agreste : qui a un caractère de sauvagerie et de grossièreté.
Apre : qui produit sur nos sens une impression très désagréable.
Inculte : qui n'a eu ni éducation, ni instruction.
Raboteux : inégal en parlant surtout du style.
Revêche : peu traitable et rébarbatif.
Rude : grossier et sans politesse.
Rustique : qui appartient aux manières de vivre de la campagne.
Sauvage : qui se plaît à vivre seul et qui évite la compagnie des hommes.

(1) synonymes simples.

Sauvage – farouche.
Farouche : ce qui est farouche n'est pas apprivoisé ou peu sociable, du fait du caractère ou de l'humeur; l'homme farouche fait peur et peut devenir cruel; la société le repousse et lui-même ne l'aborde jamais.
Sauvage : ce qui est sauvage se plaît à vivre seul, loin de toute compagnie, du fait seulement de l'habitude; l'homme sauvage voit partout des ennemis parce que, n'approchant de personne, il ne connaît pas encore le bienfait de la civilisation.

Sauvegarde – auspices – protection (Cf : *protection).*

Sauver (se) – s'échapper – s'enfuir – s'esquiver – s'évader (Cf : *enfuir).*

Sauver – garantir – préserver.
Garantir : on garantit en se protégeant d'un mal presque certain et qui peut arriver incessamment; un vêtement de laine, par exemple, garantit du froid.
Préserver : on préserve en se protégeant d'un mal futur dont on est menacé; préserver exprime l'idée de sage précaution et d'intérêt prévoyant : on préserve quelqu'un d'une maladie en le vaccinant.
Sauver : on sauve en se protégeant d'un péril extrême qui pourrait mettre la vie en danger et dont il faut absolument se délivrer pour ne pas succomber; on sauve un malade par un remède approprié.

Savant – docte – érudit.
Savant : terme le plus usité et le plus général; il désigne un homme plein d'instruction et de science. Savant suppose un travail comportant des informations très précises et de longues recherches.
Erudit : l'homme érudit est celui qui a une connaissance profonde des matériaux que l'historien met en œuvre; il suppose des recherches savantes, parfois curieuses, demandant beaucoup de lecture et de mémoire.
Docte : ne se dit guère qu'en parlant du passé ou de ceux dont les études ou les travaux se rapportent à l'histoire ancienne. Docte se prend souvent aujourd'hui dans un sens plutôt ironique.

Saveur – sapidité.
Saveur : c'est la qualité de toute substance qui fait impression sur le sens du goût; quand on dit, par exemple : ce fruit n'a aucune saveur, on appelle l'attention, non seulement sur sa

propriété, mais aussi sur l'impression produite.
Sapidité : diffère de saveur en ce que la sapidité est surtout la qualité d'un corps qui a réellement du goût.

Savoir – érudition – littérature – science (Cf : *science).*

Savoir (faire) – apprendre – enseigner – informer – instruire (Cf : *enseigner).*

Savoir-faire – adresse – art – dextérité – entregent – habileté – industrie (Cf : *habileté).*

Savoureux – succulent.
Savoureux : ce qui est savoureux a de la saveur, c'est-à-dire est agréable au goût et le flatte tout spécialement.
Succulent : ce qui est succulent a beaucoup de suc, c'est-à-dire fort nourrissant. Ces deux mots ne sont réellement synonymes que parce que l'usage veut que ce qui est succulent soit en même temps savoureux, mais il n'en reste pas moins vrai que l'idée de suc ou de propriété nourrissante n'est pas comprise dans savoureux.

Sceller – affermir – cimenter – confirmer – raffermir (Cf : *confirmer).*

Science – érudition – littérature – savoir.
Littérature : pour avoir de la littérature, il faut avoir lu l'ensemble des connaissances relatives aux belles-lettres, les productions littéraires d'un ou de plusieurs pays, d'une ou de plusieurs époques; il suffit de conserver dans sa mémoire tout ce que cette lecture a pu nous apprendre et produire sur notre esprit.
Erudition : pour avoir de l'érudition, il faut non seulement avoir lu les auteurs anciens et modernes, mais avoir également connaissance des matériaux historiques, des commentaires, comparer les éditions, connaître les temps et les sources où ont puisé ces auteurs.
Savoir : pour avoir du savoir, il faut acquérir la connaissance des choses par l'étude ou l'expérience, apprendre beaucoup et toucher à presque toutes les connaissances humaines, de façon à n'être pas étranger à une seule branche de ces connaissances. Savoir est absolu et général dans sa signification.
Science : pour avoir de la science, il faut connaître les choses et les étudier beaucoup plus profondément; mais la science étant l'ensemble des connaissances que les hommes possèdent, il faut borner le champ de ses études à une seule matière.

Scrupuleux – consciencieux (Cf : *consciencieux).*

Sec – aride.

Aride : ce qui est aride manque d'humidité d'une façon naturelle et habituelle ; au figuré, ce qui est aride est stérile parce qu'on n'en peut rien tirer.
Sec : ce qui est sec manque d'humidité de façon accidentelle ; au figuré, ce qui est sec est dénué d'ornement, de grâce et d'agrément.

Sécher – dessécher.
Sécher : rendre sec avec une idée de perte d'humidité qui était nuisible à l'objet.
Dessécher : mettre à sec de façon totale, soit par écoulement, soit par évaporation ; on sèche du linge, on dessèche une plante en lui enlevant toute son humidité, même intérieure, pour la conserver.

Secourir – aider – assister (Cf : *aider).*

Secours – aide – appui – assistance (Cf : *aide).*

Secret (en) – secrètement.
En secret : c'est-à-dire tout ce qui ne se fait pas publiquement et en se cachant de tout le monde. On fait une chose en secret parce que la bienséance nous défend d'agir en public et pour que d'autres personnes ne puissent ni voir, ni entendre ce que nous faisons.
Secrètement : ajoute à l'idée de se cacher à tous les regards pour faire l'action celle de prendre toutes les précautions pour que personne ne sache ou n'apprenne que cette action a lieu.

Secrètement – en secret (Cf : *secret).*

Sédition – émeute – insurrection – rébellion – révolte – soulèvement (Cf : *révolte).*

Séducteur – séduisant.
Séducteur : c'est ce qui fait tomber en erreur ou en faute en corrompant la vertu et l'innocence ; séducteur ne se dit que des personnes ou de leurs actions et de leurs qualités ; il suppose la ruse et l'artifice. Le diable, par exemple, c'est l'esprit séducteur.
Séduisant : se dit de tout ce qui séduit ou qui charme par sa nature même, sans effort, sans art ; une offre séduisante, par exemple, est telle parce qu'elle est toujours sûre de plaire.

Séduire – corrompre – suborner.
Corrompre : détourner quelqu'un par des dons ou des promesses pour l'amener à faire ce qui est mal, mais avec son plein consentement.
Séduire : corrompre en induisant en erreur par le charme, la persuasion ou la promesse d'un plaisir.

Suborner : corrompre en excitant quelqu'un à faire une action contre le devoir ou la morale, soit par l'appât du gain, soit par la promesse d'un avantage personnel.

Séduisant – séducteur (Cf : *séducteur).*

Sein – giron.

Giron : n'est synonyme de sein que lorsqu'il signifie un milieu quelconque ; giron est surtout employé en parlant de l'église ou de l'ensemble des fidèles catholiques.

Sein : diffère en ce qu'il désigne plus spécialement l'intérieur avec une idée d'esprit et de cœur ; ainsi, on dira agiter des pensées dans son sein et le giron de l'église.

Seing – signature (Cf : *signature).*

Séjour – demeure – domicile – résidence (Cf : *demeure).*

Selon – suivant.

Suivant : participe présent du verbe suivre, suivant pourrait s'employer de préférence quand le sens permet de dire : pour suivre ou si l'on suit. Ainsi, on dira plus précisément : suivant le conseil d'un ami, parce qu'il signifierait, dans ce cas : pour suivre ce conseil.

Selon : préposition, pourrait s'employer dans tous les autres cas, mais il marque néanmoins une conformité plus entière que suivant. Mais cette distinction ne s'établit pas très nettement dans le langage parlé et on emploiera selon, si l'on partage une opinion, et suivant, si on est d'une opinion opposée.

Semblable – ressemblant (Cf : *ressemblant).*

Semblable – pareil – tel.

Pareil : deux choses pareilles sont égales ou équivalentes, mais ne sont pas identiques ; elles peuvent être de la même espèce, de la même nature, mais il y aura toujours entre elles un défaut d'identité.

Semblable : deux choses semblables sont plus ou moins exactement de même forme, de même espèce, de même nature ; elles se ressemblent mais il faut une certaine attention pour les distinguer l'une de l'autre.

Tel : marque la ressemblance entre deux choses, approche de l'identité et va quelquefois jusqu'à l'identité même ; quand on dit : tel est son défaut, on veut dire que le défaut est cela même et non autre chose. Quand on dit : tel maître, tel valet, il n'y a pas identité entre les personnes, mais entre leurs caractères, leurs qualités et leur défauts.

Semblant (faire) – feindre – simuler (Cf : *faire semblant).*

Sembler – paraître.
Paraître : c'est se faire voir, se montrer, être révélé à l'esprit; paraître résulte donc de l'apparence des choses : elles sont vraies ou fausses selon la façon dont on les regarde ou selon qu'on est plus ou moins disposé à les croire ou à en douter. Mais si on se trompe en jugeant un objet d'après ce qu'il paraît être, l'erreur ne porte que sur le jugement, mais non sur l'objet lui-même qui reste toujours égal à lui-même et qui ne change pas.
Sembler : c'est avoir une certaine apparence, une certaine qualité réelle ou non qui résulte du jugement que l'on porte sur les choses; si un objet semble avoir un certain caractère, on ne peut rien conclure relativement à l'objet lui-même, mais on peut s'attendre à ce qu'il présente des caractères entièrement différents selon qu'il sera regardé par telle ou telle personne. En outre, on emploie de préférence sembler au lieu de paraître quand on veut adoucir une expression : il semble malade est moins affirmatif que il paraît malade.

Semer – ensemencer.
Ensemencer : n'est synonyme de semer que quand l'action est considérée absolument et par rapport à la terre; ensemencer, c'est répandre et enterrer des graines dans un champ pour qu'elles produisent une récolte. Il exprime l'action faite en grand et dans des conditions qui demandent beaucoup d'efforts.
Semer : exprime la même action, mais on ne sème qu'une petite portion de terre ou de jardin. A l'inverse d'ensemencer, semer peut s'employer au figuré et signifie, dans ce cas : répandre çà et là.

Sempiternel – continuel – éternel – immortel – perpétuel (Cf : *éternel*).

Sens – jugement – raison – bon sens (Cf : *raison*).

Sens (homme de) – homme de bon sens (Cf : *homme de sens*).

Sens (bon) – jugement – raison – sens (Cf : *raison*).

Sens (double) – ambiguïté – amphibologie – équivoque (Cf : *équivoque*).

Sens – acception.
Acception : manière de comprendre un mot.
Sens : signification d'un mot ou d'une phrase.

Sensation – perception – sentiment.
Perception : acte par lequel l'âme prend connaissance des objets extérieurs qui ont frappé ses sens, qui prend possession d'une chose par l'idée qu'elle s'en forme et qui reste en elle.

Sensation : impression que l'âme reçoit quand un objet extérieur agit sur l'un des organes des sens; la sensation est faite sur nous par ce qui est en-dehors et elle disparaît avec la cause qui la produit. On dira une sensation douloureuse parce qu'elle est le prolongement de la souffrance.
Sentiment : le sentiment est, en quelque sorte, la conséquence de la sensation; c'est quelque chose d'intime et de plus durable qui nous permet d'apprécier instinctivement certaines choses; on dira : un sentiment naturel parce que c'est une disposition instinctive à aimer ou à haïr.

Sensibilité – bénignité – bienfaisance – bienveillance – bonté – débonnaireté – douceur – humanité (Cf : *bonté).*

Sensible – tendre.
Sensible : un homme sensible est vivement impressionné par les objets extérieurs; il est facile à émouvoir et il est affecté moralement par les souffrances des autres; en outre, il se laisse gagner par l'affection qu'on lui témoigne; mais la sensibilité est passive et il est vrai aussi qu'elle porte à soulager ceux qui souffrent.
Tendre : un homme tendre est très accessible aux émotions et aux affections morales; il est porté à aimer et il va au-devant de cette affection, il en éprouve le besoin et il cherche même à la faire naître. La tendresse est active et porte souvent à l'indulgence.

Sentence – adage – aphorisme – apophtegme – axiome – maxime – proverbe (Cf : *proverbe).*

Sentence – arrêt – jugement (Cf : *jugement).*

Senteur – odeur (Cf : *odeur).*

Sentiment – perception – sensation (Cf : *sensation*).

Sentiment – avis – opinion – pensée (Cf : *pensée).*

Sentinelle – factionnaire – vedette.
Factionnaire : personne qui guette et qui attend; c'est généralement un soldat en faction de n'importe quelle arme.
Sentinelle : soldat qui fait le guet pour garder un camp, un poste ou un édifice; c'est, en principe, un factionnaire à pied. Sentinelle peut quelquefois signifier la fonction même ou le service du soldat chargé de rester à un poste fixe avec mission de surveillance.
Vedette : soldat de cavalerie placé en sentinelle; vedette est un mot qui ne s'emploie plus guère dans ce sens aujourd'hui.

Sentir – ressentir.
Sentir : c'est éprouver une sensation agréable ou pénible et

sentir ne fait qu'exprimer simplement ce sentiment.
Ressentir : c'est sentir de nouveau, en éprouvant une sensation indirecte, comme par l'effet d'une cause étrangère. Ainsi, quelqu'un sentira l'amitié de ses proches, mais ressentira plus vivement un besoin d'affection.

Septentrion – nord (Cf : *nord).*

Sépulcre – sépulture – tombe – tombeau (Cf : *tombe).*

Sépulture – sépulcre – tombe – tombeau (Cf : *tombe).*

Sérieux – grave.
Grave : l'homme grave est celui qui est avant tout réservé, qui ne fait jamais rien de contraire à sa dignité, qui s'observe en traitant toujours les choses avec l'attention qu'elles méritent. Par contre, une chose grave ne peut se rapporter qu'à l'importance qu'on lui donne.
Sérieux : l'homme sérieux est celui qui considère comme important tout ce qu'il dit ou fait, qui prend toutes choses sans aucune plaisanterie lors même qu'il s'agirait de bagatelles; une chose sérieuse, au contraire, se rapporte non seulement à son importance mais également à la vérité.

Serment – vœu (Cf : *vœu).*

Serment – jurement – juron.
Serment : promesse ou affirmation faite en prenant à témoin Dieu ou ce qu'on regarde comme sacré; le serment a quelque chose d'assez solennel, se fait dans des circonstances graves et ordinairement en présence de personnes constituées en dignité.
Jurement : diffère de serment en ce qu'il se fait au sujet d'une obligation qu'on contracte, devant un petit nombre de personnes et dans le cours ordinaire de la conversation ou des affaires. Il diffère aussi en ce qu'il est souvent prononcé sans aucune nécessité.
Juron : n'est qu'une sorte d'exclamation dont une personne se sert habituellement et formée de mots qui rappellent toujours une idée sainte mêlée à une pensée profane.

Sermon – prédication.
Sermon : c'est le discours qu'un prédicateur prononce dans une église pour enseigner le dogme et la morale. On lit, par exemple, les sermons de Bossuet ou Bourdaloue.
Prédication : c'est l'action de prêcher, d'annoncer la parole de Dieu. Quand prédication désigne justement ces paroles ou les développements d'un texte religieux, il les présente comme une chose durable. Ainsi, si on lit les sermons de Bossuet, on pouvait entendre ses prédications si on avait vécu en son temps.

Serviable – obligeant – officieux.
Obligeant : l'homme obligeant est celui qui aime à rendre service et à faire plaisir; il est foncièrement bon et il obligera ses amis en faisant tout ce qui pourrait leur être utile.
Officieux : l'homme officieux est celui qui s'empresse à rendre service; il en recherche l'occasion et il montre son désir de complaire, non par des paroles ou des manières comme l'homme obligeant, mais par des actes qu'il considère comme une sorte de devoir.
Serviable : l'homme serviable est celui qui est tout disposé à rendre de petits services, ceux que réclament les circonstances ordinaires de la vie et qui ne nécessitent aucune difficulté particulière; serviable est le mot familier le plus généralement employé.

Service – amitié – bienfait – faveur – grâce – bon office – plaisir.
Bienfait : bien qu'un supérieur fait à un inférieur; il suppose un acte de générosité.
Service : secours par lequel on est utile à quelqu'un, particulièrement à un égal et généralement tout ce que l'on fait de bon pour quelqu'un.
Bon office : emploi que l'on fait de son influence, de sa médiation ou de son entremise au profit de quelqu'un.
Faveur : protection accordée par un personnage puissant, ou même par le public; il marque de la bienveillance.
Grâce : faveur qui ne désigne que la puissance de celui qui l'accorde.
Plaisir : chose agréable ou obligeante que l'on fait pour autrui; il désigne quelque chose qui coûte peu et qui n'est pas d'un grand prix.
Amitié : témoignage de sympathie que l'on accorde à une personne avec laquelle on est lié.

Servir (se) – employer – user (Cf : *employer).*

Serviteur – domestique – laquais – valet (Cf : *domestique).*

Servitude – esclavage (Cf : *esclavage).*

Seul – unique.
Seul : lorsque seul est placé après le substantif, il veut dire : complètement isolé; ainsi, un homme seul n'est accompagné de personne et il est solitaire. Quand seul précède le substantif, il est relatif; on dira, par exemple : un seul exemplaire, parce qu'on n'a que cet exemplaire sous la main, mais qu'il en existe d'autres.
Unique : lorsque unique est placé après le substantif, il signifie :

sans égal; ainsi, un homme unique n'a aucun semblable et, par là même, est supérieur à tous les autres. Quand unique précède le substantif, il est absolu; on dira, par exemple : mon unique manteau pour dire que je n'ai que celui-là.

Sévère – austère – dur – rigoureux – rude.
Austère : celui qui est austère est, par nature, d'une rigidité inflexible envers soi-même au point de vue de la moralité.
Dur : celui qui est dur est insensible et presque inhumain.
Rigoureux : celui qui est rigoureux ne souffre aucune infraction à la règle et ne cherche ni excuse ni pardon.
Rude : celui qui est rude n'a ni politesse ni douceur dans ses manières.
Sévère : celui qui est sévère est impitoyable et ne souffre aucun adoucissement ni aucune indulgence.

Sevrer – frustrer – priver (Cf : *priver)*.

Signal – signe (Cf : *signe)*.

Signalé – insigne.
Insigne : ce qui est insigne est ce qui vaut la peine d'être remarqué et qui renferme en soi-même les qualités qui le mettent hors du commun; en outre, insigne implique quelquefois l'idée de n'être connu que d'un très petit nombre de personnes.
Signalé : ce qui est signalé a été remarqué et a attiré l'attention de tous; une faveur insigne, par exemple, peut n'être connue que de quelques personnes, d'une seule même quelquefois; une faveur signalée ne peut être cachée et suppose une action faite avec éclat qui a mérité la reconnaissance de tous.

Signature – seing.
Signature : c'est l'apposition qu'une personne fait de son nom à la fin d'une lettre, d'un billet, d'un acte et impliquant de sa part l'approbation de cet écrit; la signature est considérée par rapport au nom tracé, mais aussi par rapport à celui qui la trace et à la manière dont il le fait.
Seing : le seing était autrefois un signe quelconque, fait de diverses manières, et qui, placé sur un écrit, montrait que cet écrit était complètement approuvé par une personne. Seing est un vieux mot qui ne s'emploie plus guère aujourd'hui que dans les expressions : seing privé, blanc-seing et où la signature est considérée en elle-même.

Signe – signal.
Signe : le signe est tout ce qui fait connaître, soupçonner ou prévoir une chose présente, passée ou à venir et il précède toujours la chose à laquelle il nous fait penser.

Signal : le signal est un signe que l'on est convenu de faire pour donner un avertissement ou un ordre et qui, en lui-même, n'a aucun rapport avec la chose indiquée. Ainsi, on dira : un ciel rouge est signe de vent et un coup de canon sera le signal du départ.

Signifier – notifier (Cf : *notifier).*

Silencieux – taciturne.
Silencieux : ne devient réellement synonyme de taciturne que lorsqu'il se rapporte à l'homme considéré dans son caractère ou dans son maintien; l'homme silencieux ne parle pas ou ne parle guère et il ne prend pas plaisir à parler.
Taciturne : ne marque pas seulement le goût du silence mais une sorte d'obstination dans le silence qui laisse supposer une profonde mélancolie; l'homme taciturne n'engage jamais la conversation lui-même et on a toutes les peines à le faire parler.

Similitude – analogie – conformité – ressemblance (Cf : *ressemblance).*

Similitude – comparaison (Cf : *comparaison).*

Simple – naïf – naturel (Cf : *naturel).*

Simplesse – simplicité (Cf : *simplicité).*

Simplicité – candeur – ingénuité – naïveté (Cf : *naïveté).*

Simplicité – simplesse.
Simplesse : c'est un mot qui a un peu vieilli et qui désigne un caractère naïf et accommodant, remarquable par une grande innocence et une bonté quelquefois un peu niaise.
Simplicité : a toutes les significations de l'adjectif simple et se dit de la qualité d'une personne dont les mœurs, les goûts sont simples et non affectés.

Simuler – feindre – faire semblant (Cf : *faire semblant).*

Sincère – cordial – franc – ouvert – rond.
Cordial : l'homme cordial est celui dont l'affection vient du cœur.
Franc : l'homme franc est celui qui ne cache pas ce qu'il pense de par sa nature même.
Ouvert : l'homme ouvert est celui qui se laisse voir tel qu'il est, de façon passive, mais sans le montrer plus précisément.
Rond : l'homme rond est celui qui agit sans façon et qui est d'une simplicité et d'une franchise familière.
Sincère : l'homme sincère est celui qui parle ou agit conformément à sa pensée, par honnêteté et par souci de ne jamais dire ni

laisser croire ce qui n'est pas.

Sincérité – franchise – véracité.
Franchise : qualité de celui qui ne cache pas ce qu'il pense; la franchise est dans le caractère de l'individu; on est franc de nature.
Véracité : qualité de celui qui se fait une règle de dire toujours la vérité; la véracité est plus réfléchie que la franchise et elle commande l'estime.
Sincérité : qualité de celui qui parle et agit conformément à sa pensée; la sincérité est toujours vraie et n'est jamais feinte.

Singer – contrefaire – copier – imiter (Cf : *imiter).*

Singulier – bizarre – étrange – extraordinaire – extravagant – fantasque (Cf : *extraordinaire).*

Sinueux – tortueux (Cf : *tortueux).*

Situation – assiette – position (Cf : *position).*

Situation – état.
Etat : manière d'être d'une personne ou d'une chose; un état est, en principe, fixe, durable et indépendant des circonstances.
Situation : diffère de l'état en ce qu'elle est passagère et considérée par rapport à un temps assez court ou limité; une situation, heureuse ou fâcheuse, peut changer avec les circonstances.

Sobriété – frugalité – tempérance.
Frugalité : qualité de celui qui se nourrit de mets communs ou qui se contente d'une petite quantité d'aliments; elle n'exclut pas obligatoirement la gourmandise, mais le frugal ne mange naturellement que très peu.
Sobriété : qualité de celui qui se modère dans le boire et le manger et qui évite tout excès; elle n'exclut pas les friandises, mais le sobre est toujours réservé dans l'usage de certaines choses.
Tempérance : est plus une vertu qu'une qualité qui nous porte à modérer nos plaisirs, à nous imposer une règle raisonnable non seulement sur la quantité, mais aussi sur le choix ou la nature des aliments.

Société – monde – sphère.
Monde : les hommes en général, considérés par rapport aux usages, à la fortune, au rang qu'ils occupent et aux mœurs.
Société : les personnes qui ont l'habitude de se fréquenter, qui s'assemblent pour converser, pour se livrer ensemble à une occupation quelconque et, plus précisément, les rapports que ces personnes ont entre elles.

Sphère : le milieu propre dans lequel on vit et qui est relatif à l'étendue d'une action ou d'une influence quelconque.

Société – association.
Association : réunion de personnes qui poursuivent une entreprise dans un but commun.
Société : réunion de personnes vivant en rapport les unes avec les autres et qui présente une idée plus générale.

Soin – attention – exactitude – vigilance.
Attention : application de l'esprit qui fait que rien ne lui échappe.
Exactitude : qualité de ce qui est fait avec recherche et qui est exempt d'erreurs.
Soin : attention que l'on apporte à faire une chose dans l'immédiat.
Vigilance : attention que l'on apporte à ce que l'on doit faire plus tard.

Soin – sollicitude – souci.
Soin : c'est la grande attention que l'on porte à faire une chose et la préoccupation de celui qui doit agir; soin se rapporte toujours aux actions faites ou à faire.
Sollicitude : c'est la vigilance inspirée par l'inquiétude ou l'affection, et qui porte à s'occuper avec beaucoup d'attention d'une personne ou d'une affaire; avoir de la sollicitude pour quelqu'un, c'est l'aimer au point de vouloir lui épargner tout ennui.
Souci : c'est une agitation inquiète de l'esprit au sujet d'une personne ou d'une chose; avoir du souci, c'est être inquiet, éprouver des embarras et des craintes.

Solde – appointements – émoluments – gages – honoraires – salaire – traitement (Cf : *salaire).*

Solde – paye (Cf : *paye).*

Soliloque – monologue (Cf : *monologue).*

Solitaire – désert – inhabité – sauvage (Cf : *inhabité).*

Sollicitude – soin – souci (Cf : *soin).*

Sombre – obscur – ténébreux (Cf : *obscur).*

Sombre – mélancolique – morne – soucieux (Cf : *soucieux).*

Sommaire – abrégé – analyse – extrait – précis – raccourci – résumé (Cf : *résumé).*

Somme – total (Cf : *total).*

Somme – sommeil (Cf : *sommeil).*

Sommeil – somme.
Sommeil : c'est l'état où l'on est quand on dort; le sommeil est quelque chose de relatif puisqu'il peut être agité ou paisible, long ou court et qu'il peut n'être quelquefois qu'une simple envie de dormir, une sorte d'engourdissement des facultés.
Somme : le somme est un sommeil de peu de durée et il comporte quelque chose d'absolu que l'on considère en soi; somme ne peut se dire que de celui qui dort réellement. On dit : faire un somme et non faire un sommeil.

Sommet – sommité.
Sommet : c'est la partie la plus élevée d'un objet quelconque; quand on dit, par exemple : le sommet d'une tour, on considère le haut de cette tour tel qu'il est et comme faisant partie intégrante de la tour.
Sommité : c'est la partie la plus haute d'un objet élevé, mais considérée de façon plutôt abstraite; quand on dit : la sommité d'une tour, l'esprit devrait faire abstraction de toute autre idée que celle de hauteur. Quand on parle des sommités d'absinthe, par exemple, on ne considère que les grappes de fleurs terminant un rameau comme pouvant être détachées.

Sommet – cime – comble – faîte.
Cime : la partie la plus haute d'un arbre, d'un rocher, d'une montagne, ou de tout corps naturel de forme pointue.
Sommet : la partie la plus élevée d'un objet, quelle que soit sa forme.
Comble : le comble est l'assemblage des pièces de charpente qui supportent la couverture d'un bâtiment; au figuré, il indique que la mesure est remplie à ras bord et qu'il ne reste plus rien à ajouter.
Faîte : le faîte est la partie la plus haute du comble; au figuré, faîte marque le plus haut point et qu'il est impossible de s'élever plus haut. En outre, comble et faîte ne se disent que des choses construites par l'homme.

Sommité – sommet (Cf : *sommet).*

Somptuosité – faste – luxe – magnificence – pompe – splendeur (Cf : *luxe).*

Son de voix – ton de voix.
Son de voix : le son de la voix est proprement ce qui fait distinguer la voix d'une personne de celle d'une autre; c'est la nature qui le donne et il résulte de la conformation même des organes de la parole.
Ton de voix : le ton de la voix est le degré d'élévation ou

d'abaissement de la voix et il varie selon les personnes, et même chez la même personne; c'est lui qui trahit les dispositions d'esprit de celui qui parle.

Songe – rêve – rêverie (Cf : *rêve).*

Songer – penser – rêver (Cf : *rêver).*

Sophisme – paralogisme.
Paralogisme : raisonnement involontairement inexact si l'on suppose que son auteur s'est trompé sans le vouloir, par faiblesse d'esprit ou par défaut d'attention; le paralogisme n'est contraire qu'aux principes du raisonnement.
Sophisme : faux raisonnement ayant l'apparence de l'exactitude et fait souvent de mauvaise foi, si l'on suppose que l'auteur a cherché à nous tromper dans le désir de nous voir tomber dans l'erreur. Le sophisme est toujours commis au mépris de la droiture et de la justice.

Soporatif – soporeux – soporifère – soporifique (Cf : *soporifique).*

Soporeux – soporatif – soporifère – soporifique (Cf : *soporifique).*

Soporifère – soporatif – soporeux – soporifique (Cf : *soporifique).*

Soporifique – soporatif – soporeux – soporifère.
Soporatif : une substance est soporative quand elle possède la propriété d'endormir et qu'elle exprime surtout la puissance qui est en elle.
Soporifère : appartient au langage purement scientifique et se dit principalement de l'effet produit par la substance même.
Soporifique : diffère de soporifère en ce qu'il appartient au langage commun et qu'il met la substance en évidence.
Soporeux : n'est employé que très rarement et se dit d'un sommeil lourd et pénible dont il est difficile de tirer un malade.

Sorcellerie – magie (Cf : *sorcier).*

Sorcier – magicien.
Sorcier : celui que l'on considérait autrefois comme ayant fait avec le diable un pacte lui donnant les secrets de la magie et surtout le pouvoir de nuire aux hommes et de se rendre lui-même un objet de terreur.
Magicien : celui qui était considéré comme un savant qui, en étudiant les forces occultes, était parvenu à produire des effets surnaturels et à exercer sa puissance sur les esprits. La même différence existe entre les mots *magie* et *sorcellerie.*

Sordide – chiche – crasseux – ladre – mesquin – taquin – vilain (Cf : *mesquin).*

Sort – charme – conjuration – enchantement – ensorcellement – incantation – maléfice – sortilège (Cf : *sortilège).*

Sort – fortune – hasard (Cf : *hasard).*

Sortie – issue.
Sortie : endroit par lequel on va à l'extérieur, d'une façon normale, sans impliquer aucune autre idée accessoire.
Issue : tout endroit, tout moyen, quel qu'il soit, permettant de s'échapper d'un lieu ; ce peut être un passage, une ouverture quelconque ; issue fait toujours penser à une action rapide et quelque peu désordonnée.

Sortilège – charme – conjuration – enchantement – ensorcellement – incantation – maléfice – sort.
Incantation : toute formule par laquelle les prétendus magiciens croient pratiquer leurs enchantements ou leurs sortilèges ; il désigne généralement l'ensemble des opérations magiques.
Charme : prétendue opération magique qui produirait des effets surnaturels par son pouvoir mystérieux.
Conjuration : formule de magicien qui comporte l'idée d'exorcisme.
Enchantement : communication de propriétés surnaturelles par une opération magique ; on fait cesser l'enchantement par un pouvoir plus fort.
Sort : opération de magie par laquelle un prétendu sorcier était censé pouvoir nuire aux hommes, aux animaux et aux récoltes.
Sortilège : a le même sens que sort mais comprend l'action et ses suites ; c'est une application particulière de l'art de la sorcellerie.
Ensorcellement : action même de jeter un sort, de causer une maladie ou un trouble d'esprit par de prétendus pouvoirs.
Maléfice : le maléfice n'est qu'un sortilège considéré au point de vue moral ou légal ; ce peut être également le produit fourni par le sorcier lui-même pour commettre son acte.

Sot – hébété – idiot – imbécile – inepte – stupide (Cf : *idiot).*

Sot – fat – impertinent.
Sot : le sot est celui qui croit avoir du bon sens, du jugement ou de l'esprit, mais qui en est complètement dépourvu.
Fat : le fat est un niais qui s'admire et qui a la prétention de paraître spirituel.
Impertinent : joint au défaut du fat une vanité excessive en s'imposant à tous comme une sorte d'oracle offensant les convenances.

Sottise – bêtise – stupidité (Cf : *bêtise*).

Sottises – injures – invectives – pouilles (Cf : *injures).*

Souci – soin – sollicitude (Cf : *soin).*

Soucieux – mélancolique – morne – sombre.
Mélancolique : marque un état caractérisé par une grande tristesse, une timidité excessive et une défiance générale qui tient au tempérament ou qui est devenue le fonds même du caractère. La mélancolie peut quelquefois inspirer de l'intérêt.
Morne : exprime un état empreint de tristesse qui est la conséquence de l'accablement et de l'abattement où l'on est tombé, par suite de quelque grand malheur ou parfois d'un défaut de vivacité propre à inspirer aux autres les mêmes idées; ce qui est morne cause de l'étonnement et fait éprouver une sensation de froid.
Sombre : marque une tristesse farouche qui fait penser à quelque chose d'effrayant et de funeste et qui peut être comparée à une menace; ce qui est sombre fait toujours peur.
Soucieux : désigne une inquiétude qui porte à se préoccuper et à inspirer des craintes pour l'avenir; les soucis supposent toujours un esprit constamment absorbé par des pensées moroses.

Soudain – subit.
Soudain : ce qui est soudain arrive immédiatement, ne pouvait pas être prévu et marque la nature même des choses; on n'est que surpris, en général, par un événement soudain.
Subit : ce qui est subit arrive tout à coup, n'était pas du tout prévu et marque simplement le fait; on est toujours étonné par un événement subit. Ainsi, un départ subit cause toujours plus d'impression sur ceux qui en sont témoins qu'un départ soudain.

Souffle – haleine (Cf : *haleine).*

Souffrance – affliction – amertume – chagrin – désolation – douleur – mal – peine – tourment – tristesse (Cf : *tristesse).*

Souffrir – permettre – tolérer (Cf : *permettre).*

Souffrir – endurer – pâtir – supporter.
Souffrir : exprime de la manière la plus générale l'état de la personne qui ressent une douleur physique ou morale et qui se montre comme affectée dans sa sensibilité d'une façon pénible et douloureuse.
Endurer : présente la personne qui souffre avec patience, qui montre une sorte de résignation presque religieuse et qui subit son mal parce qu'elle sait qu'il va se prolonger ou durer longtemps.
Supporter : présente la personne qui souffre avec une idée de force et de courage nécessaire pour ne pas être écrasé par le poids du mal; supporter implique également, et de façon plus

ou moins nette, que la souffrance peut être calmée ou même vaincue par l'effort seul de la volonté.
Pâtir : présente la personne réduite à un état lamentable, moins par le fait de la souffrance que par celle du manque de moyens ou du nécessaire. Pâtir ne s'emploie plus guère que dans le style familier.

Souhaiter – convoiter – désirer – avoir envie – soupirer après (Cf : *désirer).*

Soûl – ivre (Cf : *ivre).*

Soulager – alléger.
Soulager : débarrasser d'une partie d'un fardeau aussi bien physique que moral et dont l'effet peut s'étendre à toute la chose composant le fardeau.
Alléger : soulager d'une partie d'un fardeau, mais en quantité déterminée et avec un effort localisé.

Soulèvement – émeute – insurrection – rébellion – révolte – sédition (Cf : *révolte).*

Soulever – élever – enlever – exhausser – hausser – lever – rehausser – relever (Cf : *lever).*

Soumettre – asservir – assujettir – subjuguer.
Soumettre : forcer à obéir en marquant une sorte de domination et d'autorité sur un être plus faible.
Assujettir : astreindre en marquant plus de dépendance.
Asservir : assujettir en rendant esclave ou dépendant; il exprime une violente oppression.
Subjuguer : soumettre à sa domination; il annonce l'emploi de la force ou des armes, et même quelquefois le charme.

Soumission – obéissance (Cf : *obéissance).*

Soupçon – suspicion.
Soupçon : celui contre qui s'élèvent des soupçons est toujours à plaindre, car l'opinion ou la croyance désavantageuse qu'on a envers lui n'est fondée que sur de simples indices ou une simple conjecture; le soupçon provient d'un caractère défiant et est un mot du langage populaire.
Suspicion : celui qui est l'objet d'une suspicion est suspect, car la suspicion suppose toujours des raisons plus ou moins apparentes; suspicion est proprement un terme de droit et de palais.

Soupçonner – suspecter.
Soupçonner : peut signifier simplement conjecturer, avoir l'idée qu'une chose est possible; mais, le plus souvent, il exprime la

croyance désavantageuse qu'on a sur quelqu'un ou sur quelque chose, sans pouvoir cependant apporter des preuves sérieuses ou matérielles.
Suspecter : s'emploie toujours en mauvaise part et éveille toujours une idée de suspect, c'est-à-dire un état qui fait naître les soupçons ou qui n'est pas tout à fait irréprochable; suspecter suggère à l'esprit une preuve quelconque.

Soupçonner – se douter – pressentir.
Soupçonner : avoir, d'après de simples indices, une croyance désavantageuse sur quelqu'un ou quelque chose; soupçonner n'exprime que le résultat de certains petits faits qu'on a remarqués et qui ne tiennent souvent qu'à des causes bien futiles.
Se douter : soupçonner en supposant une certaine finesse d'esprit; se douter peut s'appliquer aux choses passées, aux choses présentes et même aux choses futures.
Pressentir : prévoir instinctivement et confusément; pressentir ne s'applique qu'aux choses futures; il laisse supposer, d'une manière inexplicable, un certain don d'inspiration ou de divination. On soupçonne de vol, on se doute de la vérité, on pressent un échec.

Soupçonneux – méfiant – ombrageux (Cf : *méfiant*).

Soupe – potage (Cf : *potage*).

Soupirer après – convoiter – désirer – avoir envie – souhaiter (Cf : *désirer*).

Souple – docile – flexible (Cf : *docile*).

Source – commencement – naissance – origine (Cf : *naissance*).

Source – fontaine.
Source : la source est le courant ou le filet d'eau qui, après avoir parcouru un canal souterrain naturel à parois imperméables, vient sourdre, s'épancher à fleur de terre.
Fontaine : la fontaine est la portion de cette eau qui s'amasse dans le réservoir naturel ou artificiel où vient déboucher la source.

Souscrire – accéder – acquiescer – adhérer – consentir (Cf : *consentir*).

Soutenir – affirmer – assurer – attester – avancer – certifier – confirmer – garantir – prétendre – promettre – répondre (Cf : *affirmer*).

Soutenir – défendre – protéger (Cf : *défendre*).

Soutenir – maintenir.

Maintenir : conserver dans le même état; il suppose une chose bien établie qui a seulement besoin qu'on en prenne soin de façon à en assurer la durée; au figuré, quand on dit : je maintiens ce que j'ai dit, on ne fait que continuer d'affirmer.
Soutenir : servir d'appui à ce qui va tomber et en empêcher la chute en supposant une chose qu'il est nécessaire de consolider. Au figuré, quand on dit : je soutiens ce que je dis, on apporte des raisons et on se tient prêt à en donner d'autres pour détruire les doutes.

Soutien – appui – support.
Appui : on place un appui pour empêcher une chose qui penche de tomber; au figuré, il se rapporte à l'aide et au secours.
Soutien : on place un soutien pour empêcher une chose de s'écrouler; au figuré, il se rapporte à la défense et à la protection.
Support : on place un support pour aider à porter un lourd fardeau; au figuré, il se rapporte surtout à l'assistance.

Souvenance – mémoire – réminiscence – ressouvenir – souvenir (Cf : *mémoire).*

Souvenir – mémoire – réminiscence – ressouvenir – souvenance (Cf : *mémoire).*

Souvent – fréquemment.
Souvent : un grand nombre de fois en peu de temps; souvent se dit de faits accidentels ou de faits qui se renouvellent au hasard; par exemple, on sort souvent sous différents prétextes.
Fréquemment : se dit des actions répétées qui constituent une sorte d'habitude volontaire; on dira, par exemple : tomber fréquemment dans la même faute, parce que cette faute se répète avec une certaine régularité.

Souverain – empereur – monarque – potentat – prince – roi (Cf : *roi).*

Souverain – suprême (Cf : *suprême).*

Spacieux – ample – grand – vaste (Cf : *grand).*

Spectre – fantôme (Cf : *fantôme).*

Sphère – monde – société (Cf : *société).*

Splendeur – faste – luxe – magnificence – pompe – somptuosité (Cf : *luxe).*

Splendeur – brillant – éclat – lustre.
Brillant : expression qui comporte surtout l'idée de lumière qui frappe vivement, soit les yeux, soit l'esprit.

Lustre : expression plus faible que brillant et à laquelle s'attache une idée de poli et d'étoffe soyeuse; au figuré, il se dit d'objets que certaines circonstances font paraître avec plus d'éclat.
Eclat : rappelle la teinte du feu et renchérit encore sur brillant; il approche presque de la magnificence.
Splendeur : est le degré le plus élevé de l'éclat; elle est toujours d'une beauté éclatante et somptueuse.

Stable – constant – durable – permanent (Cf : *durable).*

Stature – taille (Cf : *taille).*

Stérile – infécond – infertile – infructueux – ingrat.
Stérile : s'emploie pour exprimer, sans aucune idée accessoire, qu'une chose ne produit absolument rien et que jamais, elle ne produira un effet quelconque.
Infécond : infécond, ainsi que les trois synonymes suivants, expriment par la négation, une qualité contraire; ce qui est infécond ne produira pas beaucoup parce qu'il n'en a pas la puissance.
Infertile : ce qui est infertile ne sera pas abondant par le fait du manque de ressources.
Infructueux : ce qui est infructueux ne sera ni avantageux ni lucratif du fait même de son peu de fécondité.
Ingrat : ce qui est ingrat est ce dont il est difficile de tirer parti, du fait des peines inutiles qu'on s'est données ou qu'on pourrait se donner pour mettre un terrain en valeur.

Stoïcien – stoïque.
Stoïcien : le stoïcien est celui qui appartient à la doctrine de Zénon, c'est-à-dire à une philosophie qui niait que la douleur fut un mal, plaçait le bonheur dans l'accomplissement du devoir et conseillait le détachement des affaires humaines.
Stoïque : marque une simple conformité avec les principes du stoïcisme; un homme stoïque est celui qui supporte avec courage la douleur et l'austérité, dont l'âme est fière et ferme, comme le voulaient les stoïciens.

Stoïque – stoïcien (Cf : *stoïcien).*

Strict – étroit (Cf : *étroit).*

Stupéfait – abasourdi – ébahi – ébaubi – émerveillé – penaud.
Abasourdi : rendu hébété, celui qui est abasourdi est consterné, confondu.
Ebahi : être très étonné en restant bouche béante.
Ebaubi : interdit au point de bégayer.
Emerveillé : extrêmement étonné en inspirant l'admiration.
Penaud : interdit en étant embarrassé ou honteux.

Stupéfait : mis dans un état d'insensibilité ou d'immobilité.

Stupide – hébété – idiot – imbécile – inepte – sot (Cf : *idiot*).

Stupidité – bêtise – sottise (Cf : *bêtise*).

Style – diction – élocution.
Diction : manière de débiter un discours, de choisir et d'arranger les mots de chaque phrase au point de vue grammatical ou à celui des convenances de toutes sortes.
Elocution : manière de s'exprimer en considérant moins les mots que les phrases; elle a trait surtout au choix et à l'arrangement des termes d'un discours.
Style : la façon de parler et surtout d'écrire particulière à chaque individu ou adoptée dans chaque genre littéraire; le style comprend tout à la fois la diction et l'éloquence et c'est leur caractère spécial qui fait distinguer le talent et le génie.

Suave – doux (Cf : *doux*).

Subit – soudain (Cf : *soudain*).

Subjuguer – asservir – assujettir – soumettre (Cf : *soumettre*).

Sublime – élevé – relevé – transcendant (Cf : *élevé*).

Submergement – submersion (Cf : *submersion*).

Submersion – submergement.
Submergement : le submergement est un terme peu usité et qui a vieilli; c'est le fait pur et simple d'être entièrement couvert d'eau.
Submersion : c'est l'état de ce qui est plongé dans l'eau et submersion présente cette action avec toutes ses circonstances accessoires; il est surtout employé quand on veut parler d'une grande et forte inondation ou d'une inondation durable.

Subordination – assujettissement – dépendance – sujétion (Cf : *dépendance*).

Suborner – corrompre – séduire (Cf : *séduire*).

Subreptice – obreptice.
Subreptice : se dit de ce qui a été obtenu sur un faux exposé et suppose une fraude grave puisque la chose ainsi obtenue a été accordée sur présentation de pièces fausses ou illicites.
Obreptice : se dit de ce qui a été obtenu en cachant une partie de la vérité; il suppose plutôt la mauvaise foi et les avantages acquis pouvant résulter, soit de ce qu'on a caché et qui est contraire au droit qu'on prétend avoir, soit à la suite d'une ignorance involontaire.

Subside – contribution – cote – imposition – impôt – taille – taxe – tribut (Cf : *impôt).*

Subside – subvention.
Subside : autrefois : secours d'argent que des sujets donnaient à leur souverain; aujourd'hui, subside a la même signification que subvention, mais il est plus considérable et dure plus longtemps, tout en conservant un caractère transitoire.
Subvention : secours d'argent accordé ou exigé pour une dépense imprévue de l'Etat dans un cas pressant; la subvention est essentiellement transitoire et doit cesser avec sa cause.

Subsistance – aliment – nourriture (Cf : *nourriture).*

Subsistances – denrées – vivres (Cf : *vivres).*

Subsister – être – exister (Cf : *exister).*

Subtil – délicat – délié – fin.
Délicat : s'applique plutôt aux sentiments qu'à l'esprit; ce qui est délicat plaît, est plein de grâce et se prend toujours en bonne part.
Délié : ce qui est délié est adroit et pénétrant; un esprit délié est fertile en expédients et passe au travers des obstacles les plus difficiles.
Fin : ce qui est fin est sagace et habile; une personne fine est rusée, futée et sait faire entendre sa pensée par d'heureuses allusions.
Subtil : l'homme subtil est adroit et ingénieux et il le montre surtout en matière de raisonnement; il ne lui faut souvent qu'une circonstance minime pour qu'il en fasse la base d'une argumentation difficile à combattre.

Subtilité – raffinement (Cf : *raffinement).*

Subvention – subside (Cf : *subside).*

Succès – réussite.
Succès : ce qui arrive à quelqu'un en bien ou en mal, car on peut dire un bon ou un mauvais succès. Quand il signifie résultat heureux, succès marque quelque chose de difficile à obtenir et suppose des efforts et du mérite; par là même, il est durable et assez décisif.
Réussite : diffère de succès en ce qu'il ne s'emploie que très rarement en mauvaise part et qu'ensuite, une réussite est plutôt l'effet du hasard ou des circonstances et elle ne peut donc être que momentanée.

Succès – issue.

Succès : résultat généralement heureux qui peut se dire aussi bien des personnes que des actions; c'est la réussite due, soit au mérite, soit aux circonstances.
Issue : c'est également un résultat qui ne convient qu'en parlant d'une chose compliquée d'où il est difficile de sortir; une affaire peut avoir une heureuse issue, mais le mot, par lui-même, ne peut offrir à l'esprit que l'idée d'une chose défavorable.

Succession – hérédité – héritage (Cf : *héritage).*

Succinct – bref – concis – court – laconique (Cf : *court).*

Succulent – savoureux (Cf : *savoureux).*

Sud – midi.
Sud : le côté du ciel où se trouve le soleil au milieu du jour; sud désigne le point cardinal opposé au nord.
Midi : s'emploie plus généralement pour désigner les pays méridionaux et plus particulièrement la partie méridionale de la France.

Suffisamment – assez (Cf : *assez).*

Suffisant – avantageux – glorieux – important – orgueilleux – présomptueux – superbe – vain (Cf : *orgueilleux).*

Suffisant – arrogant – important – insolent – rogue (Cf : *insolent).*

Suffoquer – étouffer (Cf : *étouffer).*

Suggérer – insinuer – inspirer – persuader.
Insinuer : c'est faire pénétrer doucement dans l'esprit, faire entendre adroitement, savoir déguiser avec adresse ce qui pourrait mettre en défiance.
Inspirer : c'est faire naître dans l'esprit ou dans les pensées de quelqu'un de bonnes ou de mauvaises résolutions par une sorte d'influence ou de fascination qu'on exerce sur lui.
Persuader : c'est décider quelqu'un à faire quelque chose, soit par l'éloquence, soit par la raison, en agissant, d'une manière ou d'une autre, sur ses propres convictions.
Suggérer : c'est faire surgir adroitement dans l'esprit; suggérer marque une action détournée et se prend souvent en mauvaise part; cependant, on peut suggérer à quelqu'un un moyen de sortir d'embarras, mais cela ne veut pas toujours dire que le conseil a été bon.

Suite – continuation.
Continuation : prolongement qui laisse supposer que ce qui précède et ce qui suit ne font qu'un même tout; il peut également exprimer l'action de celui qui continue un travail commencé.

Suite : la suite est ce qui vient après; elle peut n'être qu'un accessoire ou une conséquence plus ou moins directe; elle peut aussi être un ensemble complet publié par un écrivain qui veut continuer une histoire.

Suivant – selon (Cf : *selon).*

Suivre – accompagner – escorter (Cf : *accompagner).*

Suivre – s'ensuivre – résulter (Cf : *résulter).*

Sujet – article – chapitre – matière – point.
Matière : d'une manière générale, l'objet sur lequel on écrit ou dont on parle et qui est susceptible d'un développement sur le fond même des idées.
Sujet : matière sur laquelle on compose en marquant d'une façon positive la chose ou la personne sur laquelle on a résolu d'écrire ou de discuter.
Chapitre : subdivision distincte d'une matière ou d'un sujet envisagée sous le rapport du développement donné par l'auteur.
Article : a rapport également à des parties distinctes, mais plus courtes et considérées comme ayant plus ou moins d'importance.
Point : diffère de l'article en ce qu'il indique chaque partie d'un discours en éveillant l'idée de doute qu'il faut éclaircir en discutant; il est plutôt usité pour désigner les principales divisions d'un sermon.

Sujet – objet.
Objet : quand objet est synonyme de sujet, c'est ce qui se présente à nous de lui-même et qui devient la matière d'une science où d'un art, dans le but de le mieux connaître et de mieux le développer.
Sujet : c'est, dans ce cas, la matière sur laquelle on compose, on écrit ou on parle; c'est ce dont on veut s'occuper, qui est choisi, qui est à notre disposition et c'est la connaissance que nous en avons qui est la cause de tous nos développements.

Sujétion – assujettissement – dépendance – subordination (Cf : *dépendance).*

Superbe – amour-propre – morgue – orgueil (Cf : *orgueil).*

Superbe – avantageux – glorieux – important – orgueilleux – présomptueux – suffisant – vain (Cf : *orgueilleux).*

Superficie – surface (Cf : *surface).*

Supériorité – avantage – dessus – prééminence.

Avantage : ce qui est utile et profitable et qui nous porte en avant des autres.
Dessus : avantage que l'on obtient en l'emportant sur quelqu'un, en étant le vainqueur.
Supériorité : avantage que l'on acquiert par l'autorité ou le talent.
Prééminence : supériorité donnée par la dignité ou le rang qu'on occupe.

Supplément – complément (Cf : *complément).*

Supplier – conjurer – implorer – invoquer – prier.
Prier : exprime de la manière la plus simple la demande à un égal d'une chose que l'on désire.
Supplier : demander à une personne placée au-dessus de vous par la fortune ou par le rang, une chose que l'on désire ardemment; il exprime une prière vive mais humble.
Implorer : supplier avec des larmes ou avec un vif sentiment de sa misère ou de sa faiblesse.
Conjurer : prier instamment, avec force, en employant tous les moyens propres à toucher.
Invoquer : appeler à son secours, à son aide et suppose que cet appel évoque souvent la prière; mais celle-ci n'est pas complètement nécessaire puisqu'on peut invoquer une loi pour prouver son droit.

Support – appui – soutien (Cf : *soutien).*

Supporter – endurer – pâtir – souffrir (Cf : *souffrir).*

Supposé – apocryphe.
Supposé : ce qui est supposé est ce qu'on veut faire passer pour vrai et qui ne l'est pas.
Apocryphe : ce qui est apocryphe est attribué faussement parce qu'il n'est ni prouvé ni authentique.

Supposition – hypothèse.
Supposition : chose que l'on admet provisoirement comme vraie afin d'en tirer quelque conséquence; supposition appartient au langage ordinaire : c'est un fait allégué sans preuves comme réel ou possible.
Hypothèse : supposition de laquelle on tire une ou plusieurs conséquences; hypothèse appartient au langage savant et peut n'être que la proposition d'un seul fait scientifique, mais elle embrasse le plus souvent tout un système fort compliqué.

Supputer – calculer – compter (Cf : *compter).*

Suprême – souverain.

Souverain : se dit d'une autorité ou d'une puissance dominante, à laquelle rien ne peut résister, d'une valeur toujours égale à elle-même et qui ne peut être surpassée. Un prince souverain est celui qui gouverne un peuple et qui ne dépend pas d'un autre prince ; un remède souverain est un remède d'une efficacité sûre et qui réussit toujours.
Suprême : se dit de ce qui est au-dessus de tout en exprimant une idée d'élévation et de prééminence. Une autorité suprême est celle qui a le plus grand pouvoir. Suprême peut également signifier : qui est à la fin de sa vie ; ainsi, l'heure suprême est le moment de la mort.

Sûr – assuré – authentique – certain – constant – évident – formel – incontestable – indubitable – positif (Cf : *certain).*

Surface – superficie.
Surface : c'est, dans le langage ordinaire, l'extérieur ou le dehors d'un corps quelconque, considéré quant à sa nature matérielle ; on dira, par exemple : la mer occupe la plus grande partie de la surface de la terre.
Superficie : c'est un terme employé en géométrie pour désigner la surface d'un corps, mais envisagé sous le rapport de sa mesure. On dira, par exemple : ce terrain a mille mètres carrés de superficie. Au figuré, surface et superficie ne désignent que l'apparence par opposition à la réalité.

Surmonter – dompter – réduire – triompher de – vaincre (Cf : *vaincre).*

Surpasser – dépasser – outrepasser – passer (Cf : *dépasser).*

Surprendre – abuser – amuser – attraper – décevoir – donner le change – duper – embabouiner – enjôler – en imposer – leurrer – tromper (Cf : *tromper).*

Surprendre – étonner (Cf : *étonner).*

Surpris – confondu – consterné – déconcerté – étonné – étourdi – interdit – décontenancé.
Confondu : frappé d'étonnement ou de stupeur ; confondu marque un grand trouble de l'âme accompagné d'une sorte de honte.
Consterné : marque plutôt l'abattement et le découragement résultant d'un malheur inattendu.
Déconcerté : marque le trouble du fait du renversement des plans ou des projets qu'on avait formés.
Décontenancé : se rapproche d'interdit en ce qu'il marque un défaut d'assurance et plus précisément la perte du maintien et de la manière de se tenir et de se présenter.

Etonné : marque plutôt la surprise occasionnée par quelque chose d'inattendu.
Etourdi : marque une absence de réflexion qui fait perdre le sens et qui rend comme hébété.
Interdit : marque la perte de la contenance et l'impuissance où l'on est de dire un seul mot.
Surpris : marque que l'on a été pris à l'improviste et qu'on ne s'attendait pas à ce qui est arrivé.

Surveiller – veiller sur.
Surveiller : c'est prendre garde à quelqu'un où à quelque chose d'une façon toute particulière; surveiller implique une idée de supériorité officielle ou d'autorité. Celui qui surveille a une fonction spéciale qui consiste à rappeler à l'ordre ceux qu'il trouve en défaut.
Veiller sur : diffère de surveiller en ce qu'il n'exprime qu'une simple vigilance ou le désir de protéger quelqu'un ou quelque chose. On surveille la conduite d'un enfant, mais on veille sur ses intérêts.

Suspecter – soupçonner (Cf : *soupçonner).*

Suspicion – soupçon (Cf : *soupçon).*

Sustenter – nourrir (Cf : *nourrir).*

Symbole – attribut – emblème.
Symbole : terme général désignant la figure ou l'image que l'on est convenu de prendre pour signe d'une chose.
Attribut : symbole servant à caractériser une figure mythologique ou allégorique, ou même une profession.
Emblème : symbole plus ou moins ingénieux et résultant souvent de la combinaison de plusieurs images; il demande quelquefois une explication pour être compris.

Synallagmatique – bilatéral (Cf : *bilatéral).*

Table (se mettre à) – s'attabler (Cf : *mettre à table*).

Tâcher – s'efforcer.
S'efforcer : employer tout ce qu'on a de forces à faire une chose ou pour arriver à un but; il suppose autant d'effort que d'énergie morale.
Tâcher : essayer, par tous les moyens, de venir à bout de quelque chose; il suppose des soins, de l'attention, de l'habileté et surtout de la persévérance. On tâche de trouver un emploi, on s'efforce de parvenir aux honneurs.

Taciturne – silencieux (Cf : *silencieux*).

Tact – attouchement – contact – toucher (Cf : *toucher*).

Taille – contribution – cote – imposition – impôt – subside – taxe – tribut (Cf : *impôt*).

Taille – stature.
Stature : désigne proprement la hauteur du corps d'un homme quand il se tient debout; stature ne s'applique ordinairement qu'à l'homme et s'emploie très fréquemment quand sa hauteur dépasse la mesure ordinaire.
Taille : c'est le mot le plus généralement employé pour désigner la longueur du corps humain depuis la plante des pieds jusqu'au sommet de la tête; il diffère de stature en ce qu'il peut se dire aussi des animaux et, qu'appliqué à l'homme, il peut signifier non seulement la hauteur, mais également la conformation générale du corps.

Taire – cacher – celer – couvrir – déguiser – dissimuler – pallier – voiler (Cf : *cacher*).

Talent – aptitude – capacité – disposition – génie – goût (Cf : *capacité*).

Talisman – amulette.

Amulette : objet qu'on porte toujours sur soi par superstition pour se préserver des dangers, des maladies et de tout accident physique en général.
Talisman : objet qui ne se porte pas nécessairement attaché sur la personne et qui possède un pouvoir plus étendu ; il procure le succès en toutes choses et permet non seulement de se défendre, mais aussi d'attaquer les autres.

Tancer – gourmander – gronder – quereller – réprimander (Cf : *réprimander*).

Tandis que – pendant que (Cf : *pendant*).

Tanière – antre – caverne – grotte (Cf : *grotte*).

Tanière – repaire.
Repaire : c'est le lieu où se tiennent les bêtes féroces et malfaisantes ; c'est également l'endroit où se cachent les voleurs et les brigands.
Tanière : diffère de repaire en ce que tanière, bien qu'étant également un lieu où se retirent les bêtes féroces, présente à l'esprit une idée de calme, de repos et quelquefois même de saleté. On dira, par exemple, la tanière d'un paysan.

Tapir (se) – se blottir (Cf : *blottir*).

Tapis – tapisserie – tenture.
Tapis : étoffe de laine généralement destinée à couvrir ou à être étendue ; le mot tapis désigne, le plus souvent, la chose en elle-même sans réveiller une idée de travail ou de fabrication artistique.
Tapisserie : c'est un tapis fabriqué avec un certain art et propre surtout à servir d'ornement ; il peut aussi se dire de tout ce qui peut recouvrir les murs d'une chambre mais on ne voit, dans ce cas, que la nature de la chose.
Tenture : c'est aussi un tapis, mais considéré surtout dans la manière dont il est disposé et par l'effet qu'il produit ; on peut également en tapisser les murs d'une chambre, mais il est toujours envisagé sous le rapport de l'impression causée.

Tapisserie – tapis – tenture (Cf : *tapis*).

Taquin – chiche – crasseux – ladre – mesquin – sordide – vilain (Cf : *mesquin*).

Tarder – différer – reculer – remettre – renvoyer – retarder (Cf : *retarder*).

Targuer (se) – se glorifier – se prévaloir (Cf : *glorifier*).

Tartufe – béat – bigot – cafard – cagot – hypocrite (Cf : *hypo-*

crite).

Tas – amas – monceau – pile.
Amas : assemblage de choses placées les unes sur les autres; il implique l'idée d'accumulation et de formation successive.
Monceau : exprime l'idée d'assemblage mais n'a d'autre arrangement que celui que le hasard lui donne; il ne désigne généralement que des morceaux détachés d'une masse plus importante; on dira, par exemple, un monceau de pierres quand on parle des restes d'une maison détruire.
Tas : amas de choses de même nature qui est peut-être fait exprès et rangé avec une sorte de symétrie; il diffère de monceau en ce qu'il indique une quantité moins considérable; il a également moins de noblesse : on dira, par exemple, un monceau d'or et un tas de boue.
Pile : ensemble de choses placées d'une façon symétriquement ordonnée; c'est le seul mot où l'idée de confusion est exclue.

Tâter – manier – palper – toucher (Cf : *toucher*).

Tautologie – battologie (Cf : *battologie*).

Taverne – auberge – cabaret – gargote – guinguette – hôtellerie (Cf : *auberge*).

Taxe – contribution – cote – imposition – impôt – subside – taille – tribut (Cf : *impôt*).

Tel – pareil – semblable (Cf : *semblable*).

Témoignages – démonstrations – protestations.
Démonstrations : manifestation des sentiments dont on est animé; ce sont généralement des marques extérieures qui peuvent être vaines ou fausses et qui peuvent laisser croire à une affection que l'on n'éprouve pas.
Protestations : déclarations publiques que l'on fait de ses sentiments ou de sa volonté; elles consistent surtout en paroles et elles peuvent être aussi fausses que les démonstrations.
Témoignages : déclaration attestant qu'une chose est vraie; les témoignages sont solides et prouvent réellement, non seulement la tendresse et l'affection, mais aussi le dévouement.

Tempérament – complexion – constitution – naturel.
Tempérament : c'est le résultat de la prédominance des humeurs sur le corps et sur l'esprit; on y attache ordinairement une idée de force ou de vigueur et, moralement, il désigne quelque chose de passionné et de difficile à contenir.
Complexion : c'est tout simplement l'apparence physique d'une personne; dans le sens moral, complexion marque une tendance

à la douceur et à la gaieté et elle se produit de façon plutôt intérieure.
Constitution : c'est l'état habituel du corps, son organisation bonne ou mauvaise; elle est visible et résulte de sa force ou de sa faiblesse. Constitution ne s'emploie qu'au sens physique.
Naturel : ne s'emploie qu'au sens moral et il exprime les qualités du caractère, l'inclination innée au bien ou au mal.

Tempérance – frugalité – sobriété (Cf : *sobriété*).

Température – temps.
Température : c'est le degré de chaleur que l'on peut constater dans un lieu ou dans un corps; température désigne un état réglé et persistant et sert même quelquefois à désigner le climat propre à un pays.
Temps : c'est tout simplement l'état de l'atmosphère; le temps est généralement variable et il diffère de température en ce qu'il ne marque que cet état; on dira, par exemple : un temps orageux et non une température orageuse.

Tempérer – adoucir – mitiger – modérer – modifier (Cf : *modérer*).

Tempête – bourrasque – orage – ouragan – tourmente.
Bourrasque : coup de vent impétueux, mais passager et de courte durée.
Orage : vent violent accompagné d'éclairs, de tonnerre, de grêle ou de grosse pluie.
Tempête : consiste surtout dans l'impétuosité et la violence du vent qui peut atteindre une grande vitesse et qui dure plus longtemps que l'orage.
Ouragan : violente tempête caractérisée par des tourbillons de vent et à laquelle rien ne résiste.
Tourmente : tempête sur la mer; c'est également un ouragan dans les hautes montagnes.

Temple – église (Cf : *église*).

Temps – température (Cf : *température*).

Temps – durée.
Durée : exprime l'idée de choses qui existent pendant une suite de moments; durée rappelle toujours, d'une manière vague, les choses dont l'existence se prolonge et se mesure.
Temps : terme plus abstrait et fort difficile à définir; c'est, en quelque sorte, la durée des choses, soit bornée par opposition à l'éternité, soit illimitée par rapport aux époques vécues et à vivre.

Tendre – sensible (Cf : *sensible*).

Tendresse – affection – amitié – amour – attachement – inclination – passion (Cf : *amour*).

Ténèbres – nuit – obscurité (Cf : *obscurité*).

Ténébreux – obscur – sombre (Cf : *obscur*).

Tenir – contenir (Cf : *contenir*).

Tenture – tapis – tapisserie (Cf : *tapis*).

Ténu – délié – fin – grêle – menu – mince (Cf : *mince*).

Terme – borne – limite (Cf : *limite*).

Terme – expression – mot (Cf : *mot*).

Terminer – achever – finir – parachever.
Achever : exécuter complètement et parfaitement une chose en y ajoutant une idée de perfection dans l'accomplissement ; il a plutôt rapport à un ouvrage permanent de l'esprit ou de la main.
Finir : mener à fin une chose en la faisant bien ou mal et sans la perfection qu'elle pourrait comporter ; se dit particulièrement d'une occupation passagère.
Terminer : mettre fin à une chose qui aurait pu se prolonger, que cette chose soit parfaite ou non ; se dit plutôt pour les discussions et les différends.
Parachever : indique un degré de perfection et d'achèvement complet ; c'est en quelque sorte le superlatif d'achever.

Terrain – territoire – terroir.
Terrain : c'est une portion plus ou moins grande de sol considérée dans les qualités qui la rendent propre ou impropre à produire.
Terroir : c'est cette même portion de sol, mais considérée au point de vue des récoltes qu'elle peut produire.
Territoire : c'est toujours une portion du sol, mais considéré sous le point de vue administratif et quelquefois juridique.

Terreur – alarme – appréhension – crainte – effroi – épouvante – frayeur – peur (Cf : *peur*).

Territoire – terrain – terroir (Cf : *terrain*).

Terroir – terrain – territoire (Cf : *terrain*).

Tête – chef.
Chef : au sens propre et quand il signifie tête, chef ne s'emploie plus que par plaisanterie et dans le langage ordinaire ; dans le langage religieux, il s'emploie pour désigner celui qui a de l'autorité et un caractère sacré.

Tête : tête, au contraire, est un mot usuel et familier qu'on peut employer dans toutes les circonstances.

Têtu – entêté – entier – obstiné – opiniâtre.

Entêté : l'entêté est un passionné qui tient fortement à certaines idées qui sont dans sa tête et qui n'écoutera jamais les raisons qui lui sont opposées.

Entier : l'entier ne fait jamais la moindre petite concession et ne veut rien rabattre de ses prétentions parce qu'il les considère comme un droit personnel.

Obstiné : l'obstiné est celui qui a un attachement considérable pour une idée ou une opinion ; il présente une persistance dans sa manière d'agir, surtout par esprit d'opposition.

Opiniâtre : l'opiniâtre renchérit sur l'obstiné par une détermination réfléchie dont il ne veut démordre en aucun cas.

Têtu : le têtu est celui qui persévère obstinément, de par sa nature même, dans ses idées et malgré tout ce qu'on pourra dire ou faire.

Texture – contexture – tissu – tissure.

Texture : s'emploie, au figuré, pour désigner l'entrelacement des parties qui composent un corps ; il suppose un arrangement simple. Au propre, il signifie simplement l'action de tisser.

Contexture : ne s'emploie qu'au figuré et exprime l'enchaînement des parties qui forment un tout ; il porte à l'esprit une idée de complication.

Tissu : désigne particulièrement la chose tissée en étoffe faite au métier ; il peut s'employer au figuré pour exprimer une suite ou un enchaînement.

Tissure : désigne la manière dont la chose a été tissée ; au figuré, il marque l'agencement des parties d'un tout.

Tic – manie.

Manie : sorte de monomanie ou de préoccupation qui trouble l'esprit ; c'est une habitude bizarre d'un goût excessif et déraisonnable.

Tic : diffère de manie en ce que le tic est plutôt une habitude ridicule du corps, que l'on a contractée sans s'en apercevoir. Tic peut également se dire pour l'esprit mais il devient, dans ce cas, plus semblable à une passion.

Tiédeur – attiédissement.

Tiédeur : qualité de ce qui est tiède ; au figuré : manque total d'ardeur ou de zèle.

Attiédissement : état de ce qui devient tiède ; au figuré : diminution du manque d'ardeur ou de zèle.

Timidité – embarras.

Embarras : état d'une personne incertaine et irrésolue, qui se trouve dans une situation confuse et embrouillée dont elle ne peut sortir; l'embarras est un trouble qui se manifeste extérieurement et qui peut arriver à tout le monde.
Timidité : c'est un manque d'assurance et de hardiesse qui tient au caractère de l'individu; on parvient quelquefois à cacher sa timidité, mais elle n'en est pas moins réelle. L'homme timide hésite toujours avant d'accomplir une démarche.

Tissu – contexture – texture – tissure (Cf : *texture*).

Tissure – contexture – texture – tissu (Cf : *texture*).

Toilette – ajustement – parure.
Toilette : terme général qui désigne l'action de se parer, de s'habiller pour paraître en société et en public.
Ajustement : arrangement de la toilette fait avec goût et désigne l'habillement complet, quel qu'il soit.
Parure : objet qui rend la toilette plus somptueuse en y ajoutant quelque chose d'apparent et quelquefois de superflu.

Toison – laine (Cf : *laine*).

Toit – toiture.
Toit : c'est la partie la plus élevée d'un bâtiment et servant à le couvrir; toit se présente toujours à l'esprit d'une manière simple et tout d'une pièce.
Toiture : c'est l'ensemble de toutes les pièces nécessaires pour former un toit; toiture éveille dans l'esprit quelque chose d'assez complexe où l'on voit le travail accompli et les efforts faits pour sa construction.

Toiture – toit (Cf : *toit*).

Tolérer – permettre – souffrir (Cf : *permettre*).

Tombe – sépulcre – sépulture – tombeau.
Tombe : c'est proprement la fosse que l'on a creusée pour enterrer un mort et sur laquelle on a posé horizontalement une dalle de pierre; tombe est le mot dont on se sert le plus généralement.
Tombeau : c'est un monument élevé sur une tombe et servant à perpétuer la mémoire de quelqu'un; tombeau laisse toujours supposer une architecture ou une construction assez grandiose.
Sépulcre : c'est un lieu creusé dans la terre pour y déposer le corps de quelqu'un, mais sépulcre est le plus souvent employé en parlant des anciens ou pour réveiller des pensées sombres et lugubres.
Sépulture : c'est l'action d'enterrer un mort avec le cérémonial

habituel, mais c'est également le lieu destiné à tous les morts d'une famille et, plus généralement, l'emplacement précis où le cadavre sera placé.

Tombeau – sépulcre – sépulture – tombe (Cf : *tombe*).

Tome – volume (Cf : *volume*).

Ton de voix – son de voix (Cf : *son de voix*).

Tonnerre – foudre.
Foudre : c'est proprement la décharge de l'électricité atmosphérique, le feu du ciel qui détruit tout ce qu'il frappe ; un foudre d'éloquence est un orateur qui subjugue et entraîne son auditoire.
Tonnerre : c'est l'effet de la foudre produit par un bruit prolongé, une explosion formidable qui se fait dans les airs ; c'est ce qui gronde et se répand au loin. Une voix de tonnerre est une voix retentissante, puissante et sonore.

Tordu – tors – tortillé – tortu – tortué – tortueux.
Tordu : présente la chose sous un point de vue passif ; l'objet a été tourné violemment par les deux extrémités en sens contraire et il a ainsi perdu sa qualité première.
Tors : présente l'objet comme il est, c'est-à-dire tourné de travers et difforme, sans rappeler positivement à l'esprit une idée de torsion.
Tortu : marque un défaut et présente l'objet comme n'étant pas droit ou étant de travers ; un esprit tortu est un esprit qui manque de justesse et qui raisonne mal.
Tortueux : présente l'objet comme ayant de nombreuses courbures en différents sens ; un esprit tortueux manque de loyauté et de franchise.
Tortué : présente, comme tordu, l'objet sous un point de vue passif ; tortué ne se dit que de choses ayant besoin d'être redressées.
Tortillé : n'exprime qu'une torsion qui peut se redresser d'elle-même ou qui a pour effet de se rouler autour.

Tors – tordu – tortillé – tortu – tortué – tortueux (Cf : *tordu*).

Tort – dam – détriment – dommage – préjudice.
Détriment : est proprement la sensation de celui qui a subi une perte quelconque ; cette sensation est ressentie personnellement ou on la fait ressentir aux autres : on peut agir au détriment d'autrui ou à son propre détriment.
Dommage : la perte en elle-même, ce en quoi les intérêts sont compromis ; elle laisse supposer quelque chose de fâcheux et une idée d'indemnité en réparation.

Tort : ajoute à l'idée de dommage celle d'injustice causée par quelqu'un qui se conduit de façon déraisonnable.
Préjudice : ajoute à l'idée de détriment celle d'atteinte personnelle à la réputation.
Dam : aujourd'hui tombé en désuétude, était autrefois employé comme synonyme de préjudice.

Tortillé – tordu – tors – tortu – tortué – tortueux (Cf : *tordu*).

Tortu – tordu – tors – tortillé – tortué – tortueux (Cf : *tordu*).

Tortué – tordu – tors – tortillé – tortu – tortueux (Cf : *tordu*).

Tortueux – tordu – tors – tortillé – tortu – tortué (Cf : *tordu*).

Tortueux – sinueux.
Sinueux : ce qui est sinueux a plusieurs courbures dirigées en sens contraire et se dit aussi bien du mouvement ou des choses qui se meuvent d'elles-mêmes. Sinueux se prend souvent en bonne part et, au figuré, il ne marque que la finesse et une adresse avec laquelle on évite de présenter trop directement les choses.
Tortueux : ce qui est tortueux présente de nombreuses courbures en différents sens et offre à l'esprit quelque chose de rude et de difforme ; tortueux marque la manière d'être de tout ce qui n'est pas droit. Au figuré, tortueux désigne un manque de loyauté et de franchise et serait presque synonyme de criminel.

Total – complet – entier (Cf : *entier*).

Total – somme.
Somme : c'est le résultat qu'on obtient en additionnant ensemble plusieurs quantités ; c'est un mot généralement employé en mathématiques pour désigner justement ce résultat. Au figuré, quand il s'agit de tout autre chose que de nombres, somme est l'ensemble des choses de même nature et annonce simplement cette réunion.
Total : c'est également le résultat d'une addition ou plutôt celui des sommes obtenues par des additions précédentes. Total est un mot employé dans le langage des affaires et de la comptabilité. Au figuré, il exprime formellement l'idée de totalité.

Touchant – pathétique.
Touchant : ce qui est touchant impressionne vivement, émeut, attendrit, excite la sympathie et l'amour. Touchant se dit souvent des actions et des faits.
Pathétique : ce qui est pathétique renchérit sur touchant, excite les mouvements passionnés et dispose aux grandes choses ; en outre, pathétique ne se dit que du style ou des mouvements de

l'orateur et il n'appartient guère au langage ordinaire.

Toucher – concerner – regarder (Cf : *concerner*).

Toucher – manier – palper – tâter.

Toucher : c'est se mettre en contact avec un objet par n'importe quelle partie du corps ; l'idée de contact est d'ailleurs exprimée purement et simplement, non seulement par le verbe toucher lui-même, mais par tous les autres synonymes.

Manier : c'est toucher uniquement avec la main ou avec la paume de la main, soit en prenant l'objet entre ses doigts, soit en le tirant de sa place pour le mettre dans une autre.

Tâter : c'est toucher une chose pour en connaître les qualités physiques ; il suppose qu'on la manie avec une certaine attention, soit d'un seul coup, mais généralement plus souvent en plusieurs fois.

Palper : c'est toucher avec la main en supposant toujours une opération répétée ; palper s'emploie quand on veut bien connaître la nature des choses et suppose un attouchement assez délicat.

Toucher – attouchement – contact – tact.

Toucher : sens même qui transmet au cerveau les qualités d'un corps.

Tact : exercice de ce sens qui reçoit l'impression des objets.

Attouchement : action de toucher, principalement avec la main.

Contact : ne s'exerce qu'entre deux corps sensibles ou insensibles.

Toucher – émouvoir – remuer.

Emouvoir : on est ému par ce qui indigne, ce qui agite l'âme, ce qui l'irrite ; émouvoir fait naître un trouble qui excite à sortir de son calme ordinaire et qui incite à agir.

Toucher : on est touché quand on est impressionné en bien ou en mal ou qu'on est attendri ; toucher implique des sentiments doux et paisibles.

Remuer : on est remué quand on marque une émotion qui se produit dans une circonstance tout à fait inattendue ; remuer ajoute à émouvoir une idée d'effort et de résistance plus difficile à vaincre.

Touffu – feuillé – feuillu.

Feuillé : se dit d'un arbre qui est tout simplement garni de feuilles en donnant cependant l'idée de la représentation visuelle du feuillage.

Feuillu : se dit d'un arbre qui a beaucoup trop de feuilles et qui, de ce fait, n'en rend pas la vue agréable. Feuillu comporte aussi une certaine idée de vieillesse et de longévité.

Touffu : se dit plutôt de ce qui est épais et bien garni ; on dira, par exemple, un bois touffu et un chêne feuillu.

Toujours – assidûment – constamment – continuellement – incessamment – sans cesse – sans relâche.
Toujours : terme le plus fréquemment employé qui se dit des choses qui durent sans interruption ou qui se prolongent.
Constamment : donne l'idée de persévérance et d'invariabilité.
Continuellement : indique une durée non interrompue et sans intervalles entre les actions.
Incessamment : indique la proximité d'un événement.
Sans cesse : ajoute à toujours une idée d'action extérieure.
Sans relâche : ajoute à continuellement une notion d'ardeur.
Assidûment : suppose une application continuelle qui est personnelle et à laquelle on se conforme.

Tour – tournure (Cf : *tournure*).

Tour – circonférence – circuit – enceinte – enclos.
Circonférence : terme géométrique, vulgairement appelé rond, et qui désigne la ligne courbe qui enferme une surface nommée cercle.
Circuit : pourtour d'un lieu ou d'un objet ; il se rapporte au chemin qu'il faut faire pour parcourir un endroit circulaire.
Tour : tour est le mot vulgaire qui s'applique aux petits comme aux grands objets et il marque la direction du mouvement ; on l'emploie quelquefois pour l'opposer à circonférence mais alors, il désigne quelque chose de plus petit.
Enceinte : ajoute à l'idée de tour celle d'un espace clos entouré de murailles, de fossés ou de remparts.
Enclos : l'enclos est moins important que l'enceinte ; il désigne un petit terrain entouré d'une clôture plutôt que la clôture elle-même.

Tourment – affliction – amertume – chagrin – désolation – douleur – mal – peine – souffrance – tristesse (Cf : *tristesse*).

Tourment – agitation (Cf : *agitation*).

Tourmente – bourrasque – orage – ouragan – tempête (Cf : *tempête*).

Tourmenter – molester – persécuter – vexer (Cf : *vexer*).

Tournure – tour.
Tour : c'est la manière dont on exprime ses pensées, dont on arrange ses phrases ou ses mots ; tour a un sens assez général et il est plus ou moins absolu. Quand on dit, par exemple : ce tour de phrase est digne de Molière, l'arrangement des mots est

considéré en lui-même ou relativement à la langue.
Tournure : c'est également la manière dont sont arrangés les mots d'une phrase, mais il a un sens relatif et il est considéré par rapport au travail de l'auteur ou à son effet. On dit : une tournure de style plutôt qu'un tour de style parce que le style est beaucoup plus étendu que la phrase et qu'il résulte de tout l'ensemble.

Tout – chaque (Cf : *chaque*).

Toutefois – cependant – néanmoins – pourtant (Cf : *cependant*).

Trace – vestige.
Trace : c'est une marque que laisse une chose quelconque à un certain endroit et qui prouve que cette chose était là avant qu'elle ne disparaisse. Au figuré, la trace est une impression assez vague qu'un objet fait dans l'esprit ou la mémoire.
Vestige : c'est proprement l'empreinte que laisse le pied et il faudrait donc une suite de vestiges pour former une trace. Au figuré, les vestiges sont tout ce qui rappelle une chose qui n'est plus et ils sont généralement matériels et visibles. Ainsi, Pompéi a été complètement détruite, il n'en reste plus que des vestiges, mais les traces de son existence se trouvent dans l'histoire.

Traduction – version.
Traduction : c'est l'action de traduire, c'est-à-dire de reproduire un écrit dans une langue différente de celle où il a été composé; la traduction est toujours un travail assez complet et exige tous les changements nécessités par la différence qui peut exister entre le génie de deux langues.
Version : diffère de la traduction en ce que la version peut, à la rigueur, consister uniquement dans la substitution d'un mot par un autre ayant le même sens dans une langue différente; mais la version consistera toujours à se souvenir du travail de l'écolier traduisant en français une page de latin ou de grec.

Trafic – commerce – négoce (Cf : *commerce*).

Train – équipage (Cf : *équipage*).

Traînard – traîneur.
Traînard : le traînard est proprement le soldat qui reste en arrière des autres et il présente un sens assez défavorable; même au figuré, le traînard est un homme lent et négligent et qui n'a pas assez de cœur pour accepter les fatigues et les inconvénients que son état lui impose.
Traîneur : le traîneur est celui qui reste en arrière de la troupe dont il fait partie et traîneur est employé dans un sens toujours actif; mais il peut rester derrière du fait d'une maladie ou d'une

faiblesse réelle.

Traîner – entraîner (Cf : *entraîner*).

Traîneur – traînard (Cf : *traînard*).

Traite – trajet (Cf : *trajet*).

Traité – accord – contrat – convention – marché – pacte (Cf : *convention*).

Traitement – appointements – émoluments – gages – honoraires – salaire – solde (Cf : *salaire*).

Traiter – agiter – débattre – discuter (Cf : *discuter*).

Traiter mal – maltraiter (Cf : *maltraiter*).

Traître – déloyal – infidèle – perfide.
Déloyal : celui qui est sans loyauté, sans aucune bonne foi; déloyal exprime un défaut de générosité et de reconnaissance.
Infidèle : celui qui ne remplit point ses devoirs ou ses engagements; infidèle marque l'inconstance et le changement.
Perfide : celui qui manque à sa foi, à sa parole, qui trahit la confiance qu'on a en lui; la perfidie a toujours quelque chose d'odieux.
Traître : celui qui agit en secret pour livrer ou perdre quelqu'un que l'on a le devoir de secourir; le traître tire souvent pour lui-même un parti avantageux de sa mauvaise action.

Trajet – traite.
Traite : c'est le chemin que fait un voyageur sans se reposer et, plus précisément, le temps que dure une marche quelconque où l'action de marcher est considérée comme durant plus ou moins longtemps.
Trajet : c'est l'espace qu'il faut traverser pour aller d'un lieu à un autre; le trajet a toujours rapport à la distance parcourue, à celle séparant le point de départ du point d'arrivée.

Tramer – machiner – ourdir (Cf : *ourdir*).

Tranchant – décisif – dogmatique – péremptoire (Cf : *décisif*).

Tranquille – calme – posé – rassis.
Tranquille : est employé pour caractériser l'état dans lequel se trouvent l'esprit et le corps d'un être qui n'a ni trouble ni inquiétude; tranquille exprime plutôt un état absolu.
Calme : indique ce même état de tranquillité mais survenant après une violente agitation; calme exprime un état relatif.
Rassis : s'applique à un homme que les passions de la jeunesse ont troublé et qui, en prenant de l'âge, n'est plus troublé par

rien.
Posé : s'applique à un homme ferme et que rien ne peut troubler; il emporte une certaine lenteur qui fait supposer la réflexion.

Tranquillité – calme – paix – quiétude – repos.
Tranquillité : état dans lequel se trouve un homme qui n'est pas troublé dans son intérieur; la tranquillité est stable et constante.
Calme : succède en général à l'agitation; c'est une manière d'être des personnes et des choses considérées en elles-mêmes; le calme peut n'être que passager.
Paix : s'applique aux relations avec l'extérieur et est l'opposé de guerre; la paix peut régner entre plusieurs personnes ou dans l'âme elle-même.
Quiétude : état d'un esprit tempéré; quiétude marque la tranquillité parfaite où se mêlent le charme et l'abandon.
Repos : état dans lequel on se trouve après avoir travaillé; il suppose une fatigue antérieure et en annonce le soulagement.

Transcendant – élevé – relevé – sublime (Cf : *élevé*).

Transcrire – copier (Cf : *copier*).

Transes – affres – angoisses (Cf : *angoisses*).

Transférer – transporter (Cf : *transporter*).

Transformer – métamorphoser.
Transformer : expression ordinaire qui signifie donner une nouvelle forme à une personne ou à une chose ou, tout simplement, pour désigner un changement d'état, de destination, de propriété ou de composition.
Métamorphoser : c'est proprement la transformation d'une créature humaine soit en animal, soit en plante, que les dieux du paganisme étaient censés opérer; on emploie métamorphoser quand la forme antérieure devient absolument méconnaissable, et notamment chez les insectes, les crustacés, les batraciens, pour peindre le passage d'un état à un autre. La métamorphose diffère de la transformation en ce qu'elle est plus complète et plus extraordinaire.

Transfuge – déserteur (Cf : *déserteur*).

Transgresser – contrevenir – désobéir – enfreindre – violer (Cf : *désobéir*).

Translation – transport (Cf : *transport*).

Transparent – diaphane.
Diaphane : un corps diaphane laisse passer la lumière sans

qu'on puisse distinguer nettement les objets au travers; c'est un terme qui est employé de préférence par le poète, parce que moins vulgaire que transparent.
Transparent : un corps transparent donne passage à la lumière et permet de voir les objets au travers; ainsi, le verre poli est transparent, le verre dépoli est diaphane.

Transport – extase – ravissement (Cf : *extase*).

Transport – translation.
Translation : c'est le substantif correspondant au verbe transférer et il marque l'action de faire passer d'un lieu à un autre.
Transport : correspond à transporter et il diffère de translation comme transférer diffère de transporter. Néanmoins, translation est moins vulgaire que transport et il s'emploie de préférence pour présenter l'action de transporter comme ayant quelque chose d'extraordinaire.

Transporter – apporter – emporter – porter (Cf : *porter*).

Transporter – transférer.
Transférer : quand transférer signifie réellement porter ou faire passer d'un lieu dans un autre, il présente, en général, cette action comme faite d'après la décision d'une autorité supérieure et, le plus souvent, il ne fait que désigner un simple déplacement; ainsi, la préfecture de la Loire a été transférée de Montbrison à Saint-Etienne.
Transporter : c'est porter d'un lieu dans un autre; transporter appartient au langage de tous les jours et il doit être seul employé quand l'objet qui change de place est réellement porté comme une charge ou un fardeau; on transporte des vivres, on transporte des passagers, etc.

Trapu – nabot – ragot.
Nabot : personne de très petite taille; nabot est un terme assez vulgaire et il exprime, en même temps que la petitesse, une idée de faiblesse.
Ragot : joint à la petitesse une conformation ridicule; ragot est également un terme vulgaire.
Trapu : l'homme trapu est gros, court et ramassé; il ne manque ni de vigueur, ni de force et le mot ne comporte en lui-même qu'une idée d'apparence physique.

Travail – occupation.
Travail : c'est la peine qu'on prend pour faire quelque chose; le travail implique toujours des efforts, de l'activité et surtout le fait qu'il s'agit, en quelque sorte, d'une obligation pour subvenir à ses besoins.

Occupation : c'est une affaire à laquelle on consacre son temps ou, plus généralement une partie de son temps. Elle diffère du travail en ce qu'elle ne suppose ni peine, ni effort, ni même gain. Occupation fait surtout penser à une sorte de loisir destiné à passer son temps le plus agréablement possible.

Travail – labeur.
Travail : se dit, dans le langage familier, de toute espèce d'occupation, de tout ce que l'homme peut faire, non seulement pour gagner sa vie, mais pour arriver à un résultat quelconque.
Labeur : se dit d'un travail pénible et continu, long et demandant beaucoup d'efforts et d'application; labeur appartient plus au style relevé et à la poésie.

Travailleur – ouvrier (Cf : *ouvrier*).

Travers (à) – au travers.
A travers : c'est-à-dire : au milieu de, à l'intérieur de; à travers marque simplement le passage : on passe à travers champs, on voit à travers des volets.
Au travers : c'est-à-dire : de part en part; au travers marque une certaine résistance et des efforts plus grands; on passe une épée au travers du corps, on passe au travers des ennemis.

Traverse – barrière – embarras – empêchement – entraves – obstacle (Cf : *obstacle*).

Travestir – déguiser (Cf : *déguiser*).

Trébucher – broncher – chopper.
Trébucher : signifie que l'on perd l'équilibre et qu'on est sur le point de tomber; cela arrive quand on n'a pas le pied ferme; au figuré, trébucher, c'est commettre une faute de conduite ou une erreur grave.
Broncher : c'est faire un faux pas pour s'être heurté à un accident de terrain; au figuré, broncher, c'est commettre une faute légère ou hésiter quelques instants.
Chopper : ne diffère guère de broncher qu'en ce qu'il est plus familier; c'est un terme vulgaire qui ne s'emploie presque jamais au figuré.

Treillage – treillis (Cf : *treillis*).

Treillis – treillage.
Treillis : le treillis est un assemblage de fils de métal semblable aux mailles d'un filet et servant de clôture; le treillis n'est jamais très grand et peut s'acheter chez un marchand spécialisé.
Treillage : diffère de treillis en ce qu'il est d'abord plus grand, qu'il est considéré sous le rapport du travail et de l'effort fourni,

qu'il peut non seulement servir de clôture, mais s'appliquer aussi contre un mur et, qu'enfin, il est souvent monté sur place.

Trépas – décès – fin – mort (Cf : *mort*).

Très – fort.
Fort : devrait être employé pour exprimer l'intensité; quand on dit : il pleut fort, on veut dire qu'il pleut beaucoup.
Très : devrait être employé pour exprimer l'extension; mais, en général, ces deux adverbes sont employés indifféremment l'un pour l'autre.

Tribulations – afflictions – croix – peines (Cf : *peines*).

Tribut – contribution – impôt – subside – taille – taxe (Cf : *impôt*).

Trier – adopter – choisir – élire – opter – préférer (Cf : *choisir*).

Triompher de – dompter – réduire – vaincre (Cf : *vaincre*).

Tristesse – affliction – amertume – chagrin – désolation – douleur – mal – peine – souffrance – tourment.
Affliction : souffrance que l'âme ressent après avoir éprouvé un grand malheur, un revers de fortune, une catastrophe, la perte d'une personne chère.
Douleur : souffrance que l'âme ressent actuellement et exprime le sentiment de maux poignants et aigus.
Peine : légère affliction qui désigne plutôt une souffrance intérieure.
Tristesse : affliction assez vive qui apparaît sur le visage.
Chagrin : peine légère commune surtout aux enfants.
Souffrance : sensation pénible et douloureuse qui marque l'idée de maux continus.
Amertume : grande peine d'esprit extrêmement désagréable mais moins grave que la souffrance.
Désolation : grande affliction avec idée de contrariété.
Mal : terme général qui exprime tout ce qui affecte désagréablement le corps.
Tourment : grande affliction qui est le comble de la douleur et de la peine.

Tristesse – chagrin – mélancolie.
Chagrin : le chagrin affecte l'esprit et est déterminé par les ennuis, les tracasseries, les malheurs qui nous assaillent; il a pour origine des causes extérieures et cependant, celui qui a du chagrin peut le cacher à ses semblables.
Tristesse : la tristesse, au contraire, se manifeste extérieurement et laisse voir une préoccupation constante de l'esprit causée par les tribulations; elle a quelque chose de pénible et elle peut être

aussi l'état ordinaire d'une personne.
Mélancolie : la mélancolie est l'état de langueur dans lequel se trouve une personne qui considère la vie comme étant dépourvue de gaieté; la mélancolie entraîne une sorte d'abattement moral, mais conserve cependant quelque chose de doux.

Triturer – broyer – piler – pulvériser (Cf : *pulvériser*).

Trivial – commun – ordinaire – vulgaire (Cf : *vulgaire*).

Tromper – abuser – amuser – attraper – décevoir – donner le change – duper – embabouiner – enjôler – en imposer – leurrer.
Tromper : terme générique dont on se sert pour signifier mettre dans l'erreur en usant de ruse ou de mensonge.
Abuser : profiter de l'infériorité de quelqu'un pour en obtenir un service qu'il n'est pas tenu de rendre.
Amuser : tromper en faisant perdre le temps.
Attraper : tromper par un moyen risible ou piquant.
Décevoir : tromper par quelque chose de spécieux et d'engageant.
Donner le change : tromper en faisant prendre une chose pour une autre.
Duper : tromper en causant une perte ou un dommage.
Embabouiner : amener quelqu'un, en le flattant, à faire ce qu'on souhaite de lui.
En imposer : tromper en faisant illusion.
Enjôler : tromper en flattant, principalement une femme, en cherchant à la séduire par des cajoleries.
Leurrer : faire naître quelque espérance dans le dessein de tromper.
Surprendre : tromper tout à coup quelqu'un qui ne s'y attend pas.

Trompeur – fallacieux.
Trompeur : marque simplement l'action de tromper, de mettre dans l'erreur sans ajouter aucune autre idée plus défavorable.
Fallacieux : renchérit sur trompeur en marquant un désir constant de tromper par tous les moyens, même détournés; il exprime quelque chose de plus odieux, mais seuls, les poètes et les orateurs en font usage, n'étant point du style ordinaire.

Troquer – changer – échanger – permuter (Cf : *changer*).

Troublé – agité – ému (Cf : *ému*).

Troupe – bande – compagnie.
Bande : réunion de personnes qui ne suppose pas un nombre considérable; elle présente une idée assez défavorable.
Compagnie : suppose aussi un nombre assez limité; il ajoute à

bande une idée d'union et de communauté.
Troupe : forme un ensemble assez considérable composé de nombreux individus; on l'applique quelquefois à un groupe d'acteurs, mais il est, dans ce sens, moins noble que compagnie quand on veut le présenter sous un jour favorable.

Trouver – découvrir – inventer (Cf : *inventer*).

Trouver – rencontrer.
Rencontrer : c'est proprement aller au devant de quelqu'un qui vient; mais rencontrer suppose toujours quelque hasard dans le fait de tomber fortuitement sur une personne ou sur une chose; on rencontre un ami, on rencontre les yeux de quelqu'un ou on rencontre la solution d'un problème.
Trouver : c'est découvrir quelque chose, soit en cherchant, soit en ne cherchant pas, sans donner aucune idée de mouvement opposé ou d'accident fortuit, bien qu'on puisse dire : j'ai trouvé cet objet par hasard; mais, dans ce cas, l'idée de hasard n'est pas donnée par avance dans le verbe. Dans la phrase : j'ai trouvé notre ami bien malade quand je l'ai rencontré, cette différence se trouve bien appliquée.

Trouver à redire – blâmer – condamner – critiquer – désapprouver – fronder – improuver – reprendre – réprouver (Cf : *désapprouver*).

Tube – tuyau (Cf : *tuyau*).

Tuer – assommer.
Tuer : terme général qui signifie : causer la mort d'un être vivant d'une manière quelconque.
Assommer : tuer avec un corps lourd ou un instrument pesant.

Tuerie – boucherie – carnage – massacre (Cf : *massacre*).

Tumulte – fracas – vacarme (Cf : *vacarme*).

Turbulence – pétulance – vivacité (Cf : *vivacité*).

Turpitude – déshonneur – honte – infamie – opprobre (Cf : *honte*).

Tuyau – tube.
Tuyau : c'est, dans le langage ordinaire, tout objet cylindrique et creux dont on fait un usage courant dans les travaux journaliers; on le considère toujours par rapport à son utilisation et en tant qu'objet matériel.
Tube : diffère de tuyau en ce que tube est un terme scientifique dont se servent les physiciens et les chimistes; tube est surtout considéré par rapport à sa forme et aux propriétés en résultant.

Type – modèle (Cf : *modèle*).

Un – unique (Cf : *unique).*

Uni – égal – plain – plat – ras (Cf : *plat).*

Union – jonction.

Jonction : action de se réunir et son résultat; jonction fait penser surtout au rapprochement de deux choses qui étaient séparées et qui se sont jointes, soit naturellement, soit par un procédé quelconque; on dira, par exemple, la jonction de deux rivières ou la jonction de deux armées.

Union : action de mettre plusieurs choses ensemble de façon à ne former qu'un tout; union suppose un certain accord entre ces choses en marquant un état. Employé au figuré, il est presque synonyme d'accord.

Union – affinité – alliance – connexion – connexité – liaison.

Liaison : terme général qui exprime la manière dont les choses adhèrent les unes aux autres.

Affinité : liaison naturelle unissant deux choses ou deux personnes.

Alliance : liaison entre choses différentes ou opposées avec une idées de mélange général.

Connexité : liaison qui présente un enchaînement et ne dénote qu'un simple rapport.

Connexion : liaison effective dans les choses.

Union : liaison intime qui dénote la bonne intelligence, la concorde et l'amitié.

Unique – seul (Cf : *seul).*

Unique – un.

Un : ne peut être considéré comme synonyme d'unique que lorsqu'il est employé comme qualificatif; il exprime, dans ce cas, ce qui n'admet ni pluralité ni diversité, en présentant cette unité comme quelque chose d'immuable. Ainsi, la vérité est une, parce qu'il ne peut y en avoir plusieurs et que son unité

résulte de sa nature même.
Unique : présente la même idée comme quelque chose d'accidentel et d'assez étonnant; un unique exemplaire est seul de son espèce parce que le cours des choses n'a pas permis qu'il fût multiple.

Unir – assembler – joindre.
Assembler : mettre ensemble des objets les uns près des autres.
Joindre : mettre ensemble des objets les uns contre les autres.
Unir : mettre ensemble deux ou plusieurs choses pour qu'elles soient en contact.

Unir – réunir.
Unir : c'est mettre en contact ou faire communiquer ensemble des choses ou des personnes; unir n'implique en aucune façon le fait d'une connaissance antérieure ou d'une relation déjà existante : on unit aussi bien des pièces de charpente que les habitants d'un pays.
Réunir : c'est rejoindre ce qui a été séparé en laissant supposer une action faite d'un commun accord pour ne former qu'un tout. Réunir suppose également une sorte de conciliation ou, tout au moins un assentiment de la part de ceux qui étaient désunis.

Univers – monde (Cf : *monde)*.

Universel – commun – général (Cf : *commun)*.

Urgent – imminent – instant – pressant.
Imminent : se dit de ce dont on est menacé à bref délai, d'un péril ou d'un danger qui se présente comme une menace grave et prochaine.
Pressant : se dit de ce qui ne souffre aucun délai, tout en appelant l'attention sur les précautions qu'il importe de prendre rapidement.
Instant : diffère de pressant en ce qu'il ne se rapporte guère aujourd'hui qu'à des prières ou à des sollicitations et qu'il marque une sorte d'insistance et de persévérance dans le fait de solliciter.
Urgent : se dit de ce qui ne souffre aucun retard; il suppose une nécessité plus vive et plus complète; on dira, par exemple : une précaution urgente, un besoin pressant, une prière instante, un péril imminent.

Us – accoutumance – coutume – habitude – usage (Cf : *habitude)*.

Usage – accoutumance – coutume – habitude – us (Cf : *habitude)*.

User – employer – se servir (Cf : *employer)*.

Usine – fabrique – manufacture.

Fabrique : se dit surtout d'un établissement industriel où il y a des ouvriers qui travaillent ; il s'emploie également pour désigner le travail lui-même.

Manufacture : se dit quand on parle de la fabrication de produits industriels ; la manufacture diffère principalement de la fabrique en ce que celle-ci a moins d'importance et que le mot manufacture convient mieux pour les grandes industries.

Usine : se dit d'un grand établissement industriel où les machines font le travail le plus important ; se dit également de l'ensemble des services chargés d'une fabrication.

Usurper – s'emparer – envahir (Cf : *envahir).*

Utile – utilité.

Utile : l'utile est ce qui sert à quelque chose, qui est profitable et avantageux ; il se conçoit comme un ensemble de choses qui ne laissent rien à désirer et où l'on trouve tout ce qui nous est nécessaire.

Utilité : l'utilité est moins générale et moins étendue ; c'est le profit ou l'avantage qu'on retire d'une chose et n'offre pas une image aussi complète qu'utile.

Utilité – avantage – profit (Cf : *avantage).*

Utilité – utile (Cf : *utile).*

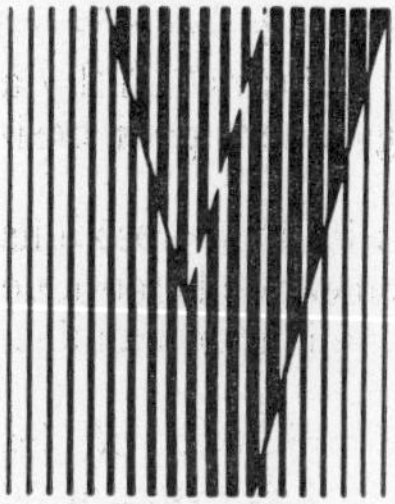

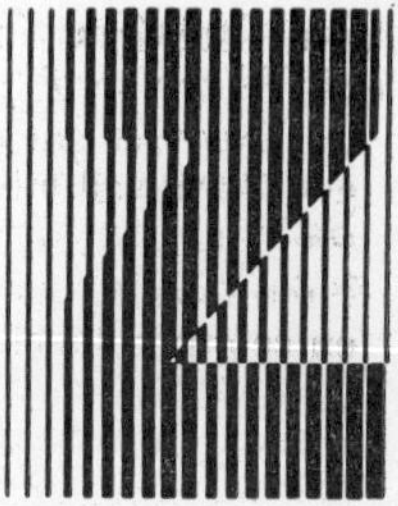

Vacarme – fracas – tumulte.
Fracas : grand bruit semblable à celui d'une chose qui se brise; un bruit violent suffit pour qu'il y ait fracas parce qu'il semble alors que le tympan soit près d'être brisé.
Tumulte : grand mouvement accompagné de bruit et de désordre; tumulte suppose une foule hurlante qui se précipite et court en tous sens.
Vacarme : grand tapage de gens qui crient et font du désordre; vacarme suppose beaucoup plus des jeux bruyants que de véritables querelles.

Vaciller – chanceler (Cf : *chanceler).*

Vagues – flots – houles – ondes.
Flots : ce sont proprement les eaux courantes, celles de la mer, des lacs, des fleuves, quand elles sont soulevées par le vent ou la tempête; les flots donnent l'idée d'un mouvement assez violent et tumultueux.
Ondes : ce sont de petites masses d'eau soulevées par une certaine agitation; ondes ne donne l'idée que d'un mouvement assez calme, d'une sorte de balancement régulier imprimé à toute la masse.
Vagues : diffère de flots en ce que les vagues désignent des masses d'eau plus hautes et plus profondes; en outre, vagues implique une idée de choc, les vagues venant toujours se briser contre un obstacle.
Houles : ce sont de petites vagues formées par l'ondulation de la surface de la mer après une tempête; houle s'emploie le plus souvent au singulier pour désigner cette ondulation.

Vaillance – bravoure – cœur – courage – hardiesse – intrépidité – valeur (Cf : *courage).*

Vain – vaniteux (Cf : *vaniteux).*

Vain – avantageux – glorieux – important – orgueilleux – présomptueux – suffisant – superbe (Cf : *orgueilleux)*.

Vain (en) – inutilement – vainement (Cf : *inutilement)*.

Vaincre – battre – défaire.
Battre : avoir l'avantage sur un ennemi dans une bataille, être supérieur dans une circonstance particulière.
Défaire : mettre le désordre dans les rangs de l'ennemi, le désorganiser et le disperser.
Vaincre : ajoute aux idées précédentes celle de victoire décisive et même de gloire ; on ne craint plus un ennemi vaincu.

Vaincre – dompter – réduire – surmonter – triompher de.
Dompter : forcer à obéir ou à céder ; dompter s'applique proprement aux animaux sauvages, mais on peut aussi dompter un ennemi farouche ou intraitable.
Réduire : soumettre en ramenant au devoir et à l'obéissance ; réduire laisse supposer une révolte ou une situation plus ou moins fâcheuse.
Surmonter : diffère de réduire en ce qu'il ne s'applique guère qu'aux choses inertes et qui forment obstacle ; on surmonte ses mauvais penchants en les domptant.
Triompher de : l'emporter en quelque chose que ce soit, en le surmontant ou en en venant à bout ; il suppose surtout une victoire éclatante.
Vaincre : avoir l'avantage sur ses concurrents, ses compétiteurs et surtout, sur ses ennemis à la guerre ; il suppose le combat, la lutte et une certaine résistance. Vaincre ses passions, c'est les comprimer, les étouffer et finalement les réduire.

Vainement – inutilement – en vain (Cf : *inutilement)*.

Vaisseau – bateau – bâtiment – navire (Cf : *bateau)*.

Vaisseau – vase (Cf : *vase)*.

Val – vallée – vallon (Cf : *vallée)*.

Valet – domestique – laquais – serviteur (Cf : *domestique)*.

Valétudinaire – cacochyme – infirme – maladif (Cf : *maladif)*.

Valeur – bravoure – cœur – courage – hardiesse – intrépidité – vaillance (Cf : *courage)*.

Valeur – prix.
Valeur : la valeur n'est que l'estimation d'une chose qu'il faut examiner pour savoir à quoi elle peut servir et quel avantage elle procure ; ce n'est qu'à partir de cette estimation qu'on saura combien il est juste qu'on paie cette chose. Un objet peut avoir plus de valeur qu'un autre, mais cela ne veut pas dire qu'il

vaut mieux ou plus, sa valeur étant jugée d'une manière générale.

Prix : c'est tout simplement la valeur d'une chose et, pour le connaître, il faut comparer cette chose à d'autres choses pour savoir si elles valent plus ou moins et c'est finalement ce qu'on paye réellement en l'achetant.

Valeur – mérite – vertu.

Mérite : ce qui rend digne de récompense ou de punition et, par extension, ce qui rend une personne digne d'estime, soit par son talent soit par l'ensemble de ses bonnes qualités.

Valeur : c'est le degré d'estime que l'on a pour une personne ou le prix qu'on attache à une chose intellectuelle ou morale.

Vertu : c'est la disposition à observer spécialement un précepte déterminé de morale et, notamment, la qualité qui rend une chose propre à produire un certain effet.

Vallée – val – vallon.

Vallée : c'est l'espace compris entre deux montagnes ou entre deux chaînes de montagnes ; une vallée est généralement large et profonde et ordinairement sillonnée par un cours d'eau.

Vallon : c'est une petite vallée qui rappelle à l'esprit, et de façon assez poétique, un endroit agréable, couvert de fleurs, les occupations paisibles de ses habitants et les plaisirs qu'on peut y goûter.

Val : c'est un espace de terre resserré entre deux côteaux et plus étroit que la vallée ; val s'emploie surtout dans la composition de certains noms propres et dans la locution : par monts et par vaux.

Vallon – val – vallée (Cf : *vallée).*

Vaniteux – vain.

Vain : l'homme vain est celui qui s'exagère son mérite, s'en fait accroire, est rempli d'orgueil ; c'est un défaut habituel qui marque son caractère.

Vaniteux : l'homme vaniteux est celui qui montre une vanité ridicule dans une circonstance particulière où on le voit tel qu'il est ; son désir de briller est cependant plus futile que chez l'homme vain.

Vanter – célébrer – exalter – louer – préconiser – prôner.

Louer : terme le plus simple qui signifie : approuver par des paroles le mérite d'une personne ou d'une chose ; il est directement opposé à blâmer.

Célébrer : ajoute une idée de solennité ; célébrer, c'est louer avec éloge et quelquefois en grande pompe.

Exalter : emporte l'idée d'un éloge enthousiaste et d'une admiration parfois quelque peu exagérée.

Préconiser : louer une chose en en parlant beaucoup pour attirer l'attention.
Prôner : présente à peu près le même sens que préconiser, mais il est plus familier et on y attache toujours quelque chose de risible.
Vanter : louer dans un but intéressé.

Variable – changeant – inconstant – léger – versatile – volage (Cf : *volage).*

Variation – changement – innovation – modification – révolution – vicissitude (Cf : *changement).*

Variété – différence – disparité – dissemblance – diversité – inégalité (Cf : *différence).*

Vase – boue – bourbe – crotte – fange – limon (Cf : *boue).*

Vase – vaisseau.
Vase : c'est tout simplement un objet creux destiné à contenir une substance quelconque et pouvant également servir d'ornement.
Vaisseau : quand il est synonyme de vase, vaisseau ne se dit que de certains ustensiles propres à contenir des liquides et remarquables par leur grandeur; ainsi, une cuve ou un tonneau sont des vaisseaux de bois plutôt que des vases.

Vaste – ample – grand – spacieux (Cf : *grand).*

Vedette – factionnaire – sentinelle (Cf : *sentinelle).*

Végétal – plante (Cf : *plante).*

Véhément – emporté – fougueux – impétueux – violent (Cf : *violent).*

Véhicule – voiture (Cf : *voiture).*

Veiller sur – surveiller (Cf : *surveiller).*

Vélocité – activité – célérité – diligence – promptitude – rapidité – vitesse (Cf : *vitesse).*

Vénal – mercenaire (Cf : *mercenaire).*

Vendre – aliéner – céder.
Vendre : accorder pour de l'argent une chose quelconque.
Aliéner : vendre, mais se dit surtout des fonds, des rentes. des droits, d'une succession ou autre.
Céder : vendre pour de l'argent ou donner gratuitement en propriété.

Vénéneux – vénimeux.

Vénéneux : se dit d'un corps qui contient un poison d'origine végétale, comme la belladone, par exemple, ou d'origine minérale, comme les sels de plomb. Vénéneux se dit surtout d'un poison qui est contenu et qui ne devient nuisible que parce qu'on le mange ou qu'on en fait usage d'une manière quelconque.
Venimeux : se dit de ce qui a du venin, en parlant des animaux ou de ce qui a rapport aux animaux; venimeux marque un poison qui est transmis. Si la vipère est venimeuse, c'est qu'elle communique elle-même son venin par sa morsure.

Vénération – respect – révérence (Cf : *respect).*

Vénérer – adorer – honorer – révérer (Cf : *adorer).*

Venimeux – vénéneux (Cf : *vénéneux).*

Véracité – franchise – sincérité (Cf : *sincérité).*

Véridique – vrai (Cf : *vrai).*

Vérifier – avérer – constater.
Vérifier : examiner avec tous les moyens possibles si une chose est vraie, si elle est telle qu'elle doit être ou qu'on l'a déclarée.
Constater : vérifier de façon authentique, la réalité d'un fait.
Avérer : déclarer vrai en prouvant d'une manière convaincante

Véritable – avéré – vrai (Cf : *vrai).*

Vérité – vrai.
Vrai : le vrai est tout simplement la réalité; il est tel par lui-même, il s'impose et il ne se discute pas. On dira, par exemple : le vrai est que la terre tourne autour du soleil.
Vérité : la vérité est quelque chose de moins absolu; c'est la qualité de ce qui est réel, mais encore faut-il la démontrer ou la chercher longtemps avant de la découvrir ou de la rencontrer.

Versatile – changeant – inconstant – léger – variable – volage (Cf : *volage).*

Verser – répandre.
Verser : faire sortir un liquide que contient un vase ou un récipient quelconque en inclinant celui-ci ou en le penchant de côté, afin que le liquide tombe sur un point déterminé. Au figuré, verser marque une idée de distribution plus ou moins abondante où se retrouve une sorte de mesure et même de choix.
Répandre : c'est laisser tomber un liquide ou une poudre en le dispersant de tous les côtés à la fois, comme au hasard. Au figuré, répandre souligne une idée de profusion et une sorte de

laisser-aller. Quand on dit, par exemple, répandre à pleines mains, cela veut dire qu'il y a non seulement abondance. mais également une inattention apportée à faire un choix chez ceux qui vont en bénéficier.

Version – traduction (Cf : *traduction).*

Vertigo – boutade – caprice – quinte – saillie (Cf : *caprice).*

Vertu – chasteté – continence – honneur – pureté – sagesse (Cf : *sagesse).*

Vertu – honnêteté – honneur – intégrité – probité (Cf : *honnêteté).*

Vertu – mérite – valeur (Cf : *valeur).*

Vestige – trace (Cf : *trace).*

Vêtement – accoutrement – habillement – habit.
Vêtement : se dit d'une manière générale pour ce qui sert à couvrir le corps.
Habillement : tout ce qui sert à se vêtir, mais en désignant la manière de s'habiller propre à une personne.
Habit : tout vêtement, sauf le linge, les chaussures et le chapeau ; il désigne le vêtement quant à sa forme et à son apparence.
Accoutrement : costume souvent ridicule, bizarre ou singulier.

Vétillard – vétilleur – vétilleux.
Vétilleur : le vétilleur est celui qui s'arrête à des bagatelles, à de petites difficultés ; il a contracté l'habitude d'agir de cette façon.
Vétilleux : le vétilleux est celui qui s'amuse à des riens et qui est tel par son caractère et par sa nature ; vétilleux peut aussi se dire des choses lorsqu'elles exigent une attention minutieuse.
Vétillard : le vétillard est celui qui donne trop d'attention à des vétilles et qui fatigue par sa manière continuelle de faire des difficultés sur des riens.

Vétille – bagatelle – minutie – misère – niaiserie – rien (Cf : *rien).*

Vétilleur – vétillard – vétilleux (Cf : *vétillard).*

Vétilleux – vétillard – vétilleur (Cf : *vétillard).*

Vêtu – affublé – fagoté – habillé – revêtu (Cf : *habillé).*

Veuvage – viduité.
Veuvage : c'est l'état de l'homme dont la femme est morte et qui n'est point remarié ou de la femme dont le mari est mort et qui n'est point remariée ; le veuvage est surtout considéré par rapport à ses avantages et à ses inconvénients ; il appartient au

langage ordinaire et fait surtout penser à sa durée.
Viduité : diffère de veuvage en ce que la viduité est considérée par rapport aux devoirs qu'elle impose, surtout aux femmes; de plus, viduité est un terme de droit et n'offre qu'une manière d'être en elle-même.

Vexer – molester – persécuter – tourmenter.
Molester : c'est inquiéter mal à propos par des chicanes, des sarcasmes et des tracasseries où il y a de la mauvaise foi.
Vexer : c'est tracasser injustement en faisant de la peine, faire souffrir et contrarier par des abus d'autorité et par des exigences douloureuses.
Tourmenter : c'est causer de la peine, importuner en ne laissant pas un instant de repos, faire souffrir en provoquant une douleur qui se renouvelle à chaque instant.
Persécuter : c'est s'acharner contre quelqu'un de façon cruelle, s'appliquer à tourmenter et à vexer de toutes les manières.

Viande – chair.
Chair : on emploie le mot chair pour désigner la matière molle et rouge comprise entre la peau et les os des animaux; elle est appelée couramment : viande.
Viande : autrefois : toute sorte de nourriture, soit animale, soit végétale. Aujourd'hui, chair des animaux employée à l'alimentation de l'homme et ayant déjà subi quelque préparation à cet effet.

Vice – défaut – défectuosité – imperfection (Cf : *défaut).*

Vicieux – corrompu – dépravé – pervers.
Corrompu : l'homme corrompu est celui qui a été gâté et même pourri dans ses habitudes et sa façon de vivre.
Dépravé : l'homme dépravé est celui qui trouve du plaisir dans la corruption et qui se fait un principe de s'opposer par le mal aux honnêtes gens.
Pervers : l'homme pervers est celui qui aime changer le bien en mal, qui se plaît à le propager et qui aime le voir faire par d'autres.
Vicieux : l'homme vicieux est celui qui est enclin à la débauche et qui a une disposition naturelle au libertinage.

Vicissitude – changement – innovation – modification – mutation – révolution – variation (Cf : *changement).*

Viduité – veuvage (Cf : *veuvage).*

Vie – anales – archives – chroniques – commentaires – fastes – histoire – mémoires (Cf : *histoire).*

Vieux – ancien – antique.

Vieux : une chose est vieille quand elle cesse d'être en usage ou qu'il y a longtemps que l'on s'en sert; il est opposé à jeune.
Ancien : une chose est ancienne quand elle n'est plus en usage depuis un certain laps de temps; il est opposé à moderne.
Antique : une chose est antique quand elle est déjà très ancienne et qu'elle n'est plus qu'un souvenir ou même qu'elle n'est plus de mode ou de saison. Antique est devenu un mot poétique qui a plus de noblesse. En outre, ces trois mots suivent une gradation : ainsi, les bateaux à vapeur sont vieux, ceux à voiles sont anciens et les trirèmes sont antiques.

Vif – vivant (Cf : *vivant).*

Vif – violent (Cf : *violent).*

Vigilance – attention – exactitude – soin (Cf : *soin).*

Vigoureux – fort – robuste (Cf : *fort).*

Vigueur – énergie – force (Cf : *force).*

Vil – abject – bas (Cf : *bas).*

Vilain – chiche – crasseux – ladre – mesquin – sordide – taquin (Cf : *mesquin).*

Vilipender – bafouer – conspuer – honnir (Cf : *bafouer).*

Village – hameau.
Village : le village est en fait une image affaiblie d'une petite ville, où les maisons sont déjà assez nombreuses mais où les habitants ne seraient, pour la plupart, que des paysans ou des cultivateurs.
Hameau : est beaucoup plus petit que le village et n'est composé que de quelques maisons rassemblées au hasard; il est en principe écarté du siège de la commune où se trouvent la mairie et l'église.

Ville – cité.
Ville : désigne surtout une grande agglomération de maisons et l'ensemble de ceux qui y habitent; elle possède une administration municipale complète.
Cité : indépendamment de son sens antique qui exprimait une idée politique conférant le droit de citoyen, cité s'applique plus spécialement à la ville considérée comme une personne morale et jouissant de certains droits. Dans un sens plus particulier, cité désigne la partie la plus ancienne d'une grande ville.

Violation – violement.
Violement : c'est la faute que l'on commet quand on désobéit à une loi, à un ordre, quand on ne tient pas un engagement;

violement est un mot qui ne s'emploie presque plus aujourd'hui et il donnait à l'action de violer un caractère intérieur et moral.
Violation : c'est l'action de celui qui porte atteinte à un droit, qui profane une chose sacrée, qui agit contrairement à un ordre, à un engagement; violation s'emploie quand cette action est purement physique et matérielle.

Violement – violation (Cf : *violation).*

Violent – vif.
Vif : exprime l'état d'une personne ou d'une chose considérée en elle-même; un enfant vif est tel par sa nature, il a beaucoup de vivacité, d'activité, de pétulance et il se porte aux choses avec ardeur; un homme vif s'emporte facilement, une lumière vive est trop intense.
Violent : exprime plutôt un état extérieur; un homme violent agit et parle avec brutalité et commet des excès; un remède violent agit avec beaucoup de force, une douleur violente fait beaucoup souffrir.

Violent – emporté – fougueux – impétueux – véhément.
Emporté : l'homme emporté est prompt à s'irriter et marque une indisposition particulière à se mettre en colère.
Fougueux : l'homme fougueux est ardent et ne met aucun frein à ses actions quand il a décidé de faire quelque chose.
Impétueux : l'homme impétueux ne sait pas se contenir, ne souffre ni hésitation ni lenteur, et se jette dans l'action sans préparation.
Véhément : l'homme véhément possède une vigueur entraînante et irrésistible; il est plein d'ardeur, mais cette ardeur est souvent intérieure.
Violent : l'homme violent agit et parle avec brutalité; il est excessif et n'arrive pas à se maîtriser; violent se prend toujours en mauvaise part.

Violenter – contraindre – forcer – nécessiter – obliger (Cf : *obliger).*

Violer – contrevenir – désobéir – enfreindre – transgresser (Cf : *désobéir).*

Vis-à-vis – en face – à l'opposite.
En face : c'est-à-dire : par devant, en laissant supposer que les deux objets considérés ont chacun une face et quand ces objets sont placés de manière à se regarder l'un l'autre.
A l'opposite : diffère de en face en ce qu'il faut se tourner et prendre une position opposée pour regarder d'un objet vers un autre.

Vis-à-vis : suppose deux objets doués de vision qui pourraient se voir l'un l'autre mais en les plaçant de manière à rendre possible cette vision mutuelle.

Visage – face – figure.

Visage : le devant de la tête depuis le haut du front jusqu'au bas du menton; il comprend la forme, les traits et l'expression et, quand on dit que le visage est le miroir de l'âme, c'est parce que c'est sur le visage que se peignent toutes nos passions.

Face : visage considéré d'une façon générale et surtout dans l'effet qu'il produit sur les autres, d'une façon assez comique, en général, quand on dit, par exemple : une bonne face ou une face de carême.

Figure : visage considéré surtout sous le rapport non seulement de sa forme, mais aussi de l'air, de la contenance et des manières; on a la figure qu'on possède, on ne peut la changer et on peut avoir une jolie figure ou une sotte figure.

Viscères – boyaux – entrailles – intestins (Cf : *intestins).*

Viser – mirer.

Viser : signifie, d'une manière générale, diriger à la fois la vue et une arme vers un but que l'on veut atteindre avec un coup ou un projectile. Au figuré, viser c'est avoir l'intention d'obtenir.

Mirer : c'est regarder avec soin et très attentivement le but afin de faire ce qu'il faut pour l'atteindre; il suppose qu'on dirige un instrument quelconque vers ce but. On mire une cible, mais on vise un lapin avec un fusil. Au figuré, mirer, c'est regarder avec complaisance.

Vision – apparition.

Apparition : manifestation d'un phénomène ou d'un objet jusqu'alors invisible et qui devient visible.

Vision : image n'ayant rien de réel que l'on croit voir ou que l'on s'imagine le plus souvent.

Visqueux – gluant (Cf : *gluant).*

Vite – pressé – rapide.

Pressé : se dit d'une chose leste, souvent répétée dans un petit espace de temps et qui a une tournure prompte et vive. Pressé laisse supposer un besoin d'activité.

Rapide : se dit de ce qui se fait, se produit ou s'écoule avec une grande célérité; il peut également se dire de ce qui se meut ou se déplace à une grande vitesse. Rapide laisse supposer un besoin de promptitude.

Vite : se dit de ce qui se fait en peu de temps et suppose de l'activité, de la promptitude et de la vivacité; vite laisse supposer un besoin de hâte.

Vite – promptement.

Promptement : c'est-à-dire avec promptitude; promptement implique une disposition de l'esprit qui fait qu'on se met à l'œuvre sur le champ; il désigne une manière d'agir volontaire et indique que l'être est tout simplement diligent.

Vite : exprime purement et simplement la rapidité du mouvement ou de l'action et se dit de tout ce qui communique aux choses inanimées une force rapide qui leur est étrangère.

Vitesse – activité – célérité – diligence – promptitude – rapidité – vélocité.

Vitesse : terme général qui signifie mouvement prompt, accéléré, continu; il marque l'action propre de quelqu'un qui fait de grands efforts pour se transporter dans un lieu donné.

Promptitude : fait que l'on commence une chose instantanément et en quelque sorte sans y avoir réfléchi.

Célérité : fait agir de suite, mais ne souffre aucune interruption dans l'action, sans exclure la réflexion.

Vélocité : vitesse portée en quelque sorte à l'excès; c'est une vitesse légère mais violente qui porte en elle l'idée de voler, de traverser l'espace.

Rapidité : qualité d'un mouvement impétueux, violent, exécuté par quelqu'un qui n'a pas conscience de lui-même et où il y a quelque chose d'instantané et d'aveugle; elle est surtout appliquée aux choses inanimées.

Activité : empressement à faire quelque chose en exprimant le zèle et l'ardeur.

Diligence : empressement à faire quelque chose en marquant l'idée de soin.

Vitrescible – vitrifiable (Cf : *vitrifiable).*

Vitrifiable – vitrescible.

Vitrescible : un corps est vitrescible quand il peut, en fondant, prendre l'aspect du verre; vitrescible ne s'emploie que pour marquer ou qualifier le corps au point de vue de la science.

Vitrifiable : un corps est vitrifiable quand il peut être transformé en verre ou en une matière qui a l'aspect du verre; vitrifiable est un terme usuel et employé quand on précise la manière dont s'opère la transformation.

Vivacité – pétulance – turbulence.

Pétulance : c'est une impétuosité assez vive et brusque où l'on ne prend jamais le temps de réfléchir et qui est un défaut excusable seulement chez les jeunes.

Turbulence : c'est une disposition à faire du bruit et du désordre

et qui fatigue à l'excès ; la plupart des enfants sont turbulents et c'est ce qui les rend souvent insupportables.
Vivacité : c'est la promptitude avec laquelle une chose est faite ; elle devient qualité quand elle s'oppose à la lourdeur ; elle devient presque un défaut quand elle comporte trop d'impétuosité et de fougue.

Vivant – vif.
Vif : exprime le fait d'être en vie comme une qualité, une manière d'être ; l'objet ainsi qualifié est toujours envisagé par rapport aux phénomènes qui caractérisent la vie.
Vivant : exprime la vie comme un fait actuel ou une sorte de constatation ; on prend un oiseau vivant et, si on est cruel, on peut le plumer tout vif.

Vivres – denrées – subsistances.
Denrées : les denrées servent à nourrir l'homme et, étant nécessaires à la vie, sont considérées comme marchandises, donc faisant l'objet d'un commerce.
Subsistances : les subsistances sont proprement la nourriture nécessaire à une armée, à un pays, et sont considérées uniquement et en général comme des productions de la terre.
Vivres : toutes les choses qui servent d'aliments et préparées pour la consommation ; on peut les distribuer ou en faire provision.

Vocabulaire – dictionnaire – encyclopédie – glossaire – lexique (Cf : *dictionnaire).*

Vocation – disposition – goût – inclination – penchant (Cf : *penchant).*

Vœu – serment.
Serment : c'est la promesse ou l'affirmation faite solennellement en prenant à témoin Dieu ou ce qu'on regarde comme sacré. Le serment se fait toujours en présence d'un tiers envers qui l'on s'oblige et qui pourrait exiger éventuellement que la promesse soit tenue.
Vœu : c'est la promesse que l'on fait volontairement à Dieu d'accomplir une bonne œuvre ou de pratiquer une vertu ; c'est s'imposer une obligation dans le but de témoigner son zèle ou de s'attirer les grâces de la divinité. Le vœu n'est quelquefois qu'une résolution qu'on a prise soi-même et, dans ce cas, il a un caractère moral dans lequel on se crée un motif de persister.

Vogue – mode (Cf : *mode).*

Voie – chemin – route (Cf : *route).*

Voie – moyen (Cf : *moyen).*

Voiler – cacher – celer – couvrir – déguiser – dissimuler – pallier – taire (Cf : *cacher).*

Voir – apercevoir – découvrir – percevoir – remarquer.
Voir : connaître par la vue un objet quelconque.
Apercevoir : commencer à voir, ne connaître qu'imparfaitement à cause des obstacles. de l'éloignement ou de la petitesse.
Percevoir : concevoir l'idée d'une chose qui a affecté nos sens en recevant l'impression et la sensation de l'objet.
Remarquer : distinguer parmi plusieurs personnes ou plusieurs choses, avec attention ou préférence.
Découvrir : mettre en évidence en marquant une connaissance de l'objet d'une manière manifeste.

Voisin – adjacent – attenant – contigu – joignant – prochain – proche (Cf : *proche).*

Voiture – véhicule.
Voiture : ordinairement, toute espèce de caisse ou de plancher monté sur des roues et servant au transport des personnes ou des objets.
Véhicule : le véhicule est surtout un moyen ; c'est une voiture quelconque ou, plus précisément, tout ce qui peut servir à conduire ou à faire passer d'un lieu à un autre.

Voix – (son de - ton de) (Cf : *son de voix).*

Vol – essor – volée.
Essor : action d'un oiseau qui quitte la terre pour s'élancer dans les airs ; l'essor n'est point l'action de voler, mais celle de s'envoler. Au figuré, prendre son essor, c'est avoir un début brillant.
Vol : action d'un oiseau ou de tout autre animal qui se soutient ou qui se meut dans l'air au moyen d'ailes ou d'organes analogues ; le vol est considéré, soit dans la manière dont il se fait, soit comme une simple faculté naturelle. Au figuré, prendre son vol, c'est avoir de la hardiesse à entreprendre.
Volée : c'est la distance qu'un oiseau parcourt en volant sans s'arrêter ; c'est un vol prolongé ou la durée même du vol. Au figuré, prendre sa volée, c'est s'affranchir de toute surveillance.

Volage – changeant – inconstant – léger – variable – versalite.
Changeant : marque un passage d'un état à un autre quant aux sentiments ou à la manière d'être, mais il ne suppose rien de plus.
Inconstant : marque la facilité à changer d'idée ou d'affection et montre le peu de confiance qu'on peut lui accorder.
Léger : marque l'inconstance en termes moins sérieux, surtout

dans l'affection qu'une personne peut éprouver pour une autre.
Volage : marque un degré plus fort que la légèreté par le changement qui se produit dans le comportement d'un homme ou d'une femme.
Variable : marque la facilité de se présenter sous différentes formes et d'éprouver des modifications même dans ses affections.
Versatile : est, en quelque sorte, le superlatif de variable quand il se dit des opinions et du caractère.

Volée – essor – vol (Cf : *vol).*

Voler – attraper – dérober – dévaliser – escamoter – escroquer.
Voler : prendre le bien d'autrui et de n'importe quelle manière.
Dérober : voler en cachette et d'une manière fortuite.
Détrousser : commettre un vol sur les grands chemins.
Dévaliser : voler quelqu'un et particulièrement sa valise et ses effets.
Escamoter : voler en faisant disparaître une chose par un tour de main et sans qu'on s'en aperçoive.
Escroquer : voler sans violence, mais avec fourberie ou par des moyens déloyaux ou perfides.
Attraper : se faire donner par ruse en combinant un moyen ou un piège.

Voleter – voltiger (Cf : *voltiger).*

Voleur – escroc – filou – larron.
Voleur : terme le plus général qui convient à celui ou à celle qui a pris ou qui a l'habitude de prendre quelque chose à quelqu'un.
Escroc : celui qui parvient, par ses fourberies ou par ruse, à soutirer ce qui ne lui appartient pas.
Filou : celui qui s'empare avec une extrême adresse de tout ce qui peut lui tomber sous la main.
Fripon : celui qui trompe sans scrupule sur la qualité ou sur la quantité des choses et qui n'est pas de bonne foi.
Larron : celui qui commet un larcin de façon furtive, en faisant main basse sur tout ce qu'il rencontre.

Volontairement – de bon cœur – de bonne grâce – de bon gré – volontiers (Cf : *volontiers).*

Volonté – dessein – intention (Cf : *intention).*

Volontiers – de bon cœur – de bonne grâce – de bon gré.
De bon cœur : avec plaisir en étant tout disposé à obliger.
De bonne grâce : de bonne volonté et sans aucune répugnance.
De bon gré : avec une volonté franche et libre en marquant l'absence de toute force brutale.

Volontairement : de bonne volonté en marquant l'absence de toute contrainte.
Volontiers : se rapproche de bon cœur, mais marque en plus un sentiment réel de plaisir.

Voltiger – voleter.
Voleter : c'est voler en s'arrêtant fréquemment après avoir parcouru peu d'espace, comme le font, par exemple, les oisillons qui s'essayent à voler.
Voltiger : diffère de voleter en ce qu'il exprime l'action de voler, non seulement interrompue fréquemment, mais faite un peu au hasard et d'une manière inconstante. Quand voltiger est employé au figuré, il donne également une idée d'inconstance en passant incessamment et sans esprit de suite, d'une opinion ou d'une occupation à une autre.

Volume – tome.
Tome : c'est la subdivision d'un ouvrage établie par un auteur dans son travail et considérée par lui comme formant une partie indivisible de son œuvre. Au figuré, tome exprime l'idée de partie ; on dira, par exemple, le premier tome d'un voyage.
Volume : c'est tout simplement un livre relié ou broché et présentant une idée matérielle d'un tout plus ou moins grand ; un seul volume peut contenir plusieurs tomes si on les a réunis ensemble. Au figuré, volume exprime une idée de grande étendue et de grosseur ; on dira : ce paquet fait un gros volume ou le volume de la terre.

Volupté – jouissance – plaisir (Cf : *plaisir)*.

Vouer – consacrer – dédier – dévouer (Cf : *dévouer)*.

Vrai – vérité (Cf : *vérité)*.

Vrai – droit – loyal (Cf : *droit)*.

Vrai – avéré – véritable.
Vrai : une chose est vraie quand elle est conforme en tous points à la réalité et à la vérité.
Véritable : une chose est véritable quand elle est véridique et qu'elle est bien réellement ce qu'elle semble être.
Avéré : une chose avérée est celle qui est reconnue et déclarée vraie d'une manière authentique.

Vrai – véridique.
Véridique : on est véridique quand on aime la vérité, qu'on a l'habitude de la dire et quand on ne se permet pas une parole mensongère. Un auteur peut être véridique, mais la vérité qu'on peut exiger de lui ne sera celle que d'un simple narrateur.

Vrai : pour être vrai, il faut se conformer absolument à ce qui est conforme à la vérité ou à la réalité ; il faut, non seulement parler et agir sans déguisement, mais être réellement tel qu'on le déclare dans ses vertus comme dans son langage.

Vraisemblable – plausible – probable.
Plausible : ce qui est plausible est ce qui semble devoir être approuvé et admis, mais qui nécessite toutefois un examen ultérieur pour le déclarer absolument juste.
Probable : ce qui est probable est ce qu'il est raisonnable de supposer parce que fondé sur des raisons de quelque importance, raisons qui font pencher vers la croyance à la réalité.
Vraisemblable : ce qui est vraisemblable est ce qui a l'apparence de la vérité ; mais il n'a que cette apparence et il aurait besoin d'un examen plus attentif.

Vraisemblance – apparence – probabilité.
Apparence : indique ce qui porte à croire, mais de la manière la plus faible.
Probabilité : apparence de vérité qui approche de la certitude.
Vraisemblance : apparence de vérité conforme à la marche ordinaire des choses.

Vue – aspect (Cf : *aspect).*

Vues – but – dessein (Cf : *but).*

Vulgaire – commun – ordinaire – trivial.
Commun : tout ce qui n'est pas rare, singulier ou bizarre peut être qualifié de commun ; ce qui est commun est abondant.
Ordinaire : se dit de ce qui a souvent lieu dans l'ordre naturel des choses ; ce qui est ordinaire se voit et s'entend tous les jours.
Vulgaire : se dit de tout ce qui est en usage parmi le peuple et qui n'appartient pas à l'élite de la société ; vulgaire est opposé à noble et à distingué.
Trivial : marque quelque chose de bas et de propre, non pas au peuple, mais à la vile populace ; vulgaire et trivial ne peuvent se dire que des actions de l'homme ou de son langage.

Zèle – empressement.
Zèle : grande ardeur qu'on déploie au service d'une cause ou pour les intérêts de quelqu'un ; le zèle est intérieur et presque toujours sincère, mais un excès de zèle ou un zèle aveugle peut nous rendre intolérants.
Empressement : se montrer très prévenant pour plaire ; c'est en quelque sorte le résultat du zèle et sa marque puisqu'il est entièrement extérieur ; mais trop d'empressement peut nous rendre importuns.